创新型经管专业精品教材

互联网+教育改革新理念教材

金蝶 ERP 财务软件应用教程

主审 穆 丽

主编 王大海 李晟璐 张 军

内容提要

本着“理论够用、强化应用、培养技能”的原则，本书以金蝶 K/3 WISE 软件为平台，企业经济业务活动为主线，系统讲解了金蝶 ERP-K/3 财务软件的基本工作原理、操作方法和工作流程。全书共十章，内容包括概述，核算账套管理，基础资料设置，总账管理系统，应收、应付款管理系统，固定资产管理系统，工资管理系统，现金管理系统，报表系统，供应链系统。

本书任务明确、讲解透彻、易学易用，可作为经管类相关专业的教学用书。

图书在版编目（CIP）数据

金蝶 ERP 财务软件应用教程 / 王大海，李晟璐，张军主编. -- 上海 : 上海交通大学出版社，2020（2023 重印）
ISBN 978-7-313-22440-8

Ⅰ. ①金… Ⅱ. ①王… ②李… ③张… Ⅲ. ①财务软件—教材 Ⅳ. ①F232

中国版本图书馆 CIP 数据核字(2020)第 018968 号

金蝶 ERP 财务软件应用教程

JINDIE ERP CAIWU RUANJIAN YINGYONG JIAOCHENG

主　　编：王大海　李晟璐　张　军

出版发行：上海交通大学出版社　　地　　址：上海市番禺路 951 号

邮政编码：200030　　电　　话：021-64071208

印　　制：捷鹰印刷（天津）有限公司　　经　　销：全国新华书店

开　　本：787mm×1092mm　1/16　　印　　张：19.25

字　　数：448 千字

版　　次：2020 年 2 月第 1 版　　印　　次：2023 年 2 月第 3 次印刷

书　　号：ISBN 978-7-313-22440-8

定　　价：49.80 元

版权所有　侵权必究

告读者：如发现本书有印装质量问题请与发行部联系

联系电话：022-29498339

前言 Preface

计算机技术的飞速发展，互联网技术和电子商务的广泛应用，财务软件的应用平台、开发技术和功能体系不断更新，都对相关从业人员提出了更高的要求。会计信息化是信息社会对企业财务信息管理提出的一个新要求，是企业会计顺应信息化浪潮做出的必要举措。为了贯彻财政部颁布的《企业会计信息化工作规范》，推进会计信息化人才建设，培养适应企业需求的人才，我们组织编写了《金蝶 ERP 财务软件应用教程》。

本书具体讲解了 ERP 财务软件的使用方法，将理论与实践紧密地结合起来，采用案例教学和实践教学的方式，有针对性地提供完整的实现会计核算、购销存业务处理和财务监控一体化解决方案，能够适应企业管理现代化对会计人员综合素质的要求，有效地培养学生的综合实践能力和创新精神，促进学生知识、能力、素质的全方位提高。

一、体系结构

本书以金蝶 K/3 WISE 软件为平台，从企业实际应用出发，以企业经济业务活动为主线，系统讲解了金蝶 K/3 财务软件的基本工作原理、操作方法和工作流程，重点介绍了金蝶 K/3 的总账管理系统、应收款管理系统、应付款管理系统、固定资产管理系统、工资管理系统、现金管理系统、报表系统和供应链系统。

二、内容设计

本书采用案例教学和实践教学相结合的方式，内容安排合理，各章具有相对的独立性，有利于学生结合教材内容掌握金蝶 K/3 软件各个系统的功能和操作方法。除第一章外，每章均配有上机实验案例，按照实验目的、实验准备、实验内容、实验资料和实验步骤展开，有利于学生通过实验操作培养动手能力和应用能力。本书内容由浅入深，并将供应链管理引入教学范围内，满足了企业信息化发展对会计电算化技能教学的要求。

在对实验经济业务的处理上，本书采用最新《企业会计准则》、“营改增”后税法的相关规定，以工业企业为背景，所选业务具有典型性和可操作性。

三、特色品味

❖ 素质为本，立德树人

本书积极践行“立德树人”的理念，在编写过程中引入素质教育元素，帮助学生树立正确的世界观、人生观和价值观，培养社会责任感。让学生在掌握 ERP 财务软件的基本工作原理与操作方法的同时，接受素质教育的熏陶，实现知识传授、能力培养、价值塑造三位一体的人才培养目标，为学生终身发展服务。

❖ 校企合作，协同育人

本书的编写在一线双师型教师和企业专职人员的指导与支持下进行，其体例设计充分考虑了教学大纲要求与企业需求，内容紧密围绕岗位需求“量身定做”，着重提升了全书内容的职业属性，强调内容的实用性和针对性。

❖ 全新理念，以人为本

本书积极践行“以学生为主体，以教师为主导，以能力为根本”的教育理念，坚持以应用为主，不仅传授学生理论知识，还着力突出财务软件操作技能的培养、职业道德和职业意识的塑造。

❖ 资源丰富，平台支撑

本书根据财务软件教学实践需要，精心制作了软件操作视频，扫码即学，便于学生有针对性的进行学习，帮助学生更轻松地理解和掌握金蝶 K/3 财务软件的相关知识。

此外，为了方便学校管理、教师教学和学生自学，本书与一款集教学管理、教学支撑为一体的文旌综合教育平台“文旌课堂”（www.wenjingketang.com）开展了深度合作。学校可借助该平台管理校本课程，教师可借助该平台管理各种教学资源（如教学课件、微课视频等）、布置作业、组织考试，学生可借助该平台阅读课外资源、提交作业、进行线上练习、参加考试等。教师和学生在学习过程中有任何疑问，都可登录该平台寻求帮助。

❖ 设计灵活，教学自由

考虑到不同专业、不同学习对象的教学学时不同，本书的实验设计为“拼板”方式，既可以由上至下按顺序进行，也可以由教师根据教学条件、学生基础和教学目标的不同，任意选择其中的若干实验，从而给予教学选择最大的自由度。

本书由穆丽担任主审，王大海、李晟璐、张军担任主编，苏宏伟、宫春艳、权龙辉、高波担任副主编。在编写过程中，编者参考了大量的文献资料，未能一一列明来源，在此向这些作者表示诚挚的谢意。

由于编写时间仓促，编者水平有限，书中难免存在疏漏与不当之处，敬请广大读者批评指正。

本书编委会

主　审　穆　丽

主　编　王大海　李晟璐　张　军

副主编　苏宏伟　宫春艳　权龙辉　高　波

目录 Contents

第一章　概　述

学习目标

知识目标：

（1）了解会计电算化的发展过程和商品化 ERP 软件。

（2）理解 ERP 系统的工作原理和构成。

（3）了解金蝶 K/3 管理系统。

能力目标：

（1）能够根据企业情况判断其适宜的会计电算化形式。

（2）能够为企业会计电算化提供简单的实施方案。

素质目标：

（1）顺应时代的发展，积极发挥主观能动性。

（2）树立与时俱进、开拓创新的精神。

（3）培养不断学习、不断积累、不断反思的良好品质。

工作情景

武汉朔华嘉信塑料深加工有限责任公司（简称朔华嘉信公司）是国霆朔华集团公司旗下一家生产经营各种塑料制品的企业，主要产品有朔华、朔王、朔霆三种品牌的塑料玩具、塑料工具、塑料容器等塑料类制品。自公司成立以来，经营业务稳定增长，取得了良好的经济效益。但随着经营业务的扩大，企业资产规模和员工规模也在不断扩大，企业与供应商、客户之间的往来关系变得十分复杂，会计人员核算的工作量和核算难度加大。与此同时，面对激烈的市场竞争，企业在业务管理的精细化、核算的及时性和准确性方面的要求也越来越高，传统的手工会计核算和粗放型管理模式已经成为企业进一步发展的制约因素。借鉴同行业企业发展的经验，公司决定引入金蝶 ERP 系统进行企业业务管理和会计核算。

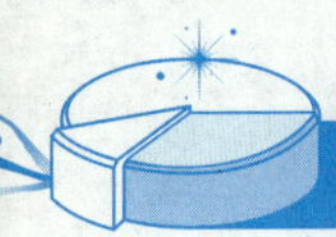

第一节 会计电算化概述

一、会计电算化的含义

会计电算化是电子计算机在会计工作中应用的简称，包括会计核算软件的开发与应用、市场管理、人才培养、宏观规划和制度建设等内容。

会计电算化从会计核算开始，通过人机结合的工作方式和完善的内部控制技术，准确、高效地处理数据。会计电算化工作流程的起点为系统初始化和基础数据录入，然后经过试算平衡，进入日常业务处理，再到期末处理，完成一个数据周期。在日常业务处理过程中，会计凭证由会计人员编制而成或者由计算机依据特定规则自动生成，经审核记账后存储在电子文件内。会计核算软件对凭证的数据进行快速加工、处理和输出，最终形成所需的账表。

随着会计理论、电子计算机和网络技术的发展，会计电算化的内涵也在不断更新。单一的会计核算功能已无法满足企业发展的要求，会计电算化逐渐由核算型转向管理型和决策支持型，由单一的会计数据处理转向数据采集、会计和业务数据集成处理的信息化方向。

二、会计电算化的发展过程

1954 年 10 月，美国通用电气公司开始尝试利用电子计算机处理职工工资，开创了电子计算机在会计工作中的应用先河。经过不断实践和创新，会计电算化在提高会计工作效率、工作质量、人员素质和促进会计理论发展方面成效显著。

国外会计电算化先后经历了单项业务、综合业务和系统业务处理三个阶段。而我国会计信息系统从会计电算化初期模拟手工记账探索起步，经过与其他业务结合推广发展，再到引入会计专业判断，并且与内部控制相结合建立起 ERP 系统集成管理，整个发展过程可以划分为以会计核算为主的阶段、会计与业务集成应用阶段和会计信息化阶段。

1. 以会计核算为主的阶段

以会计核算为主的阶段先后经历了缓慢发展（1983 年以前）、自发发展（1983—1986 年）和有组织有计划发展（1986—1992 年）三个过程。

1979 年，长春第一汽车制造厂在有关部门的支持下，从联邦德国进口电子计算机，设立电子计算机在会计工作中应用试点，从而开启了我国会计电算化时代。1981 年，在长春第一汽车制造厂召开了“财务、会计、成本管理中应用电子计算机”专题学术讨论会，将“电子计算机在会计中的应用”定义为“会计电算化”。1983 年，国务院成立电子振兴领导小组，推动会计电算化应用的发展进程。1988 年 12 月，首家从事商品化会计软件开发与推广的企业“用友财务软件服务社”成立。1989 年 12 月，财政部颁布了我国第一个会计电算化管理办法——《会计核算软件管理的几项规定（试行）》。同年，先锋集团公司的凯利 • 先锋 CP-800 通用财会软件系统第一个通过财政部评审。

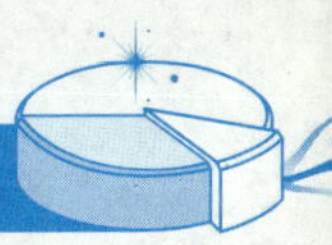

2. 会计与业务集成应用阶段

会计与业务集成应用阶段出现了购销存核算软件，即供应链核算软件和 ERP 管理软件，将业务处理与会计核算融合处理，实现了会计数据与其他业务数据共享。

同时，我国推出了一批会计电算化法规或规范，对会计电算化工作进行全面规范。1994 年 6 月颁发自 7 月 1 日起施行的《会计电算化管理办法》《商品化会计核算软件评审规则》《会计核算软件基本功能规范》；自 1996 年 7 月 1 日起施行的《会计电算化工作规范》《会计基础工作规范》；自 1999 年 1 月起施行的《会计档案管理办法》等。

2006 年 2 月，我国颁布了《企业会计准则》，引入会计专业判断，通过制定数据接口规范，为会计处理与业务处理集成打下了良好基础，为不同软件之间的数据交流创造了良好条件。

3. 会计信息化阶段

在会计信息化阶段，独立的会计核算软件品种丰富，功能不断规范，在满足行业或特殊需要方面做得越来越精细，企业 ERP 应用进入了一个新的阶段。这一时期全国有数百家公司提供 ERP 产品，如用友、金蝶、金思维等。

2006 年，财政部在中国会计准则委员会下设立了 XBRL（可扩展商业报告语言，一种基于互联网、跨平台操作，专门应用于财务报告编制、披露和使用的计算机语言）组织。XBRL 是会计信息处理广泛采用的技术标准，即定义统一的数据格式，规范信息的表达方式，基于可扩展标记语言的开放性技术标准，保证数据的集成和充分利用。2008 年 11 月，中国会计信息化委员会暨 XBRL 中国地区组织成立，进一步推进我国会计信息化的建设。2009 年 4 月，财政部颁布的《关于全面推进我国会计信息化工作的指导意见》将 XBRL 纳入会计信息化标准。2010 年 7 月 15 日，财政部发布《基于企业会计准则的可扩展商业报告语言（XBRL）通用分类标准（征求意见稿）》（财办会〔2010〕16 号），全面推进了我国会计标准化和信息化工作。

我国会计电算化未来的发展趋势主要是充分利用各种移动通信技术、网络技术和云技术，融合电子商务活动，使会计业务与经营管理紧密结合，全面实现会计信息系统的网络化、标准化和信息化目标。

三、会计信息系统

会计信息系统是采用信息技术对会计数据进行收集、保存、加工和输出，实现会计核算、管理和决策支持功能的系统。按照实现功能的复杂程度，会计信息系统可以分为会计核算系统、会计管理系统和会计决策支持系统三个层次。

1. 会计核算系统

会计核算系统提供日常会计核算功能，主要有总账处理、薪资核算、固定资产核算、存货核算、应收款核算、应付款核算、成本核算、报表管理和资金管理等功能。

会计核算系统是会计电算化工作的基础软件，既可以是独立的软件，也可以是非独立的软件，主要是面向事后核算，采用一系列专门的会计方法，完成会计核算工作。会计核算软件是以会计理论和会计方法为核心，以会计法规和会计制度为依据，以计算机技术和通信技术（即网络技术）为技术基础，以会计数据为处理对象，以会计核算、财务管理、为经营提供财务信息为目标，用计算机处理会计业务的计算机应用软件。

2. 会计管理系统

随着会计管理理论在会计实务中的广泛应用，会计管理的重要性不断提升，业务复杂、数据量大、信息加工处理需求高的单位仅靠手工对数据整理分析难以满足要求。会计电算化系统除需要提供会计核算系统的全部功能以外，还必须对产生的数据进行分析与进一步加工，会计管理系统便应运而生。

会计管理系统以会计核算系统为基础，增加了辅助核算与管理功能，设置了财务分析模块，增加了对比分析、差额分析、比率分析功能，以及应用一些分析模型进行资金、成本、利润等方面的分析和管理功能。会计管理系统可以对经济业务进行事中控制，使会计人员更好地参与本单位的经营或管理工作。

3. 会计决策支持系统

决策是对未来事项的安排，即为了到达一定目标，采用科学的方法和手段，从两个以上的方案中选择一个满意方案的分析判断过程。会计决策支持系统是在会计管理系统的基础上增加决策支持功能实现的。会计决策支持系统依托财务会计、管理会计、供应链管理、集团财务管理等多个功能模块数据，通过各个模块间相互联系、共享数据的业务与财务一体化管理模式，建立预测、计划、分析、投资等方面基本决策模型，加工模块所提供的数据，制定可行性方案供决策者参考。

会计决策支持系统改善和加强了会计管理系统的决策支持能力，强调管理决策中人的作用，支持面向决策者处理半程序化的管理决策问题。

第二节 ERP 系统概述

一、ERP 系统的含义与工作过程

1. ERP 系统的含义

企业资源计划（Enterprise Resource Planning，ERP）系统是指依据信息化管理理论，通过软件实现经济活动全过程计划、组织、指挥、协调和控制的管理系统。ERP 系统是包含企业运作过程中所有资源及活动的计划系统，它涵盖生产、采购、销售、研发、财务、人事等各个领域，可以将不同地域的下属企业纳入管理之中。从软件系统这个角度来说，ERP 系统还包括电子数据交换（EDI）等远程功能。

2. ERP 系统的工作过程

ERP 系统针对企业经营过程中的所有资源，组织相关计划与管理工作。计划与管理的主要内容有供应环节的销售、采购、库存和客户关系管理，生产环节的主生产计划、物料需要计划、车间管理和生产过程管理，财务会计环节的总账、报表、应收应付款核算、工资核算、固定资产管理、存货核算、成本管理和财务分析，其他环节的人力资源和决策支持等。

ERP 系统针对企业经营活动从接受销售订货或预测销售数据开始，编制主生产计划，将计划分解为采购计划和生产计划，组织采购和生产活动，按时生产产品，销售给客户并收回货款，准确记录经营活动中物流、信息流、资金流和人的流动状态，并及时分析处理。

ERP 系统内部数据的集成与共享决定了部门间或者核算主体间信息可以充分、实时交流，财务核算、供应链管理、生产管理、客户关系管理、人力资源管理和决策支持等系统无缝衔接，保证经营活动管理的可靠性和效率，从而实现更高的效益。

二、ERP 系统的发展过程

ERP 理论产生于 20 世纪 90 年代，由基本物料需求计划（MRP）、闭环 MRP 和 MRPII 演变升级而来。从 2000 年开始，ERP 向重视协同商务的 ERPII 方向发展。一般认为，ERP 系统的发展经历了基本 MRP、闭环 MRP、MRPII、ERP、ERPII 等阶段。

1. 基本 MRP 阶段

基本 MRP 阶段开始于 20 世纪 60 年代。这一阶段出现了 MRP 管理软件，专门用于物料需求计划的编制与管理，方便解决物料在什么时间、需求多少的问题，以此为基础为库存管理提供数据支持。

2. 闭环 MRP 阶段

闭环 MRP 阶段开始于 20 世纪 70 年代。闭环物料需求计划是在基本物料需求计划的基础上，增加能力需求计划、车间作业计划和采购作业计划，使编制的计划既考虑保证计划需求，又考虑生产能力情况，以使计划更具有可行性和可靠性，更好地满足市场需求。

3. MRPII 阶段

MRPII 阶段开始于 20 世纪 80 年代。制造资源计划是在闭环物料需求计划基础上，加入成本核算、往来业务核算和总账管理功能，将销售、采购、生产和财务管理等方面的信息充分整合，实现制造资源与财务管理的集成，构建出更完善的企业管理信息系统。

4. ERP 阶段

ERP 阶段开始于 20 世纪 90 年代。企业资源计划是在制造资源计划的基础上，进一步增加销售中的分销管理、人力资源管理、仓库管理、质量管理和决策支持管理等功能，使子系统之间联系更加紧密，能够将企业所有资源充分调配与平衡，达到最佳投入和最大效益的目标。

5. ERPII 阶段

从 21 世纪初期开始至今，ERP 得到了进一步发展，也可以称为 ERPII 阶段。这一阶段更加重视协同商务的作用，增加了高级计划排产、动态企业建模和智能资源计划功能，实现 ERP 与内外部供应链的整合，吸收信息管理技术和电子商务技术成果，探索更大范围、更多功能的融合，进一步提升企业信息化管理水平。

目前，ERP 与其他企业信息化手段越来越融合，ERP 系统与信息采集系统（MES 系统）、业务流程重组（BPR）、客户关系管理（CRM）、电子商务（EC）、柔性制造系统（FMS 系统）、即时生产（JIT）、产品生命周期管理（PLM）、办公自动化（OA）、虚拟制造（VM）和供应链管理（SCM）等信息管理技术或电子商务技术手段相互补充交融，构成完善的企

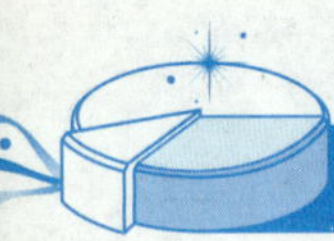

业信息化系统。

三、ERP 系统的构成及其系统内各系统的关系

ERP 系统作为实践管理理论软件，涵盖经营活动的全过程。典型的 ERP 系统包括财务会计、供应链、生产管理、计划管理、成本管理、人力资源管理、客户关系管理、精益管理、企业绩效和内部控制等系统。以金蝶 K/3 为例，ERP 系统的构成如图 1-1 所示。

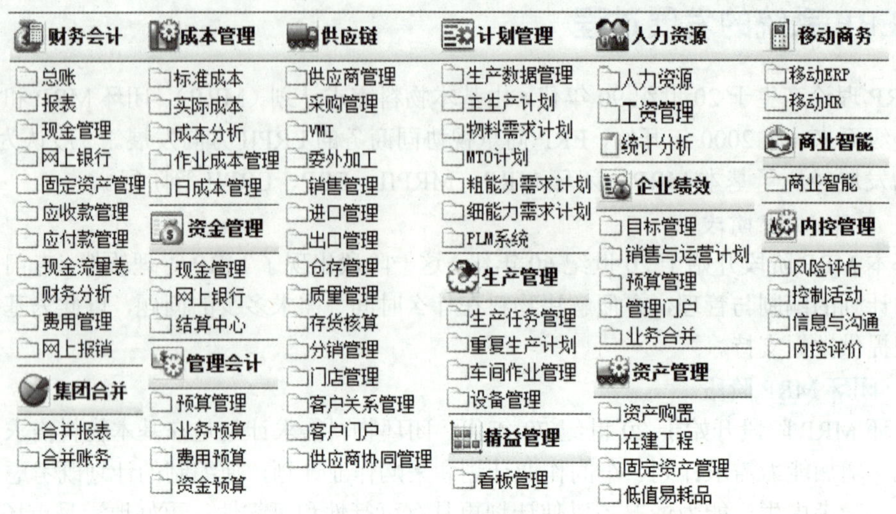

图 1-1　ERP 系统的构成

ERP 系统涵盖了企业管理的各个方面，各子系统集成应用形成子系统内部、子系统相互之间的制约关系。其中，财务会计系统记录资金流动状态，反映经营活动成果，提供经济效益信息，是 ERP 系统的核心。财务会计系统进一步又分为会计核算和财务管理两部分，且会计核算是财务管理的基础。

1．ERP 系统与财务会计系统的关系

ERP 系统具有业务与会计核算系统的集成应用特点，实现物流、信息流、资金流和人力资源四者的统一。ERP 系统中财务会计相关功能包含财务会计、资金管理、管理会计和成本会计，这些功能贯穿于计划、控制和决策的全过程。许多国产 ERP 软件就是在会计核算软件的基础上逐渐发展而来，财务会计系统是 ERP 系统的核心和主要职能。

ERP 系统整合企业经营管理活动的各方面，促进企业全面信息化，并且实现了企业财务与业务之间的同步，支持企业全面预算管理。在 ERP 环境下，面向企业集成应用的财务会计系统成为企业管理信息系统高度集成的一个子系统，与其他子系统（如销售、生产、采购、库存管理和人力资源管理等）融为一体，财务数据随着业务活动实时反映、监督企业的各种资源，实现财务会计与业务部门管理信息协同。

2．财务会计系统与供应链系统的关系

财务会计系统与供应链系统高度集成，形成协同处理的关系。供应链系统主要用于企业内部供应链管理，包括对企业内部采购管理、销售管理、仓存管理和存货核算功能的集

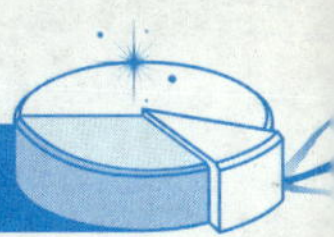

成管理。销售部门确认销售订单或者进行销售预测；生产部门据此编制主生产计划和MRP计划；采购部门根据采购计划组织物料的采购；经过生产过程，加工形成库存内中间产品和最终产品；销售部门将产品销售给客户，收回销售货款，从而完成一个生产经营周期。在这个生产经营周期中，财务会计系统需要同步进行采购付款、核算采购成本、核算生成成本、核算销售成本、组织销售收款和生成财务账表等工作。

3．财务会计系统与生产制造系统的关系

准确及时的成本核算信息是进行正确决策的前提，财务会计系统与生产制造系统的集成，对于加强企业生产过程的管理发挥了至关重要的作用。在生产制造过程中，从产品设计、计划与时序安排、生产作业到成本核算，都与财务会计系统有着密切关系。成本核算为生产作业计划、控制提供业绩评价信息，为产品定价和产品组合决策提供成本数据，完成收集和处理企业财务报表中存货和成本信息。

4．ERP 系统与人力资源系统的关系

在现代企业中，人力资源是企业最有价值的资产，人力资源管理系统是ERP众多子系统之一，主要承担企业人事管理的薪酬管理，实现员工聘用、岗位安排、薪酬准备和支付、员工解聘或离职等业务处理。一般情况下，人事部门利用人力资源系统中的人事合同管理子系统、人事档案管理子系统等，负责员工招募、培训、安排工作、业绩评估、员工解聘或离职等活动，会计部门利用人力资源系统中的工资管理子系统、绩效管理子系统等，负责计算和支付薪酬，进行工资费用分配等活动。

四、商品化 ERP 软件

（一）国外 ERP 产品

1．SAP ERP 产品

思爱普公司（SAP）成立于1972年，总部位于德国沃尔多夫，在全球130多个国家和地区设立了办事处，拥有将近30多万家客户。其产品SAP Business One是面向中小企业ERP解决方案的一款独立的应用软件，无须分散安装和多模块集成，支持中小企业以更低的成本进行部署和维护，集成了CRM、制造和财务等核心功能。

2．Oracle ERP 产品

甲骨文公司（Oracle）成立于1977年，是北美制造业大型企业管理软件公司，产品遍布145个国家，客户超过40多万。Oracle ERP是一个电子商务套件，在原来ERP的基础上进行扩展，添加了人力资源管理、客户关系管理等多种管理软件，发布完全基于web的企业级软件，主要适用于业务复杂、个性化管理程度较高的企业。

除上述ERP产品外，还有Infor、Sage Accpac、Epicor等国外品牌的ERP产品，针对制造业等行业企业提供端对端、具有特定行业特色的解决方案及服务。

（二）国内 ERP 产品

在会计软件市场中，国内软件产品占有超过90%的市场份额，处于绝对优势地位。近年来，随着信息化趋势的加强，国内越来越多的企业开始开发企业资源管理系统，进一步

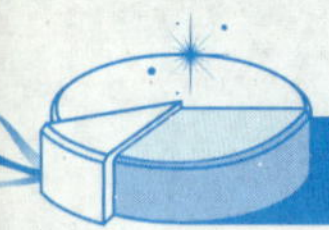

促进了国内 ERP 产品的完善与发展。

1．用友 ERP 产品

用友（集团）成立于 1988 年，是亚太地区领先的 ERP 软件提供商。截至 2014 年，用友在中国及亚太地区拥有 3 000 多家合作伙伴，超过 220 万家企业与公共组织通过使用用友企业应用软件实现精细管理、敏捷经营、商业创新。其中，中国 500 强企业超过 60%是用友的客户。

用友公司提供的 ERP 软件主要有用友 NC（面向集团企业）、用友 ERP-U9（面向大中型企业）、用友 ERP-U8+（面向大中型企业）产品，具有跨平台、流程化、模板化、支持特大型集团企业应用等特性，处于行业领先水平。

2．金蝶 ERP 产品

金蝶国际软件集团始创于 1993 年。该公司以管理信息化产品服务为核心，有 2 000 多家合作伙伴，为超过 400 万家企业和政府组织提供云管理产品及服务。

目前，金蝶的主要 ERP 产品有针对大型企业、支持多核算主体的金蝶 EAS 和金蝶 ERP-K/3 Cloud，还有针对中小型企业、支持单一核算主体的金蝶 ERP-K/3 WISE 产品。其中，用户量较大的是金蝶 ERP-K/3 WISE 系列产品，它对财务、物流、制造、人力资源等核心模块进行了一体化设计和规划。

第三节 金蝶 K/3 WISE 管理系统简介

金蝶 K/3 WISE 管理系统是一套财务与业务高度集成的 ERP 软件系统，既可以管理财务业务，又可以与购销存、精益生产等业务集成使用，实现企业财务业务一体化。

金蝶 K/3 WISE 管理系统是将总账管理系统作为中心环节，以凭证将其他业务系统与总账管理系统连接，以实现信息共享，在总账管理系统将各业务系统数据转化为财务数据后，进行综合分析，并由各报表系统对结果进行输出，分析系统对结果进行分析。总的来说，金蝶 K/3 WISE 管理系统的工作原理是分散式数据收集、集中式数据处理和分散式数据分析。

一、财务系统

财务系统包括总账管理系统、报表管理系统、财务分析系统、应收款管理系统、应付款管理系统、工资管理系统、固定资产管理系统和现金管理系统。

1．总账管理系统

总账管理系统是以凭证为原始数据，通过凭证输入和处理，完成记账和结账、账簿查询及打印输出等工作，同时提供往来款、项目等的核算和管理。总账管理系统与其他业务系统联用时，可以接收从业务系统传递过来的凭证进行会计核算，以达到财务业务一体化的目的。

2．报表管理系统

报表管理系统与其他系统相连，可以根据会计核算数据，生成各种内部报表、外部报表、汇总报表，并根据报表数据分析报表及生成各种分析图等。在网络环境下，很多报表管理模块同时提供了远程报表的汇总、数据传输、检索查询和分析处理等功能。

3．财务分析系统

财务分析系统从会计软件的数据库中提取数据，运用各种专门的分析方法，完成对企业财务活动的分析，实现对财务数据的进一步加工，生成各种分析和评价企业财务状况、经营成果和现金流量的各种信息，为决策提供正确依据。

4．应收和应付款管理系统

应收和应付款管理系统以发票、费用单据、其他应收单据、应付单据等原始单据为依据，记录销售、采购业务所形成的往来款项，处理应收、应付款项的收回、支付和转账，进行账龄分析和坏账估计及冲销，并对往来业务中的票据、合同进行管理，同时提供统计分析、打印、查询和输出功能，以及与采购管理、销售管理、总账管理等系统进行数据传递的功能。

5．固定资产管理系统

固定资产管理系统主要是以固定资产卡片和固定资产明细账为基础，实现固定资产的会计核算、折旧计提和分配、设备管理等功能，同时提供了固定资产按类别、使用情况、所属部门和价值结构等进行分析、统计和各种条件下的查询、打印功能，以及该系统与其他系统的数据接口管理。

6．工资管理系统

工资管理系统是进行工资核算和管理的模块。该系统以人力资源管理提供的员工及其工资的基本数据为依据，完成员工工资数据的收集、员工工资的核算、工资发放、工资费用的汇总和分摊、个人所得税计算，并按照部门、项目、个人、时间等条件进行工资分析、查询和打印输出，同时提供该系统与其他系统的数据接口管理。

7．现金管理系统

现金管理系统是对现金和银行业务进行管理，除进行登记现金日记账和银行存款日记账、录入银行对账单数据、与银行日记账进行对账等处理外，还提供票据管理功能。此外，该系统可以随时与总账下科目进行对账，以保证双方系统数据的一致性。

二、供应链管理系统

供应链管理系统主要包括销售管理系统、采购管理系统、仓存管理系统和存货核算管理系统。

1．销售管理系统

销售管理系统以销售业务为主线，兼顾辅助业务管理，实现销售业务管理与核算一体化。销售管理系统提供销售报价、销售订单、销售出库和销售开票，随时查询各种销售明细账等功能。

2．采购管理系统

采购管理系统可以实现对采购业务的全程管理。采购管理系统提供采购订单、采购入库和采购开票功能，可以从“生产管理”中生成采购建议后，直接生成采购订单传递到采购管理系统，随时查询各种采购订单执行情况明细账等账簿。

3. 仓存管理系统

仓存管理系统主要以物料流动为处理对象，达到账实相符的目的。仓存管理系统提供采购入库、产品入库、其他入库、盘盈入库、销售出库、生产领料、其他出库、调拨和组装业务处理，还可随时查询即时库存和收发存汇总表等账簿。

4. 存货核算管理系统

存货核算管理系统主要针对企业存货的收、发、存业务进行成本核算，首先核算出入库成本，再计算出库成本，从而即时掌握存货的耗用情况，及时、准确地把各种存货成本归集到各成本项目和成本对象上，为企业的成本核算提供基础数据；动态反映存货资金的增减变动，提供存货资金周转和占用情况，为降低库存、减少资金积压、加速资金周转提供决策依据。该系统各业务单据可以根据凭证模板生成凭证传递到账务处理系统进行财务核算，使业务与财务形成无缝连接。

修身立德 

“互联网+”时代会计工作的机遇和挑战

随着“互联网+”时代的到来，各种传统行业都实现了与互联网的联合，其中也包括会计行业。在“互联网+”背景下，会计工作不仅迎来了诸多机遇，同时也面临着更大的挑战。

一、“互联网+”时代会计工作的机遇

（1）促进企业间数据共享。传统模式下，会计信息的传递受纸质媒介的限制，传递效率较低，成本较高。而在“互联网+”背景下，会计工作逐渐实现了无纸化与网络化，如电子凭证与电子合同的出现，使得会计信息的传递成本降低，效率提高，促进了企业间的会计信息共享。

（2）提高工作效率与工作质量。在“互联网 +”背景下，财务软件的使用效率越来越高，为会计工作带来了很大的便利。一名基础会计人员需要一天完成的工作量，通过运用财务机器人和财务软件等，可以在几个小时内完成。不仅如此，由人工智能、大数据和云计算等获得的数据信息更加真实、准确，大大降低了会计核算的出错率，从而使会计工作的工作效率与工作质量都得到了大大的提高。

（3）使会计信息更好地服务于管理。在“互联网+”背景下，会计人员能够收集和处理更多有用的信息，并据此对企业的财务状况做出全面的分析。这种分析结果不仅能够满足会计信息使用者的需求，还能使企业经营者更好地做出决策，从而提高企业的管理水平，促进企业的长远发展。

二、“互联网+”时代会计工作面临的挑战

（1）会计信息的安全无法保障。在“互联网+”背景下，会计信息的来源变得更加广泛，信息的获得也更加便捷，但是便捷的背后也隐藏着一定的危机。就企业外部来说，一旦遭受网络“黑客”的攻击，企业的重要信息将很可能会丢失，这对企业的信息安全造成了严重威胁。就企业内部来说，系统瘫痪或者员工操作不当也会对信息安全构成威胁。因此，企业应加强会计信息安全保护工作。

（2）对会计人员提出了更高的要求。在“互联网+”背景下，会计工作的重点由基础的会计核算转变为更高层次的会计信息分析。这就要求会计人员不仅要认真学习专业知识，掌握会计的基本技能，还要不断拓展个人技能，对互联网软件、计算机操作等进行系统的学习，熟练掌握会计电算化操作系统。

时代发展的车轮滚滚向前，会计人员应该主动适应时代发展的新要求，积极把握“互联网+”时代带来的机遇，创新思维模式，优化知识结构，避免被时代淘汰。

（资料来源：https://www.docin.com/p-1946175927.html，有改动）

第二章　核算账套管理

学习目标

知识目标：

（1）了解金蝶 K/3 系统账套管理流程。

（2）掌握账套建立、删除、备份、恢复等方法。

（3）掌握设置操作员及其权限的方法。

能力目标：

（1）能够根据业务要求建立、修改、备份和恢复账套。

（2）能够根据业务要求设置操作员及其权限。

素质目标：

（1）培养爱岗敬业、敢于负责的精神。

（2）增强严守法规的意识，培养敬畏规章的职业操守。

（3）培养精湛的专业技能和严谨的工作作风。

工作情景

朔华嘉信公司已经购入了金蝶公司的 K/3 软件，并且在前期对财务部、采购部、销售部、仓管部等部门人员进行了软件应用培训。根据公司部署，由财务部负责 ERP 系统的实施和维护。现在，如果你是公司财务部门 ERP 应用实施负责人，应从何处入手开展这项工作呢？

第一节　金蝶 K/3 账套管理流程

账套在整个金蝶 K/3 系统中是非常重要的，它是存放各种数据的载体，各种财务数据、业务数据、一些辅助信息等都存放在账套中。要使用金蝶 K/3 软件进行账务核算，必须先建立账套。

记载一个独立核算的会计主体的所有经济信息的一整套记录表和统计分析报表统称为一个账套。一个企业一般只用一个账套，但如果企业有几个下属的独立核算的实体，可以建立几个账套。而账套之间是相对独立的，也就是说，建立、删减或修改一个账套中的数据，不会对其他账套有任何影响。

从物理上而言，金蝶 K/3 账套就是存放用户数据的 SQL Server 数据库文件。一个账套通常由一至多个数据库文件组成。金蝶 K/3 软件的账套数无限制，用户可以根据需要建立任意多个账套。

金蝶 K/3 系统建账的总体操作流程如图 2-1 所示。

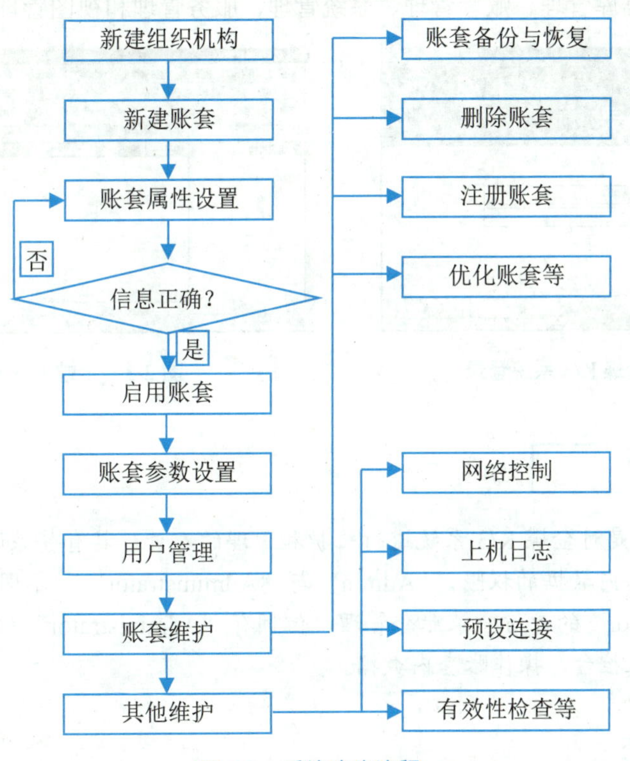

图 2-1　系统建账流程

第二节　账套管理

账套管理是金蝶 K/3 软件运行的前提和基础，只有建立了账套，才能使用金蝶 K/3 系

统。在系统运行中，用户还需要及时地对系统运行进行维护和管理，包括对账套及时进行备份、恢复、删除等内容。

一、启动账套管理

账套管理是进行账套、操作员和系统安全管理的专用工具。用户第一次启动金蝶 K/3 系统，首先应以软件管理员“Admin”的身份进入“账套管理”模块，进行建立账套和增设操作员的工作。

具体操作步骤如下：

（1）调用操作系统 Windows 菜单，执行“开始”→“所有程序”→“金蝶 K3 WISE 创新管理平台”→“金蝶 K3 服务器配置工具”→“账套管理”命令，弹出“金蝶 K/3 系统登录”对话框，如图 2-2 所示。

（2）默认用户名“Admin”，密码为空，单击“确定”按钮，登录成功，打开“金蝶 K/3 账套管理”窗口，如图 2-3 所示。在“金蝶 K/3 账套管理”窗口中，用户可以进行组织机构管理、数据库管理、账套管理、系统管理、服务管理和视图管理等工作。

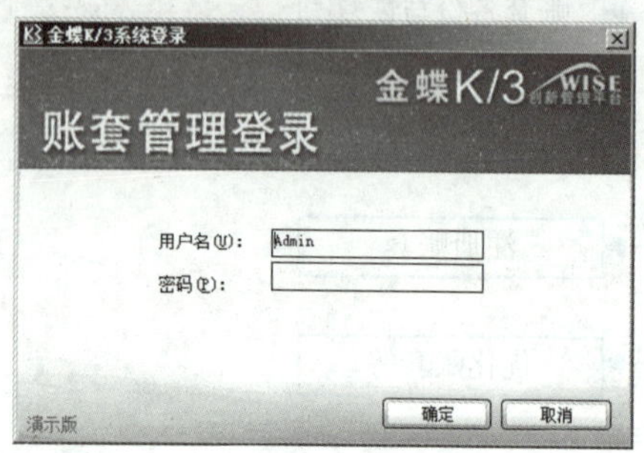

图 2-2　金蝶 K/3 系统登录

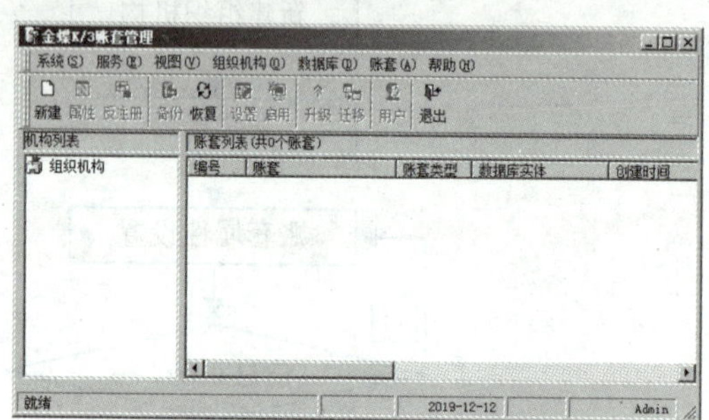

图 2-3　金蝶 K/3 账套管理

提　示

“Admin”是对金蝶 K/3 系统进行维护和管理的人员，具有登录账套管理的权限，但没有操作账套内数据的权限。“Admin”与“Administrator”是不同的操作员，不能以“Administrator”的身份登录账套管理，但拥有“Administrator”权限的操作员可以登录金蝶 K/3 主控台，操作账套内数据。

二、建立账套

建立账套就是要利用 ERP 软件在计算机上建立一套独立完整的企业资源管理系统，账套的建立标志着企业在软件上已有了专门为企业服务的企业资源管理系统。当企业使用金蝶 K/3 软件时，首先要做的就是建立一个账套作为企业资源管理的专用系统，依托这个专用系统存放自己的业务数据，并且在业务发生时通过这个专用系统进行操作和数据处理。

1. 建立组织机构

金蝶 K/3 软件允许建立多个账套，为了便于对多个账套进行管理，系统提供了一个组织机构的功能，可以按组织机构对各种账套进行分类管理。

【例 1】　建立组织机构：组织机构代码“1”；机构名称“国霆朔华集团”。

操作步骤：

（1）在“金蝶 K/3 账套管理”窗口，执行“组织机构”→“添加机构”命令，弹出“添加机构”对话框，根据要求输入信息，如图 2-4 所示。

（2）单击“确定”按钮，返回“金蝶 K/3 账套管理”窗口，在机构列表中显示新建的组织机构，用户可在这个组织机构下建立账套信息。

操作视频

例 1　建立组织机构

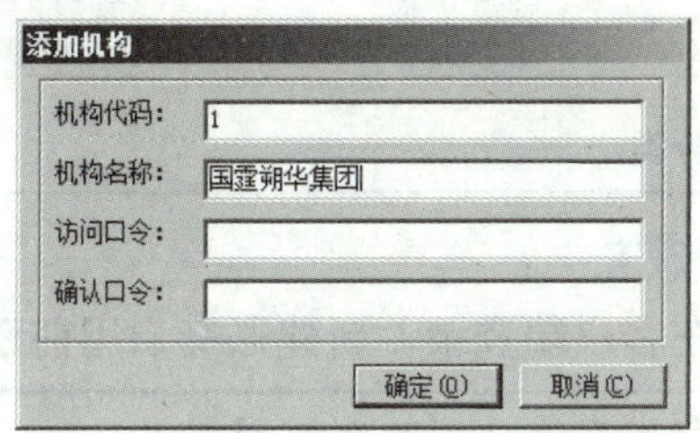

图 2-4　添加机构

2. 创建账套

在使用金蝶 K/3 软件进行业务管理之前，首先要新建本单位的账套。

【例 2】　建立新账套。

（1）账套号：001。

（2）账套名称：朔华嘉信公司。

（3）账套类型：标准供应链解决方案。

（4）数据库实体：（保留默认值）。

（5）数据库文件路径：D:\K3DB。

（6）数据库日志文件路径：D:\K3DB。

（7）验证方式：SQL Server 身份验证。

（8）系统用户名：sa。

（9）系统口令：空。

（10）数据服务器：（保留默认值）。

（11）数据库类型：（保留默认值）。

（12）账套语言类型：（保留默认值）。

操作步骤：

（1）在 Windows 桌面，双击“计算机”图标，打开 D 盘，建立文件夹“K3DB”。

操作视频

例 2　建立新账套

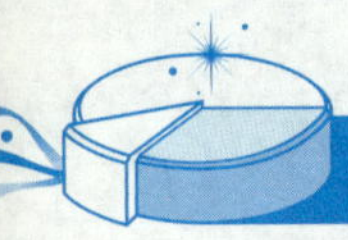

（2）在“金蝶 K/3 账套管理”窗口，单击“新建”按钮，弹出“信息”对话框，显示账套分类，如图 2-5 所示。

（3）单击“关闭”按钮，弹出“新建账套”对话框，根据栏目说明输入完整信息，单击“确定”按钮，系统自动开始创建账套，如图 2-6 所示。

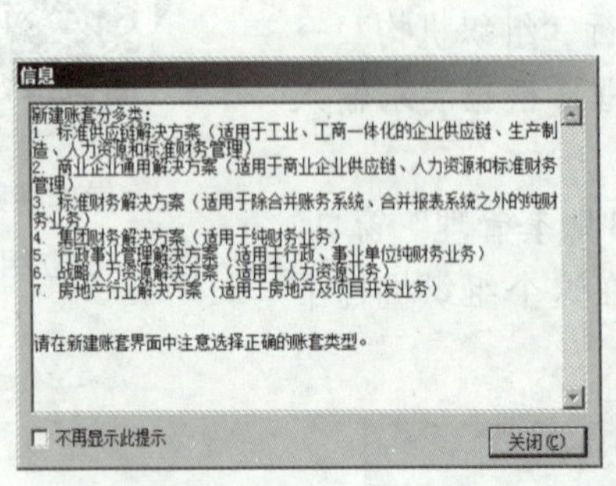

图 2-5　账套分类

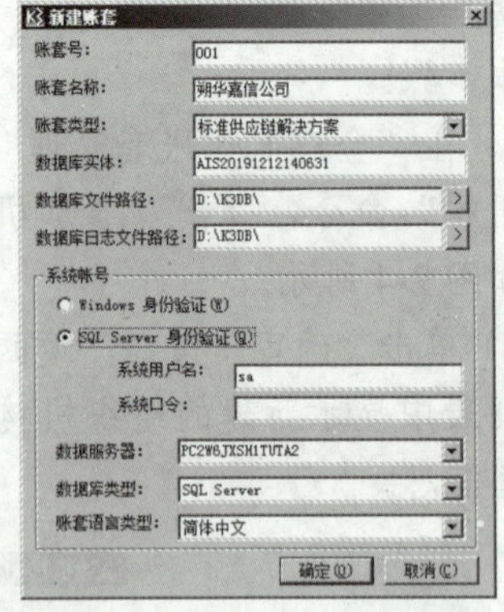

图 2-6　新建账套

3. 账套属性设置和启用账套

账套新建经过启用才能在客户端登录，新建账套启用前还需要进行账套属性设置。

【例 3】　设置“001 朔华嘉信公司”账套属性。

（1）机构名称：朔华嘉信股份有限公司。

（2）地址：武汉市汉阳区鹦鹉大道 789 号。

（3）电话：027-12121212。

（4）记账本位币代码：RMB。

（5）名称：人民币。

（6）小数点位数：2。

（7）总账属性：总账凭证过账前必须审核。

（8）启用会计年度：当前操作年度。

（9）启用会计期间：当前操作月份。

设置完成后，将账套号修改为“1.001”。

操作视频

例 3　账套属性设置和启用账套

操作步骤：

（1）在“金蝶 K/3 账套管理”窗口的账套列表中选择要设置的账套，单击“设置”按钮，弹出“属性设置”对话框，在“系统”选项卡中输入机构名称、地址和电话，如图 2-7 所示。

（2）在“总账”选项卡中勾选“凭证过账前必需审核”，其他项目采用默认值，如图 2-8 所示。

（3）在“会计期间”选项卡中，单击“更改”按钮，弹出“会计期间”对话框，在“启用会计年度”和“启用会计期间”文本框中输入相应的启用年份和月份数，保

留其他项目的默认值，单击“确认”按钮返回“属性设置”对话框，如图 2-9 所示。

（4）设置完成后，在“属性设置”对话框中先单击“保存修改”按钮，后单击“关闭”按钮，系统自动弹出提示框，询问是否启用当前账套，单击“是”按钮启动当前账套，如图 2-10 所示。

（5）账套启动成功后，弹出提示框，如图 2-11 所示。单击“确定”按钮，回到“金蝶 K/3 账套管理”窗口。如果没选择启用，可以单击“金蝶 K/3 账套管理”窗口中的“启用”按钮，启用所选账套。

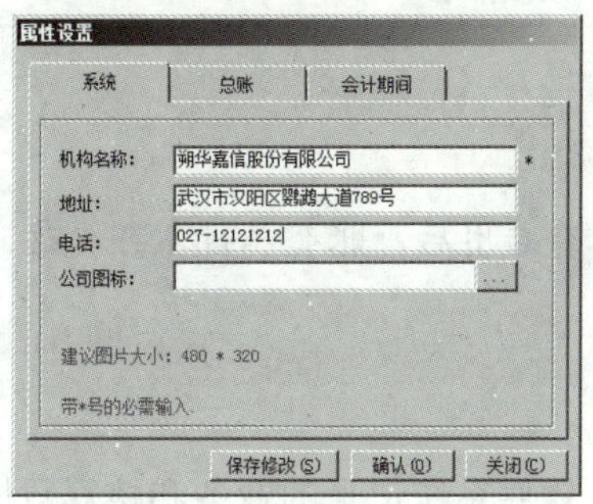

图 2-7　系统属性设置

图 2-8　总账属性设置

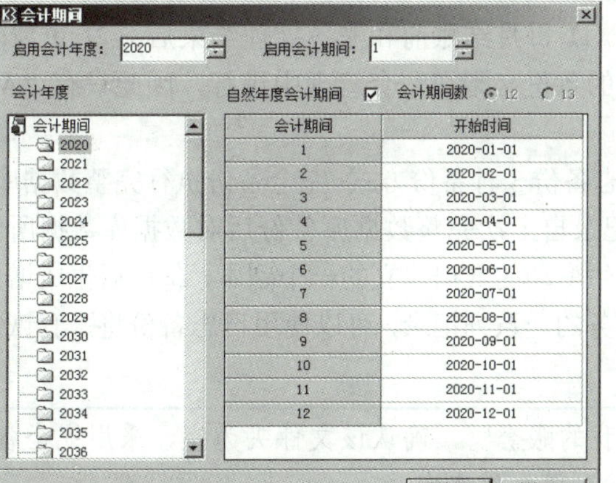

图 2-9　会计期间设置

图 2-10　启用账套

图 2-11　账套启用成功

（6）在“金蝶 K/3 账套管理”窗口的右窗格账套列表中选择账套 001，单击“属性”按钮或者执行“数据库”→“账套属性”命令，打开“账套属性”窗口，将账套号“001”修改为“1.001”，确认保存，打开左窗格的机构名，右窗格显示 1.001 账套，如图 2-12 所示。

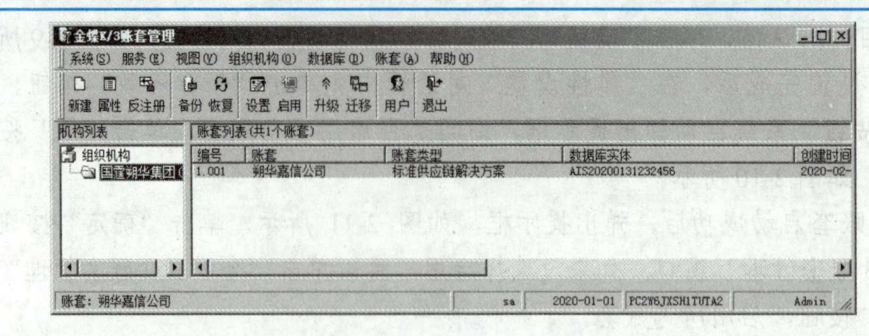

图 2-12　组织机构所属账套

提　示

只有属性设置正确后，才可启用账套。账套启用后，账套属性不可更改。

三、备份账套

账套的备份也称为账套的输出，就是把 ERP 软件系统记录的业务和核算数据以文件的形式另存起来，以保证业务和核算资料的安全、完整，这是企业 ERP 日常管理工作的重要内容。账套的备份工作可随时进行，在实际工作中应坚持每天至少备份一次。

在下列情况下必须进行账套备份：① 每月结账前和账务处理结束后；② 更新软件版本前；③ 进行会计年度结账时。账套的备份必须在账套管理中进行，因此只有“Admin”才有权进行操作。

系统提供完全备份、增量备份和日志备份 3 种备份方式。完全备份执行完整数据库备份，备份后生成完全备份文件；增量备份记录自上次完整数据库备份后对数据库数据所做的更改，也就是为上次完整数据库备份后发生变动的数据建立的一个副本，备份后生成增量备份文件；日志备份是数据库执行的所有事务的一系列记录，可以使用日志备份将账套恢复到特定的即时点或故障点。

【例 4】　在 D 盘新建文件夹“我的账套”，确认该文件夹为空，采用完全备份方式将账套“1.001 朔华嘉信公司”备份到该文件夹中。

操作步骤：

（1）检查备份目标文件夹是否存在。如果不存在，需要单击桌面“计算机”图标，选择 D 盘，新建文件夹“我的账套”。

（2）在“金蝶 K/3 账套管理”窗口内选择“1.001 朔华嘉信公司”账套，单击“备份”按钮或执行“数据库”→“备份账套”命令，弹出“账套备份”对话框。

（3）选择备份方式“完全备份”后，通过参照按钮浏览选择目标文件夹“D: \我的账套”，如图 2-13 所示。

（4）设置完成后，单击“确定”按钮，系统开始备份账套。

操作视频

例 4　备份账套

（5）账套备份完毕，系统弹出提示框，单击“确定”按钮，如图 2-14 所示。用户可以将这两个文件复制到其他存储介质（如 U 盘）中保存。

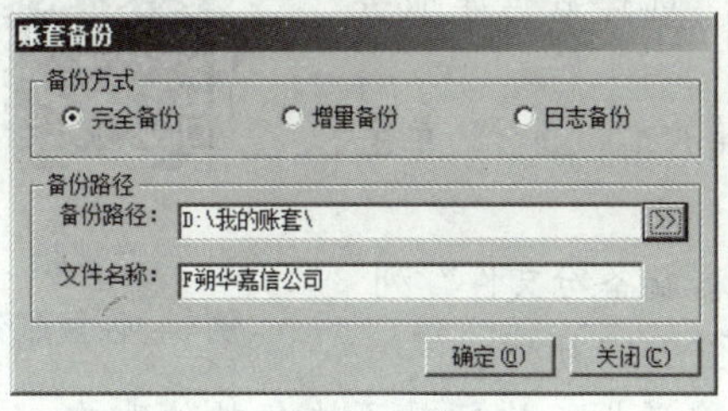

图 2-13　账套备份

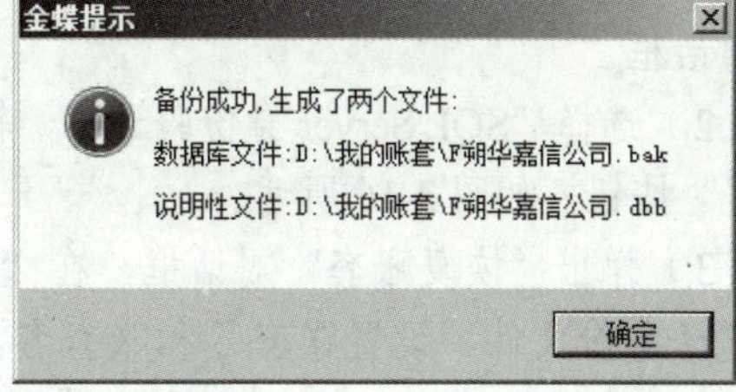

图 2-14　账套备份成功

四、删除账套

账套删除是指将不再需要的账套从系统中删除，同时产出数据库实体。

【例 5】　将账套“1.001 朔华嘉信公司”删除（已经完成备份，删除时不需要再次备份）。

操作步骤：

（1）在“金蝶 K/3 账套管理”窗口的账套列表中选择要删除的账套。

操作视频

例 5　删除账套

（2）执行“数据库”→“删除账套”命令。在删除之前，系统会检测当前账套是否正在使用，检测该账套是否已被其他中间层注册。如果账套没有被使用，系统弹出提示对话框，如图 2-15 所示。

（3）单击“是”按钮，系统弹出提示对话框，询问是否进行备份，单击“否”按钮，即可删除选择的账套。

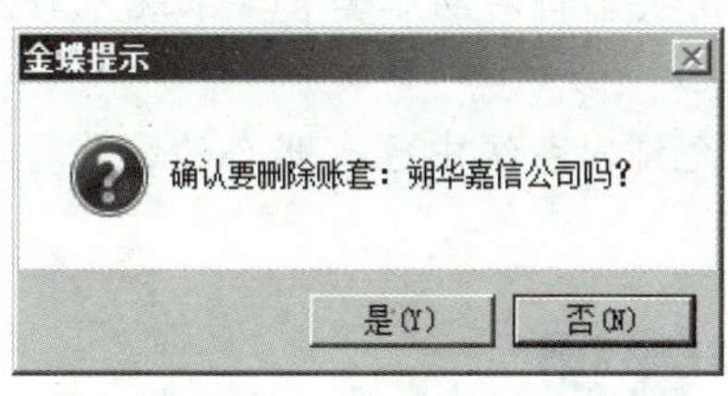

图 2-15　删除账套

五、恢复账套

恢复账套就是把保存好的业务核算数据引入到软件系统中来，该功能可以用来恢复被破坏的软件系统业务记录。

【例 6】　将“1.001 朔华嘉信公司”备份文件恢复到“金蝶 K/3 账套管理”窗口内，要求恢复后的账套号为“001”，账套名称为“朔华嘉信公司”，无所属组织机构。

操作步骤:

(1)在“金蝶 K/3 账套管理”窗口中，单击“恢复”按钮或执行“数据库”→“恢复账套”命令，弹出“选择数据库服务器”对话框。

操作视频

例 6 恢复账套

(2)选择“SQL Server 身份验证”，输入用户名“sa”，单击“确定”按钮，如图 2-16 所示。

(3)弹出“恢复账套”对话框，在“服务器端备份文件”列表中选择备份文件，设置账套号和账套名，如图 2-17 所示。

(4)单击“确定”按钮，系统弹出提示对话框，询问是否恢复其他账套，单击“否”按钮，回到“金蝶 K/3 账套管理”窗口。

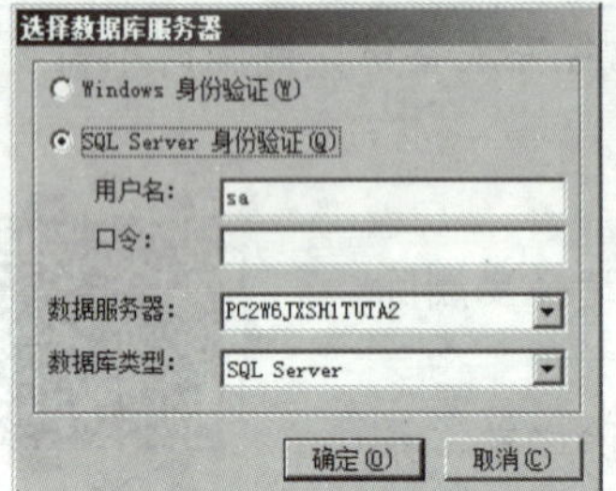

图 2-16 选择数据库服务器

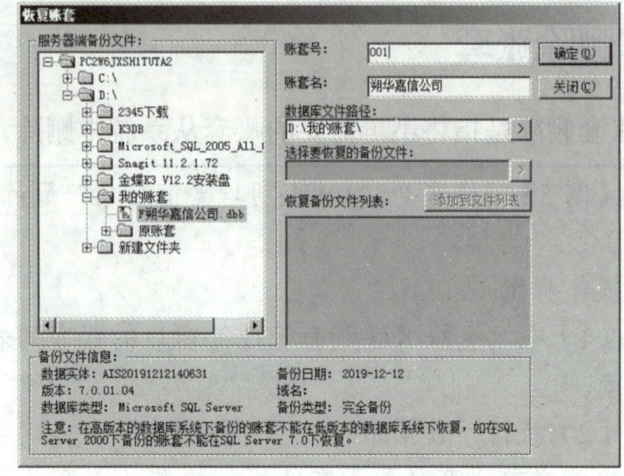

图 2-17 恢复账套

提 示

(1)账套恢复成功后需要重新启动账套管理系统才能显示恢复的账套，否则在界面中找不到新恢复的账套。

(2)账套号和名称不允许同系统中已有账套的编号和名称重复。

第三节 用户管理

用户管理是指对使用某账套的操作员的管理，即规定哪些用户可以登录到指定的账套，在账套中可以使用哪些系统，在系统中有哪些具体的操作权限。

软件的使用离不开具体的人员。企业对 ERP 软件开发利用的程度越高，渗透到企业业务的层面就越广，所涉及的操作员规模就越大，对操作员的管理要求也就越高。对操作员的管理包括在系统中进行操作员的增设与分类、对操作员进行权限分配、对不再允许登录系统的操作员的注销等，这些工作必须在账套管理中完成。

一、设置用户组和用户

1. 设置用户组

用户组是指在企业管理中拥有某一类职能的组织，这个用户组可以是实际的部门，也可以是由拥有同一类职能的人构成的虚拟组织。设置用户组后，可以定义用户组的权限，如果某用户归属此用户组则其具有用户组的全部权限。此功能的作用是方便控制操作员权限，可以依据职能统一进行权限的划分。

2. 设置用户

设置用户即设置操作员，只有具备权限的操作员才能登录使用金蝶 K/3 系统，以保证系统数据的安全保密。除了系统预设的用户外，企业可以根据情况新建自己的用户。

提　示

（1）用户和用户组设置不分先后顺序，用户可以根据自己的需要先后设置。但对于自动传递权限来说，应该首先设定用户组，然后分配权限，最后进行用户的设置。这样在设置用户时，如果选择其归属哪一个用户组，则其自动具有该用户组的权限。

（2）一个用户组可以拥有多个用户，一个用户也可以分属于多个不同的用户组。

（3）若用户组已在用户设置中被选择过，系统则会将这些用户名称自动显示在用户组的所述用户列表中。

二、设置用户权限

用户权限设置在金蝶 K/3 系统运行过程中起着非常重要的作用，通过合理的权限控制，可以确保业务资料的安全和保密，同时也可以确保业务分工处理的高效有序。增设的用户，只有在被授予相应的操作权限后，才能登录系统进行业务处理。

因为用户被嵌入具体账套，所以用户权限只作用于所属账套。账套主管自动拥有所属账套的所有权限。金蝶 K/3 系统对操作员的权限管理提供功能权限、字段权限和数据权限三种方式。

1. 功能权限

功能权限是指对各子系统中功能模块的功能操作权限，当用户拥有了子系统的功能模块的功能权限时，才能进行对应模块的功能操作。

2. 字段权限

字段权限是指对各子系统汇总某数据类别的字段操作权限，系统默认不进行字段权限检查。当授权用户对指定字段设置字段权限控制后，用户进行该数据类别的指定字段操作时需接受权限检查。只有当用户拥有该字段的字段权限，才能对该字段进行对应的操作。例如，对应收款管理系统中的“单价”进行字段权限控制，则当用户被授权具有该字段权限时，才可以进行相应的操作（如查询）。

3. 数据权限

数据权限是指对系统中具体数据的操作权限，分为数据查询权、数据修改权和数据删除权。例如，对“供应商”数据进行权限控制，则某用户可以被授权对部分供应商数据进行查询，而无法查询到其他供应商的情况。系统中默认所有数据均不进行数据权限控制。

对用户上述权限的设置可以逐一进行，也可以通过用户组权限设置来完成。如果用户数量较少，且各自的权限差异较大，适宜对各用户逐一进行权限设置；如果用户数量较多，且权限基本相同，则适宜设置用户组权限来统一授权。

【例 7】　为朔华嘉信公司新建“会计组”用户组，说明为“负责全部会计业务处理工作”；功能权限有“具有基础资料、数据引入引出、系统参数配置管理权、总账、报表、现金流量表、工资、固定资产、应收款、应付款、存货核算管理系统、预算管理系统的管理权”。

操作视频

例 7　设置用户权限

操作步骤:

（1）在“金蝶 K/3 账套管理”窗口中，单击“用户”按钮，弹出“用户管理”对话框。

（2）单击“新建用户组”按钮或执行“用户管理”→“新建用户组”命令，弹出“新增用户组”对话框。输入用户组名和说明，单击“确定”按钮，保存新增用户组，如图 2-18 所示。

（3）在用户组列表中选择新增的“会计组”，单击“功能权限管理”按钮或执行“功能权限”→“功能权限管理”命令，弹出“用户管理_权限管理［会计组］”对话框，在权限组列表中勾选相应的授权权限，如图 2-19 所示。

（4）设置完成后，单击“授权”按钮，然后单击“关闭”按钮。

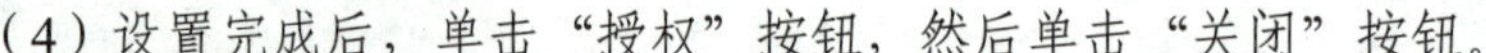

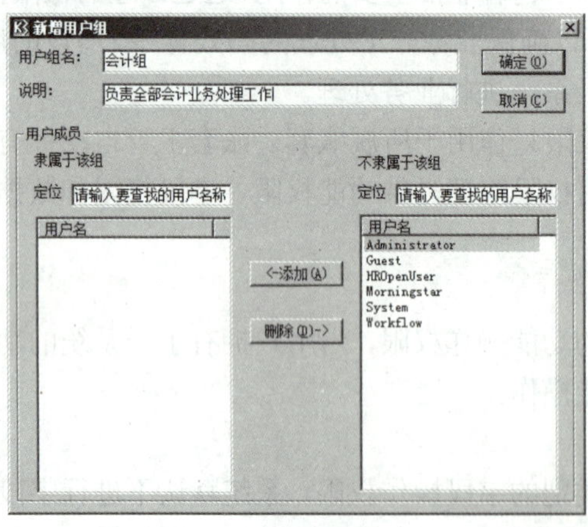

图 2-18　新增用户组

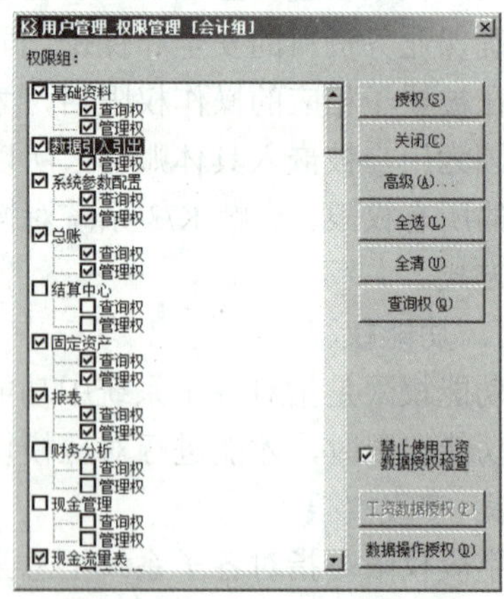

图 2-19　用户组授权

三、修改、删除用户

用户修改、删除或禁用等维护是用户管理经常使用的功能。当用户的属性发生变化时，

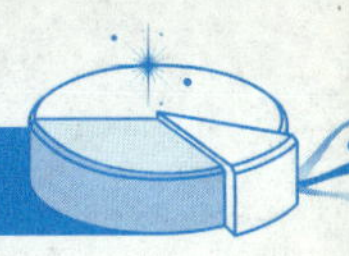

就需要进行修改操作，不需要的用户可以删除。

（1）修改用户属性的操作方法是：在“用户管理”窗口内“全部用户”中选择用户，执行“用户管理”→“属性”命令，弹出“用户属性”对话框，可以在“用户”“认证方式”“权限属性”和“用户组”等选项卡中修改用户属性，修改后确认保存。

（2）删除用户的操作方法是：在“用户管理”窗口内“全部用户”中选择用户，执行“用户管理”→“删除”命令，确认后用户被删除。已经被引用过的用户不能删除，可以在修改用户属性对话框中的“用户”选项卡中勾选“此账号是否禁用”，保存后，该用户无法登录客户端。

上机实验

实验 1　账套管理和用户管理。

以上实验内容详见书后所附“上机实验资料”。

修身立德

会计人员管理办法

为了加强会计人员管理，明确会计人员范围和专业能力要求，财政部印发《会计人员管理办法》(财会〔2018〕33 号)(以下简称《管理办法》)，并于 2019 年 1 月 1 日起施行。

一、制定出台《管理办法》的必要性

(1) 会计从业资格行政许可取消后，会计人员的继续教育、职称管理、诚信建设等需要进行有效的管理。为了贯彻落实党中央、国务院“放管服”改革的要求，财政部研究制定《管理办法》，规范会计人员的行为，改进对会计人员的监管方式。

(2)《中华人民共和国会计法》第三十八条规定：“会计人员应当具备从事会计工作所需要的专业能力，……本法所称会计人员的范围由国务院财政部门规定。”为了贯彻落实上述法律规定，财政部研究制定《管理办法》，明确会计人员范围和专业能力要求，强化会计人员管理工作。

(3) 会计人员承担着提供会计信息和维护国家财经纪律等重要职责，其素质的高低直接影响会计工作和会计信息质量。为了规范会计人员管理，财政部研究制定《管理办法》，明确会计人员的专业能力和职业道德要求，加强对会计人员的监管。

二、《管理办法》的主要内容

《管理办法》共 11 条，主要包括以下内容。

(1) 明确会计人员的范围及相关工作岗位。《管理办法》将会计人员界定为在单

位中从事会计核算、实行会计监督的人员，其中包括担任会计机构负责人（会计主管人员）、总会计师的人员。同时，《管理办法》明确了会计工作的具体岗位。

（2）明确会计人员从事会计工作应当符合的基本要求。《管理办法》强调，会计人员从事会计工作应当遵守《会计法》和国家统一的会计制度等法律法规，具备良好的职业道德，按照国家有关规定参加继续教育，具备从事会计工作所需要的专业能力。

（3）明确单位对会计人员管理的主体责任。《管理办法》规定了单位在会计人员专业能力认定、会计人员任用（聘用）、会计岗位设置等方面的具体责任和有关要求。

（4）明确会计人员的监管方式。《管理办法》强调，政府部门应当采用随机抽取检查对象、随机选派执法检查人员的方式，对会计人员及其从业情况进行监督检查，并将监督检查情况及结果及时向社会公开。

（资料来源：http://kjs.mof.gov.cn/zhengcejiedu/201812/t20181213_3092133.htm，有改动）

第三章　基础资料设置

学习目标

知识目标：

（1）了解基础资料项目的构成及其之间的依赖关系。

（2）掌握主要公共基础资料的设置方法。

能力目标：

（1）能够登录金蝶 K/3 主控台。

（2）能够根据业务要求设置各类基础资料。

素质目标：

（1）培养不计得失、吃苦耐劳的精神。

（2）培养无私奉献、兢兢业业的品质。

（3）培养职业使命感和责任感。

工作情景

朔华嘉信公司的系统管理员已经在金蝶 K/3 系统中创建了账套、设置了操作员和操作员权限。要利用金蝶 K/3 系统有效核算和管理企业经济业务，就需要将企业的基本业务资料录入系统，这是将 ERP 软件与企业实际业务相结合的基础，这项工作的质量，对 ERP 的运行和管理效果都有着直接的影响。

朔华嘉信公司对企业基本业务资料进行了全面的归集整理，并根据金蝶 K/3 系统的设置要求对业务资料重新进行了分类设计，在此基础上形成了满足业务管理需要的基础档案资料，现在需要由负责前期基础设置的财务部门人员将基础档案录入系统。

第一节 基础资料概述

基础资料是系统中使用的各种基础数据的总称。用户在录入凭证或录入单据时，需要输入一些业务资料信息，如科目、币别、商品、客户、供应商和金额等。也就是说，凭证和单据是由基础项目和具体数值构成的，为了便于进行统一的设置与管理，系统提供了基础资料管理功能。各子系统的基础资料数据主要影响对应系统的使用，而公共基础资料内容能够被多个子系统引用。

一、基础资料项目

独立设置类别、进行集中管理的公共基础资料有 33 项，包括科目、币别、汇率体系、凭证字、计量单位、结算方式、仓位、核算项目、客户、部门、职员、物料、仓库、供应商、成本对象、劳务、成本项目、要素费用、费用、计划项目、成本对象组、银行账号、国别地区、城市港口、HS 编码、保险险种、成本中心、要素项目、金融机构、分支机构、工作中心、现金流量项目和辅助资料管理等。

与特定系统或项目有关的基础资料列入相关子系统中进行管理，如付款条件列入采购管理系统、应付款管理系统中，付款条件列入销售管理系统、应收款管理系统中。

二、上级组与明细项目

有些公共基础资料的数据过多。例如，企业的客户数可能成百上千，如果仅针对明细客户数据进行录入与管理，将会降低查询、修改和引用操作效率，通过对项目划分类别，企业可以有效解决这个问题，如将客户按国内、国外分成一级类别，再按国内大区分成二级类别，按省市分成三级类别，每个省下面的客户可能只有数十个，管理起来方便许多。

因此，金蝶 K/3 系统将公共基础资料的分类称为上级组和非上级组，需要在上级组状态下才可以录入上级组代码和名称，在非上级组状态下录入具体资料即明细项目。如果明细项目被误设置为上级组，用户将在日常业务操作时查询不到该项目的数据。

三、基础资料各项目之间的关系

在公共基础资料中，部分数据不依赖其他公共数据，是最基础的项目，如币别、银行账号、计量单位、仓库等。但也有部分数据之间具有依赖关系，具有依赖关系的项目数据发生变化，直接影响到依赖它的项目内容，如涉及外币的科目需要引用币别数据，部门的应收、应付资料需要引用科目数据，职员信息需要引用部门和科目数据，凭证字设置需要引用科目数据，结算方式需要引用科目数据，客户和供应商资料中涉及部门、职员、科目和结算方式，物料资料涉及计量单位、职员和科目等。

在设置公共基础资料时，用户一般按照项目依赖关系依次录入，先录入无依赖关系的项目，再录入有依赖关系的项目。每个项目也要按照总分类、明细分类和明细项目的顺序录入与保存。删除时，按照取消所有对该项目的引用、删除明细项目、明细分类和总分类

的顺序进行操作。

提　示

基础资料管理是一个复杂的过程，不可能一蹴而就，用户可以反复进行调整，直至满意为止。

● 第二节　主要公共基础资料的设置

一、币别与计量单位的设置

1．币别设置

企业的经营活动以货币为交易媒介和计量单位。企业一般选择经营所在地的货币作为日常财务核算的功能货币（即记账本位币）。涉外企业交易活动涉及外国货币时，需要对不同币别业务数据进行记录和计量，采用对应币别汇率进行业务记录及核算处理。币别设置数据会自动传导至汇率体系中。

【例 1】　新增币别：代码“HKD”，名称“港币”，汇率“0.8359”，金额小数位数“2”。

操作视频
例 1　币别设置

操作步骤：

（1）调用操作系统 Windows 菜单，执行“开始”→“所有程序”→“金蝶 K3 WISE 创新管理平台”→“金蝶 K3 WISE 创新管理平台”命令，弹出“金蝶 K/3 系统登录”对话框，选择当前账套“001|朔华嘉信公司”，输入用户名和密码，如图 3-1 所示。

（2）单击“登录”按钮，打开“主界面”窗口，窗口左侧显示金蝶 K/3 主控台，如图 3-2 所示。

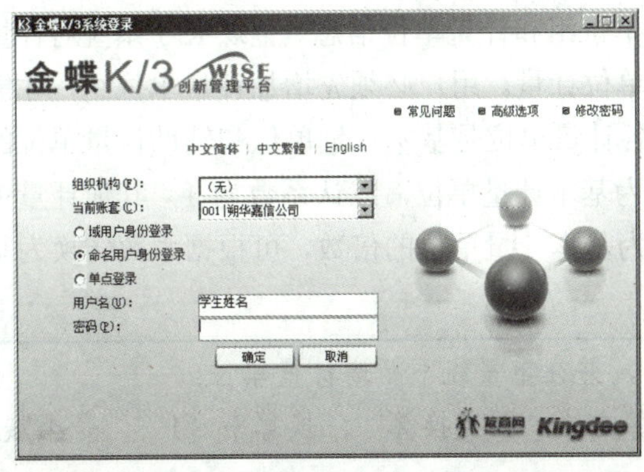

图 3-1　登录金蝶 K/3 系统

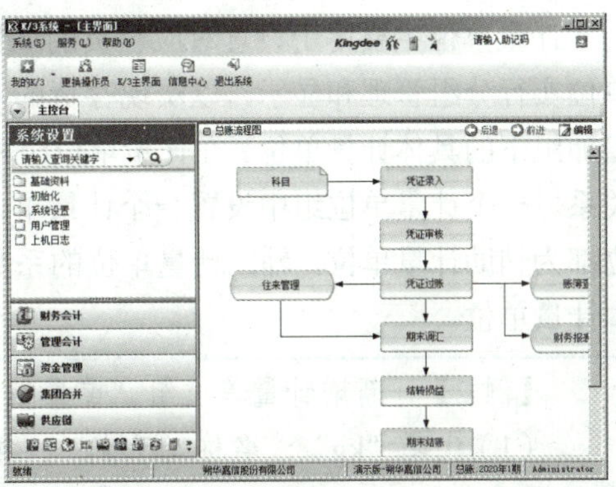

图 3-2　主界面

（3）在金蝶 K/3 主控台，执行“系统设置”→“基础资料”→“公共资料”→“币别”命令，打开“币别”窗口。

（4）单击“新增”按钮，弹出“币别—新增”对话框。输入币别代码、币别名称和记账汇率，并设置该币别的折算方式及金额小数位数，如图 3-3 所示。

（5）设置完成后，单击“确定”按钮。该币别即显示于“基础平台—［币别］”窗口列表中，如图 3-4 所示。

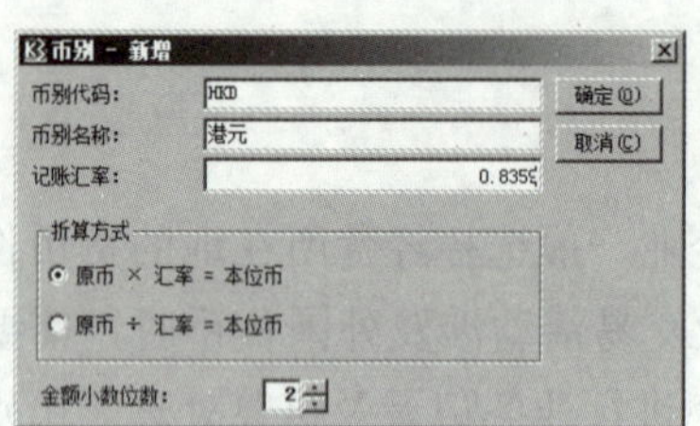

图 3-3　新增币别

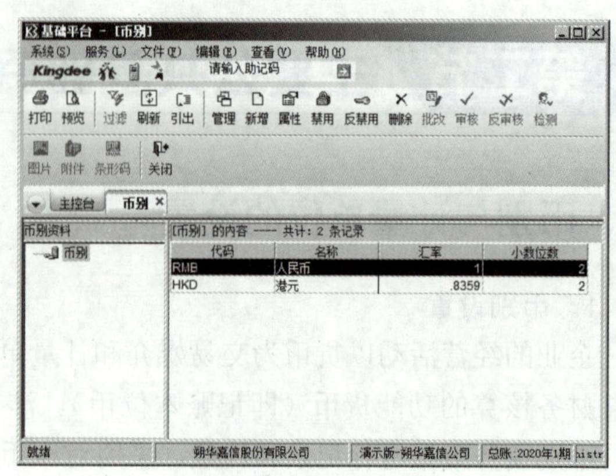

图 3-4　币　别

提　示

（1）币别不分级，系统在列表中显示全部币别。人民币为默认币别数据，不需要编辑和新增。

（2）币别删除操作比较复杂，只有未被引用的币别才可以进行删除。

（3）如果外币使用固定汇率核算，则应在每月月初设置期初汇率（记账汇率），在月末设置调整汇率；如果外币使用浮动汇率核算，则每天均应设置当天的汇率。

2. 计量单位设置

计量单位主要用于设置对应存货的计量单位组和计量单位信息。金蝶 K/3 系统对计量单位实行分组管理和显示，以实现存货的多单位计量。用户必须先增加计量单位组，才能增加组下的具体计量单位。在计量单位组中各计量单位是基本计量单位和辅助计量单位的关系。一个计量单位组中设置一个计量单位为基本计量单位，默认系数为 1，其他计量单位都为辅助计量单位。辅助计量单位的系数为基本计量单位的倍数，可根据系数转换为基本计量单位。

【例 2】　新增计量单位组“重量组”，并在重量组下新增计量单位：

（1）代码“kg”；名称“千克”；换算方式“固定换算”；换算率“1”；是否默认“是”。

（2）代码“t”；名称“吨”；换算方式“固定换算”；换算率“1 000”。

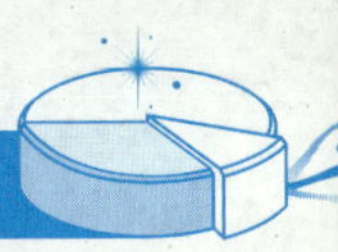

操作步骤：

操作视频

例 2　计量单位设置

（1）在金蝶 K/3 主控台，执行“系统设置”→“基础资料”→“公共资料”→“计量单位”命令，打开“计量单位”窗口。

（2）单击“新增”按钮，弹出“新增计量单位组”对话框，在“计量单位组”文本框中输入“重量组”，单击“确定”按钮，如图 3-5 所示。

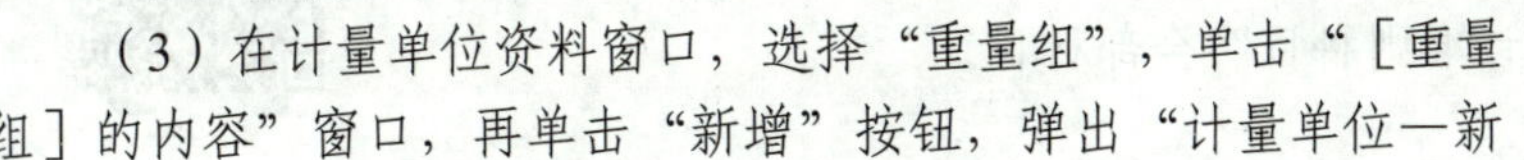

（3）在计量单位资料窗口，选择“重量组”，单击“［重量组］的内容”窗口，再单击“新增”按钮，弹出“计量单位—新增”对话框，输入计量单位代码、名称和换算率等内容，选择换算方式，单击“确定”按钮，如图 3-6 所示。

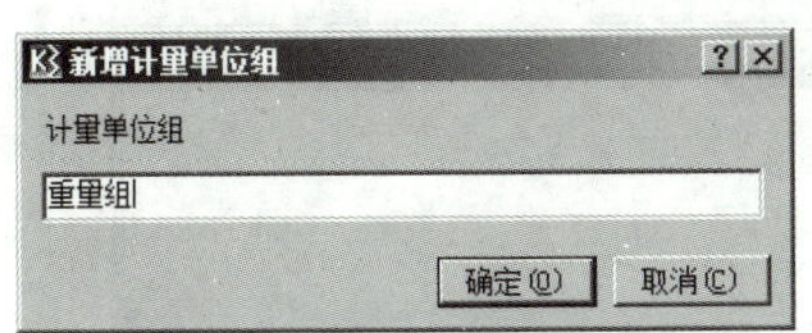

图 3-5　新增计量单位组

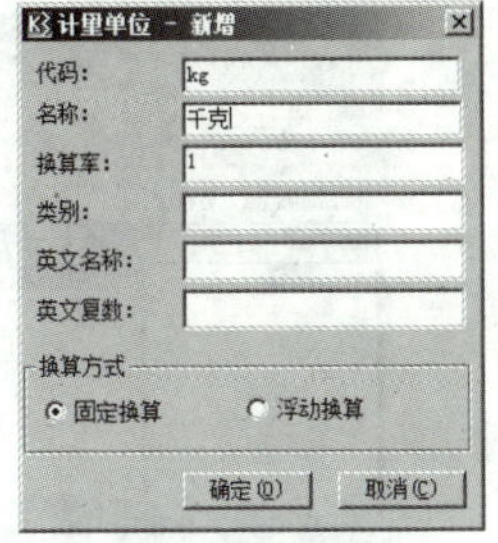

图 3-6　新增计量单位

（4）以同样的方法新增辅助单位“吨”，设置完成后，如图 3-7 所示。

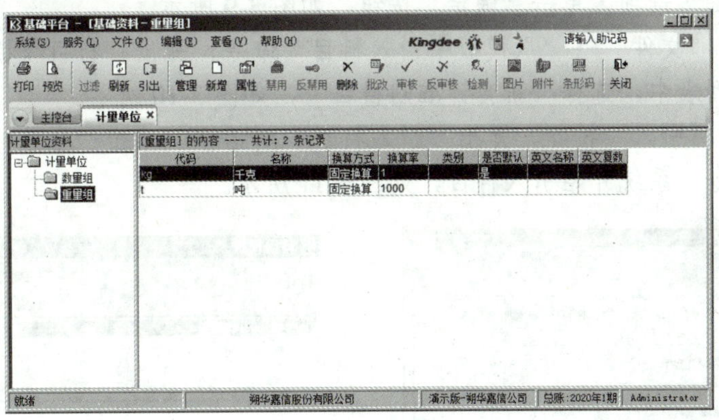

图 3-7　新增重量组计量单位

二、科目设置

如同手工会计一样，只有建立了会计科目，计算机财务系统才能进行日常的财务核算。因此，设置会计科目不仅是手工会计中一项重要的基础工作，也是建立计算机财务核算系统的重要内容。会计科目的设置是否恰当，直接影响到以后各期的会计核算。在设置会计科目时，必须把企业的业务核算需要与国家的相关财务会计制度规定结合起来。

1. 引入会计科目

为了提高用户录入会计科目的速度，金蝶K/3系统提供了标准科目模板，可以通过引入科目的功能，快捷地在系统中建立科目体系。

【例3】 朔华嘉信公司账套使用《企业会计准则》规定的科目进行会计核算，按下列要求进行相关科目设置：

（1）设置基础资料，查看选项中显示级次为“显示所有明细”。

（2）引入“新会计准则科目”全部科目。

操作视频
例3 引入会计科目

操作步骤：

（1）在金蝶K/3主控台，执行“系统设置”→“基础资料”→“公共资料”→“科目”命令，打开“科目”窗口，如图3-8所示。

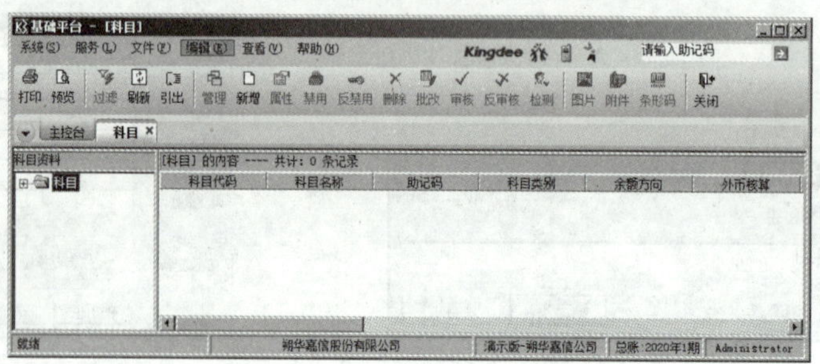

图3-8 科 目

（2）执行“查看”→“选项”命令，弹出“基础资料查询选项”对话框，勾选“显示所有明细”选项，单击“确定”按钮，如图3-9所示。

（3）执行“文件”→“从模板中引入科目”命令，弹出“科目模板”对话框。在“行业”下拉列表中，选择“新会计准则科目”，如图3-10所示。

（4）单击“引入”按钮，弹出“引入科目”对话框，单击“全选”按钮，然后单击“确定”命令，系统开始引入科目，如图3-11所示。

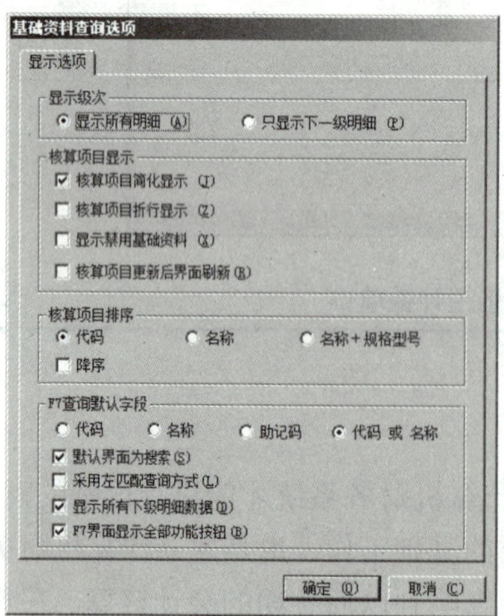

图3-9 基础资料查询选项

图3-10 科目模板

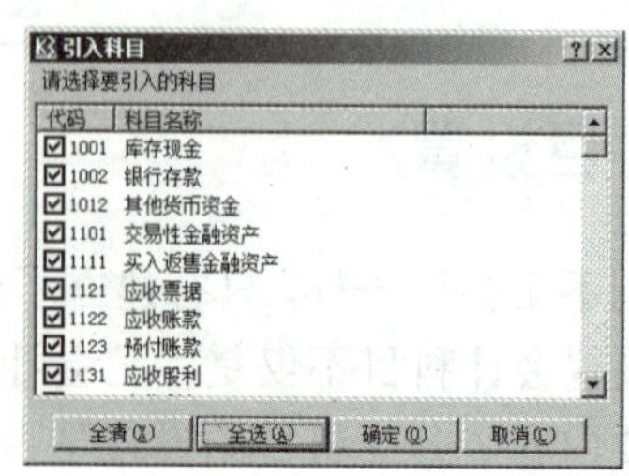

图3-11 引入科目

（5）科目引入完毕，系统弹出“引入成功”提示框，单击“确定”按钮，引入的会计科目即显示于窗口的科目列表框中。

2. 修改会计科目

由于用户业务类型和行业性质的多样性，在核算方法和体系设置上会有一些特殊的要求，系统预置的会计科目在科目名称、辅助核算等方面可能会与用户的要求不一致，对不符合要求的会计科目必须进行适当的修改。

【例 4】　会计科目“1001 库存现金”需勾选“现金科目”和“出日记账”选项。

操作视频
例 4　修改会计科目

操作步骤：

（1）在“科目”窗口科目列表中，双击“库存现金”所在行，或选定该行后，执行“编辑”→“科目属性”命令，弹出“会计科目—修改”对话框。

（2）勾选“出日记账”选项，单击“保存”按钮，如图 3-12 所示。

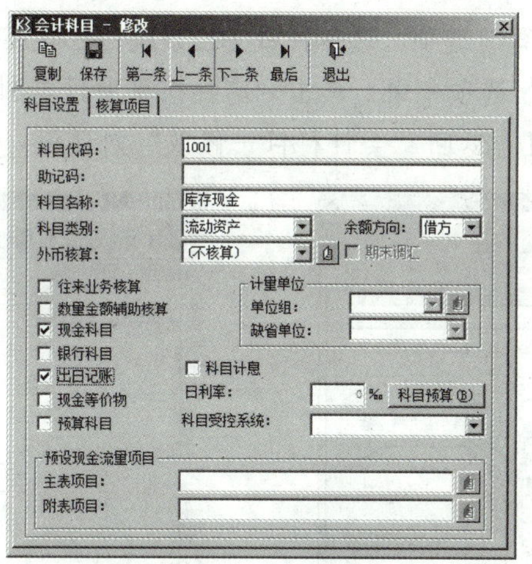

图 3-12　修改会计科目

提　示

（1）会计科目如果已录入期初余额或输入凭证，将不能再被修改。只有删除了有该科目的凭证，并将该科目及其下级科目余额清零后才能修改。

（2）会计科目如果设有下级明细科目，则其编码不能被修改。只有删除了其下级明细科目编码后，才能修改一级科目的编码。

（3）如果科目受控于“应收应付”系统，则与该科目有关的凭证只能在应收、应付款管理系统中录入。在用户录入收付款等单据时，系统将只允许使用那些被指定为

受控于应收、应付款管理系统的科目。如果科目无受控系统，则与该科目有关的凭证只能在总账系统中录入。

3. 新增会计科目

由于系统已预置了绝大部分的会计科目，用户增设会计科目的工作量大大减轻，但由于在系统中预置的会计科目大多是一级科目，因此用户还必须在此基础上增设核算所需要的明细会计科目。

【例 5】 新增预置科目中不存在的科目：科目代码“1123.01”、科目名称“预付供应商款”，勾选“往来业务核算”选项，选择科目受控系统“应收应付”，设置核算项目“供应商”。

操作视频
例 5 新增会计科目

操作步骤：

（1）在“科目”窗口科目列表中，将光标定位在右边科目列表框中，单击“新增”按钮，弹出“会计科目—新增”对话框。

（2）输入科目代码“1123.01”、科目名称“预付供应商款”，勾选“往来业务核算”选项，选择科目受控系统“应收应付”，如图 3-13 所示。

（3）在“核算项目”选项卡中，单击“增加核算项目类别”按钮，选择“供应商”选项，单击“保存”按钮，返回“会计科目—修改”对话框，如图 3-14 所示。

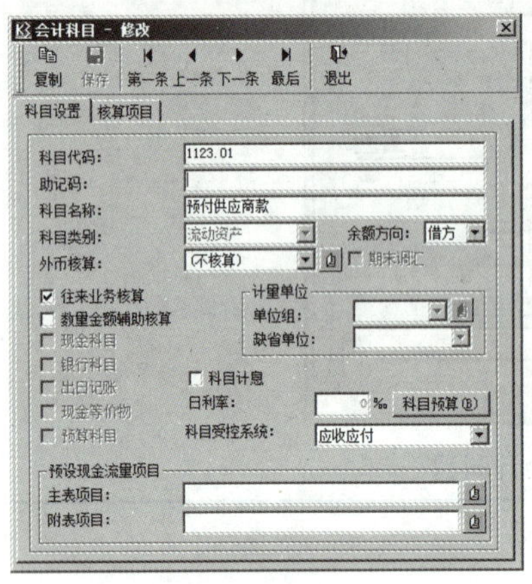

图 3-13 新增会计科目——科目设置

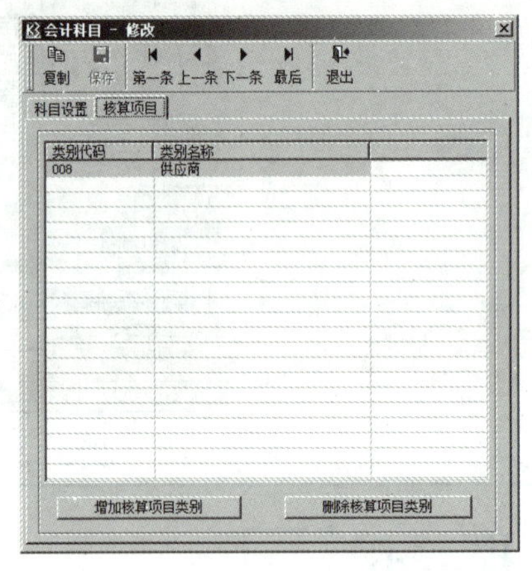

图 3-14 新增会计科目——核算项目

（4）设置完成后，单击“保存”按钮。

三、凭证字与结算方式的设置

1. 凭证字设置

凭证字是会计凭证分类的简要表达，通常用 1～2 个字描述，如记、收、付、转、现收、现付、银收、银付、转账等。凭证字不分级，系统在列表中显示全部凭证字。

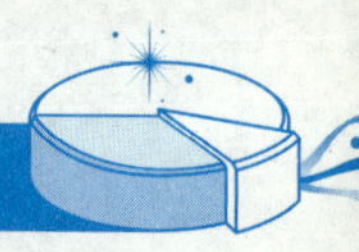

金蝶 K/3 系统允许用户根据需要，按凭证的其他汇总需求设定分类。确定了某种分类体系以后，用户能够进一步设置每种类别的规则，如“收款凭证”规则是该凭证的借方必有“库存现金”或“银行存款”科目。

【例 6】　新增凭证字“收”，限制类型“借方必有”，限制科目“1001,1002”。

操作视频

例 6　凭证字设置

操作步骤:

（1）在金蝶 K/3 主控台，执行“系统设置”→“基础资料”→“公共资料”→“凭证字”命令，打开“凭证字”窗口，如图 3-15 所示。

（2）单击“新增”按钮，打开“凭证字—新增”对话框。输入凭证字名称和科目范围，注意科目编码之间的分隔符号必须是半角逗号，单击“确定”按钮，如图 3-16 所示。

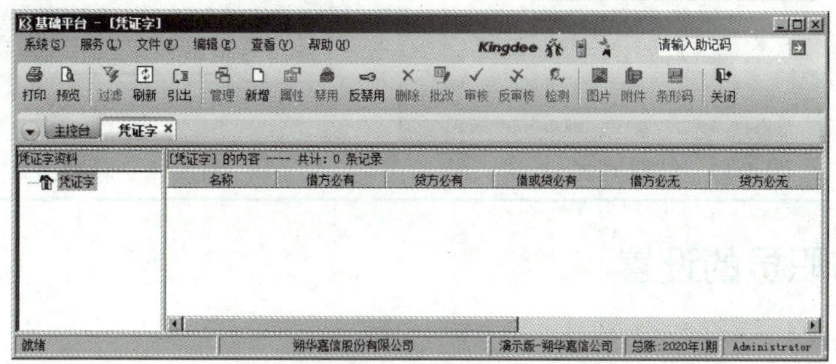

图 3-15　凭证字

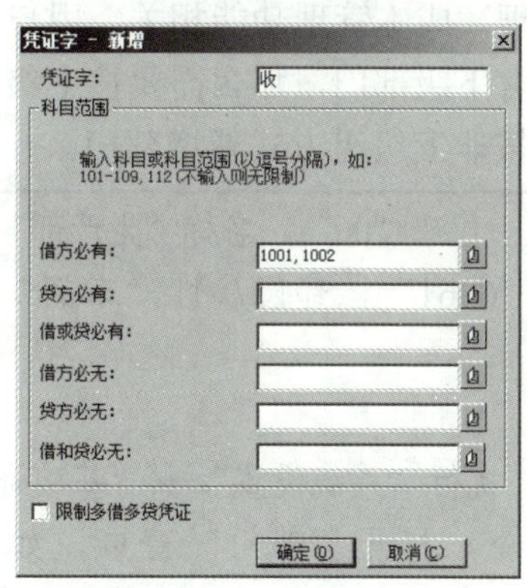

图 3-16　新增凭证字

2. 结算方式设置

结算方式是对因商品交易、劳务供应和资金调拨等经济往来引起的货币收付关系进行清偿的办法。按照《中华人民共和国票据法》和《支付结算办法》的规定，企业主要采用的银行结算办法有支票、银行汇票、银行本票、商业汇票、汇兑、委托收款、托收承付、信用卡和信用证结算等。

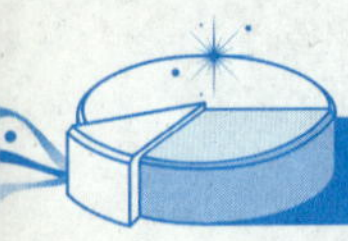

【例 7】新增结算方式：JF11，现金支票。

操作步骤：

（1）在金蝶 K/3 主控台，执行“系统设置”→“基础资料”→“公共资料”→“结算方式”命令，打开“结算方式”窗口，如图 3-17 所示。

操作视频

例 7　结算方式设置

（2）单击“新增”按钮，打开“结算方式—新增”对话框。输入结算方式代码和名称，单击“确定”按钮，如图 3-18 所示。

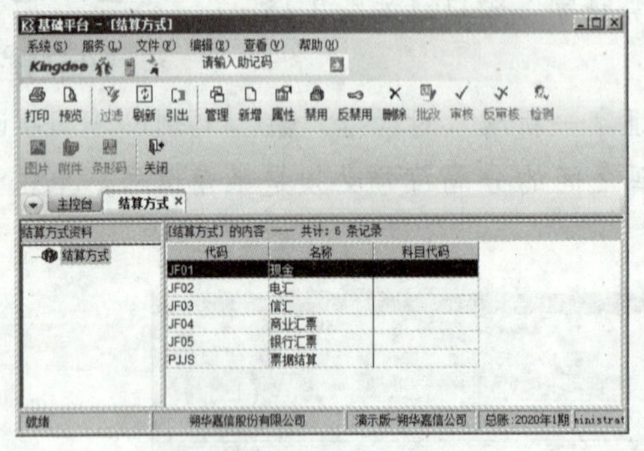

图 3-17　结算方式

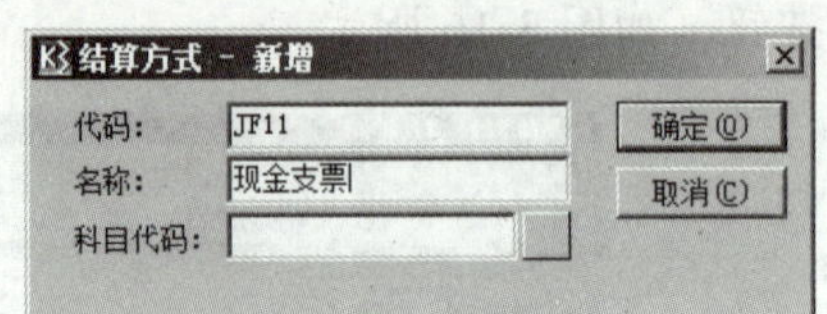

图 3-18　新增结算方式

四、部门与职员的设置

1. 部门设置

部门资料用来记录企业组织结构的构成情况，是多个子系统引用的基础数据。部门属性、成本核算类型等与生产管理、成本管理功能相关。用户可以根据实际情况来决定部门的级次结构。如果某些部门包含下级部门，那么需要按上级组方式新增上级部门；如果某些部门无上级部门，那么需要按非上级组方式新增部门。

【例 8】　新增部门上级组：代码“06”，名称“生产部”。新增部门：代码“06.01”，名称“一车间”，部门电话“6061”，部门属性“车间”，成本核算类型“基本生产部门”。

操作步骤：

（1）在金蝶 K/3 主控台，执行“系统设置”→“基础资料”→“公共资料”→“部门”命令，打开“部门”窗口，如图 3-19 所示。

操作视频

例 8　部门设置

（2）单击“新增”按钮，打开“部门—新增”对话框。单击“上级组”按钮，进入上级组数据的编辑状态，录入上级组数据，单击“保存”按钮，如图 3-20 所示。

（3）再次单击“上级组”按钮，进入非上级组编辑状态，录入部门数据，保存后退出，如图 3-21 所示。

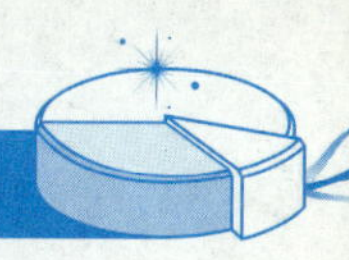

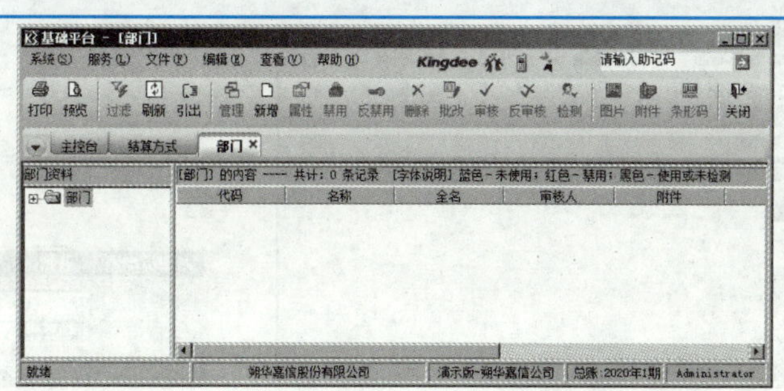

图 3-19　部　门

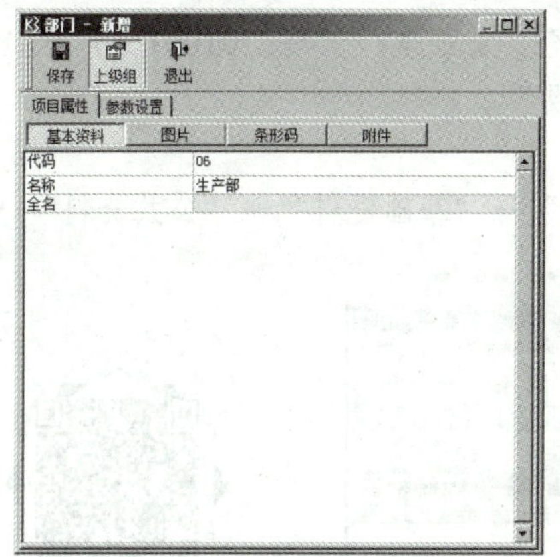

图 3-20　新增部门上级组

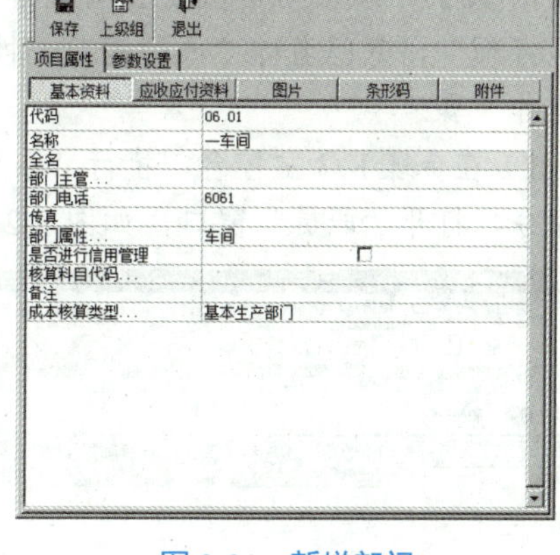

图 3-21　新增部门

2. 职员设置

职员资料在总账系统中主要用于个人往来辅助核算，在应收应付款管理系统、采购和销售系统中，职员资料还可用于对业务员的业绩管理和分析。因此，职员资料的建立不仅有助于加强财务管理，而且能为企业加强人力资源管理提供参考信息。设置职员资料之前，首先要对职员按企业实际业务执行情况录入职员类别，然后才能录入完整的职员档案。

【例 9】　设置朔华嘉信公司的职员类别：03，高级经理；04，部门主管；05，普通员工；06，生产工人。

操作步骤：

（1）在金蝶 K/3 主控台，执行“系统设置”→“基础资料”→“公共资料”→“辅助资料管理”命令，打开“辅助资料”窗口，如图 3-22 所示。

（2）展开左侧的“辅助资料”列表，选定其中的“职员类别”，窗口右边的职员类别列表框中显示有系统内设置的职员类别。

操作视频

例 9　设置职员类别

（3）将光标定位在窗口右边的职员类别列表框中，单击“新增”按钮，弹出“职员类别—新增”对话框。输入职员类别代码和名称，单击“确定”按钮，如图 3-23 所示。

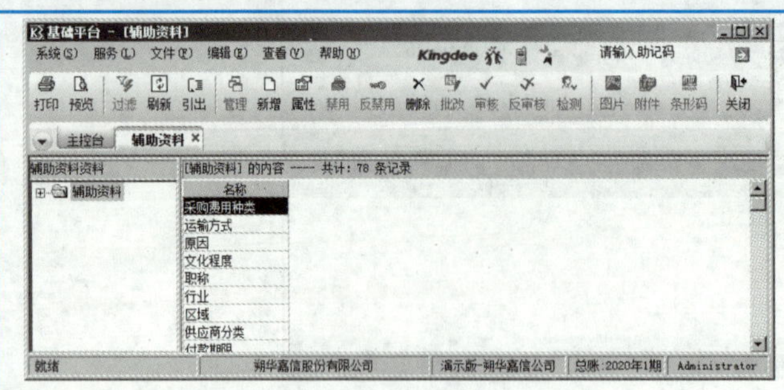

图 3-22 辅助资料

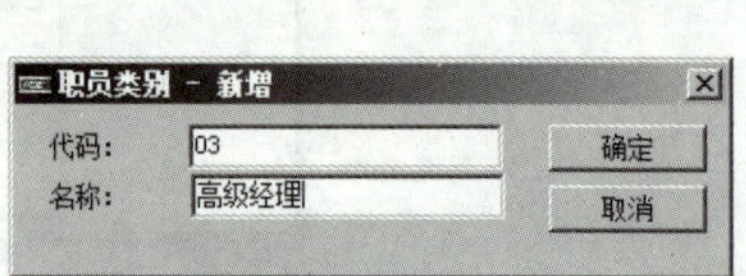

图 3-23 设置职员类别

【例 10】 录入朔华嘉信公司的职员档案：金立赢，代码“01001”，职员类别“高级经理”，部门名称“办公室”，性别“男”。

操作步骤：

（1）在金蝶 K/3 主控台，执行“系统设置”→“基础资料”→“公共资料”→“职员”命令，打开“职员”窗口，如图 3-24 所示。

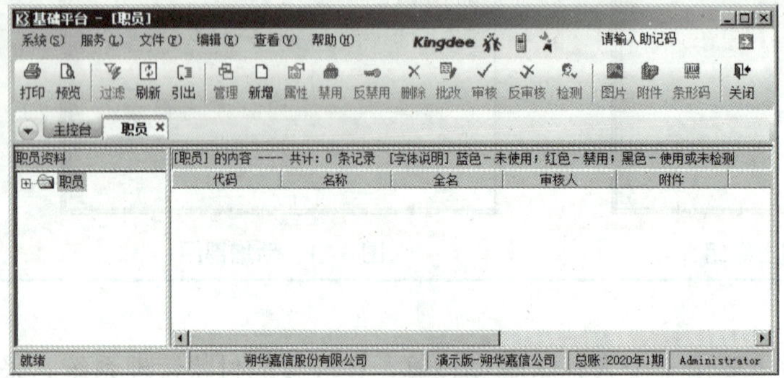

图 3-24 职 员

操作视频

例 10 录入职员档案

（2）单击“新增”按钮，弹出“职员—新增”对话框。输入职员数据，单击“保存”按钮，如图 3-25 所示。

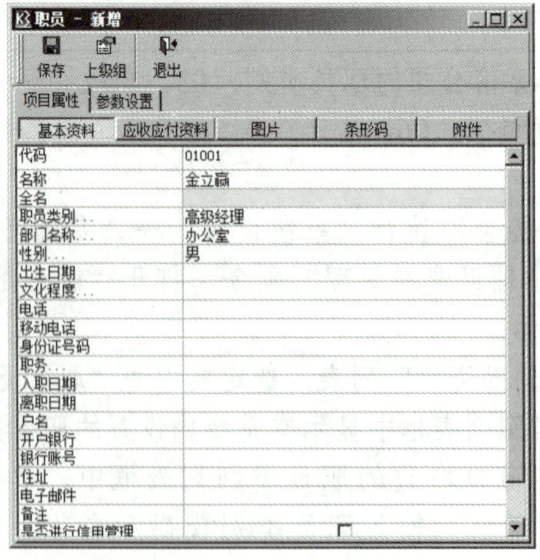

图 3-25 新增职员

五、客户与供应商的设置

客户是产品销售对象，是企业购销业务流程的终点，构成企业执行生产经营业务的直接外因。供应商是原材料等物料的采购对象，是企业购销业务流程的起点，构成企业执行生产经营业务的物流来源。客户档案和供应商档案便于企业对客户和供应商的资料进行管理和业务数据的录入、统计和分析，主要用于总账管理系统、现金管理系统、应收应付款管理系统和供应链管理系统。

【例 11】 新增朔华嘉信公司的客户资料：代码“01”，名称“武汉天华公司”，简称“武汉天华”，地址“武汉市八一路1066号”。

操作步骤：

（1）在金蝶 K/3 主控台，执行“系统设置”→“基础资料”→“公共资料”→“客户”命令，打开“客户”窗口，如图 3-26 所示。

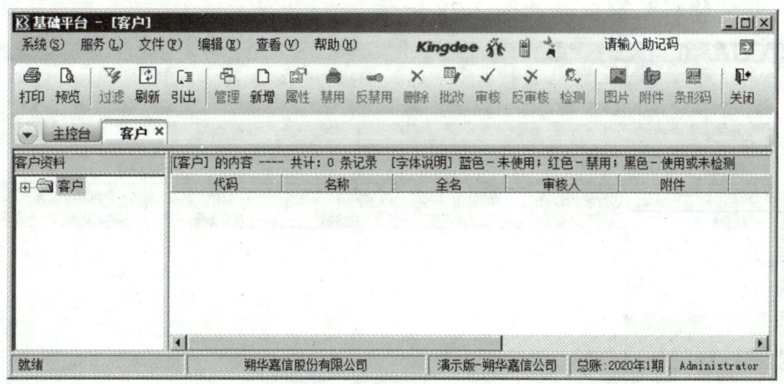

图 3-26　客　户

（2）单击“新增”按钮，打开的“客户—新增”窗口。输入客户数据，单击“保存”按钮，如图 3-27 所示。

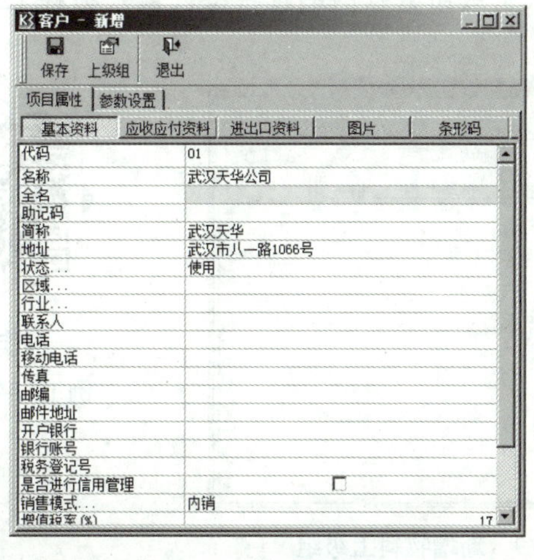

图 3-27　新增客户

操作视频

例 11　客户设置

六、物料设置

物料设置是系统设置基本业务资料的基础。物料资料管理主要用于设置企业在生产经营中使用到的各种存货信息，以便于对这些存货进行数据管理、实物管理和业务数据的统计和分析。

【例 12】 新增物料上级组：代码“01”，名称“原材料”。新增物料明细：代码“01.01”，名称“塑料板”，物料属性“外购”，计量单位组“数量组”，基本计量单位“PCS”，采购计量单位、销售计量单位、生产计量单位、库存计量单位均为“张”，计价方法“加权平均法”，存货科目代码“1403”，销售收入科目代码“6051”，销售成本科目代码“6402”。

操作步骤：

（1）在金蝶 K/3 主控台，执行“系统设置”→“基础资料”→“公共资料”→“物料”命令，打开“物料”窗口，如图 3-28 所示。

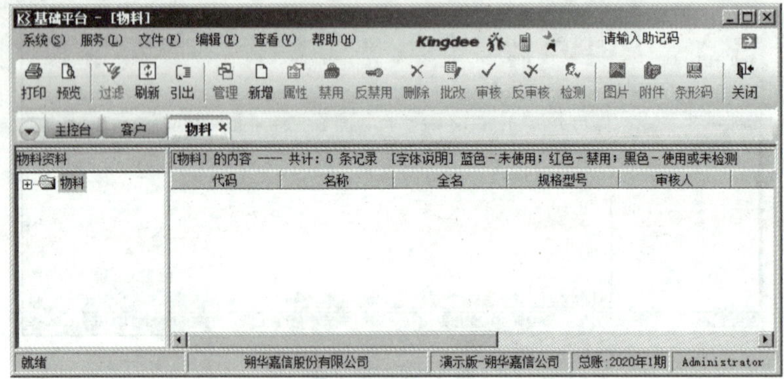

图 3-28 物 料

（2）单击“新增”按钮，打开“物料—新增”窗口。

（3）单击“上级组”按钮，进入上级组数据的编辑状态，输入物料上级组数据，单击“保存”按钮，如图 3-29 所示。

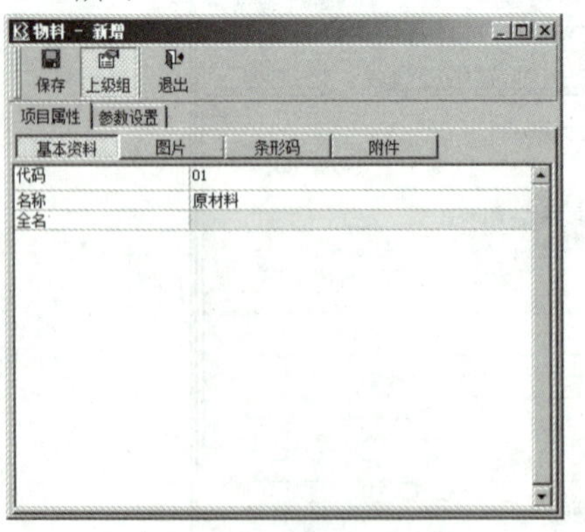

图 3-29 新增物料上级组

操作视频

例 12 物料设置

（4）关闭上级组状态，返回“物料—新增”窗口。

（5）在“基本资料”选项卡中，输入物料代码、名称等内容，设置物料属性和计量单位，如图 3-30 所示。

（6）在“物流资料”选项卡中，输入相应的计价方法和会计科目代码等内容，如图 3-31 所示。

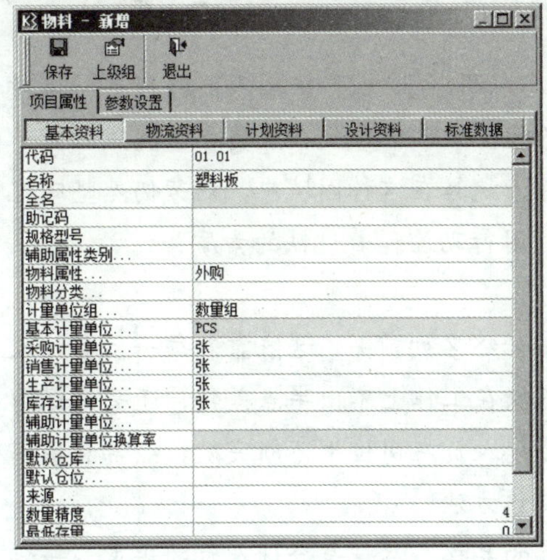

图 3-30 新增物料基本资料

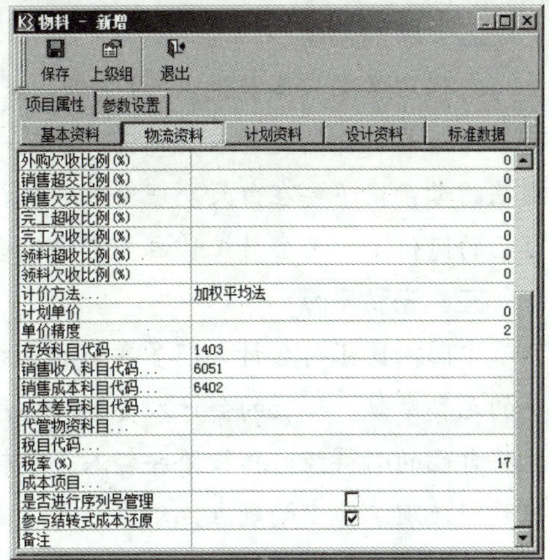

图 3-31 新增物料物流资料

（7）设置完成后，单击“保存”按钮。

上机实验

实验 2 基础资料设置。

以上实验内容详见书后所附“上机实验资料”。

修身立德

职业精神永相传

我国改革开放已经走过 40 多年，中国人民银行的会计事业也伴随着改革开放蓬勃发展。在这 40 多年里，无数会计人员担负着肩上的责任，默默耕耘，无怨无悔地付出。

一、铁的制度

战国思想家吕不韦曾说：“欲知平直，则必准绳；欲知方圆，则必规矩。”各项会计制度就是会计人员心中的准则，没有任何人或任何事可以凌驾在制度之上。会计人

员用行动守护着制度，使它如铜墙铁壁，无懈可击。改革开放以来，会计人员主动适应新形势、新要求，在日常工作中不断落实八项规定精神，完善财务制度，规范业务流程，强化监督检查。同时，将“从严”管理要求贯穿于会计工作的全过程，逐步构建起横向到边、纵向到底的财务风险防控体系，切实执行“铁的制度”。

二、铁的素质

宋代理学家朱熹曾说：“敬业者，专心致志以事其业也。”中国人民银行有一位对待工作极其负责的会计人员刘芳。在某一年冬天，她不仅每天夜里要在医院照顾身患重病的母亲，还要在白天处理繁重的会计工作。就算在这种困境中，刘芳仍然坚守在自己的岗位上，为会计工作画上圆满的句号，用行动诠释着“铁的素质”。

三、无私奉献

中国人民银行会计部门多年来的业绩考核始终名列前茅，这依靠着每一位会计人员的无私奉献。年长的会计人员勤勤恳恳，不仅在工作上不出半点差错，还毫无保留地将自己的心得经验传授给年轻人。年轻的会计人员在岗位上不断突破，经常利用下班时间梳理工作中的疑点、难点，探索新的工作方法。

爱岗是会计人员的本分，敬业是会计人员的品格，奉献是会计人员的追求。一代代会计人员用自己的实际行动完美地诠释了对会计事业的热爱，传递着职业精神，践行着社会主义核心价值观。

第四章　总账管理系统

学习目标

知识目标：

（1）了解金蝶 K/3 总账管理系统的主要功能及业务处理流程。

（2）了解总账管理系统与其他业务管理系统的关系。

（3）掌握总账管理系统初始设置的内容和方法。

（4）掌握总账管理系统凭证处理方法。

（5）掌握查询账簿的方法。

（6）掌握总账管理系统期末结账。

能力目标：

（1）能够根据业务要求设置总账管理系统参数。

（2）能够根据业务资料录入总账管理系统期初余额。

（3）能够根据业务资料进行凭证填制、审核、修改、删除等处理。

（4）能够将已审核的凭证进行记账处理。

（5）能够根据业务需要查询凭证和账簿。

（6）能够根据业务要求进行期末结账。

素质目标：

（1）践行敬业乐业、恪尽职守的职业精神。

（2）培养敬畏规章、敬畏职业的职业操守。

（3）树立正确的奋斗幸福观与劳动价值观。

工作情景

由于 ERP 业务系统较多，运用难度相对较大，为了稳妥地推进 ERP 管理，朔华嘉信公司决定先启用总账管理系统进行会计业务核算，在总账系统运行中进一步积累经验，充分评估 ERP 对业务管理的各种要求，对业务流程完成了再造过程后，再逐步启用其他业务系统，实现 ERP 对企业业务的全面管理。

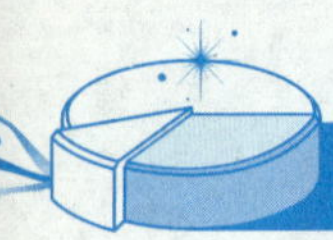

● 第一节 总账管理系统概述

总账管理系统又称为会计账务处理系统，是金蝶 K/3 创新管理软件的核心系统，适合于各行各业进行账务核算和管理工作。总账管理系统通过已经建立的会计科目体系，在期初数据完整、参数设置有效的基础上，按照会计核算体系录入和处理会计记账凭证，完成登记账簿（如总分类账、明细分类账和科目余额表等）、期末转账、月末结账等工作，支持根据当期凭证生成并输出各种相应账表，并提供各种辅助管理的功能，可以随时设置各种条件进行查询以满足各种业务需求。

一、总账管理系统与其他系统的主要关系

总账管理系统在整个金蝶 K/3 系统中占有绝对重要的地位，既可独立运行，也可与其他系统协同运转。总账管理系统与其他系统的主要关系如图 4-1 所示。

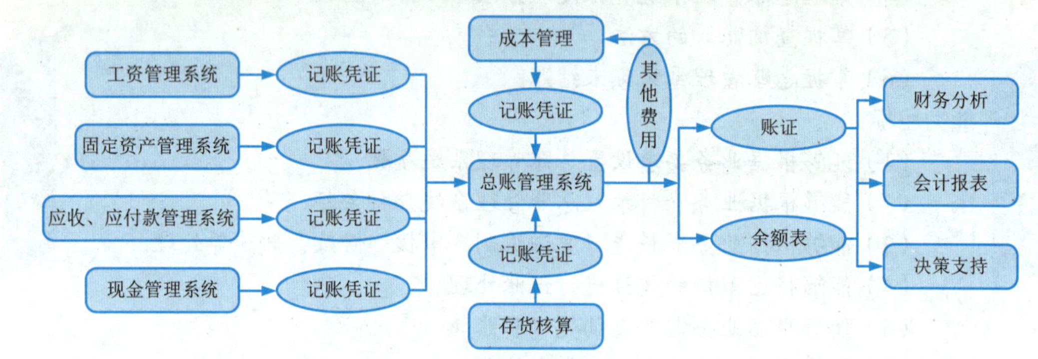

图 4-1　总账管理系统与其他子系统的主要关系

二、总账管理系统的业务处理流程

对于业务较为简单、核算要求较低的企业，可以只使用总账管理系统，按照“制单→审核→记账→结账”的核算流程进行操作；对于实际业务较为复杂、核算要求较高的企业，必须在总账管理系统的基础上，依靠其他业务管理系统实现对企业的管理。总账管理系统的业务处理流程如图 4-2 所示。

第一次使用总账管理系统的用户需要从系统初始化设置开始，当总账结束初始化后方可进行日常处理业务，然后随着企业财务业务的不断开展，利用原始凭证填制记账凭证、对凭证审核、过账、查询，形成账簿，最后在月末调汇、转账、结转损益，最终月结至下一月，乃至年终结账。

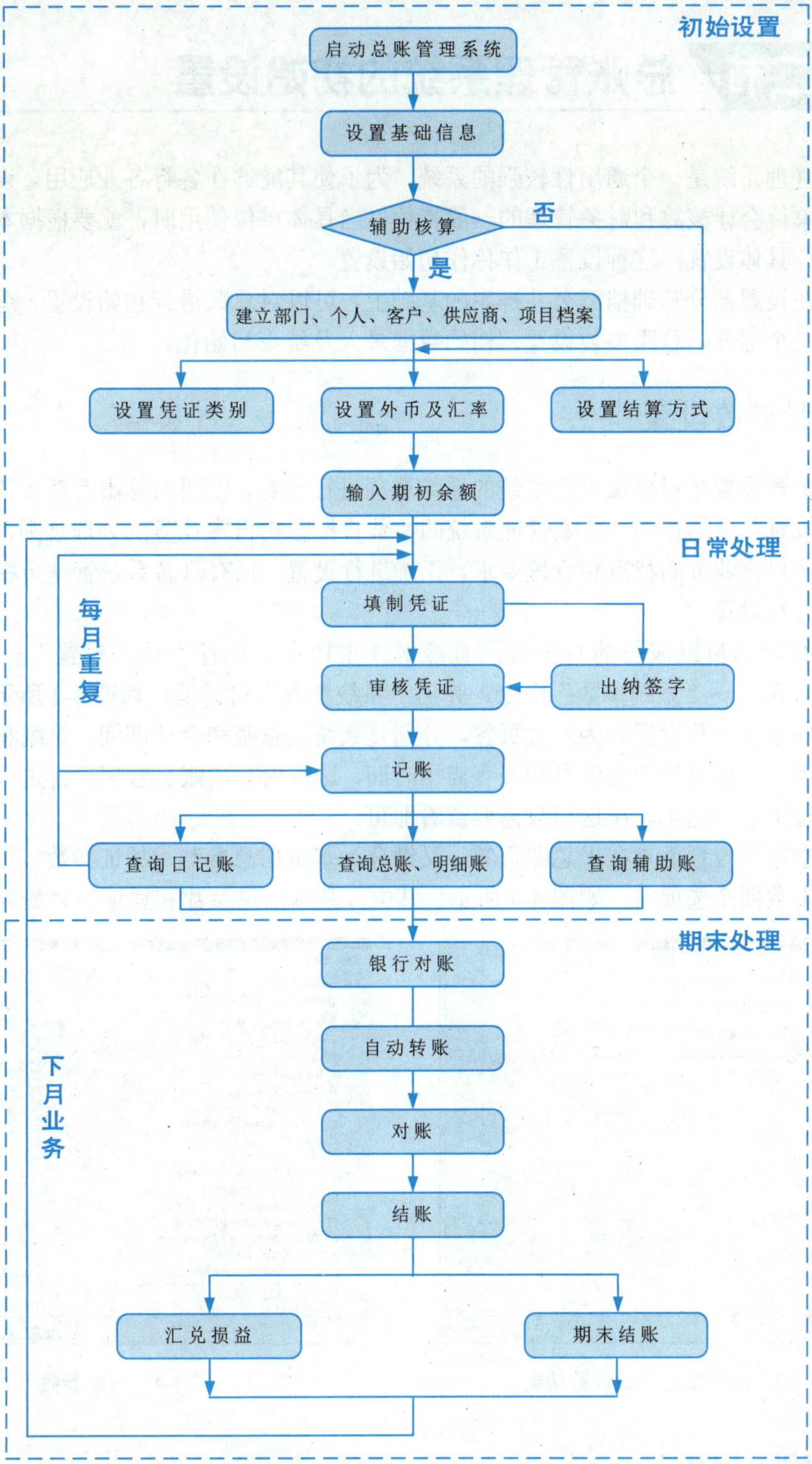

图 4-2　总账管理系统的业务操作流程

第二节 总账管理系统的初始设置

总账管理系统是一个通用性较强的系统，为了使其能够在各行各业应用，设计时应重点考虑各单位会计核算和财务管理的一般特性。当具体单位使用时，就要根据本单位的业务性质进行具体设置，这种设置工作称作初始设置。

用户在设置部分基础档案公共档案的基础上，可以对总账进行初始设置。总账的初始设置包括三个部分：总账参数设置、初始数据录入及结束初始化。

一、总账参数设置

总账参数设置是对总账管理系统的系统选项进行设置，以便为总账管理系统配置相应的功能或设置相应的控制。总账管理系统的参数直接影响日常业务的处理规则，因此应充分考虑企业日常业务的特点和管理要求，正确进行设置。只有具备系统管理员权限的用户才能对其进行设置。

以系统管理员组成员的身份登录金蝶 K/3 主控台，执行“系统设置”→“系统设置”→“总账”→“系统参数”命令，弹出“系统参数”对话框，如图 4-3 所示。

总账的系统参数设置分为三大页签，分别是系统、总账和会计期间。系统和会计期间的内容分别是本账套的企业信息和账套启用时间，这些内容在账套管理平台进行账套启用工作的过程中已经完毕，在这里只需要查看即可。

总账参数的设置重点在于总账页签，又细分为基本信息参数、凭证参数、预算参数和往来传递参数四个选项卡，如图 4-4 所示。其中，基本信息参数和凭证参数最为关键。

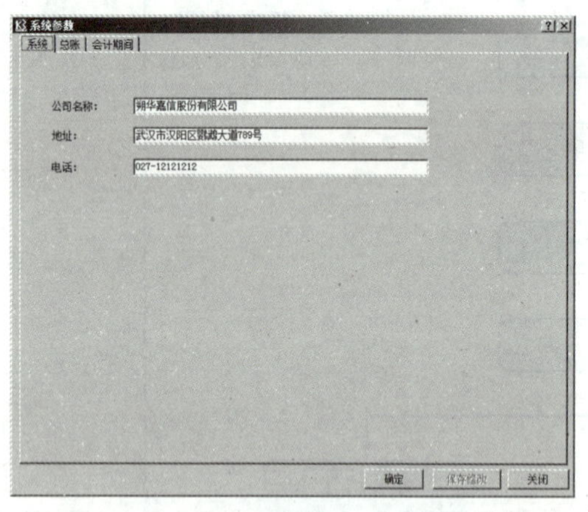

图 4-3　总账系统参数设置功能

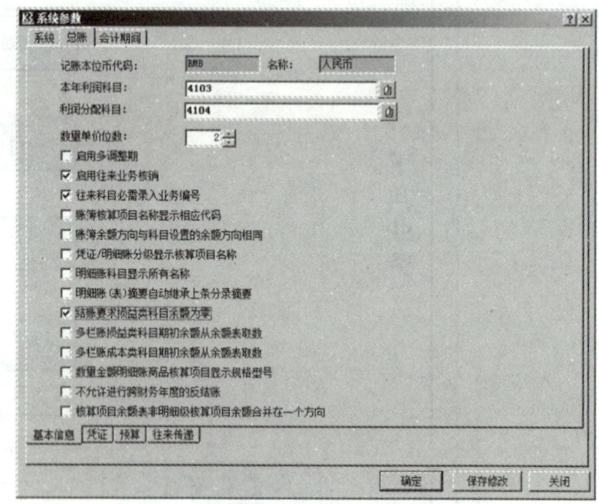

图 4-4　总账参数

二、初始数据录入

如果是第一次使用总账管理系统，为保证系统业务的连续性，必须使用“科目初始数

据录入”功能，将经过整理的手工账科目的期初余额和累计发生额录入金蝶 K/3 系统。

1. 录入一般会计科目的初始数据

一般会计科目是指未设置辅助核算、数量核算和外币核算的会计科目，这类会计科目的期初余额栏为白底，可以直接在期初余额栏中输入。

【例 1】　录入“1601，固定资产”的期初余额 1 141 400 元。

操作步骤：

（1）在金蝶 K/3 主控台，执行“系统设置”→“初始化”→“总账”→“科目初始数据录入”命令，打开“科目初始余额录入”窗口，如图 4-5 所示。

图 4-5　科目初始余额录入

操作视频

例 1　录入一般会计科目的初始数据

（2）单击有关科目的“期初余额”空白栏，输入期初余额数据，然后按回车键或直接单击下一个需输入科目余额的空白栏。

提　示

（1）非末级科目不能输入期初余额，在输入该科目的下级明细科目余额后，系统会自动计算出上级科目的期初余额。

（2）输入期初余额时必须注意该科目的方向设置和余额方向。如坏账准备科目，是应收账款的备抵科目，余额方向一般为贷方，如果设置的科目方向为贷方，则科目的贷方余额为正，借方余额为负。

（3）总账管理系统结束初始化后，会计科目的期初余额将不能被修改。因此，期初余额的输入必须准确无误。

2. 录入有往来业务核算科目的初始数据

如果会计科目涉及往来业务核算，则系统会要求输入往来业务项目下的具体业务初始数据。设置往来业务核算的会计科目在录入初始数据前必须先归集好相应的初始数据资料。

【例 2】　根据表 4-1 所示信息录入应收票据的期初余额。

表 4-1　应收票据客户往来辅助账

客户	期初余额	业务发生时间	业务编号
01-武汉天华	6 000	2019-08-01	19080101

操作步骤：

（1）在金蝶 K/3 主控台，执行“系统设置”→“初始化”→“总账”→“科目初始数据录入”命令，打开“科目初始余额录入”窗口。

（2）有往来业务核算的科目其所在行底色为黄色，且“核算项目”栏标有“√”标记。单击“核算项目”栏，打开“核算项目初始余额录入（科目：1121 应收票据）”窗口，如图 4-6 所示。

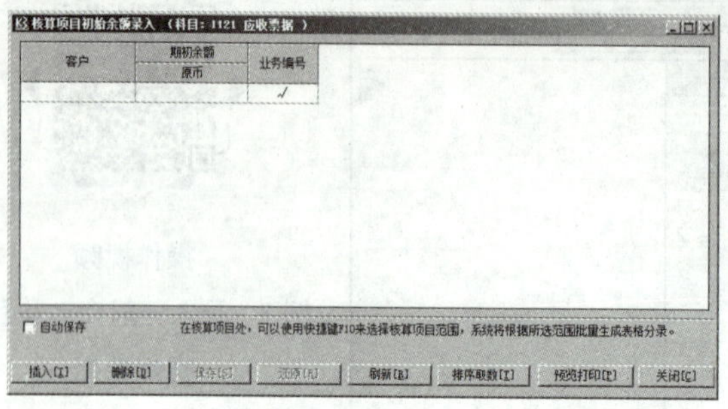

图 4-6　核算项目初始余额录入（科目：1121 应收票据）

操作视频

例 2　录入有往来业务核算科目的初始数据

（3）单击“客户”文本框，输入客户代码（不能直接输入汉字名称），或单击旁边的参照按钮选择相应的客户。

（4）单击窗口中的“业务编号”栏，打开“核算项目初始余额录入（科目：1121 应收票据）—往来业务”窗口，如图 4-7 所示。

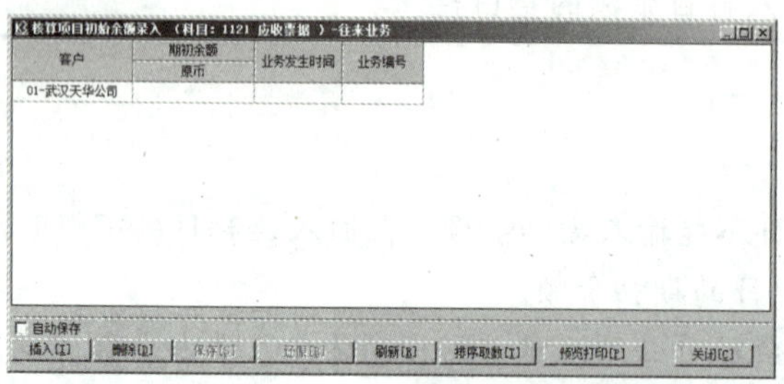

图 4-7　核算项目初始余额录入（科目：1121 应收票据）—往来业务

（5）输入相关初始数据，然后单击“保存”按钮，如期初有多个对武汉天华的应收票据，可单击“插入”按钮继续输入应收票据。

（6）对武汉天华的应收票据输入完毕，单击“关闭”按钮，返回“核算项目初始数据录入（科目：1121 应收票据）—往来业务”窗口。

（7）在“核算项目初始数据录入（科目：1121 应收票据）—往来业务”窗口中，单击“插入”按钮，可继续输入涉及其他客户的应收票据。

（8）所有应收票据初始数据录入完毕，返回“科目初始余额录入”窗口，在应收票据的“期初余额”栏中即显示已录入的所有应收票据的总金额。

3. 录入涉及数量核算科目的初始数据

如果会计科目涉及数量核算，在录入该科目期初余额时，必须录入相应的初始数量。

【例3】　录入“库存商品—普通玩具”的初始数据，期初余额为10 000元，数量1 000个。

操作视频

例3　录入涉及数量核算科目的初始数据

操作步骤：

（1）在金蝶K/3主控台，执行“系统设置”→“初始化”→“总账”→“科目初始数据录入”命令，打开“科目初始余额录入”窗口。

（2）单击涉及数量核算的会计科目核算项目栏，窗口即显示“期初数量”栏，直接在“期初数量”栏中输入数量，在“期初余额”栏中输入金额，如图4-8所示。

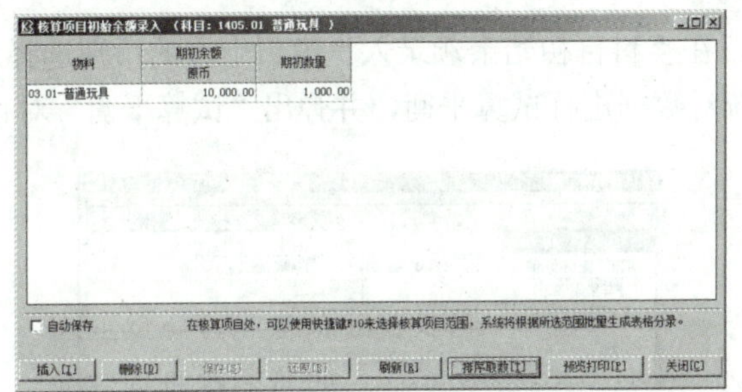

图4-8　涉及数量核算科目的初始数据录入

（3）设置完成后，依次单击“保存”“关闭”按钮。

4. 录入涉及外币核算科目的初始数据

如果会计科目涉及外币核算，在录入该科目金额时，必须录入本位币金额和相应的外币金额。

【例4】　录入“银行存款—中行存款”的初始数据，期初余额10 000美元，换算为本位币65 335元。

操作视频

例4　录入涉及外币核算科目的初始数据

操作步骤：

（1）在金蝶K/3主控台，执行“系统设置”→“初始化”→“总账”→“科目初始数据录入”命令，打开“科目初始余额录入”窗口。

（2）单击“币别”下拉框按钮，选择外币“美元”，窗口即显示出涉及美元核算的有关科目。

（3）在“1002.02中行存款”的期初余额栏下的“原币”栏中输入原币期初余额，系统会根据已录入的汇率自

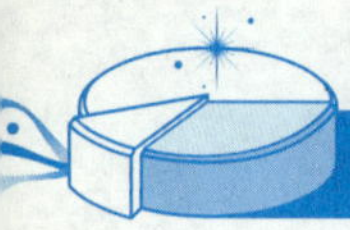

动计算出本位币金额，如图 4-9 所示。

（4）外币期初余额录入完毕，单击“保存”按钮。

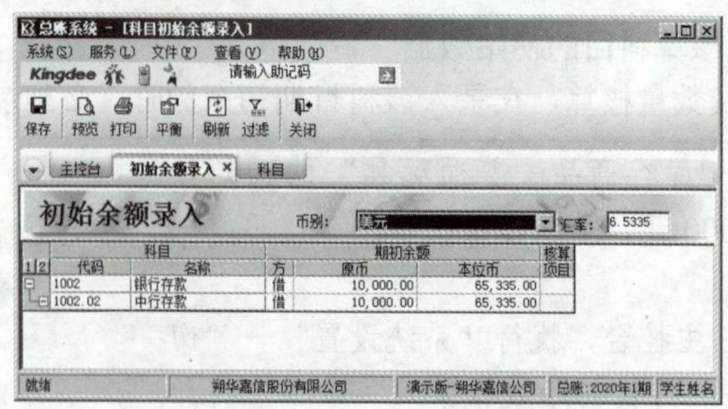

图 4-9　外币期初数据录入

5. 试算平衡

为了验证初始数据是否已准确录入，可以通过试算平衡检查各一级科目之间是否符合平衡关系。

初始数据输入后，在“科目初始余额录入”窗口上方的币别选择为“综合本位币”，单击“平衡”按钮，系统对数据进行试算平衡，并弹出“试算平衡”对话框，如图 4-10 所示。

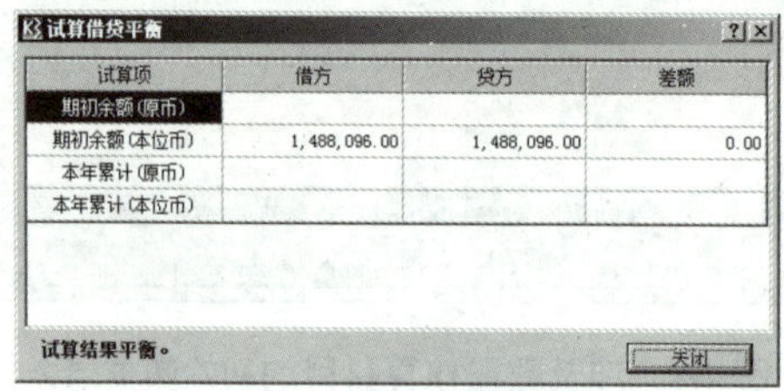

图 4-10　试算借贷平衡

如果录入的初始数据是平衡的，系统将显示“试算结果平衡”的字样，借、贷方的差额为零；如果初始数据不平衡，系统将以红字显示“试算结果不平衡”的字样，并显示借、贷放的差额数据。用户应仔细核对输入的数据，以确保账套初始数据准确无误。

提　示

（1）如果总账系统试算不平衡，则不能结束初始化。如果总账系统试算不平衡，可以在总账系统中录入凭证，但凭证不能过账。

（2）结束初始化后不能再对期初余额进行修改。

三、结束初始化

初始数据试算平衡后，用户就可以结束初始化，从而将总账的初始设置与日常业务区分开来。结束初始化后，总账就可以进行日常业务的处理工作。

具体操作步骤如下：

（1）在金蝶 K/3 主控台，执行“系统设置”→“初始化”→“总账”→“结束初始化”命令，弹出“初始化”对话框，单击“开始”按钮，如图 4-11 所示。

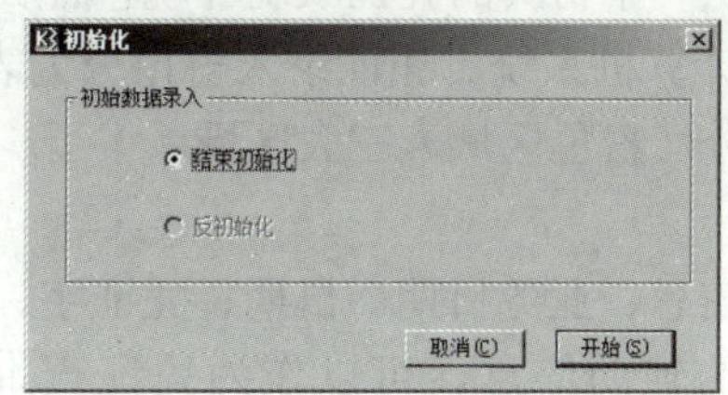

图 4-11　结束初始化

（2）数据检查无误后，系统弹出成功结束余额初始化工作提示框。

提　示

（1）现金流量初始数据只有在年中启用账套的情况下才需要输入，年初建账的企业不需要录入现金流量初始数据。如果不使用现金流量表，也可以不录入现金流量初始数据。数据录入之后，用户要进行检查，只有检查正确才可以结束总账初始化。

（2）结束初始化后，还没进行日常业务处理之前，如发现初始化数据有错误，可以进行反初始化处理。

（3）只有在账套启用期间才可以结束初始化与反初始化。

上机实验

实验 3　总账管理系统初始化设置。

以上实验内容详见书后所附“上机实验资料”。

第三节　总账管理系统的日常业务处理

总账管理系统日常业务处理的任务是通过输入和处理各种记账凭证、审核凭证、记账，查询和打印输出各种凭证、日记账、明细账和总分类账，进行月末对账和结账，最终生成和输出各种常用报表等。

一、凭证处理

会计凭证是整个会计核算系统的主要数据来源，是整个核算系统的基础，凭证处理是进行日常账务处理的起点，只有输入正确的凭证，总账管理系统才能准确地进行记账和账簿登记等日常核算工作。在金蝶 K/3 总账管理系统中，设置有多重功能帮助用户进行凭证

处理，包括录入、修改、删除、查询和审核等。

（一）录入凭证

凭证录入就是为用户提供一个仿真的凭证填制环境，然后通过手工或调用模式凭证等方式将记账凭证的内容录入计算机系统。凭证录入窗口分为表头部分（红色区域）、表体部分（蓝色区域）和表尾部分（粉色区域）三大区域。

1. 凭证表头部分

凭证表头部分包括参考信息、业务日期、日期、凭证字、凭证号、附件数和序号。

（1）参考信息：凭证的辅助信息，可以作为凭证查询的条件。该部分一般默认为空。

（2）业务日期：凭证的录入日期，一般为当前会计期间的日期。

（3）日期：凭证的业务日期。该日期必须为当前会计期间的日期。业务日期和日期两项可默认为同一天。

（4）凭证字：调用的是基础档案当中凭证字的档案资料，如记、收、付、转等。

（5）凭证号：凭证录入的编号。该编号采用递增的方式自动填充。

（6）附件数：凭证所涉及的原始单据的件数，如几张发票、收据、单据等。设置附件数后，当凭证保存时，可以在附件管理功能中进行电子附件的上传。

（7）序号：系统自动生成的凭证顺序号，主要用于在凭证查找时作为条件使用。

2. 凭证表体部分

凭证录入的重点就是凭证表体部分的内容，主要包括摘要、科目、借方金额、贷方金额、合计数、结算方式、结算号、经办和往来业务等。

（1）摘要：对凭证的文字解释，可以直接录入，也可以利用 F7 键到凭证摘要库当中读取，要求简洁明了，不能为空。一般情况下，凭证的每一行均有一个摘要，不同行的摘要可以不同。但是，如果总账参数中并未勾选“每条凭证分录必须有摘要”的选项，那么凭证只要第一行分录有摘要即可。在设置凭证摘要库时，用户应将一些经常使用的摘要（如提现、销售商品、收到货款等）建立一个统一存储的资料库，以便日后使用摘要时可以直接从摘要库里选取，从而达到少录入、多选择、提高效率的目的。

【例 5】 根据表 4-2 列出的凭证摘要资料，在金蝶 K/3 中完成凭证摘要库的设置。

表 4-2　凭证摘要库资料

摘要总类		摘要	
1	收款类	01	收货款

操作步骤：

（1）在金蝶 K/3 主控台，执行“财务会计”→“总账”→“凭证处理”→“凭证录入”命令，打开“记账凭证—新增”窗口，如图 4-12 所示。

（2）单击“新增”按钮，在凭证表体部分当中的摘要栏处双击，弹出“凭证摘要库”对话框。

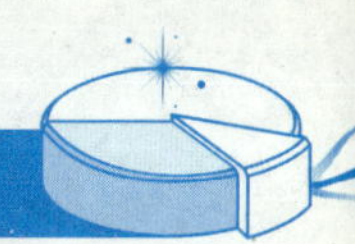

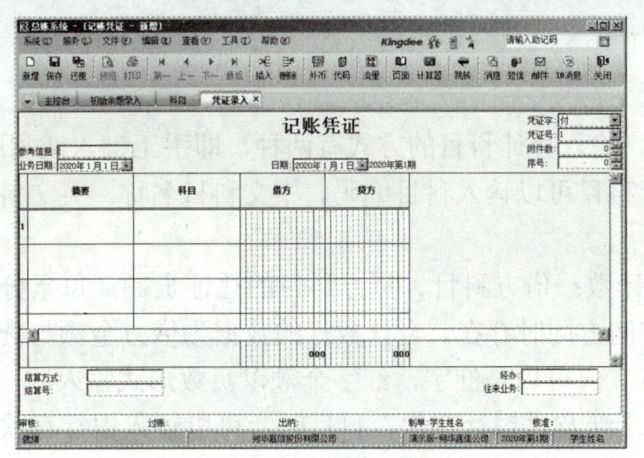

图 4-12　记账凭证新增

操作视频

例 5　凭证摘要库的设置

（3）在编辑选项卡中，单击“新增”按钮，单击“类别”栏右侧的下拉列表框按钮，打开摘要类别的编辑窗口。在类别设置的编辑界面中录入摘要名称“收款类”，单击“保存”按钮，如图 4-13 所示。

（4）返回“凭证摘要库”对话框，在摘要类别的浏览界面中选择“收款类”，录入代码“01”，名称“收货款”，单击“保存”按钮，如图 4-14 所示。

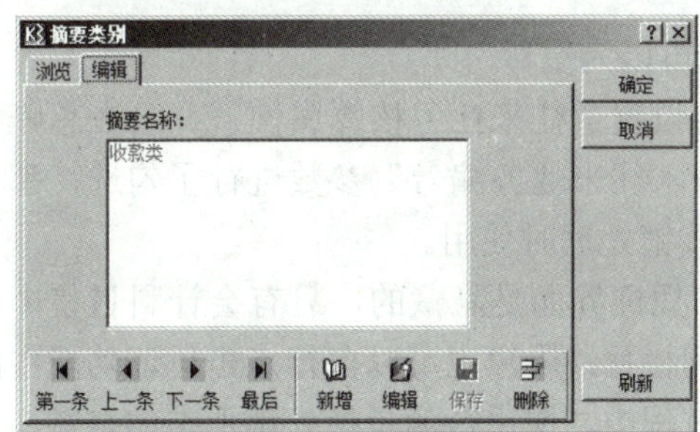

图 4-13　摘要类别

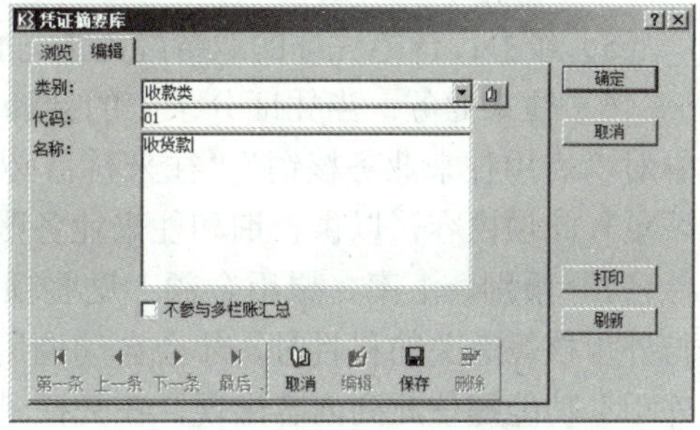

图 4-14　凭证摘要设置

提　示

金蝶软件在凭证录入过程中设置了一些快捷方式，能够辅助完成摘要和其他内容的处理：

（1）“F7”：代码查询功能，是凭证录入中十分有用的一项功能。它是一种具有智能化的功能，能根据光标所在位置自动选择需要查看的代码内容，如凭证摘要库、科目代码库、核算项目代码库等，可以从代码中选择所需要的科目。

（2）“F9”：模糊查询功能，只要在科目栏中输入汉字，如“应”，包含“应”字科目全部显示出来。此功能不仅仅适用于会计科目，对于凭证摘要、核算项目的录入、往来业务资料同样有效。

（3）“Ctrl+F7”：借贷金额自动平衡功能。

（4）“空格键”：借贷金额变换方向功能。

（5）“..”：复制上一条分录的摘要。

（6）“//”：复制此张凭证的第一条分录的摘要。

（2）科目：必须输入末级科目。输入会计科目的方式有两种，即手工键入或利用 F7 键调用会计科目档案进行选择。会计科目可以输入科目编码、中文科目名称、英文科目名称或助记码。

（3）借方金额、贷方金额、合计数：借方科目、贷方科目的凭证金额，每条分录的金额只能在借方或贷方，不能在借贷两方同时存在。合计数行的数据为借方金额与贷方金额列的自动累加生成。金额不能为零，但可以是红字，红字金额以负数形式输入。

（4）结算方式、结算号：当分录涉及“银行存款”科目时，可以输入银行存款的结算方式和结算号。如果在总账参数中有“银行存款科目必录结算方式和结算票号”的相应勾选，那么此处必须设置，否则无法保存凭证。

 提　示

若用户不使用现金管理系统，则可以不录入结算方式和结算号，但要取消总账参数中的“银行存款科目必录结算方式和结算票号”的选项。

（5）经办：该笔凭证的业务经办人，此项可以为空。

（6）往来业务：当凭证分录中的会计科目设置了往来业务核算属性，并且在总账参数中对“启用往来业务核销”“往来科目必须录入往来业务编号”参数进行了勾选，那么必须录入此项内容，以供查询和往来业务账目核销处理时使用。

（7）币别、汇率、原币金额：这些项目在凭证界面是隐藏的，只有会计科目栏中出现与外币核算有关的科目时，才会自动调用此列栏目；用户也可以自行点击凭证功能中的“外币”功能键使此列内容出现。在凭证录入过程中，原币金额是指外币形态的金额，外币属性的会计科目所涉及的币别仅限于基础档案中外币档案中的内容。当币别选好后，自然会调用外币档案中设置好的汇率作为凭证原币金额汇率。录入原币金额后，系统会根据外币汇率乘以原币金额得出本位币的金额。

（8）单位、单价和数量：当分录的会计科目具有数量核算属性时，用户需要录入数量和单价信息。系统会自动弹出数量信息列让用户进行输入（与外币输入共用一个“外币”功能）。用户需要根据单价和数量信息输入相应栏目，系统会根据数量、单价的乘积自动添加借方金额。如需更换科目的金额方向，则单击空格键即可。

3．凭证表尾部分

凭证表尾部分主要是由各个负责人签字，这些签字内容的完成涉及岗位人员及主要业务过程，包括制单人填制凭证、出纳员出纳复核、审核人员审核、主管人员核准（此流程可以省略）、总账会计或财务主管过账。

【例 6】　根据表 4-3 列出的凭证资料，在金蝶 K/3 中完成朔华嘉信公司凭证录入工作，以凭证过账为止。

表 4-3　凭证资料

日期	业务	分录	金额
2020.1.2	从工商银行用现金支票提取备用金 20 000 元，支票号 XJ001	借：库存现金 　贷：银行存款——工行存款	20 000 　20 000
2020.1.4	收到某外商投资款 1 万美金和 5 万港币，均为转账支票，票号分别为 ZU084、ZH085	借：银行存款——中行存款 　　　　　　——建设银行 　贷：实收资本	65 335 41 795 107 130
2020.1.6	销售部武新国销售枪模时花费通讯费 120 元	借：管理费用——通讯费 　贷：库存现金	120 　120
2020.1.9	购买原材料标签纸 200 千克，每千克 10 元，现金支付	借：材料采购 　贷：库存现金	2 000 　2 000
2020.1.12	金立赢出差借款 6 000 元回来报销差旅费，往来业务编号为 20011201	借：管理费用——差旅费 　贷：其他应收款——应收个人款	6 000 　6 000

操作步骤：

在金蝶 K/3 主控台，执行“财务会计”→“总账”→“凭证处理”→“凭证录入”命令，打开“记账凭证—新增”窗口。单击“新增”按钮或者按“F5”快捷键，进入凭证编辑状态。

业务 1：银行存款业务

（1）选择凭证字为“付”；业务日期和日期均录入“2020.1.2”。

（2）在“凭证摘要库”对话框中，执行“付款类”→“提现”→“确定”命令，如图 4-15 所示。

操作视频

例 6　录入凭证

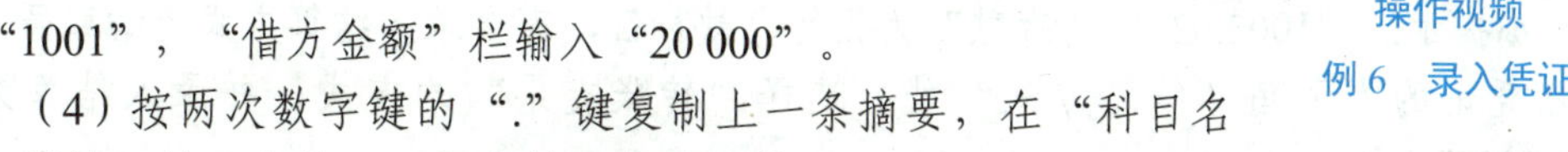

（3）在“科目名称”栏输入科目名称“库存现金”或科目编码“1001”，“借方金额”栏输入“20 000”。

（4）按两次数字键的“.”键复制上一条摘要，在“科目名称”栏输入科目名称“工行存款”或科目编码“1002.01”，按“Enter”键，光标自动移动到左下角的“结算方式”处，单击“代码”按钮，选择“现金”方式，并输入结算号“XJ001”，如图 4-16 所示。“贷方金额”栏输入“20 000”。

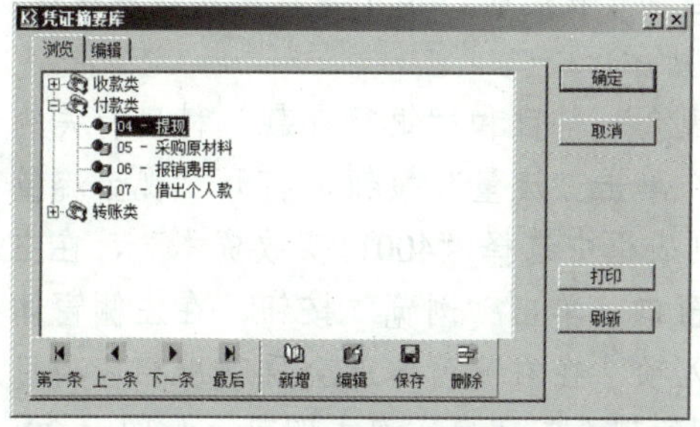

图 4-15　凭证摘要库调用

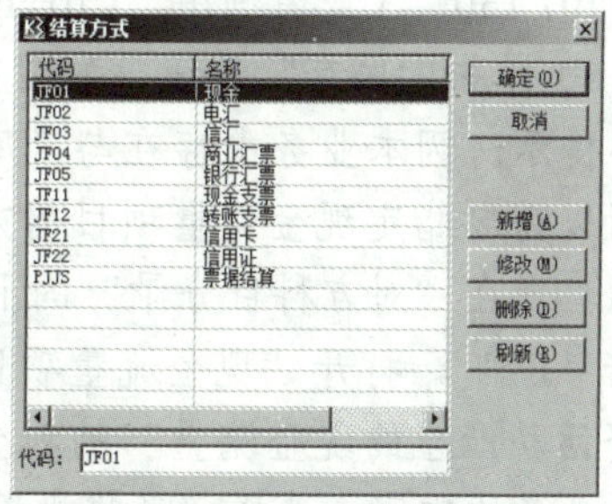

图 4-16　结算方式及结算号输入

（5）单击“保存”按钮，如图 4-17 所示。

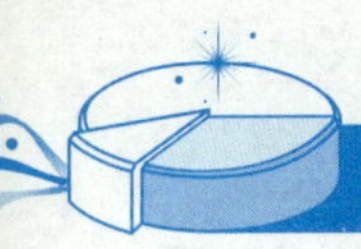

小提示：虽然本业务中存在与“库存现金”科目和“银行存款”科目有关的会计科目，原则上需要指定现金流量项目的方向，但是从银行提现或者将现金存入银行均属企业内部账目资金的流动，不需要进行现金流量项目的指定，如图 4-18 所示。

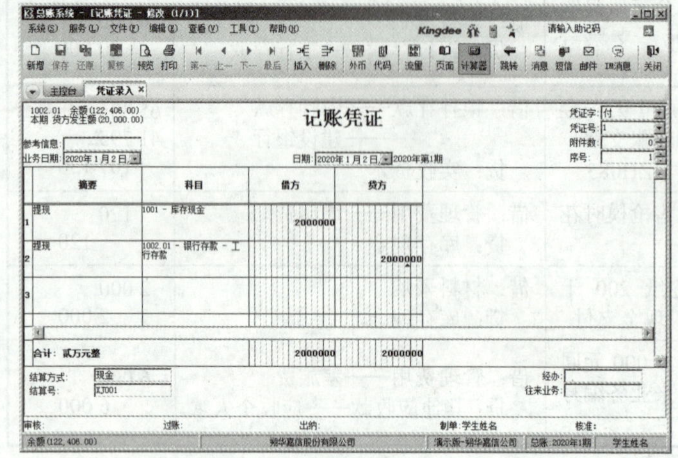

图 4-17　凭证填制（业务 1）

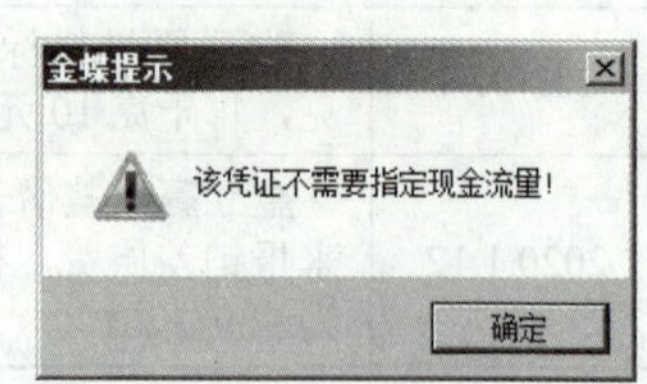

图 4-18　提现凭证不需流量指定

业务 2：外币业务

（1）单击“新增”按钮，选择凭证字为“收”；业务日期和日期均录入“2020.1.4”。

（2）摘要栏处手工录入“收到投资款”。在“科目名称”栏输入“1002.02 中行存款”科目。该科目为外币（美元）科目，需要录入外币原币，根据系统设置中基础档案里的外币汇率设置，自动按照“原币*汇率”的方式计算本位币金额，本位币金额自行出现在借方金额处。

小提示：“1002.02 中行存款”为银行存款科目，需要录入结算方式及结算号。在记账凭证的左下角“结算方式”处，选择“转账支票”的方式，并录入结算票号“ZU084”。

（3）设置第二行“1002.03 建行存款”科目。

（4）在第三行分录“科目名称”栏输入“4001 实收资本”科目，“贷方金额”栏输入“107 130”（或者利用“Ctrl+F7”自动平衡数据，但不建议使用该快捷键功能）。

（5）单击“保存”按钮，如图 4-19 所示。

小提示：因本业务中存在与“库存现金”科目和“银行存款”科目有关的会计科目，所以需要指定现金流量项目的方向，单击“流量”按钮，打开“现金流量项目指定”窗口。在“对方科目分录”的下拉列表框中选择“4001 实收资本”，在主表项目处点击“F7”，打开“现金流量项目”窗口，单击“浏览”按钮，在左侧窗体中选择“筹资活动产生的现金流量”的现金流入项，在右侧窗体就会反映出相应项目。用户根据本业务的内容，选择“吸收投资收到的现金”项目，双击即可，如图 4-20 所示。单击“确定”按钮，返回“凭证录入”窗口，在凭证的右上部分将出现“已指定流量”字样。如图 4-21 所示。

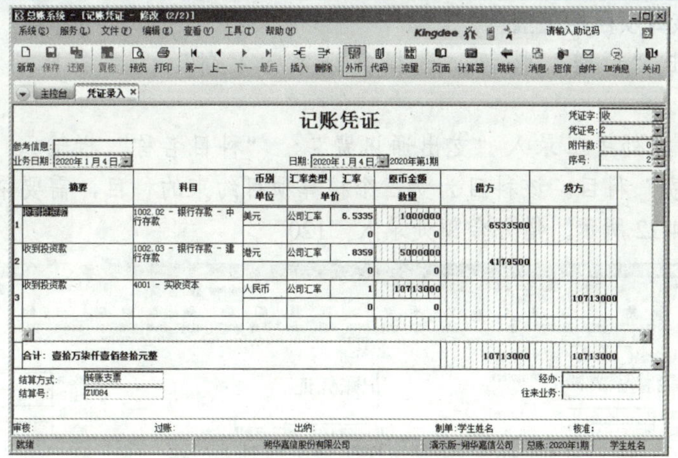

图 4-19　凭证填制（业务 2）

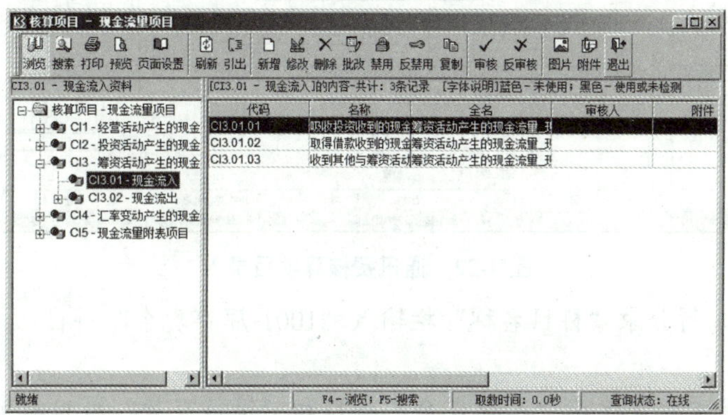

图 4-20　现金流量项目的指定

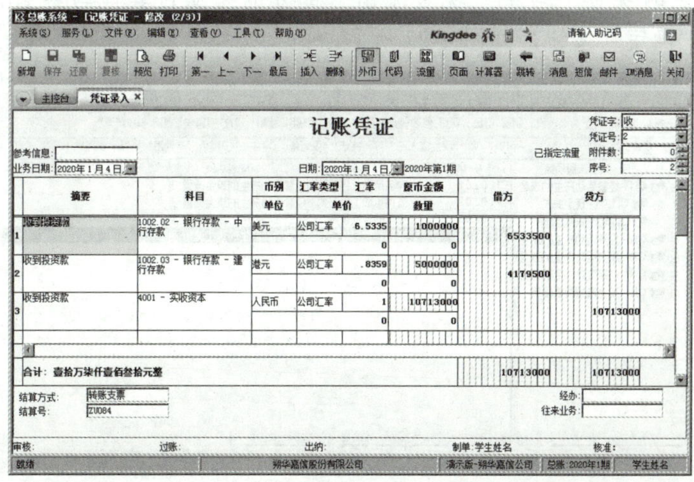

图 4-21　“已指定流量”字样

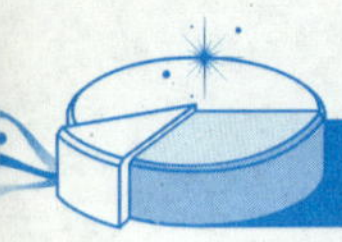

业务 3：核算项目相关业务

（1）单击“新增”按钮，选择凭证字为“付”；业务日期和日期均录入“2020.1.6”。

（2）摘要栏处手工录入“支出通讯费”；“科目名称”栏输入“6602.06 管理费用——通讯费”科目。该科目为受三个核算项目约束的科目，需要录入部门、职员及物料，如图 4-22 所示。借方金额处录入“120”。

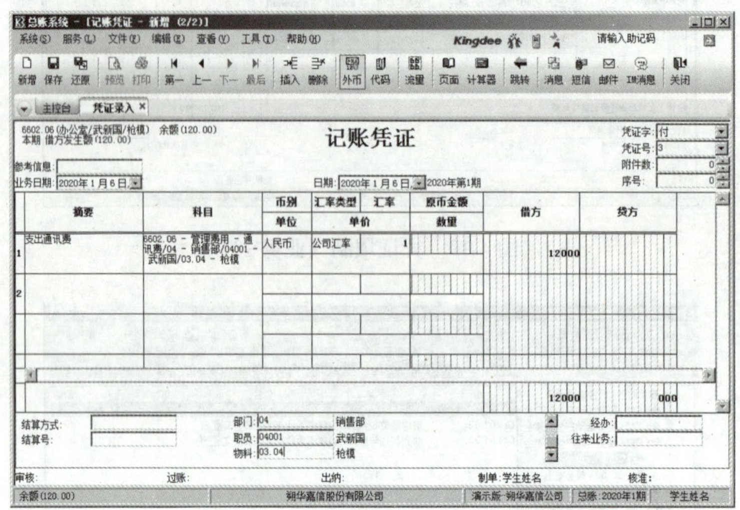

图 4-22　通讯费核算项目录入

（3）在第二行分录“科目名称”栏输入“1001 库存现金”科目，“贷方金额”栏输入“120”。

小提示：因本业务存在“库存现金”科目和“银行存款”科目有关的会计科目，所以需要指定现金流量，单击“流量”按钮，打开“现金流量项目指定”窗口，选择“经营活动产生的现金”当中“现金流出”部分的“支付其他与经营活动有关的现金”项，单击“确定”按钮，如图 4-23 所示。

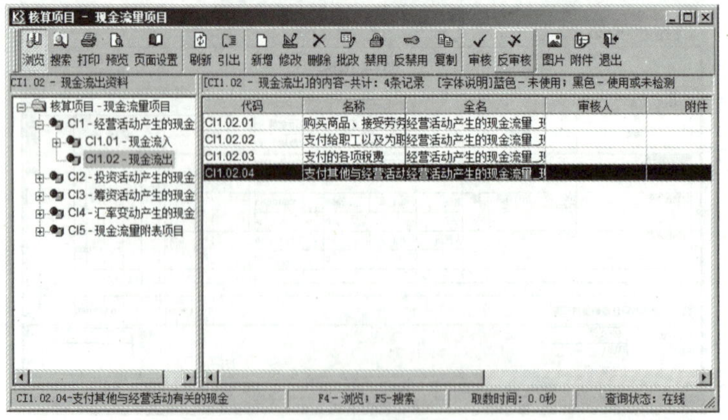

图 4-23　现金流量项目指定

（4）单击“保存”按钮，如图 4-24 所示。

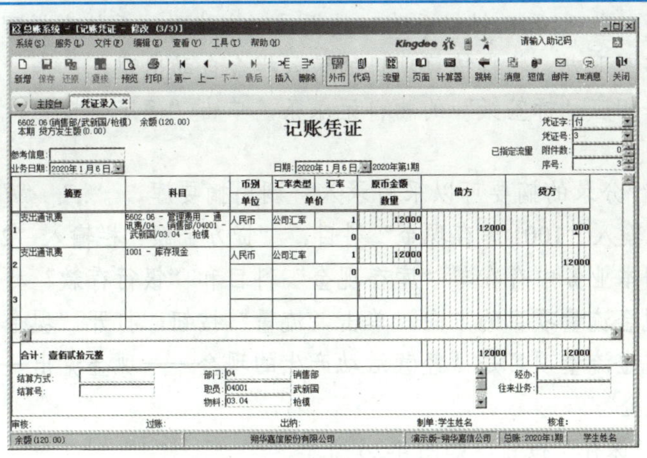

图 4-24 凭证填制（业务 3）

业务 4：数量金额相关业务

（1）单击“新增”按钮，选择凭证字为“付”；业务日期和日期均录入“2020.1.9”。

（2）摘要栏处手工录入“采购原材料”；“科目名称”栏输入“1401 材料采购”科目。该科目是具备“数量金额辅助核算”属性的会计科目。系统会在录入会计科目后自动切换到数量金额核算的凭证录入界面（或用“外币”功能切换界面），在数量上输入“200”，单价上输入“10”，如图 4-25 所示。

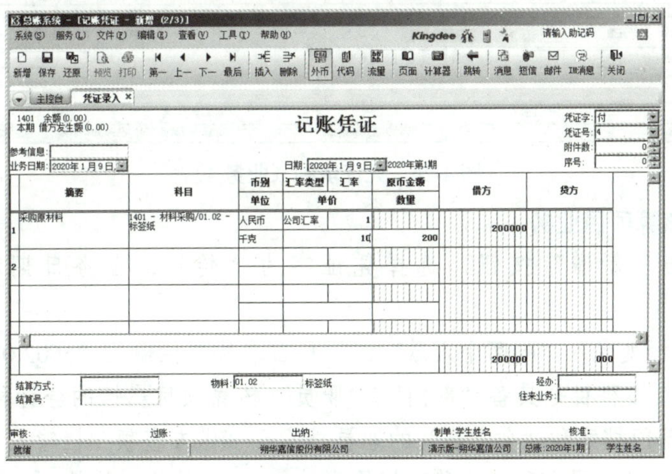

图 4-25 数量金额核算的处理

小提示：“1401 材料采购”是具备“物料”核算项目属性的会计科目，因而需要录入与“物料”档案有关的核算项目信息。金蝶软件凭证录入界面表体部分的下方，结算方式和结算号的右侧空白处就是用于核算项目录入的。当会计分录中出现具备核算项目属性的会计科目时，用户在录入科目数据过程中需要录入的核算项目属性选择栏将出现在此处。当“1401 材料采购”数据录入完毕时，系统会提醒录入核算项目，光标会自动转移至下方，物料核算项目的录入栏会自动出现，单击“F7”，调用物料档案界面，选择相应“标签纸”的物料记录条，单击“确定”按钮，将物料内容引入凭证。

（3）第二行分录的摘要可以采用录入、调用摘要库、“..”“//”的方式获得，“科目名称”栏输入“1001 库存现金”科目，“贷方金额”栏输入“2 000”。

小提示：因本业务中存在与“库存现金”科目和“银行存款”科目有关的会计科目，需要指定现金流量项目的方向，单击“流量”按钮，打开“现金流量项目指定”窗口，所选的现金流量项目是“经营活动产生的现金——现金流出——购买商品、接受劳务支付的现金”。

（4）单击“保存”按钮，如图 4-26 所示。

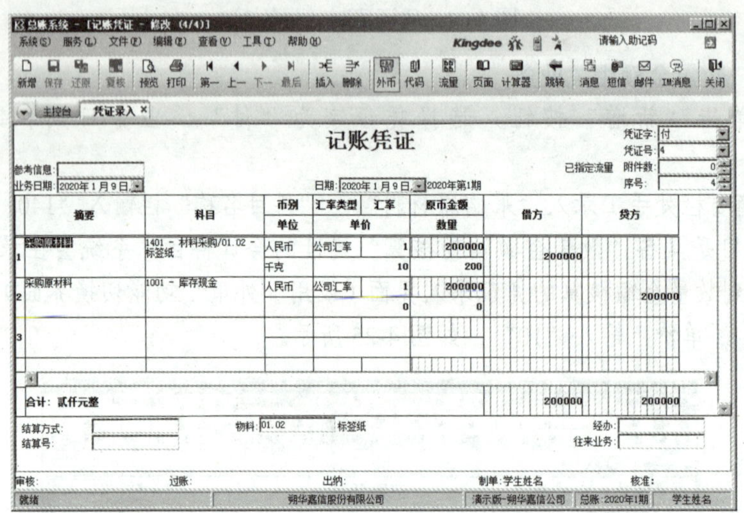

图 4-26　凭证填制（业务 4）

业务 5：核算项目业务

（1）单击“新增”按钮，选择凭证字为“转”；业务日期和日期均录入“2020.1.12”。

（2）摘要栏处录入“收回个人款”；“科目名称”栏输入“6602.05 管理费用——差旅费”科目。该科目是具备“部门”“职员”核算项目属性的会计科目，需要录入“办公室”的部门档案和“金立赢”的职员档案。“借方金额”栏输入“6 000”。

（3）在第二行分录“科目名称”栏输入“1221.02 其他应收款——应收个人款”科目。该科目是“职员”核算项目属性的会计科目，需要录入“金立赢”的档案信息。“贷方金额”栏输入“6 000”，如图 4-27 所示。

（4）“1221.02 其他应收款——应收个人款”是具备“往来核算”属性的会计科目，因此需要录入与往来核算有关的往来业务信息。在凭证表体右下方的“往来业务”栏中录入“20011201”的往来业务编号。

小提示：本业务的会计科目与“库存现金”科目和“银行存款”科目无关，无须指定现金流量项目。但是如果涉及的管理费用有与待摊费用有关的内容，需要指定现金流量附表项目，一些影响净利润的，也需要指定现金流量附表项目。

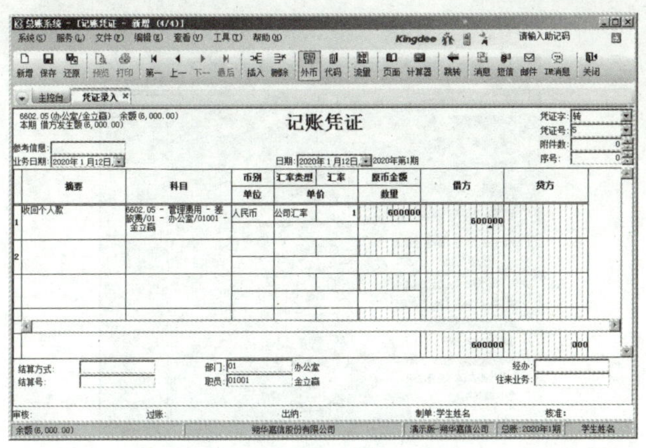

图 4-27 “职员”核算项目处理

（5）单击“保存”按钮，如图 4-28 所示。

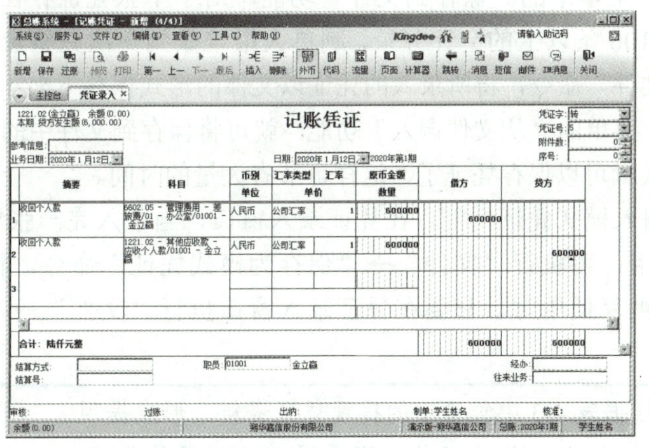

图 4-28 凭证填制（业务 5）

4．凭证常用菜单及模式凭证处理

在凭证录入窗口有很多常用的菜单工具及功能，这些在凭证录入的处理过程中起到重要作用。

（1）“查看”菜单下的“跳转”功能。“跳转”功能是“查看”菜单下的功能，主要用于根据条件快速查看对应凭证。在使用“跳转”功能时，用户需要使用“凭证号”或“凭证序号”作为选择凭证的条件，一般默认选择“凭证号”作为跳转的默认查询方式。在“包含参数”栏中输入需要查询的凭证号数据，单击“查询”按钮，凭证信息条将出现在右侧窗体中。选中记录条后，单击“跳转”按钮，选中的凭证将出现在凭证界面中，并显示“凭证—修改”式样。需要注意的是，在查询时，需要勾选“未记账”“当前期”两个参数，

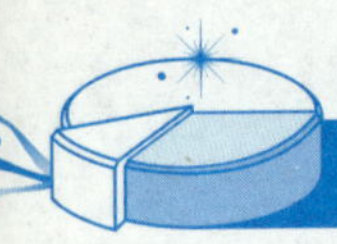

只有选择适合的条件才能够查询到凭证，为“跳转”打下基础。

（2）“查看”菜单下的“选项”功能。在“凭证录入”界面，执行“查看”→“选项”命令，弹出“凭证录入选项”对话框，如图 4-29 所示。可通过凭证选项设置，为录入凭证提供一些快捷操作。

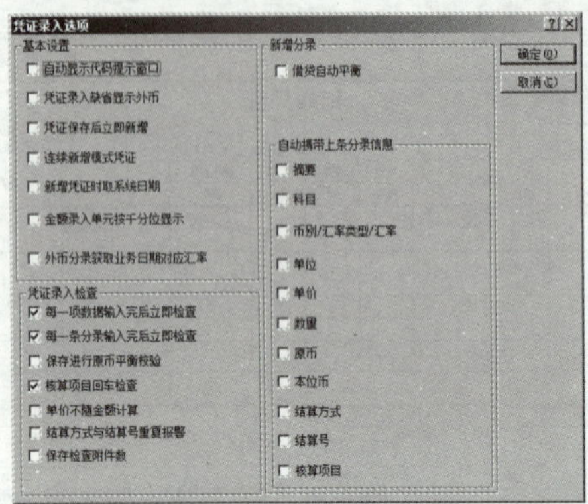

图 4-29　凭证选项

（3）“文件”菜单下的“保存到文件”功能。对于单张凭证存在大量分录的情况，如一张凭证含有 100 条以上的会计分录，制单人很难做到一次完整录入，此时执行“文件”→“保存到文件”命令，将所录入的凭证以文件的形式保存下来，在下次录入的时候直接使用“文件”菜单的“从文件调入”功能，就可将保存到文件中的凭证调出来，然后稍做编辑，制单人就可以保存凭证了，这样可节省大量的时间。

（4）保存/调入模式凭证功能。在凭证录入窗口，当录入完一张凭证后，如果该凭证内容会经常使用，可执行“文件”→“保存为模式凭证”命令，将该凭证保存为模式凭证，在以后重复使用时，只要在凭证录入窗口执行“文件”→“调入模式凭证”命令即可。

【例 7】　根据表 4-3 中凭证 1 的提现凭证资料，形成提现模式凭证，并调入生成 1 月 31 日的一张提现 10 000 元的凭证，结算方式为现金支票 XJ5011，制单人为赵子航。

操作视频

例 7　模式凭证处理

操作步骤：

（1）在凭证录入窗口，利用“跳转”功能查到第一张凭证——提现凭证。

（2）在“记账凭证—修改”窗口，执行“文件”→“保存模式凭证”命令，弹出“保存模式凭证”对话框，如图 4-30 所示。

（3）在“保存模式凭证”对话框的名称处录入“提现”，在“类型”处单击右侧“参考”按钮，在“模式凭证类别”的窗口中编辑选项卡中，新增“提现类”并保存，如图 4-31 所示。

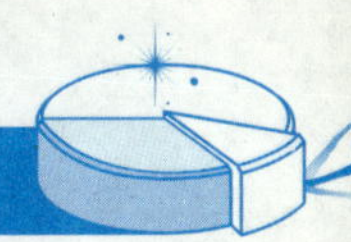

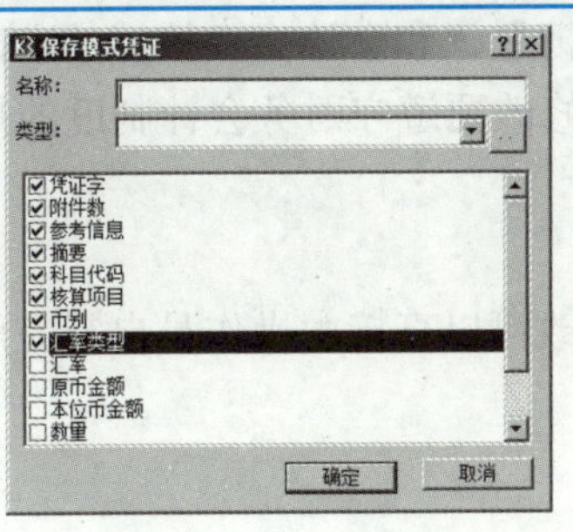

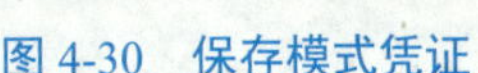

图 4-30　保存模式凭证

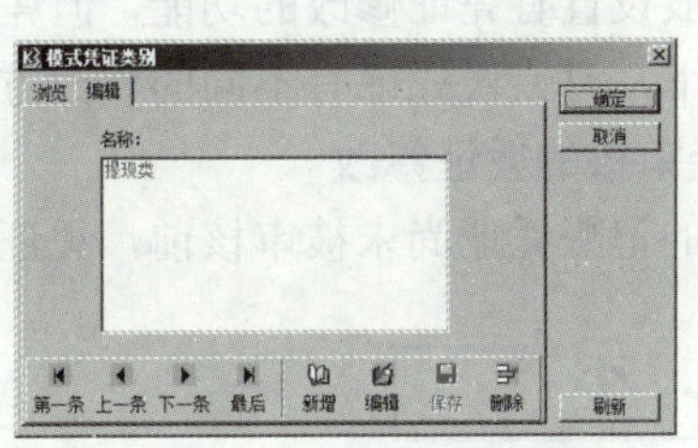

图 4-31　保存模式类别

（4）将“提现类”的类别选入“保存模式凭证”对话框，调整窗口下方的参数勾选内容，准确无误后单击“确定”按钮，将该模式保存完毕，如图 4-32 所示。

（5）当需要生成新的凭证时，单击“新增”按钮，执行“文件”→“调入模式凭证”命令，在“模式凭证”的窗口中选择“提现类”的“提现”模式，如图 4-33 所示。

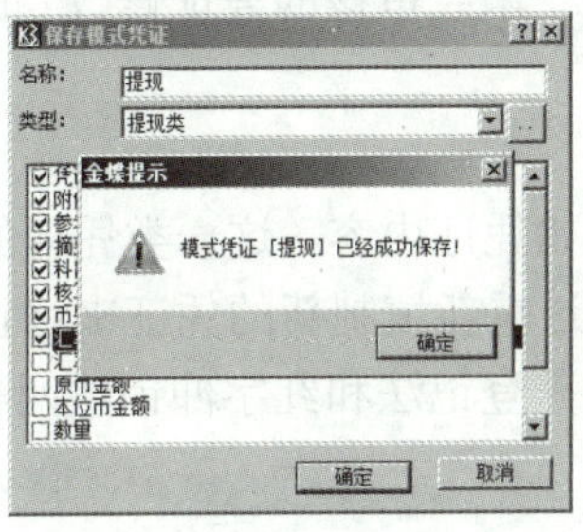

图 4-32　确定保存模式凭证

图 4-33　调用模式凭证

（6）在模式调用进来的凭证中输入借贷方金额、结算方式、结算号等，检查各凭证项目的准确性，保存凭证，如图 4-34 所示。

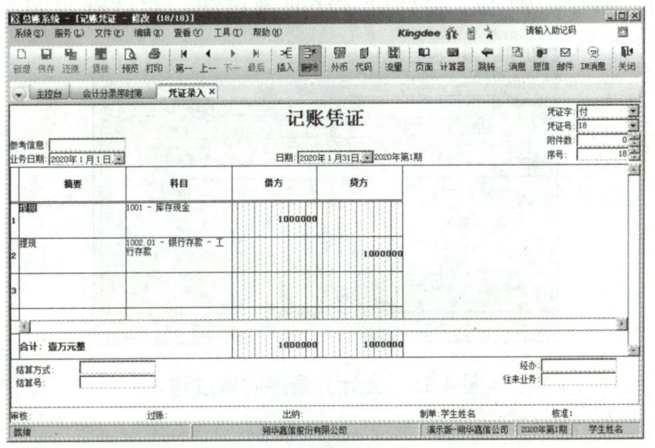

图 4-34　调用模式凭证生成凭证

（二）凭证修改

由于日常业务中需要输入大量的凭证，凭证输入发生错误在所难免，但对于错误的凭证必须及时进行修改，否则将直接影响到会计账簿登记和会计报表核算的准确性。因此，财务软件一般设置有凭证修改的功能，但凭证的修改要遵守财务会计制度的规定，在不同状态和条件下，对错误凭证有不同的修改方式。

1．未经审核的凭证修改

在录入的记账凭证尚未被审核前，凭证的修改可以直接由操作员自行完成。

提 示

总账系统以外的其他按业务系统传递来的凭证不能在总账系统中修改，只能在生成凭证的系统中进行修改。

2．已经审核但未记账的凭证修改

已经通过审核但尚未记账的错误凭证，不能直接由操作员完成修改。在程序上必须先由审核员对错误凭证取消审核，然后再由操作员按上述“未经审核的凭证修改”的方法，在“填制凭证”窗口中修改内容。

3．已记账凭证的修改

如果发现已记账的凭证有错误，不允许直接修改原始凭证内容，这一类凭证的修改应遵照《企业会计制度》中会计差错更正的有关规定，通过重新填制新的凭证来修正原有错误。在计算机处理方式上，与传统会计类似，可分为补充登记法和红字冲销法两种。

（三）凭证查询

通过凭证查询，用户可以把符合条件的凭证列示在会计分录序时簿中，以对凭证进行灵活地处理。

具体操作步骤如下：在金蝶 K/3 主控台，执行“财务会计”→“总账”→“凭证处理”→“凭证查询”命令，弹出“会计分录序时簿过滤”对话框，如图 4-35 所示。

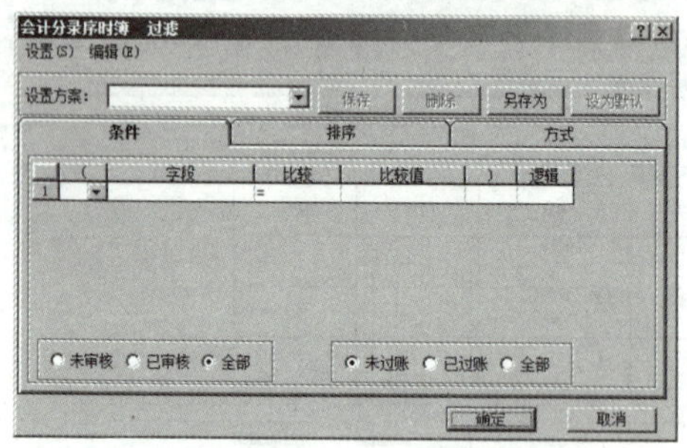

图 4-35　会计分录序时簿过滤

1．过滤条件

在“条件”选项卡中，用户可设定条件过滤公式，选择条件字段、比较、比较值等。如果有多个过滤条件，应先选择逻辑运算符，再继续设定下一个过滤条件。用户可执行“编辑”→“插入行”→“删除行”→“全部清除”命令来设置过滤条件。

设置好过滤条件公式后，选择“未审核”“已审核”和“全部”三个选项中的一项，

选择“已过账”“未过账”和“全部”三个选项中的一项。如果想要查到所有条件的凭证，可在默认条件设置的基础上，选择下方两个“全部”的选项即可。

2. 过滤条件的排序

如果希望查询的结果按某一字段排序，则可单击“排序”选项卡。在“字段”列表中选择某字段，单击[>]按钮，将被选中的字段移到右边的“排序字段”列表中，如图 4-36 所示。

3. 过滤条件的方式

在“方式”选项卡中，可设置凭证的过滤方式，如图 4-37 所示。

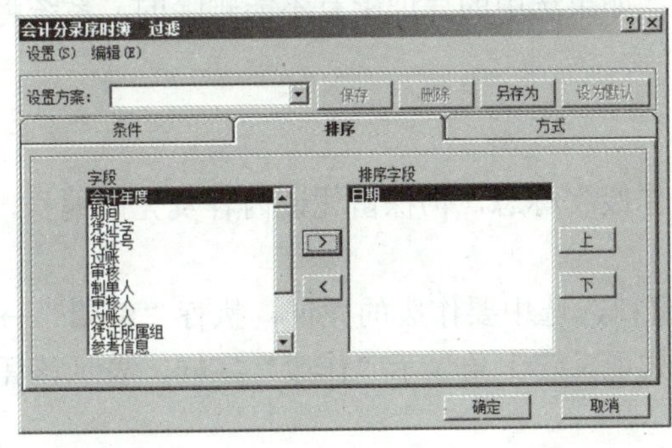

图 4-36 排序字段

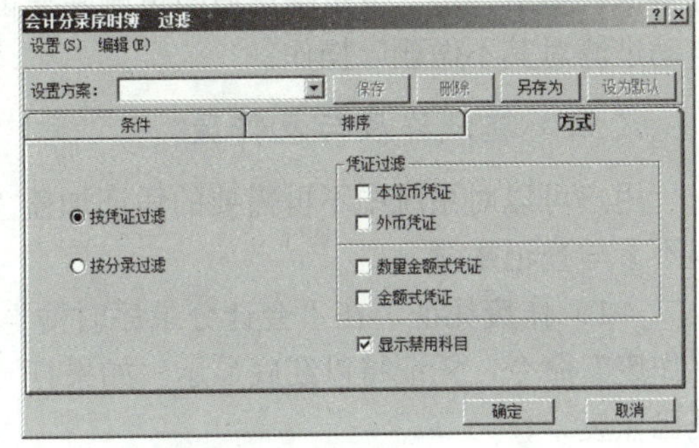

图 4-37 过滤方式

（1）按凭证过滤：选择此选项时，会出现“本位币凭证”“外币凭证”和“数量金额式凭证”“金额式凭证”两个过滤方案组，前者是将本位币或外币的凭证过滤出来，后者是将数量金额式或金额式的凭证过滤出来。该选项主要实现本位币凭证和外币凭证及数量金额式凭证和金额式凭证分不同凭证格式打印的功能。

（2）按分录过滤：选择此选项时，所有的过滤条件与排序均是基于分录进行的。

（3）显示禁用科目：选择此选项时，会计分录序时薄与凭证中会显示禁用科目。单独查询禁用科目时，需手工录入禁用科目代码，按“F7”查询科目界面不显示禁用科目。

4. 过滤条件的设置方案

在设置完“条件”“排序”和“方式”后，用户可执行“设置”→“保存设置”命令，将该过滤条件保存下来，以备以后查询相同条件的凭证时使用；也可单击“删除”按钮删除方案，或单击“另存为”按钮另存方案。

用户在设置好过滤条件后，单击“确定”按钮，系统即可按设定的过滤条件查询凭证，打开的“跨级分录序时簿”窗口中显示查询结果。

在“会计分录序时簿”窗口中，用户可进行新增凭证、修改凭证、作废凭证、冲销凭证、删除凭证、出纳复核、主管核准、凭证审核等与凭证相关的操作。系统将以不同的颜色显示不同状态下的凭证。

（四）凭证删除

对于一些业务中不再需要的凭证，可以对其进行删除，只有未进行复核、核准、审核、过账等后续操作的凭证才能删除。此操作不可逆，需要慎重使用。一般做法为先对错误的凭证作废，当确认需要删除时，再进行删除。系统提供单张删除和成批删除两种方式。

（1）单张删除凭证。在“会计分录序时簿”窗口，选中要删除的凭证，单击“删除”按钮，系统弹出“是否确认删除该张凭证”提示框，单击“是”按钮确认即可。如果选择了多张凭证，系统将删除第一张凭证。

（2）成批删除凭证。在“会计分录序时簿”窗口，按“Ctrl”或“Shift”键选中多张要删除的凭证，执行“编辑”→“成批删除”命令，系统弹出“是否确认删除选择的凭证”提示框。单击“是”按钮确认后即可删除凭证。如果选中的凭证中有不能删除的，系统将自动过滤对其不做删除操作。

（五）凭证作废与反作废

用户可以对系统中不再需要的凭证加盖“作废”标志，仍保留凭证内容及凭证编号，但不参与登记账簿。

（1）作废凭证。在“会计分录序时簿”窗口，选中要作废的凭证，执行“编辑”→“作废”命令，凭证将以红底显示。如果打开凭证，左上角显示“作废”字样，表示该凭证已作废。

提　示

（1）作废凭证不能修改，不能进行复核、核准、审核等后续操作。

（2）在记账时，不对作废凭证作数据处理，相当于一张空凭证。在账簿查询时，也查不到作废凭证的数据。

（2）恢复凭证。在“会计分录序时簿”窗口，选中已作废的凭证，执行“编辑”→“反作废”命令，可取消作废标志，将当前凭证恢复为有效凭证。

（六）凭证整理

在存在凭证断号的情况下，用户可使用“凭证整理”功能，自动将凭证号连续排序。在“会计分录序时簿”窗口，执行“编辑”→“凭证整理”命令，弹出“凭证整理”对话框，用户可选择“按凭证日期重新排凭证号”选项，单击“确定”按钮，弹出提示框，单击“是”按钮确认后，系统开始进行凭证整理。凭证整理后原凭证号不可恢复。已进行复核、核准、审核和过账等后续操作的凭证不参与凭证整理。

【例8】　根据例6中资料，进行以下操作：

（1）将1月31日的提现10 000元的凭证修改为提现15 000元的凭证。

（2）将1月31日的提现15 000元的凭证作废。

（3）将1月31日的提现15 000元的作废凭证删除。

（4）按凭证日期重新整理凭证。

操作步骤:

（1）在“凭证查询”对话框中，默认过滤条件，选择两个“全部”过滤选项，打开“会计分录序时簿”窗口，如图 4-38 所示。

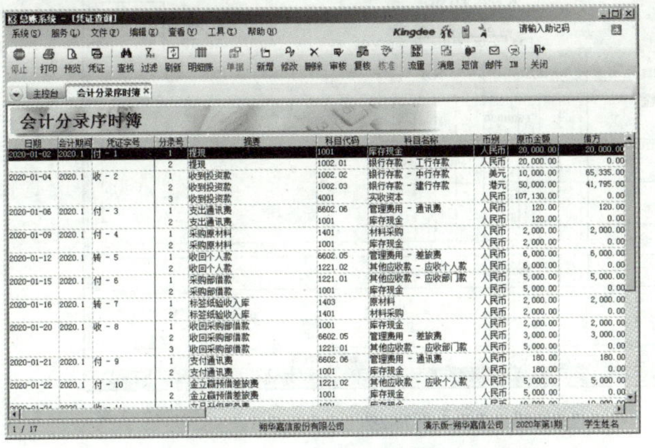

图 4-38 会计分录序时簿

操作视频

例 8 凭证整理

（2）选中 1 月 31 日的提现凭证，单击“修改”按钮。

（3）在该凭证的修改窗口中，修改金额“15 000”，修改后保存，如图 4-39 所示。

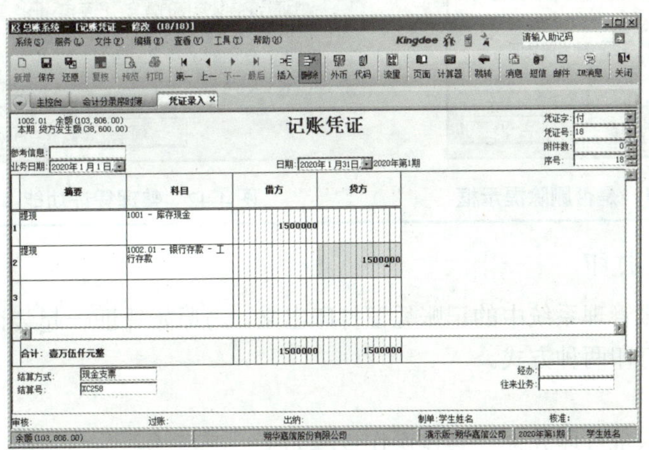

图 4-39 凭证数据修改

（4）选择“会计分录序时簿”中的该笔凭证，单击“编辑”下拉式功能“作废”。作废的凭证在右上方会出现“作废”的标识，如图 4-40 所示。

（5）选定凭证查询界面选中作废的这张凭证，单击“删除”按钮，弹出“是否删除当前凭证？”提示框，单击“确定”按钮，将其彻底删除，如图 4-41 所示。

（6）执行“编辑”→“凭证整理”命令，弹出“凭证整理”对话框，选择“按凭证日期重排凭证号”，如图 4-42 所示。

（7）单击“确定”按钮，弹出“凭证整理后，凭证号将不可修复，确定要继续吗？”提示框，单击“是”按钮，完成凭证排序。

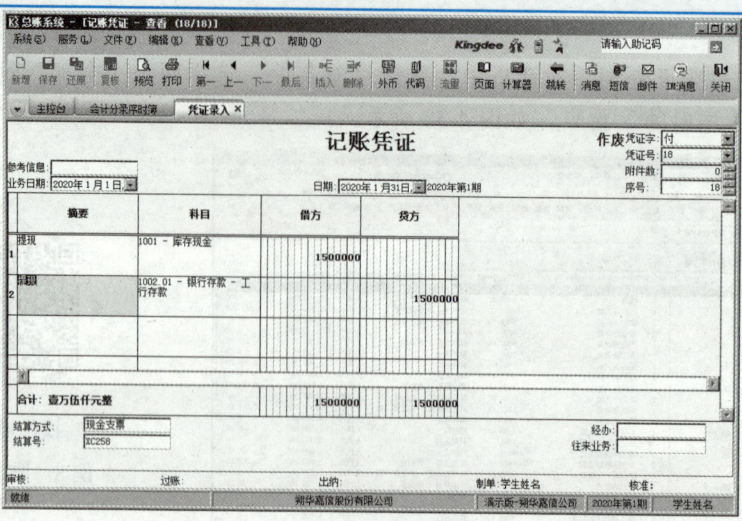

图 4-40　凭证的作废

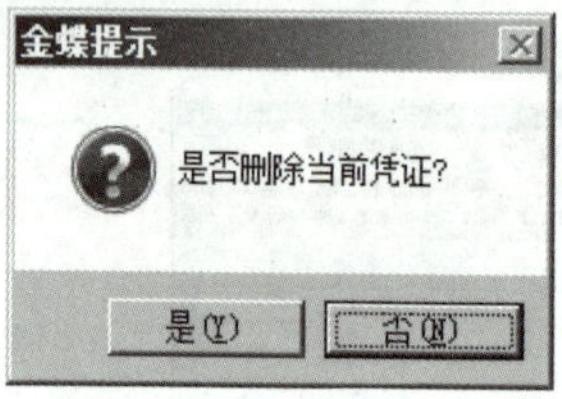

图 4-41　是否删除提示框

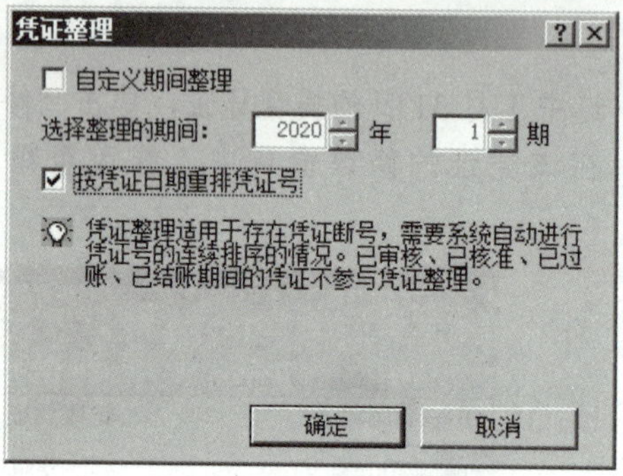

图 4-42　整理凭证功能

（七）凭证打印

用户应把总账管理系统中的记账凭证打印出来，与原始凭证一起装订成册。系统提供套打打印和直接打印两种方式。

1. 套打打印

套打打印即成批打印凭证。具体操作步骤如下：

（1）在“会计分录序时簿”窗口，执行“工具”→“套打设置”命令，弹出“套打设置”对话框，在“凭证”行、“对应套打”列单击下拉按钮，选择“kd 针打记账凭证金蝶配套 KP-Z105”，如图 4-43 所示。单击“预览”按钮，可以查询所选择的套打格式。若对格式不满意，可以单击“设计”按钮进行修改。

（2）单击“保存”按钮保存当前设置，单击“关闭”按钮返回“会计分录序时簿”窗口，执行“文件”→“打印凭证”→“使用套打”命令，再单击“文件”→“打印凭证”→“打印预览”命令，系统进入打印预览窗口。

（3）因系统中预设的格式与专用的金蝶凭证套打纸（金蝶公司有售）规格相同，若用户使用该种纸张，则先在打印机的服务器属性中选择自定义纸张，之后返回选择打印纸

张。购买套打纸之后，金蝶销售人员会为用户调整好打印机。

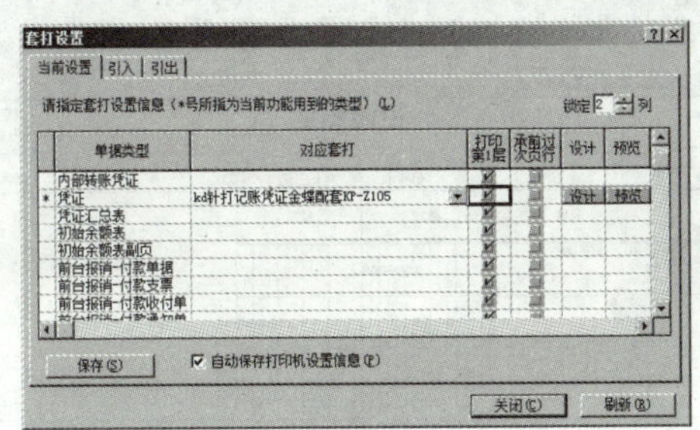

图 4-43　凭证套打设置

（4）在设置不同打印格式时，多用“打印预览”功能进行查看。打印格式设置完成后，建议先放一张打印纸测试输出效果。若一次只想打印一张凭证，则可以在“会计分录序时簿”窗口中选中要打印的凭证，双击进入“凭证——查看”窗口进行打印，也可以在打印时设置打印范围。

（5）使用套打时可以使用“过滤”功能，将需要打印的凭证筛选出来，然后设置套打格式。

2. 直接打印

用户可以在制单或查看单张凭证时直接打印记账凭证。只需在记账凭证窗口选择“文件”菜单下的“打印预览”或“打印”命令，即可打印。

二、凭证审核

凭证审核是指由具有审核权限的操作员对制单人填制的凭证从业务内容的真实性、会计分录的合理性、数据的准确性等方面进行的检查，目的是避免手工录入中可能出现的错误，并通过审核防止舞弊行为的发生。

（一）出纳复核

如果在系统初始化时选择了“凭证过账前必须出纳复核”的总账参数，那么在凭证过账前，出纳人员要对与现金科目、银行存款科目有关的凭证进行复核。转账凭证不需要进行出纳复核。

具体操作步骤如下：

（1）在“会计分录序时簿”窗口，选择要复核的凭证，单击“复核”按钮，打开“记账凭证—复核”单张凭证窗口，如图 4-44 所示。

（2）出纳复核允许修改结算方式、结算号，其他凭证字段不允许修改。单击“复核”按钮，凭证下方“出纳”栏目显示当前操作员名，表示这张凭证出纳员已复核。再单击一下“复核”按钮，则为取消出纳复核，凭证下方“出纳”栏目为空。

（3）用户可单击“第一”“上一”“下一”“最后”按钮显示其他凭证进行复核或反复核。

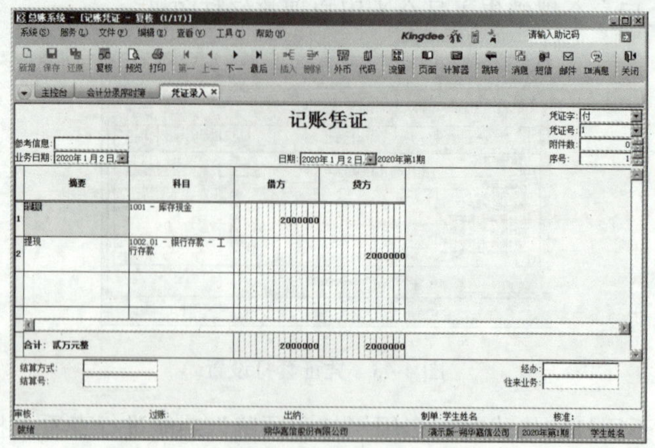

图4-44 出纳复核

 提 示

系统有"成批复核功能",但不建议使用,因为这种方法无法起到出纳员对每张凭证都认真复核其内容是否正确的目的;对于转账凭证,出纳员无须签字,但是在成批复核的功能下无法自行判断是否应该签字,从而产生过度复核的现象。

(二)审核凭证

凭证审核是审核人员按照会计制度的规定,对制单人员填制的记账凭证进行检查核对,对错误有异议的凭证,应交与填制人员修改后,再审核通过。系统提供单张审核和成批审核两种方式。

按照会计制度规定,凭证的填制与审核不能为同一人,因此在进行审核之前,需要更换用户,只有具有凭证审核权限的用户才能使用凭证审核。

1. 单张审核

具体操作步骤如下:

(1)在"会计分录序时簿"窗口,选择要审核的凭证,单击"审核"按钮,打开"记账凭证—审核"单张凭证窗口,如图4-45所示。

(2)检查此凭证是否正确。如果正确,单击"审核"按钮,凭证下方"审核"栏目显示当前操作员名,表示这张凭证已审核。

(3)若凭证不正确,可在"批注"文本框中输入批注内容,退出当前凭证审核。待制单人修改正确并删除批注内容后再审核该凭证。

(4)若此凭证已审核,用户想对已审核的凭证取消审核,只需单击"审核"按钮,凭证下方"审核"栏目为空。

(5)用户可单击"第一""上一""下一""最后"按钮显示其他凭证进行审核或反审核。

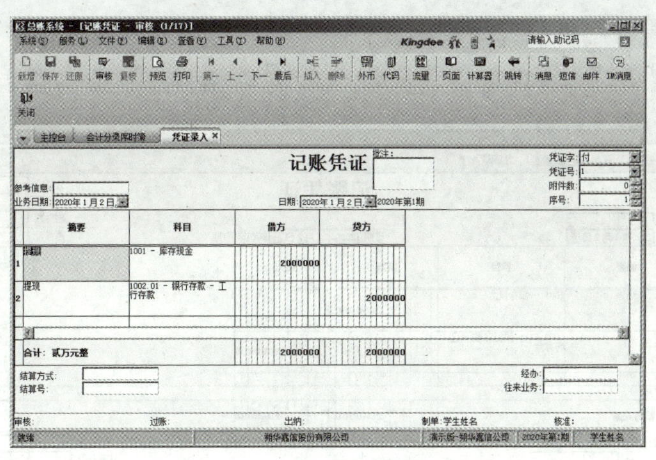

图 4-45　凭证审核

2. 成批审核

用户可成批审核凭证，以加快凭证审核速度。

具体操作步骤如下：

（1）在“会计分录序时簿”窗口，过滤出要审核的凭证，执行“编辑”→“成批审核”命令，弹出“成批审核凭证”对话框，如图 4-46 所示。

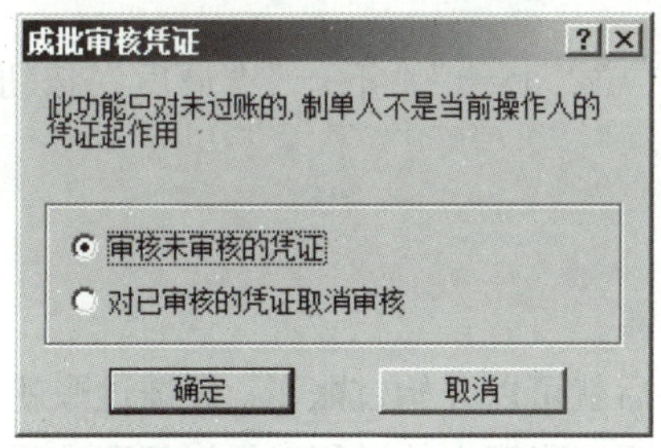

图 4-46　成批审核凭证

（2）用户根据需要选择对未审核的凭证进行成批审核及对已审核的凭证进行成批反审核。

（3）单击“确定”按钮，系统将根据选项进行相应操作。

（三）主管核准

如果在系统初始化时选择了“凭证过账前必须核准”的属性，那么在出纳复核后，主管领导要进行核准。

具体操作步骤如下：

（1）在“会计分录序时簿”窗口，选择要核准的凭证，单击“核准”按钮，打开“记账凭证—核准”单张凭证窗口，如图 4-47 所示。

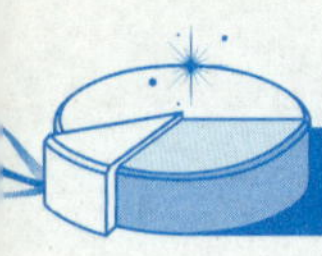

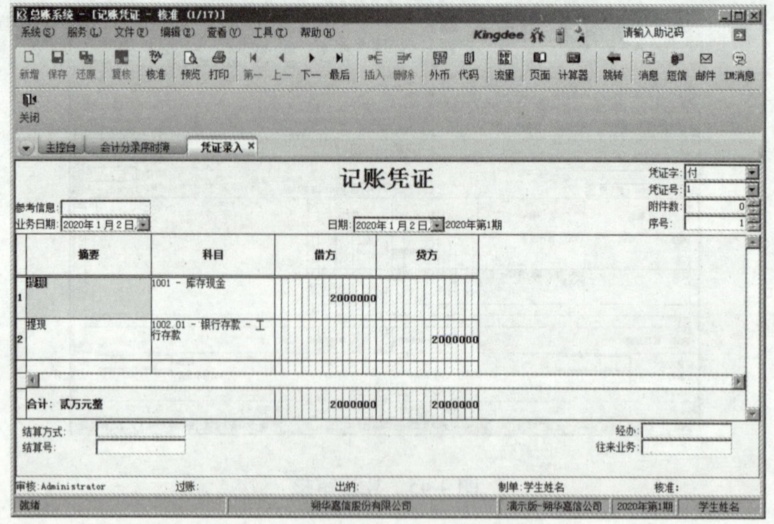

图 4-47　主管核准

（2）凭证项目不能修改，只能查看。用户检查完毕并确认无误后，单击“核准”按钮，凭证下方“核准”栏目显示当前操作员名，表示这张凭证已核准。

（3）若凭证已核准，用户想对已核准的凭证取消核准，只需单击“核准”按钮，凭证下方“核准”栏目为空。

（4）用户可单击“第一”“上一”“下一”“最后”按钮显示其他凭证进行核准或反核准。

三、凭证过账

在会计凭证审核完毕之后就可以开始过账了。凭证过账就是系统将已录入的记账凭证根据其会计科目登记到相关明细账簿中的过程。经过记账的凭证以后将不再允许修改，只能采取补充凭证或红字冲销凭证的方式进行更正。

凭证过账有两种操作方法，一种是在会计分录序时簿过账，一种是使用凭证过账功能。

1. 在会计分录序时簿过账

具体操作步骤如下：

（1）在“会计分录序时簿”窗口，过滤出要过账的凭证，执行“编辑”→“全部过账”命令，弹出“凭证过账”对话框，如图 4-48 所示。

（2）单击“是”按钮，确认后系统开始过账，并显示过账结果，如图 4-49 所示。

（3）用户可查看过账信息。系统只能检验记账凭证中的数据关系错误，而无法检查业务逻辑关系。如果有凭证过账错误用户应分析原因，改正后再次过账。

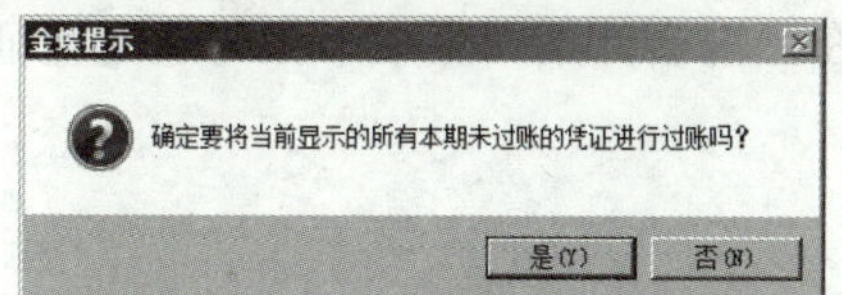

图 4-48　凭证过账

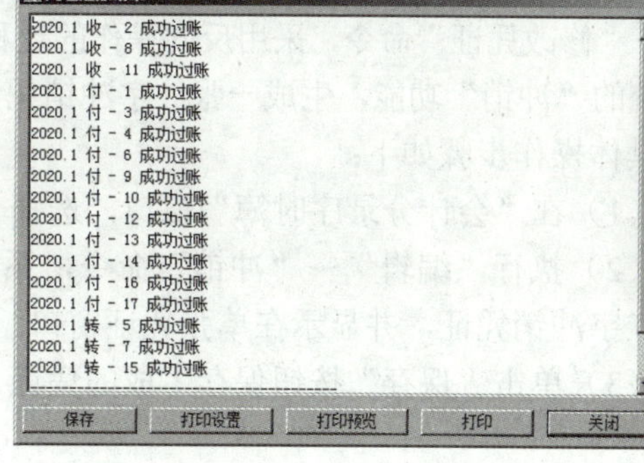

图 4-49　凭证过账结果

2. 使用凭证过账功能

用户可使用系统提供的凭证过账功能，在过账向导的指引下，完成过账操作。

具体操作步骤如下：

（1）在金蝶 K/3 主控台，执行“财务会计”→“总账”→“凭证处理”→“凭证过账”命令，弹出“凭证过账”对话框，如图 4-50 所示。

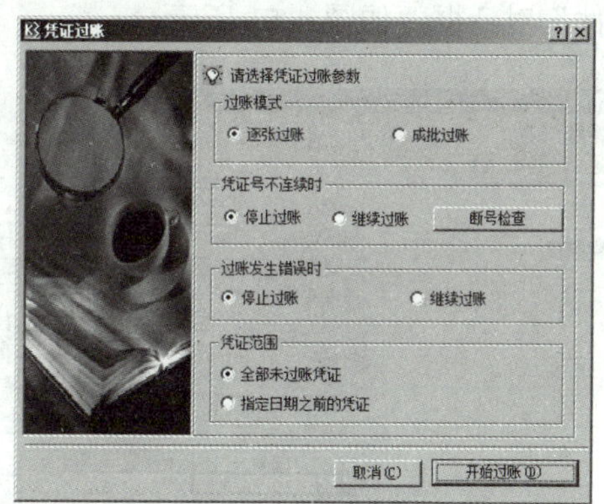

图 4-50　凭证过账

（2）系统提供了两种过账模式，即逐张过账和成批过账。用户可以选择“凭证号不连续时”和“过账发生错误时”是否“停止过账”还是“继续过账”。如需查看凭证是否存在断号，可单击“断号检查”按钮，系统将显示凭证断号检查表列示系统断号情况。用户还可以确定凭证过账的范围，如果选择“全部未过账凭证”，则系统将所有未过账的凭证进行全部过账操作；如果选择“指定日期之前的凭证”，则显示日期录入框，用户可以选择一个日期，系统将对该日期之前的所有未过账凭证进行过账操作。

（3）过账参数设置完成后，单击“开始过账”按钮，系统将执行过账操作，并显示过账结果。

四、凭证冲销

对于已经过账的凭证，如果发现其不符合企业的财务规则，就需要对凭证进行修改。

具体修改方法有两种：一种是无痕修改，即执行“反过账”→“反审核”→“反出纳复核”→“修改凭证”命令，采用反向操作的过程对凭证进行修改；另一种是有痕修改，即使用系统的“冲销”功能，生成一张红字冲销凭证。冲销功能只能在凭证已过账状态下使用。

具体操作步骤如下：

（1）在“会计分录序时簿”窗口，选择一张已过账且要冲销的凭证。

（2）执行“编辑”→“冲销”命令，系统将在当前会计期间生成一张与选定凭证一样的红字冲销凭证，并显示在单张凭证窗口。

（3）单击“保存”按钮保存生成的凭证。

五、凭证汇总

总账管理系统在凭证处理功能中提供了凭证汇总功能，即将记账凭证按照指定的范围和条件汇总其一级科目的借贷方发生额。按不同条件对会计凭证进行汇总，可以提供各种所需的会计信息。

具体操作步骤如下：

（1）在金蝶 K/3 主控台，执行“财务会计”→“总账”→“凭证处理”→“凭证汇总”命令，弹出“过滤条件”对话框，如图 4-51 所示。

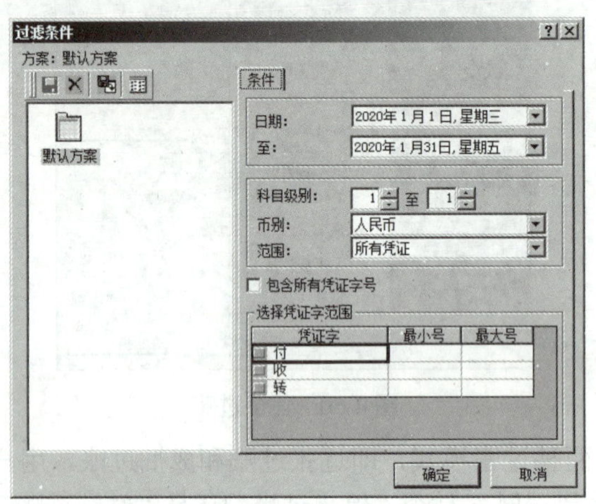

图 4-51　过滤条件

（2）根据栏目说明输入凭证汇总条件，单击“确定”按钮，系统根据条件生成凭证汇总表。

（3）在凭证汇总表窗口，用户可对凭证汇总表进行浏览查看，也可进行过滤、打印等功能。

六、账表查询

在凭证过账处理中，系统将记账凭证自动记入账簿。只要所录入的凭证经过账，就可以在系统中随时查询各种账簿和报表。

（一）账簿查询

1. 总分类账与明细分类账查询

总分类账与明细分类账密切相关，在过账时，总分类账与其所属的明细分类账是平行登记的，也就是说，一张记账凭证在同一会计期间必须在总分类账和明细分类账中都进行登记。所以，总分类账的发生额和余额合计与其所属的明细分类账的发生额和余额合计是相符的。

总分类账查询功能用于查询总分类账的账务数据，以及总账科目的本期借方发生额、本期贷方发生额、本年借方累计、本年贷方累计、期初余额、期末余额等项目的数据。明细分类账查询功能用于查询各科目的明细分类账数据，输出现金日记账、银行存款日记账和其他各科目三栏式明细账的账务明细数据，还可以按照各种币别输出某一币别的明细账，按非明细科目输出明细分类账。

在查询账簿时，这两种账簿可以互查，即在查询总分类账时可以通过转换查询相关的明细账；在查询明细账时，也可以通过转换查询相关的总分类账。

具体操作步骤如下：

（1）在金蝶 K/3 主控台，执行“财务会计”→“总账”→“账簿”→“总分类账”命令，弹出“过滤条件”对话框，如图 4-52 所示。

（2）设置查询条件后，单击“确定”按钮，系统即按所设定的条件显示总分类账，如图 4-53 所示。

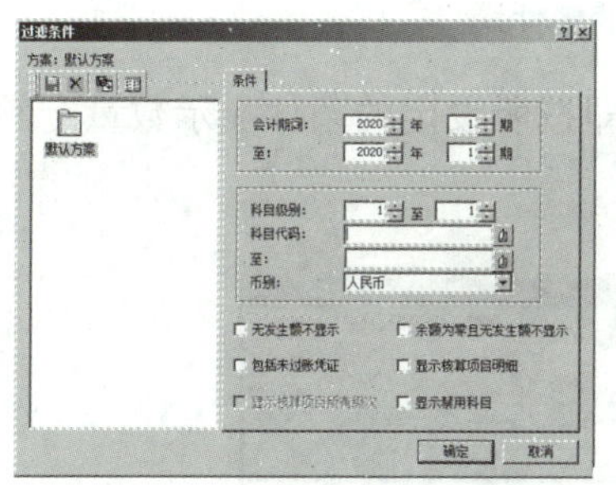

图 4-52　总分类账查询过滤条件

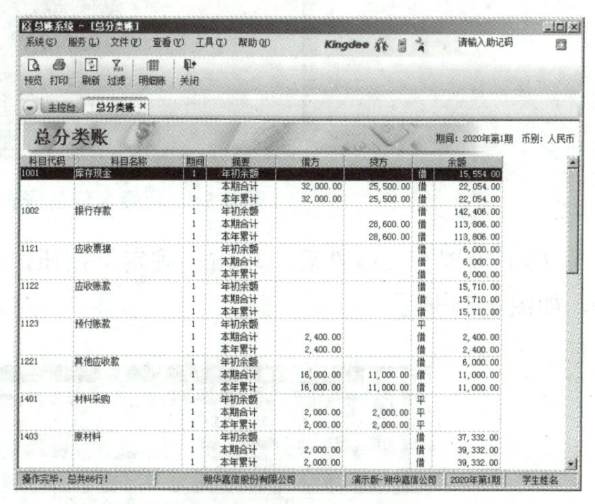

总分类账　期间：2020年第1期　币别：人民币

科目代码	科目名称	期间	摘要	借方	贷方		余额
1001	库存现金	1	年初余额			借	15,554.00
		1	本期合计	32,000.00	25,500.00	借	22,054.00
		1	本年累计	32,000.00	25,500.00	借	22,054.00
1002	银行存款	1	年初余额			借	142,406.00
		1	本期合计		28,600.00	借	113,806.00
		1	本年累计		28,600.00	借	113,806.00
1121	应收票据	1	年初余额			借	6,000.00
		1	本期合计			借	6,000.00
		1	本年累计			借	6,000.00
1122	应收账款	1	年初余额			借	15,710.00
		1	本期合计			借	15,710.00
		1	本年累计			借	15,710.00
1123	预付账款	1	年初余额			平	
		1	本期合计	2,400.00		借	2,400.00
		1	本年累计	2,400.00		借	2,400.00
1221	其他应收款	1	年初余额			借	6,000.00
		1	本期合计	16,000.00	11,000.00	借	11,000.00
		1	本年累计	16,000.00	11,000.00	借	11,000.00
1401	材料采购	1	年初余额			平	
		1	本期合计	2,000.00	2,000.00	平	
		1	本年累计	2,000.00	2,000.00	平	
1403	原材料	1	年初余额			借	37,332.00
		1	本期合计	2,000.00		借	39,332.00
		1	本年累计	2,000.00		借	39,332.00

操作完毕，总共66行！　翔华嘉信股份有限公司　演示版-翔华嘉信公司　2020年第1期　学生姓名

图 4-53　总分类账

提　示

（1）可将查询条件保存为方案，这样用户只需直接调用“方案”即可。

（2）在“总分类账”窗口中，单击“明细账”按钮，即可查询该总分类账所对应的业务凭证。

（3）在“明细分类账”窗口中，单击“总账”按钮，即可查询该明细分类账在总分类账中的数据。

2．数量金额总账与数量金额明细账查询

在手工会计中，通常只对明细账设置数量金额式的账页，在金蝶 K/3 系统中，也可查询数量金额总账。

数量金额总账用于查询设置为数量金额核算科目的“期初结存”“本期收入”“本期发出”“本年累计收入”“本年累计发出”及“期末结存”的数量及单价、金额数据。数量金额明细账用于查询下设数量金额的辅助核算科目的明细账务数据，包括“收入”“发出”“结存”的数量、单价、金额的各项数据。

具体操作步骤如下：

（1）在金蝶 K/3 主控台，执行“财务会计”→“总账”→“账簿”→“数量金额总账”命令，弹出“过滤条件”对话框，如图 4-54 所示。

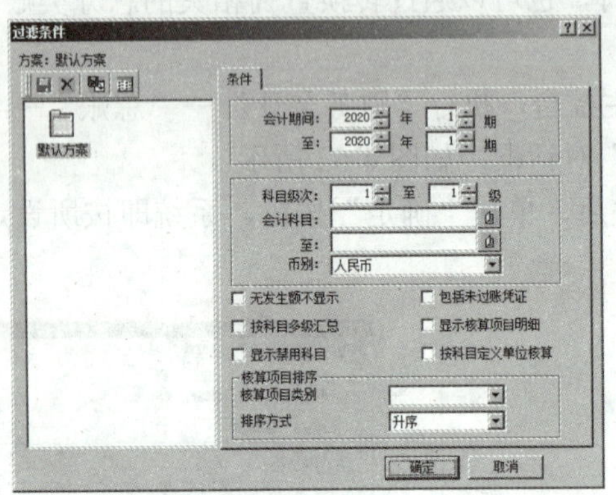

图 4-54　数量金额总账查询过滤条件

（2）设置查询条件后，单击“确定”按钮，系统即按所设定的条件显示数量金额总账，如图 4-55 所示。

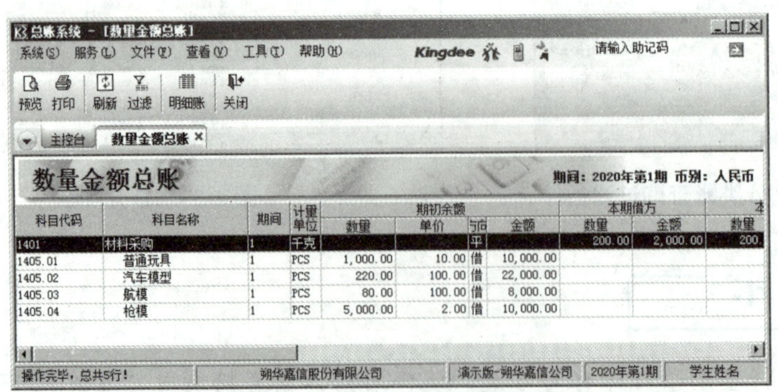

科目代码	科目名称	期间	计量单位	期初余额				本期借方		本
				数量	单价	方向	金额	数量	金额	数量
1401	材料采购	1	千克			平		200.00	2,000.00	200
1405.01	普通玩具	1	PCS	1,000.00	10.00	借	10,000.00			
1405.02	汽车模型	1	PCS	220.00	100.00	借	22,000.00			
1405.03	航模	1	PCS	80.00	100.00	借	8,000.00			
1405.04	枪模	1	PCS	5,000.00	2.00	借	10,000.00			

图 4-55　数量金额总账

提　示

（1）在“数量金额总账”窗口选定科目所在行，单击“明细账”按钮，即可查询该科目所对应的数量金额明细分类账数据。

（2）在“数量金额明细账”窗口选定账页中某业务数据所在行，单击“凭证”按钮，即可查询该笔经济业务所对应的凭证情况。

3．多栏式明细账查询

为了满足财会日常工作的需要，便于对明细科目的综合查询，金蝶 K/3 系统提供了多栏式明细账功能。由于每个用户使用的多栏式明细账不一致，系统无法预设多栏式明细账的格式。因此，多栏式明细账只能由用户自己生成。金蝶 K/3 系统为用户提供了十分方便的多栏式明细账格式生成器。用户根据需要设置完多栏式明细账后，即可查询多栏式明细账。

【例 9】　设置库存商品借方多栏账。

操作步骤：

（1）在金蝶 K/3 主控台，执行“财务会计”→“总账”→“账簿”→“多栏账”命令，弹出“多栏式明细分类栏过滤条件”对话框。

（2）单击“设计”按钮，弹出“多栏账明细账定义”对话框。

（3）在“编辑”选项卡中，单击“新增”按钮，系统显示多栏式明细账编辑窗口，如图 4-56 所示。

操作视频
例 9　设置借方多栏账

（4）在“会计科目”文本框中输入“库存商品”的科目代码“1405”，将光标移出该文本框后，系统自动显示多栏账名称。

（5）单击“自动编排”按钮，系统会自动根据“库存商品”明细账的设置进行多栏式的定义，如图 4-57 所示。

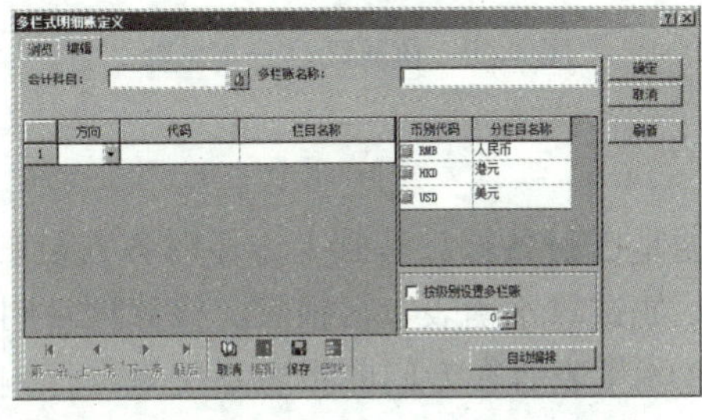

图 4-56　多栏式明细账编辑

图 4-57　设置多栏式明细账

（6）勾选该科目所适用币别。设置完成后，单击“保存”按钮，然后再单击“确定”按钮，返回“多栏式明细分类账”窗口。

（7）在“多栏式明细分类账”窗口中，“库存商品多栏式明细账”显示于“多栏账名称”中，单击“确定”按钮，系统即生成所定义的多栏账，如图 4-58 所示。

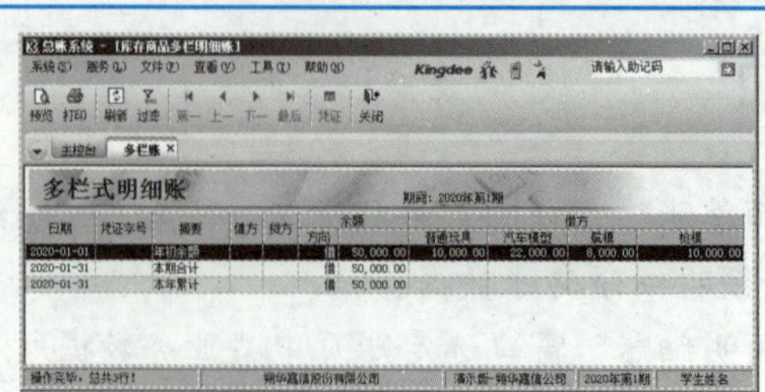

图 4-58　库存商品多栏式明细账

4. 核算项目分类总账与核算项目明细账查询

核算项目在总账管理系统中具有十分独特和灵活的作用，在多个科目中存在，可以作为明细科目进行管理。为了加强管理，提高对核算项目的利用程度，金蝶 K/3 系统提供了反映核算项目经济业务的总分类账和明细分类账簿。

具体操作步骤如下：

（1）在金蝶 K/3 主控台，执行“财务会计”→“总账”→“账簿”→“核算项目分类总账”命令，弹出“过滤条件”对话框，如图 4-59 所示。

（2）设置查询条件后，单击“确定”按钮，系统即按所设定的条件显示核算项目分类总账，如图 4-60 所示。

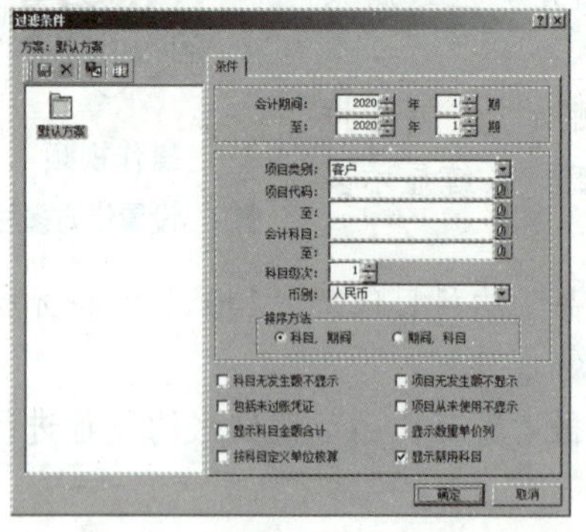

图 4-59　核算项目分类总账查询过滤条件

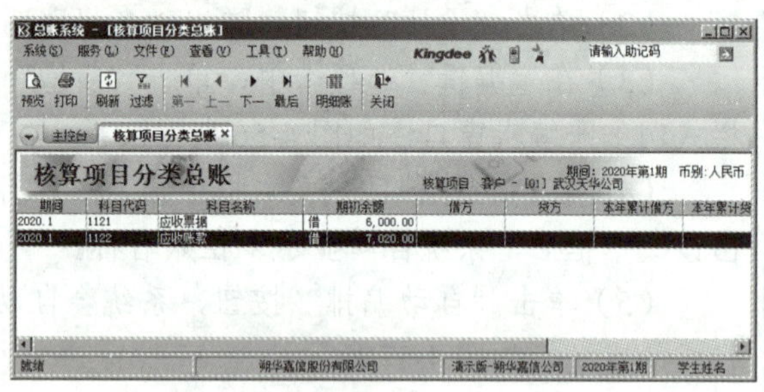

图 4-60　核算项目分类总账

（二）财务报表查询

金蝶 K/3 总账管理系统提供的财务报表指的是在财务核算基础上方便财务人员归集、了解有关财务数据所涉及的常用内部核算报表，如试算平衡表、日报表、核算项目明细表等。企业对外报送的资产负债表、利润表、现金流量表等在专门的报表系统里进行编辑和生成相应数据。各类财务报表的查询方法与查询账簿的方法类似，以下介绍各主要财务报表的内容。

1. 科目余额表

科目余额表反映的是指定查询科目在指定会计期间内的期初余额、本期发生额、本年累计和期末余额情况。如果在查询对话框中不设置任何科目，系统会将所有存在发生额或余额数据的科目数据汇总反映。

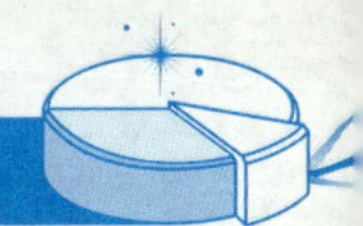

2. 试算平衡表

试算平衡表反映的是所选会计期间各科目的期初余额、本期发生额及期末余额数据。如果涉及外币核算，则应选择在“综合本位币”币别条件下查询试算平衡表数据，否则系统无法汇总所有外币数据，会导致试算不平衡。

3. 日报表

日报表用于反映某一指定日期所发生的业务。日报表可查询指定科目某天的日初余额、本日借贷方发生额、日末余额及业务发生笔数等，查询时还可选择科目级次、科目范围、是否包含未过账凭证、是否无发生额不显示、是否输出合计金额选项等。

4. 核算项目余额表

核算项目余额表与核算项目分类总账、核算项目明细账类似，用于帮助用户进行核算项目余额的分析与预算管理等。

5. 核算项目明细表

核算项目明细表是以报表的形式展示出全部最明细资料，可以通过灵活的查询条件设置实现任意角度分析、过滤和实时显示，并可保存查询方案，适合在线数据分析、数据采集和决策分析使用。

6. 核算项目汇总表

核算项目汇总表是以报表的形式展示出对明细资料的汇总分析，并且提供了任意角度分析过滤实时显示，并可保存查询方案的特点，也适合在线数据分析和数据采集和决策分析使用。

7. 核算项目组合表

核算项目组合表是以报表的形式展示出对不同核算项目进行不同角度组合分析，适用于一个会计科目有两个以上往来业务核算项目的科目分析。

8. 核算项目与科目组合表

核算项目与科目组合表提供了核算项目与会计科目二维组合报表，既可以反映指定类别的核算项目所涉及的所有或多个会计科目的发生额及期初期末余额，又可以反映指定会计科目对应的所有或多个核算项目的发生情况及余额。

上机实验

实验 4 总账管理系统日常业务。

以上实验内容详见书后所附“上机实验资料”。

第四节 总账管理系统的期末处理

当期凭证全部录入完毕，就可以进行期末账务处理。总账管理系统期末处理主要包括期末调汇、自动转账、结转损益、期末结账等。除了期末结账外，其他业务操作都不是每期必须做的，用户可根据实际业务需要进行相关操作。

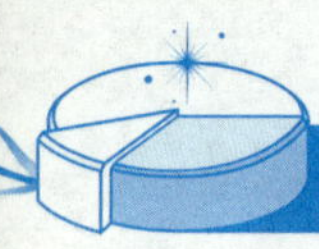

一、期末调汇

期末调汇功能主要用于对外币核算的账户在期末自动计算汇兑损益，生成汇兑损益转账凭证及期末汇率调整表。只有在会计科目中设定为“期末调汇”的科目才会进行期末调汇处理。用户在使用“期末调汇”功能时一定要在所有涉及外币业务的凭证和要调汇的会计科目全部录入完毕并审核过账后才能进行，以免调汇数据不正确。

【例 10】 本月月末港元汇率为 1 港元=0.84 元人民币，美元汇率为 1 美元=6.53 元人民币。

操作步骤：

操作视频

例 10 期末调汇

（1）在金蝶 K/3 主控台，执行“系统设置”→“基础资料”→“公共资料”→“汇率体系”命令，打开“汇率体系”窗口。

（2）选定左边列表中的“01（公司汇率）”，右边列表中即显示出有关外币列表。

（3）将光标定位在右列列表框汇总需要修改期末汇率值的外币所在行，单击“修改”按钮或双击外币所在行，弹出“汇率—修改”对话框，修改汇率值、生效日期和失效日期，如图 4-61 所示，依次单击“保存”“退出”按钮，退出“汇率—修改”对话框。

（4）在金蝶 K/3 主控台，执行“财务会计”→“总账”→“结账”→“期末调汇”命令，弹出“期末调汇”对话框。在指定调汇日期后，系统自动获取调整后的汇率值，如图 4-62 所示。

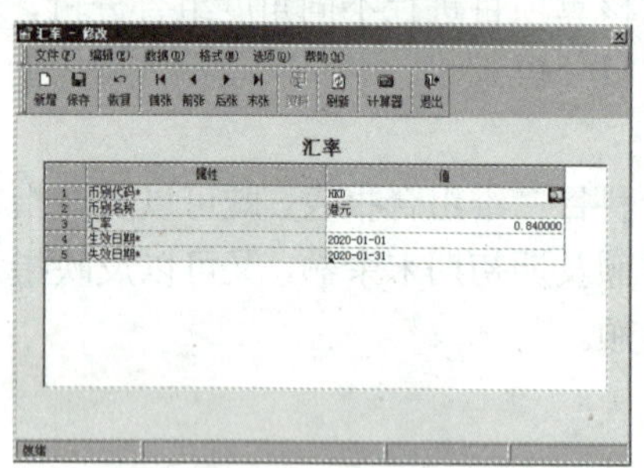

图 4-61 汇率—修改

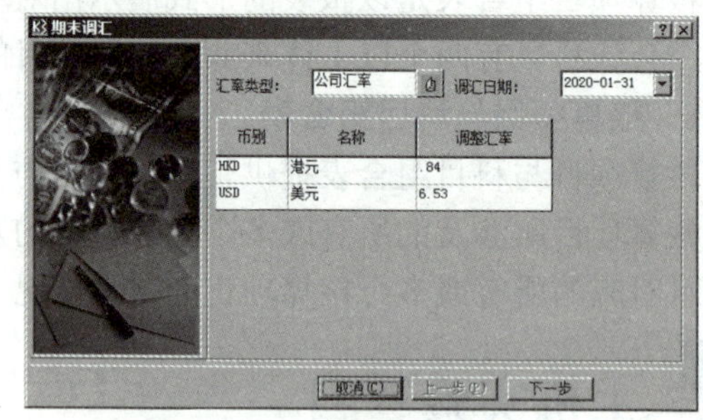

图 4-62 期末调汇（1）

（5）单击“下一步”按钮，进入调汇凭证设置界面。“汇兑损益科目”选择“财务费用——汇兑损益”，勾选“生成转账凭证”前的复选框。默认生成凭证分类，如果能够确定是收益还是损失，可以自行选择生成凭证的类别，如图 4-63 所示。

小提示：凭证字非“收”即“付”，因为调汇工作必然与外币有关，外币科目则均为现金或银行存款科目。一般来说，汇率上调为“收”，汇率下调为“付”。如果选择错误，系统也会弹出“不满足借方/贷方必有条件”提示框，进一步查看是“收”“付”凭证字选择的错误。

（6）设置完成后，单击“完成”按钮，系统即生成相应凭证，并弹出提示框，单击“确定”按钮。

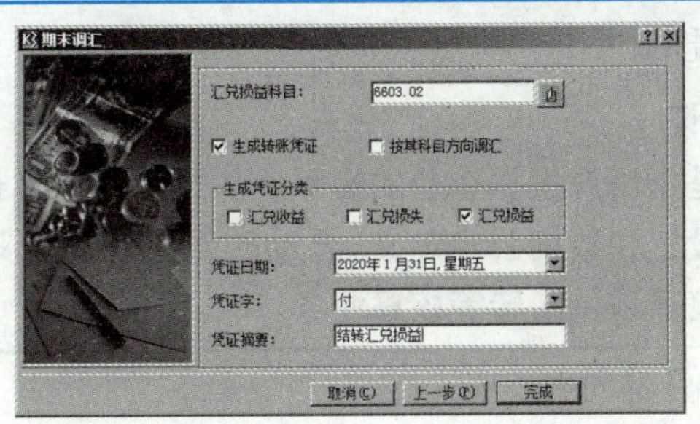

图 4-63　期末调汇（2）

（7）在金蝶 K/3 主控台，执行“财务会计”→“总账”→“凭证处理”→“凭证查询”命令，打开“凭证查询”窗口。

（8）可以从列表中看到当前生成的期末调汇凭证，双击凭证所在行，打开“记账凭证—修改”窗口，查看凭证内容，如图 4-64 所示。

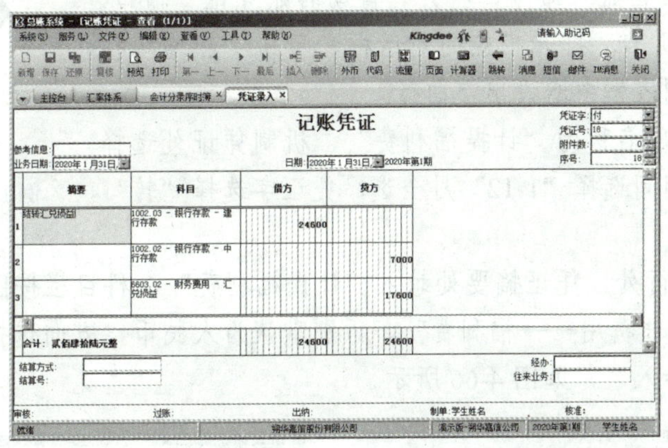

图 4-64　汇兑损益凭证

提　示

期末调汇所产生的汇兑损益凭证必须在“结转损益”功能前进行记账，记账之后才能保证“财务费用”科目的余额均已记账，在结转损益时不会有漏项。

二、自动转账

为了总结某一会计期间（如月度和年度）的经营活动情况，用户必须定期进行结账。结账之前，按企业财务管理和成本核算要求，必须进行制造费用、产品生产成本的结转，期末调汇及损益结转等工作。若为年底结转，用户还必须结平本年利润和利润分配账户。为了方便用户，金蝶 K/3 系统提供了能够自动生成可按比例转出指定科目的发生额、余额、最新发生额、最新余额等数值并生成会计凭证的功能，即自动转账。

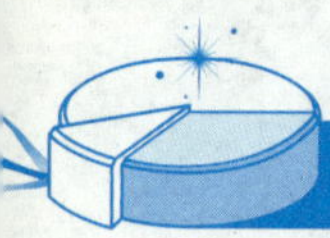

（一）定义自动凭证

1. 定义自动转账凭证

定义自动转账凭证是指用户根据企业的实际业务情况和成本计算需要，对计提、结转事项所进行的凭证内容设置和数据公式定义。自动转账凭证的定义方法灵活，适用范围广，常用于税金计算、往来核算项目结转等核算业务。

【例 11】 计提本月福利费。

借：管理费用——福利费（6602.02） 自动判定 转入

贷：应付福利费（2211.02） 贷方 按公式转入

ACCT（"2211.01","JF",""0,0,0""）*0.14

操作步骤：

（1）在金蝶 K/3 主控台，执行"财务会计"→"总账"→"结账"→"自动转账"命令，打开"自动转账凭证"窗口。单击"编辑"选项卡，打开相应的对话框，单击"新增"按钮，对话框中的列表框中增设出空白行。

操作视频

例 11 计提本月福利费

（2）设置转账名称为"计提福利费"，机制凭证处选择"自动转账"，期间选择"1-12"月全选，凭证字选择"转"，如图 4-65 所示。

（3）在第一行处，凭证摘要处录入"计提福利费"，科目栏按照内容选择借方科目为"6602.02 管理费用——福利费"，币别默认为人民币，方向选择"自动判定"，转账方式选择"转入"，如图 4-66 所示。

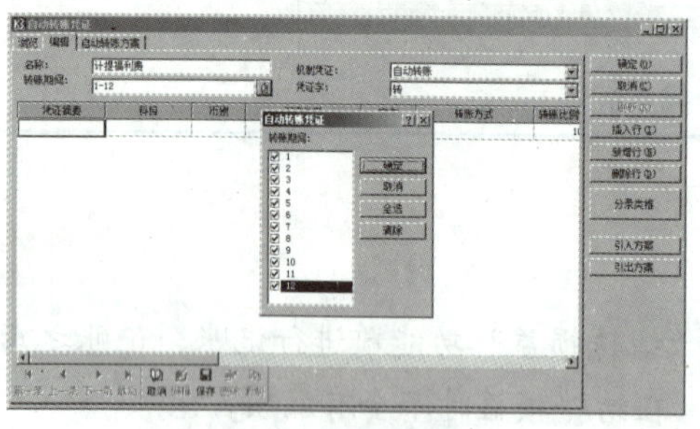

图 4-65 自动转账模板转账期间设置

图 4-66 自动转账方向及转账方式选择

（4）因"6602.02 管理费用——福利费"科目受控于部门档案，因而可单击"核算项目"的"下设"按钮，选择"部门——办公室"作为核算项目明细内容的录入，如图 4-67 所示。

（5）第一行分录内容设置完成后，单击对话框右边的"增行"或"插入行"按钮，新增空白行。第二行处凭证摘要与第一行相同，科目栏为"2211.02 应付福利费"，方向为"贷方"，转账方式为"按公式转入"，选中"按公式转入"的转账方式时，系统弹出提示框，单击"确定"按钮即可，如图 4-68 所示。

（6）在第二行分录的转账方式中选择“按公式转入”后需要进行公式设置，单击“公式定义”的“下设”按钮，打开“公式定义”对话框。

（7）在“公式定义”对话框中，可直接在原币公式行公式文本框中输入公式内容，也可以单击“公式向导”按钮，打开“报表函数”对话框，通过公式向导设置公式内容，单击“确定”按钮，完成公式定义，如图 4-69 所示。

（8）自动转账凭证设置完成后，单击“保存”按钮，返回“自动转账凭证”窗口，如图 4-70 所示。

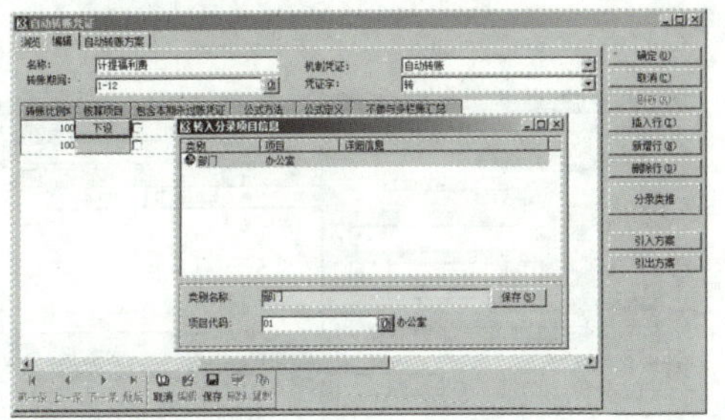

图 4-67　自动转账模板核算项目的设置

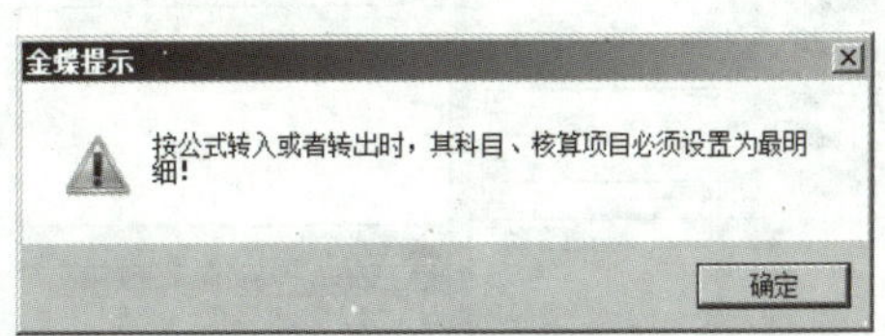

图 4-68　自动转账模板转账方式提示

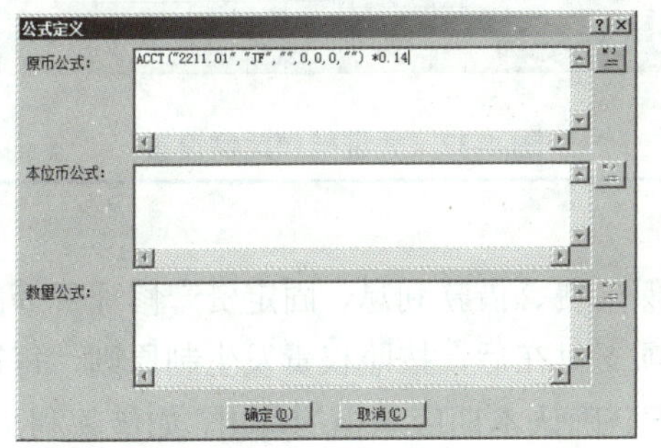

图 4-69　原币公式设置

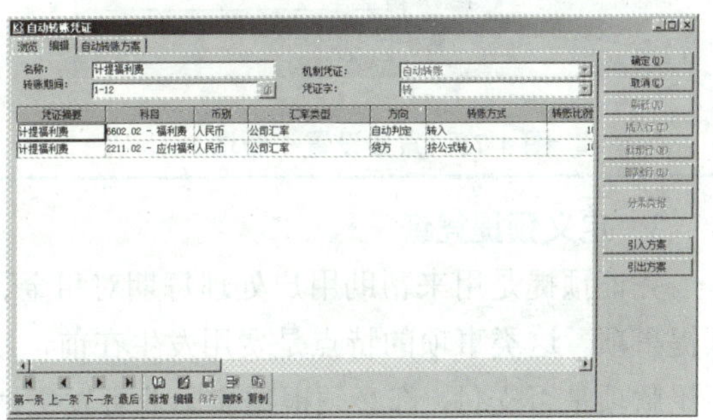

图 4-70　“计提福利费”的自动转账方案设置

2．定义摊销凭证

凭证摊销是用来帮助用户处理期末摊销事项的，如预付保险费、固定资产修理费用等。此外，凭证摊销也可以用于一些长期资产的摊销，如低值易耗品摊销、无形资产摊销、递延资产摊销等。这类事项的特点是前期已经预先支付了款项，但支付的款项不能计入当期费用，而是按照权责发生制原则，先确认为资产项目，如其他应收款、低值易耗品、无形资产等，前期所发生的费用支付需在以后各期逐期分摊。

由于每一期进行摊销时计算方法和分录内容基本相同，所以可以通过在系统中定义摊销分录和公式，简化用户每个期间都需要手工录入类似凭证的工作量。

【例 12】　企业摊销报刊费 2 400 元/年，借记“管理费用——其他（6602.07）”账户，贷记“预付账款——预付报刊费（1123.02）”账户。

操作步骤：

（1）在金蝶 K/3 主控台，执行“财务会计”→“总账”→“结账”→“凭证摊销”

命令，弹出“过滤条件”对话框，单击“确定”按钮，打开“凭证摊销”窗口。

（2）单击“新增”按钮，打开“方案设置—新增”窗口，如图4-71所示。

（3）输入方案名称、摘要等凭证内容。在设置摊销期间和摊销金额时，需按回车键将期间设置为相应的12个月，系统自动计算每月的摊销额，如图4-72所示。

（4）设置完成后，单击“保存”按钮。

操作视频

例12　定义摊销凭证

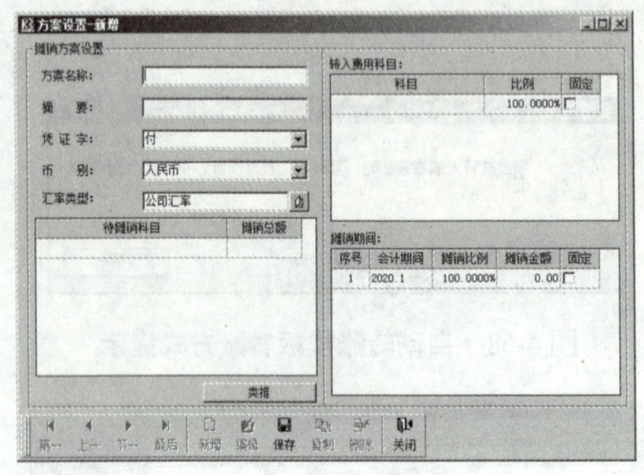

图4-71　方案设置—新增

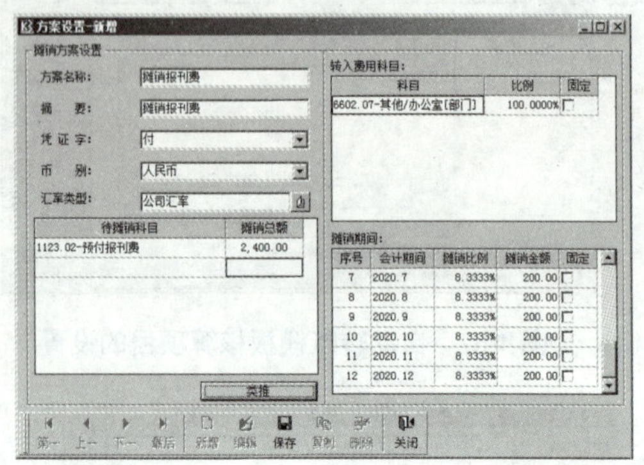

图4-72　凭证摊销比例设置

3. 定义预提凭证

凭证预提是用来帮助用户处理每期对租金、保险费、借款利息、固定资产修理费等的预提事项。这类事项的特点是费用发生在前，款项支付在后，按照权责发生制原则，每期不论款项是否支付，都必须根据实际业务发生情况，确认本期应承担的费用，如借款利息。凭证预提功能与凭证摊销功能类似，此处不再详述。

（二）生成自动凭证

自动凭证定义完成后，每月末只需利用自动生成凭证的功能，就可有选择地将已定义的自动凭证生成相应的凭证并自动追加到未记账凭证中去。

【例13】　生成计提福利费的记账凭证。

操作步骤：

（1）在金蝶K/3主控台，执行“财务会计”→“总账”→“结账”→“自动转账”命令，打开“自动转账凭证”窗口。勾选其中需要生成凭证的“计提福利费”，然后单击“生成凭证”按钮。

（2）系统弹出“自动转账”对话框，显示凭证生成情况，如图4-73所示，单击“关闭”按钮。该凭证可通过总账系统的“凭证查询”查询到具体内容。

操作视频

例13　生成计提福利费的记账凭证

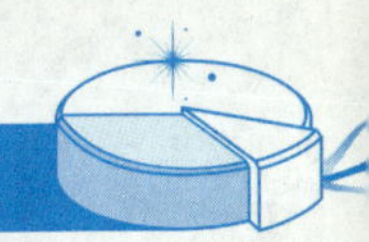

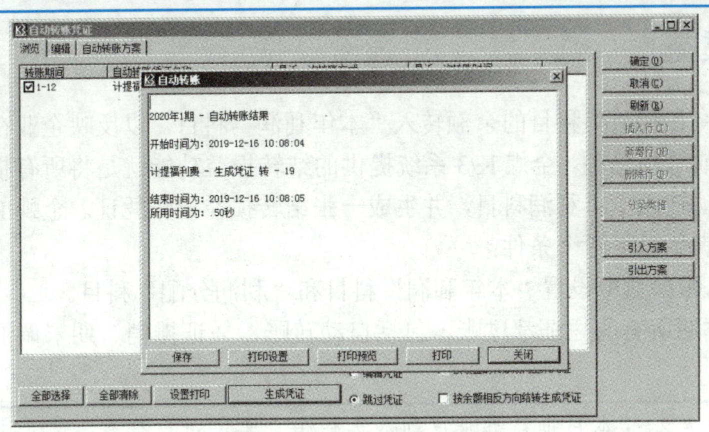

图 4-73　自动转账凭证生成

【例 14】　摊销本月报刊费。

操作步骤：

（1）在金蝶 K/3 主控台，执行“财务会计”→“总账”→“结账”→“凭证摊销”命令，弹出“过滤条件”对话框，单击“确定”按钮，系统进入“凭证摊销”窗口。

操作视频

例 14　摊销本月报刊费

（2）在凭证摊销列表中选中需要生成凭证的摊销方案“摊销报刊费”，然后单击“凭证”按钮，打开“记账凭证—新增”窗口，如图 4-74 所示。

（3）选择凭证字“转”，单击“保存”按钮，保存所生成凭证。

（4）单击“关闭”按钮，系统弹出“记事本”窗口，显示凭证生成情况，如图 4-75 所示。

（5）单击“关闭”按钮。该凭证可通过总账系统的“凭证查询”查询到具体内容。

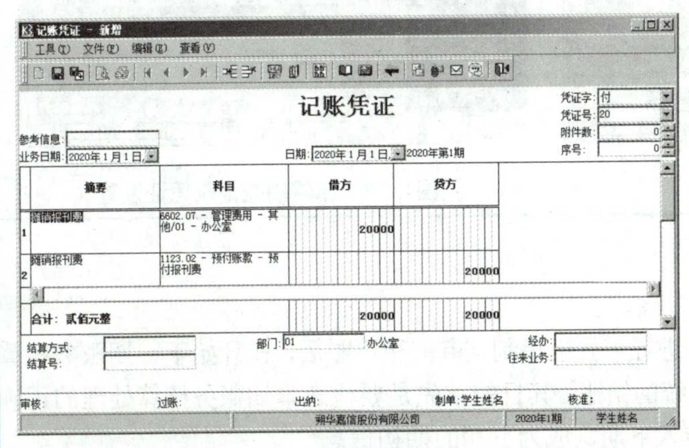

图 4-74　生成摊销凭证

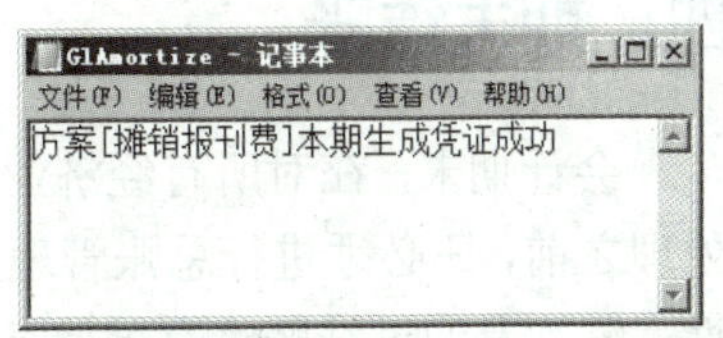

图 4-75　凭证生成情况

三、结转损益

期末，应将各损益类科目的余额转入“本年利润”科目，以反映企业在一个会计期间内实现的利润或亏损总额。金蝶 K/3 系统提供的结转损益功能就是将所有损益类科目的本期余额全部自动转入本年利润科目，并生成一张结转损益记账凭证。金蝶 K/3 系统在结转损益之前必须满足以下两个条件：

（1）在总账参数中设置“本年利润”科目和“利润分配”科目。

（2）将本期所有的凭证都过账，包括自动转账、凭证摊销、期末调汇等期末结转业务生成的凭证。

【例 15】 结转本月损益类账户到本年利润。要求对收益类账户和支出类账户分别结转。

操作视频

例 15 结转损益

操作步骤：

（1）在金蝶 K/3 主控台，执行“财务会计”→“总账”→“结账”→“结转损益”命令，弹出“结转损益”对话框，如图 4-76 所示。

（2）单击“下一步”按钮，按照引导进行结转损益操作。将凭证字修改为“转”字，将凭证类型选择为“损益”，勾选“按其余额的相反方向结转”复选框，凭证生成方式选择“按普通方式结转”。

（3）设置完成后，单击“完成”按钮。系统弹出提示框，单击“确定”按钮，如图 4-77 所示。

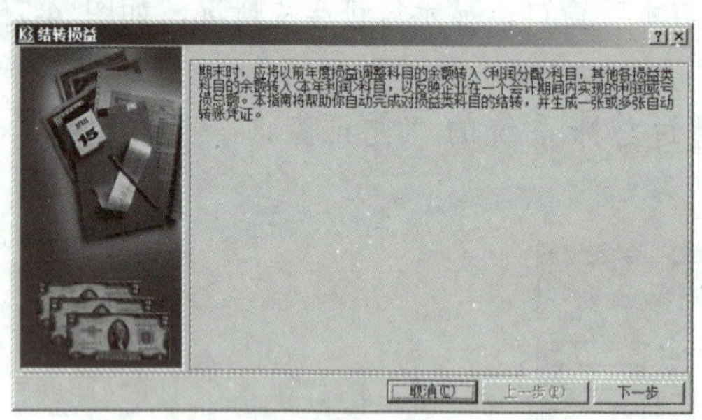

图 4-76 结转损益

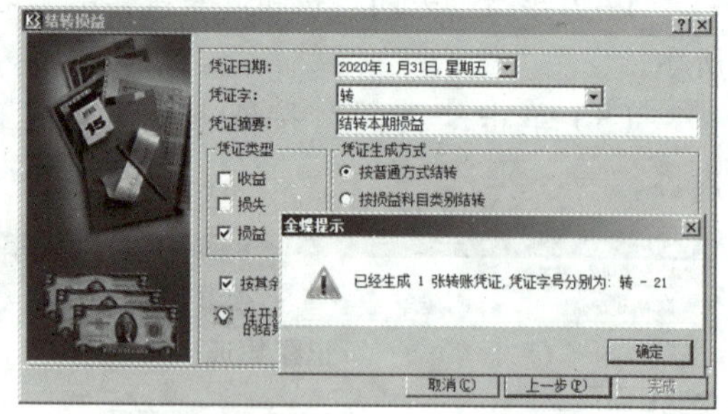

图 4-77 结转损益记账凭证设置

四、期末结账

会计期末，在对所有经济业务进行了凭证填制、审核和记账后，在开始下一期账务核算处理之前，还必须进行总账管理系统的结账，其目的首先是要检查本期账务核算处理的正确性，其次是通过结账将有关信息转入下期，成为下期的期初信息。

具体操作步骤如下：

（1）在金蝶 K/3 主控台，执行“财务会计”→“总账”→“结账”→“期末结账”命令，弹出“期末结账”对话框。

（2）勾选“结账时检查凭证断号”复选框，选定“结账”，然后单击“开始”按钮，系统弹出“确定要开始期末结账吗？”提示框，单击“确定”按钮，完成期末结账，如图 4-78 所示。

（3）结账完成之后，系统进入下一个会计期间，并返回到主界面。

（4）结账后，如果需要对上一个会计期间的数据进行重新处理，可以通过反结账的功能将会计期间反结回上一个会计期间，如图 4-79 所示。

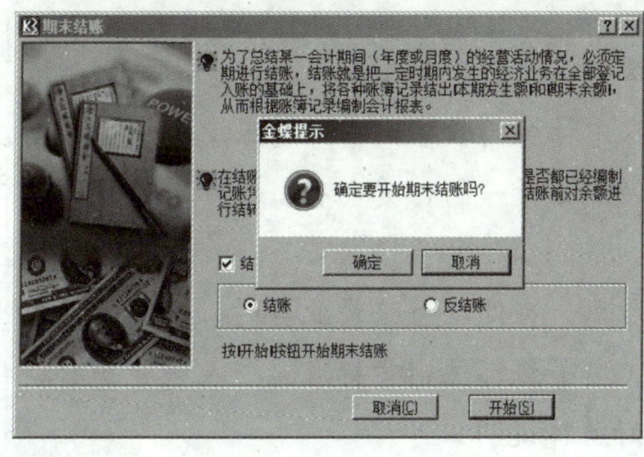
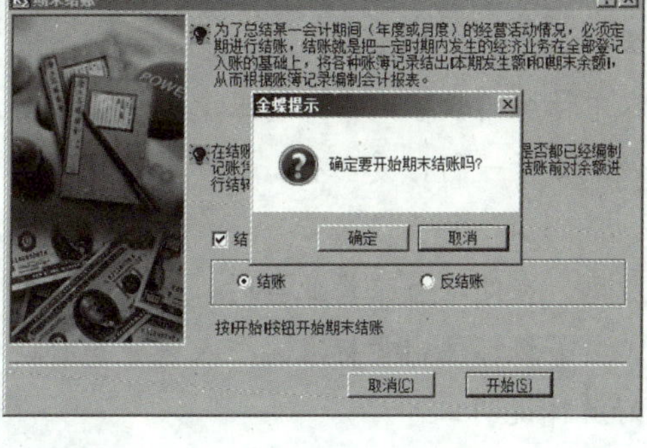

图 4-78　期末结账

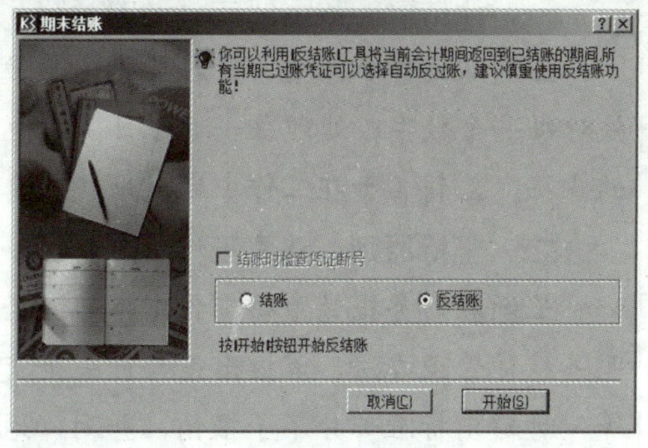

图 4-79　期末结账的反结账功能

提　示

（1）如果系统发现本期内还有未过账的记账凭证，会发出警告，然后中断结账。

（2）系统在进行结账之前，还要检查“系统维护”中系统参数关于总账的一些设置，如“结账要求损益类科目余额为零”等，如果事项未完成，则系统会做相应的提示。

（3）如果在结账时提供了“结账时检查凭证断号”选项，如果结账时当期存在凭证断号的情况，系统不予结账。

（4）如果存在其他子系统尚未结账，且在各子系统参数中设置了“与总账同步”的选项，总账结账时系统将提示尚有哪些子系统未结账，那么需要先要将这些子系统期末结账后，总账方可期末结账。

上机实验

实验 5　总账管理系统期末业务处理。

以上实验内容详见书后所附“上机实验资料”。

修身立德

做好本职工作就是最好的奋斗

一、让枯燥的数字变成跳动的音符

王莉从大学毕业就一直在某事业单位从事财务工作。她每天认真、细心、耐心地核对每一个数字，处理每一笔账目。在他人眼中枯燥的数字，在王莉眼中变成了跳动的音符。王莉善于在工作中发现乐趣，真正做到了干一行，爱一行。

二、坚持原则，认真工作

王莉在财务报销审核工作中，始终坚持原则。在处理差旅费业务时，王莉严格按照差旅费管理办法，审核出差人员乘坐交通工具等级、住宿费标准、个人差旅费补助等，对超出标准部分不予报销，并耐心地做好解释说明工作。

在工作中，王莉会耐心地解答同事提出的每一个问题，悉心地指导同事处理财务工作。对于会议、培训等活动，她也会提前与承办部门沟通，主动将相关财务规定告知承办部门的同事，做到事前预警，避免违规情况的出现。无论何时，王莉都认真工作，保质保量地完成自己的任务。王莉说："幸福生活都是奋斗来的，做好本职工作就是最好的奋斗。"

（资料来源：http://www.aqzyzx.com/system/2019/10/12/011567761.shtml，有改动）

第五章 应收、应付款管理系统

学习目标

知识目标：

（1）了解金蝶 K/3 应收、应付款管理系统的主要功能及业务处理流程。

（2）掌握应收、应付款管理系统初始设置的内容和方法。

（3）掌握应收、应付款业务处理的内容和方法。

（4）掌握应收、应付款管理系统期末业务处理。

能力目标：

（1）能够按业务要求设置应收、应付款管理系统参数。

（2）能够完成应收、应付款管理系统的基础设置。

（3）能够根据业务要求进行单据录入、核销、票据管理、坏账等业务处理。

（4）能够完成期末对应收、应付款的账表查询和分析。

（5）能够对应收、应付款管理系统进行结账。

素质目标：

（1）树立以诚信为核心的职业道德，弘扬诚信文化。

（2）增强包容意识和合作意识，以行动自觉强化责任担当。

工作情景

朔华嘉信公司的经营业务以订单为主，围绕客户订单组织原材料采购和产品生产。随着生产能力的扩大，公司的客户规模也在增大，与更多的供应商建立了合作关系，同时，由采购业务带来的付款结算业务和由销售业务带来的收款结算业务也变得越来越复杂。一些应付款项由于超期未付，影响了企业的信用；一些应收款项由于未及时催收，增大了坏账风险。往来款项核算的准确性、及时性、风险管理和信用管理显得越来越重要。对于往来款项关系较为复杂的朔华嘉信公司来说，在对 ERP 系统积累了必要的运行经验的基础上，可以通过启用金蝶 K/3 系统中的应收款管理系统和应付款管理系统来加强对往来款项的核算和管理。

第一节 应收、应付款管理系统概述

在实际经营过程中，企业与其他单位或个人发生业务往来，会频繁产生应收账款和应付账款。应收账款的工作处理量比较大，拖欠货款的事情也时有发生；应付账款的付款业务需要按时进行处理。因此，对于往来单位较多、往来关系复杂的企业来说，对往来账款的管理不仅是一个企业管理水平的体现，而且对经济业务效益起着举足轻重的作用。

金蝶 K/3 系统将往来业务的处理分为应收款管理系统和应付款管理系统两个子系统。其中，应收款管理系统主要用于核算和管理客户往来款项，管理企业日常经营过程中所产生的各种应收款数据信息，并及时收回欠款，或做坏账处理。应付款管理系统主要用于核算和管理供应商往来款项，管理企业日常经营过程中所产生的各种应付款数据信息，支付采购货款。

在会计电算化中，根据用户往来账款业务量及核算与管理程度的不同，对应收、应付款的核算有以下两种选择：

（1）在总账管理系统中核算往来账款。这种方案适用于往来业务较少、往来关系比较简单的企业。企业可以选择在总账管理系统中建立客户往来和供应商往来核算，利用往来项目核算功能对往来账款进行核算和管理。

（2）在应收、应付款管理系统中核算往来账款。这种方案适用于往来业务量大、往来关系较为复杂的企业。

一、应收、应付款管理系统的主要功能

金蝶 K/3 系统的应收、应付款管理系统在往来账管理方面能够提供以下主要功能：

（1）通过建立客户和供应商档案，输入单据和凭证，进行往来账款的日常核算，动态地反应与客户和供应商的往来账款情况。

（2）通过系统的自动汇总，帮助用户便捷地进行往来账款的核销。

（3）通过设置坏账准备的参数和对应科目，系统自动计提坏账准备并生成凭证。

（4）通过设置账龄分析参数，系统自动汇总编制账表供用户进行账龄分析。

（5）通过设置预警级别，提醒用户及时催收欠款，并帮助用户对各类客户的信用进行评级。

（6）通过合同管理，反映合同与其他单据的关联及执行情况，满足企业加强合同管理的需要。

在使用应收、应付款管理系统对往来款项进行管理时，在科目设置上要有所改变。与往来账有关的科目，如应收账款、应收票据、预付账款、应付账款、应付票据、预收账款等在总账中不应再设置明细科目，而应设置为客户往来或供应商往来项目核算，且受控系统应为相应的“应收应付”，通过设立客户、供应商分类档案，集中在应收应付款管理系统中进行往来账款的管理。

在业务处理上，与往来账有关的凭证输入和款项的查询也应在应收、应付款管理系统中进行，总账管理系统不再对与往来账有关的凭证进行凭证录入的业务处理。应收、应付款管理系统生成的数据将通过凭证传输到总账系统，达到数据共享。如果客户建有购销存管理系统，则应收、应付款管理系统与购销存管理系统之间也可以传递业务数据信息。

由于应收、应付款管理系统的业务处理类似，本章重点讲述应收款管理系统的应用，应付款管理系统的操作可参照进行。

二、应收款管理系统与其他系统的主要关系

应收款管理系统既可以独立运行，又可与销售管理系统、总账管理系统及现金管理系统等其他系统结合运用，提供完整的业务处理和财务管理信息。应收款管理系统与其他系统的主要关系如图 5-1 所示。

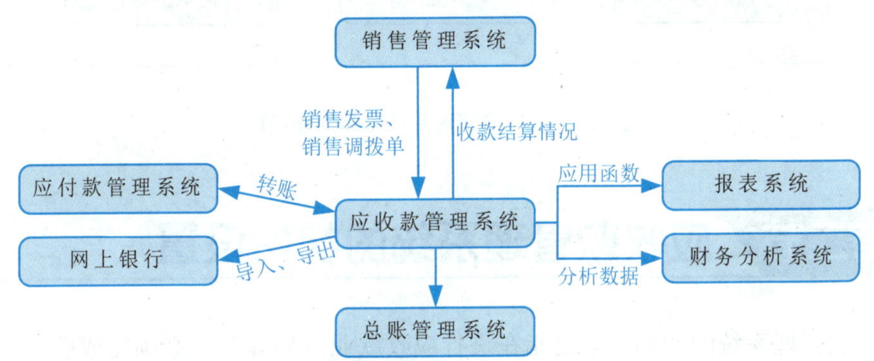

图 5-1　应收款管理系统与其他系统之间的关系

三、应收款管理系统的业务处理流程

应收款管理系统业务处理流程如图 5-2 所示。

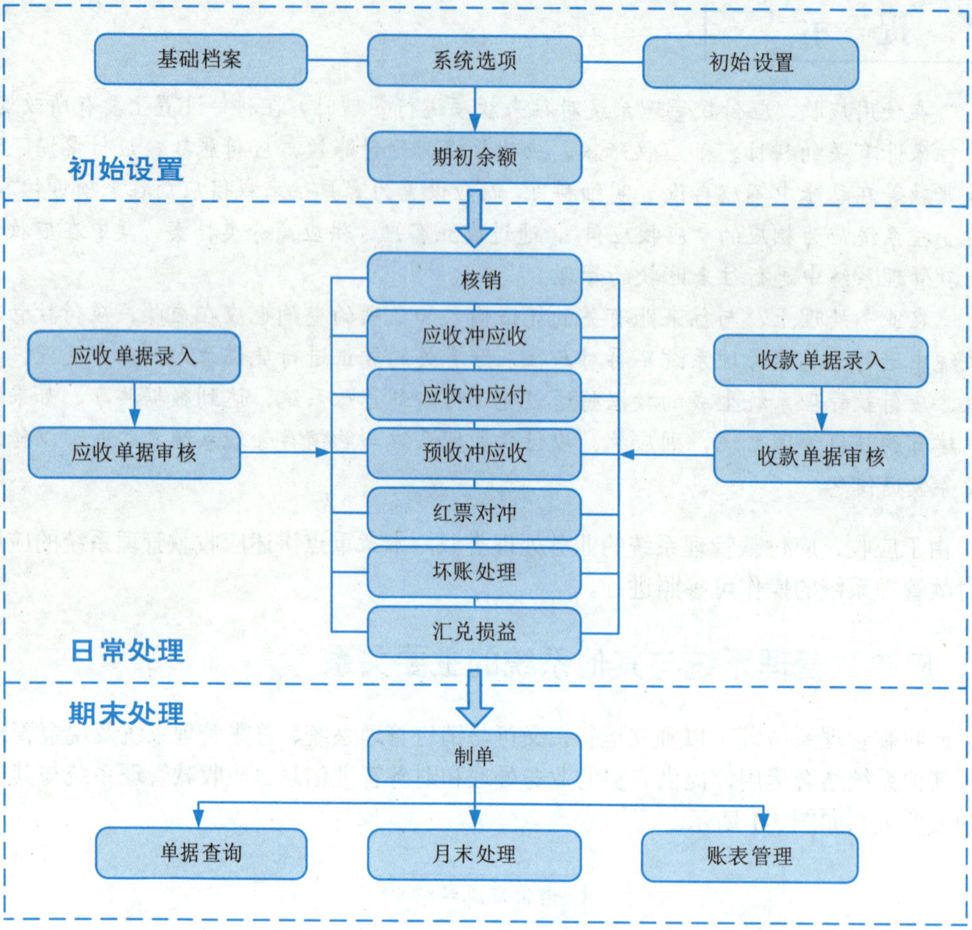

初始设置

基础档案　系统选项　初始设置

期初余额

日常处理

应收单据录入

应收单据审核

核销

应收冲应收

应收冲应付

预收冲应收

红票对冲

坏账处理

汇兑损益

收款单据录入

收款单据审核

期末处理

制单

单据查询　月末处理　账表管理

图 5-2　应收款管理系统业务处理流程

● 第二节　应收款管理系统的初始设置

应收款管理系统的初始设置是指在进行应收款业务处理之前必须完成的系统参数设置和基础信息录入，主要包括参数设置、基础资料设置和初始数据录入。

一、系统参数设置

启用应收款管理系统进行业务管理，首先要为企业处理制定基本的规则，如坏账的处理方式、业务发生涉及的常规科目设置、系统的单据处理方式等。由于业务处理规则往往是多元化的选择和组合，所以系统制定了基本的选项供用户选择。

具体操作步骤如下：

（1）在金蝶 K/3 主控台，执行“系统设置”→“系统设置”→“应收款管理”→“系

统参数”命令，弹出“系统参数”对话框。

（2）在“基本信息”选项卡中，可输入公司名称、地址、电话等基本信息，还可对应收款管理系统的启用会计期间进行设置，如图 5-3 所示。

（3）在“坏账计提方法”选项卡中，可对坏账计提方法和相关科目进行设置，如图 5-4 所示。

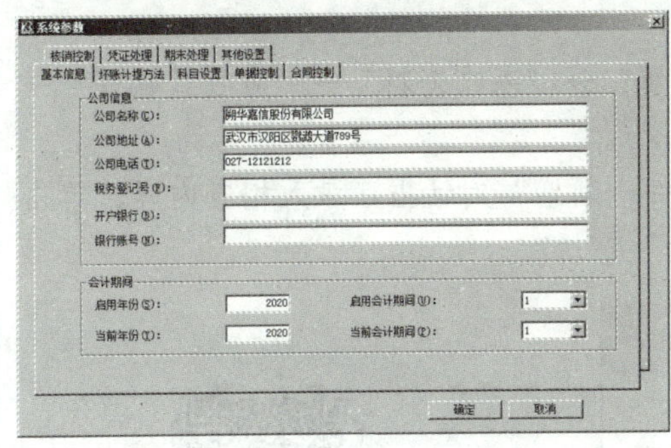

图 5-3　基本信息选项卡

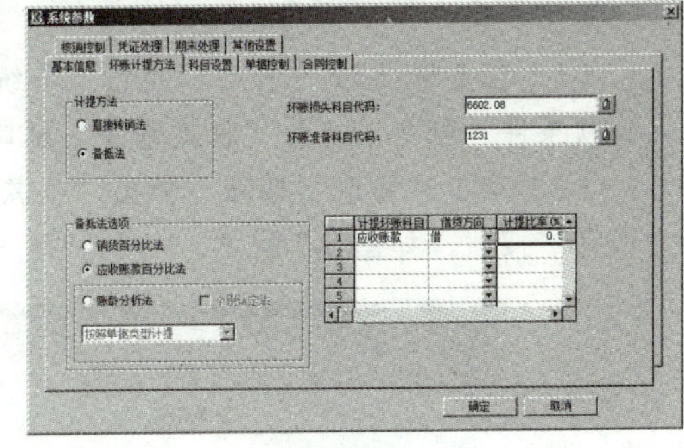

图 5-4　坏账计提方法选项卡

（4）在“科目设置”选项卡中，可对主要会计科目进行设置，如图 5-5 所示。

（5）在“单据控制”选项卡中，可对有关单据操作处理方式进行设置，如图 5-6 所示。

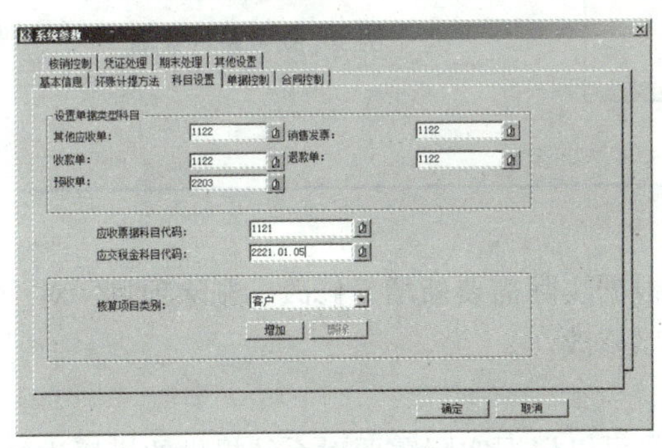

图 5-5　科目设置选项卡

图 5-6　单据控制选项卡

（6）此外，还可在“期末处理”“凭证处理”等选项卡中按要求进行相关选项的设置。

（7）设置完成后，单击“确定”按钮。

二、基础资料设置

应收款管理系统基础资料既包括公共资料（如客户档案等），还包括收款条件、类型维护、凭证模版、信用管理、价格资料和折扣资料。用户是否设置基础资料，应视企业的管理要求和产品价格特点而定。

1. 收款条件

收款条件是进行销售业务时对客户应收款事项的约定，如出货后 15 天、出货后 30 天、月结 15 天等收款条件。当收款条件设置后，在客户档案中的“应收应付”选项卡中关联收款条件，这样在录入销售出库和销售发票时，可以根据预先设置的收款条件计算出该笔业务的应收款日期，从而方便应收款提醒或财务人员进行账龄分析。

【例 1】 新增代码“01”，名称“月结”的收款条件，结算方式选择“月结方式结算”，月结天数计算起算日选择“单据日期”，加“1”逢“20”日收款。

操作步骤：

（1）在金蝶 K/3 主控台，执行“系统设置”→“基础资料”→“应收款管理”→“收款条件”命令，打开“收款条件”窗口。

（2）单击“新增”按钮，弹出“收款条件—新增”对话框，录入相应内容，单击“保存”按钮，如图 5-7 所示。

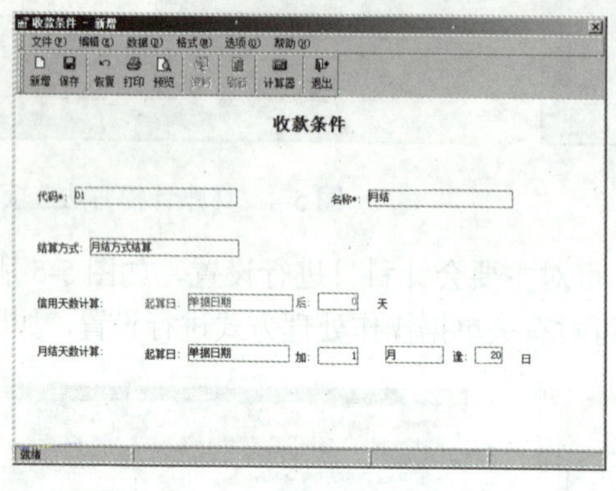

图 5-7 设置收款条件

操作视频

例 1 收款条件设置

2. 类型维护

类型维护用于对单据类型进行设置，用户根据实际需要新增、修改、删除项目。对于系统预设或已使用的项目用户不能删除，但可以修改。

3. 凭证模板

应收款管理系统提供了凭证模板功能，用户可以根据实际需要对系统提供的模板进行增加、修改或删除等操作。应收款管理系统提供了以下三种生成凭证的方式：

（1）新增单据时，在单据序时簿或单据新增界面即时生成凭证。

（2）采用凭证模板，凭证处理时直接根据模板生成凭证。

（3）采用凭证处理时不使用凭证模板的方式生成凭证。

 提 示

第二种方式与第三种方式不能并存。对于所有的单据都可以在保存单据的同时单击“凭证”按钮，采用第一种方式即时生成凭证，如销售发票、其他应收单等。但对于一些特殊的事务类型，如预收冲应收，应收冲应付、应收款转销、预收款转销、收到应收票据、应收票据背书等，则必须通过第二种或第三种方式进行凭证处理。而对于坏账的处理则必须通过第一种方式处理。

如果采用第二种方式，那么必须首先定义凭证模板。按不同的事务类型定义好凭证模板之后，凭证处理时可以根据不同的事务类型系统自动套用相应的凭证模板生成凭证。

系统提供有 19 个事务类型的模板，包括销售普通发票、销售增值税发票、其他应收单、收款、退款、预收款、预收冲应收、应收冲应付、应收款转销、收到票据、应收票据背书、应收票据贴现、应收票据转出、应收票据收款、预收款转销、预收款冲预付款、收款冲付款、应收票据退票和期初应收票据退票。

【例 2】　新增模板“1001 销售普通发票 2”，并将其设为默认模板。

操作步骤:

（1）在金蝶 K/3 主控台，执行“系统设置”→“基础资料”→“应收款管理”→“凭证模板”命令，打开“凭证模板设置”窗口，显示系统预设的在应收款管理系统中用到的所有票据的模板。

操作视频

例 2　凭证模板设置

（2）选中左侧“销售普通发票”类型，单击的“新增”按钮，弹出“凭证模板”对话框，录入模板编号“1001（任意值，保证编号的唯一性）”，模板名称“销售普通发票 2”，凭证字“转”。单击科目来源的下拉按钮，系统显示来源方式，选中“单据上单位的应收(付)账款科目”，借贷方向选择“借”，单击金额来源选择“应收金额”，如图 5-8 所示。

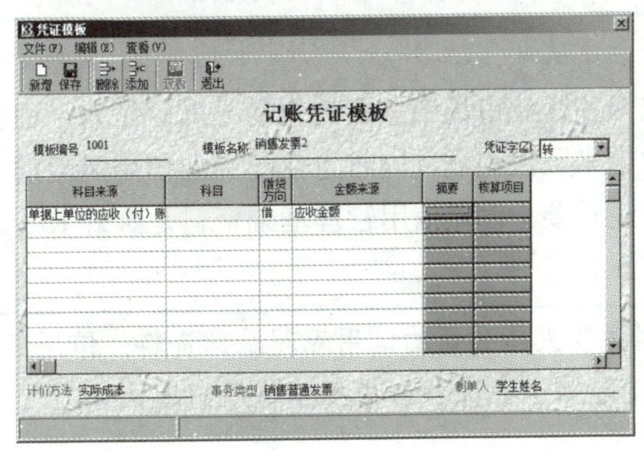

图 5-8　凭证模板

（3）单击“摘要”，系统弹出“摘要定义”对话框，在摘要公式处双击“单据头发票号码”，在后面录入“销售产品”，如图 5-9 所示。

（4）单击“确定”按钮，返回“记账凭证模板”窗口。

（5）第 2 条分录科目来源选择“单据上物料的销售收入科目”，借贷方向选择“贷”，金额来源“应收金额”，摘要设置同上，单击“保存”按钮，如图 5-10 所示。

（6）若在凭证模板上指定了凭证分录对应单据上的自定义核算项目内容后，即可在生成凭证时自动携带。单击“退出”按钮返回“凭证模板设置”窗口，可以看到新增的模板。

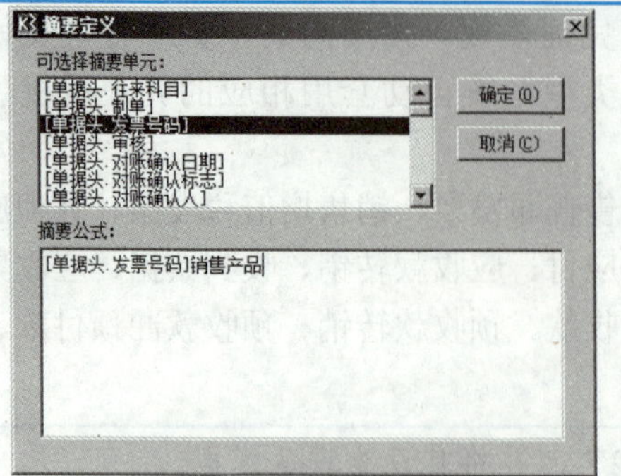

图 5-9　摘要定义界面

图 5-10　新增凭证模板

（7）系统自动将系统模板设置为默认模板。选中新增模板“1001 销售普通发票 2”，执行“编辑”→“设为默认模板”命令，可将自设的凭证模板调整为默认模板如图 5-11 所示。

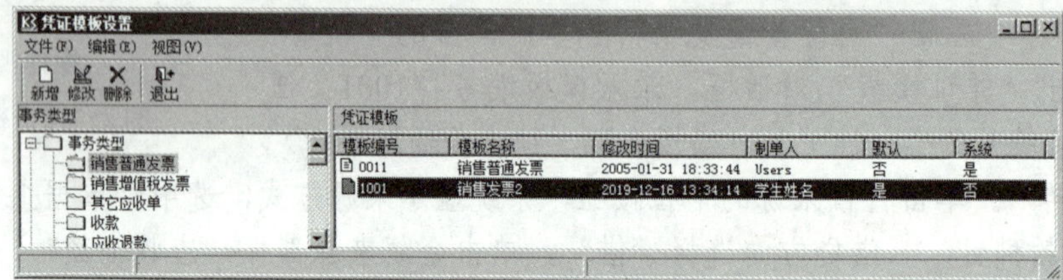

图 5-11　设为默认模板

4. 信用管理

目前，赊销已经成为各行业市场中主要的交易方式。作为一种有效的竞争手段和促销手段，赊销能够为企业带来巨大利润，同时也伴随商业信用风险的产生，因此及对这种风险进行管理就变得越来越重要。设置信用管理基础资料是金蝶 K/3 系统进行风险管理的前提条件。

【例 3】　设置对武汉天华公司的信用管理基础资料：信用额度 100 000 元，信用期限 30 天，系统预警提示信用额度。

操作步骤：

（1）在金蝶 K/3 主控台，执行“系统设置”→“基础资料”→“应收款管理”→“信用管理”命令，打开“系统基本资料（信用管理）”窗口。

（2）单击“客户”按钮，在客户列表中选择“武汉天华公司”，再单击“管理”按钮，打开“信用管理”窗口，在其中设置相关数据，如图 5-12 所示。

操作视频

例 3　信用管理设置

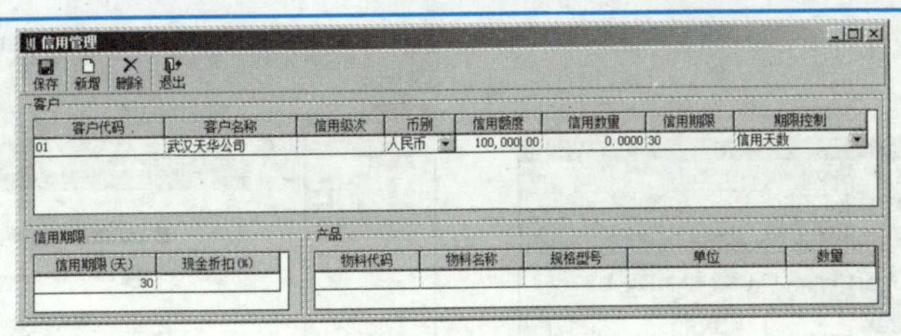

图 5-12　信用管理

小提示：在进行信用管理前，应先执行“系统设置”→“基础资料”→“公共资料”→“客户”命令，对拟进行信用管理客户的基础资料进行设置，勾选“是否进行信用管理”复选框，只有设置了信用管理的客户才能在“系统基本资料（信用管理）”窗口中显示，如图 5-13 所示。

（3）设置完成后，依次单击“保存”“关闭”按钮。

（4）执行“工具”→“选项”命令，弹出“选项设置”对话框，选择信用管理对象“客户”，选择信用控制强度“预警提示”，单击“确定”按钮，如图 5-14 所示。

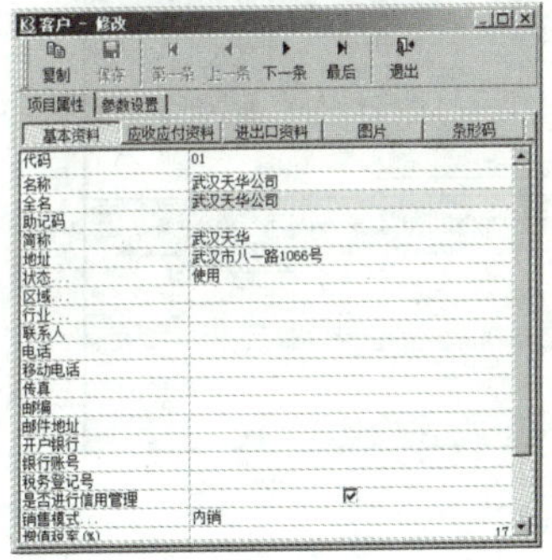

图 5-13　客户信用管理设置

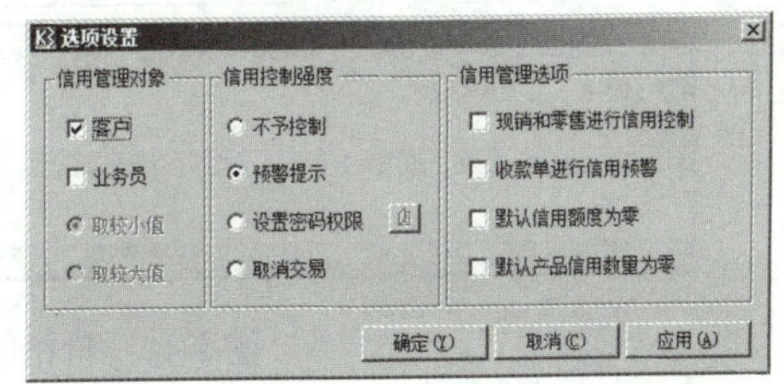

图 5-14　选项设置

5. 价格管理

价格管理用于设置客户在购买物料时的报价和物料的最低售价。

【例 4】　设置对武汉天华公司的价格管理基础资料：普通玩具销货量 500 以内，报价 25 元，最低销售限价 20 元。

操作视频

例 4　价格管理设置

操作步骤：

（1）在金蝶 K/3 主控台，执行“系统设置”→“基础资料”→“应收款管理”→“价格资料”命令，弹出“过滤”对话框，保持默认，单击“确定”按钮，打开“价格方案序时簿”窗口，如图 5-15 所示。

（2）单击“新增”按钮，打开“价格方案维护”窗口。先建立一个方案，输入价格政策编号“01”、价格政策名称“基本价格”，设置完成后，单击“保存”按钮，系统弹出提示框，单击“确定”按钮，将新增的价格方案保存到系统中，如图 5-16 所示。

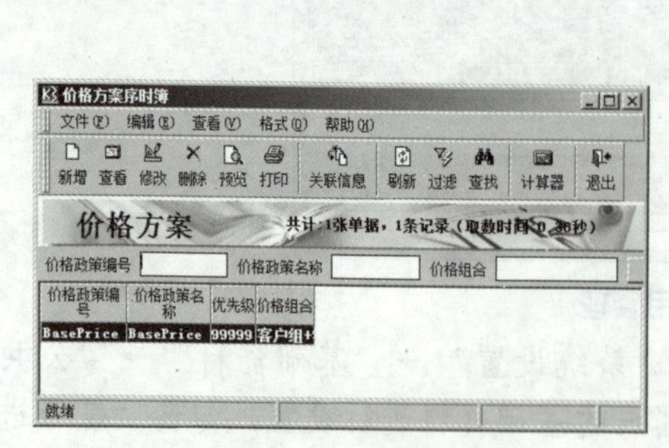

图 5-15　价格方案序时簿

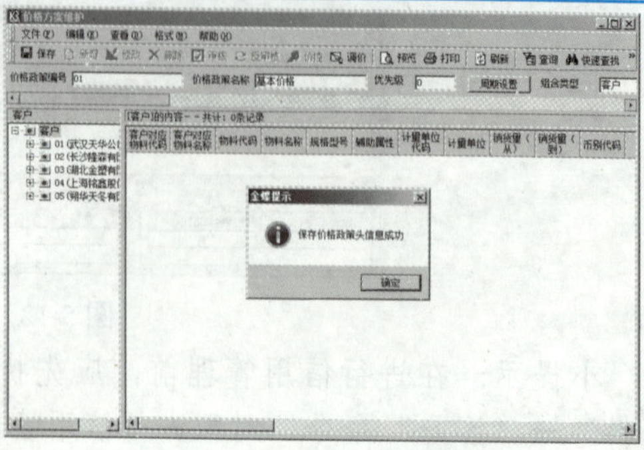

图 5-16　价格方案维护

（3）在 01 价格方案下选中左侧“01（武汉天华公司）”，单击“新增”按钮，打开“价格明细维护—新增”窗口，在物料代码中获取“03.01 普通玩具”，将销货量设置为从“0”到“500”，报价录入“25”，其他项目默认，如图 5-17 所示。

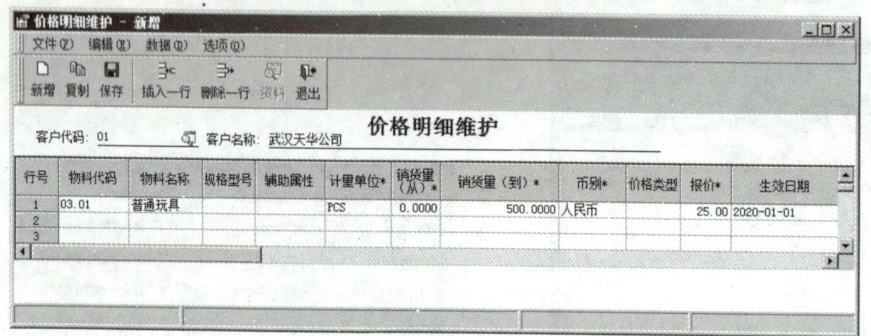

图 5-17　价格明细维护

（4）单击“保存“按钮后再单击“退出”按钮，返回“价格方案维护”窗口，在右侧查看新增的价格资料，如图 5-18 所示。

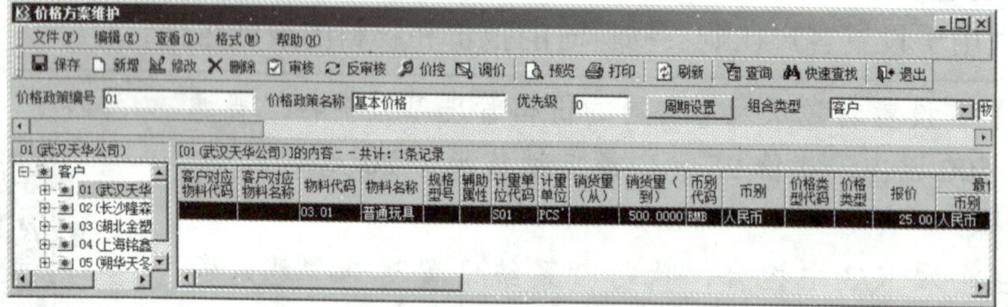

图 5-18　价格方案维护

（5）选中价格记录，单击“价控”按钮，弹出“价格控制设置”对话框，将最低限价设置为 20 元，勾选最低价格控制，单击“保存”按钮。

三、初始数据录入

在应收款管理系统中设置了核算所需确定的选项和基础资料后，最后一项基础设置工作便是录入初始数据。应收款管理系统的初始数据与总账管理系统有着对应关系，但在数

据管理上又有着独立性，在内容上要求更为详细具体，所以必须在应收款管理系统中另行录入期初余额，并且要与总账系统进行对账，以检查初始数据的准确性。

在应收款管理系统中，初始数据主要包括以下几项：

（1）应收款期初数据：包括货款核算应收账款科目的期初余额、本年借方累计发生数和本年贷方累计发生数。

（2）预收款期初数据：包括货款核算预收账款科目的期初贷方余额、本年贷方累计发生数。如果预收账款的期初余额为借方余额，建议进行调账处理，把预收账款调入应收账款科目中。

（3）应收票据期初数据：还没有进行票据处理的应收票据，不包括已经背书、贴现、转出或已收款的应收票据。

（4）期初坏账数据：以后有可能收回的坏账。

【例 5】　根据表 5-1 列出的初始销售增值税发票，在金蝶 K/3 中完成应收款管理系统的初始销售增值税发票录入工作。

表 5-1　初始销售增值税发票

单位：元

客户职员	单据类型	日期	部门	业务员	往来科目	发生额	摘要	应收日期
武汉天华	销售增值税发票	2019.12.1	销售部	武新国	应收账款	7 020	销售产品	2020.1.31
长沙隆森	销售增值税发票	2019.12.2	销售部	武新国	应收账款	7 020	销售产品	2020.1.31

操作步骤：

（1）在金蝶 K/3 主控台，执行“系统设置”→“初始化”→“应收款管理”→“初始销售增值税发票—新增”命令，打开“初始化—销售增值税发票—增加”窗口，选择核算项目类别“客户”，依次录入相关信息，取消“本年”勾选，确认保存，如图 5-19 所示。

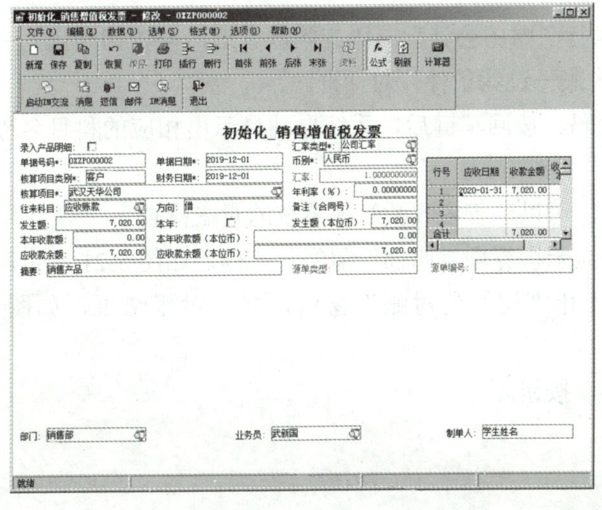

图 5-19　初始化—销售增值税发票

操作视频

例 5　初始销售增值税发票录入

（2）单击“新增”按钮，系统弹出一张空白单据，根据表中内容自行录入其他初始增值税发票。

提　示

在进行初始化数据修改时，要选择正确的事务类型，否则不能正确查询到所需要的单据。

四、结束初始化

应收款期初数据录入完毕需要进行结束初始化，只有结束初始化后，应收款管理系统才能进行日常业务处理工作。

1．初始化检查

图 5-20　初始化检查

初始化检查主要是检查当前系统是否初步具备业务核算所必需的设置，主要是检查系统参数设置是否完善。

具体操作步骤如下：在金蝶 K/3 主控台，执行“财务会计”→“应收款管理”→“初始化”→“初始化检查”命令，系统检查后会弹出提示框，提示检查结果，单击“确定”按钮，如图 5-20 所示。若系统弹出“检查未通过”提示，则用户可以根据提示修改相关初始化数据。

2．初始化对账

为了保证应收款管理系统下的数据与总账管理系统下的科目数据相等，在结束初始化之前需要进行初始化对账。

具体操作步骤如下：

（1）在金蝶 K/3 主控台，执行“财务会计”→“应收款管理”→“初始化”→“初始化对账”命令，弹出“初始化对账—过滤条件”对话框。

（2）输入需要对账的科目代码，按回车键后，系统自动显示出相应的科目名称和科目方向，不可修改。

（3）单击“对账检查”按钮，可以进行应收款管理系统的对账检查。

（4）对账检查完毕，勾选“显示核算项目明细”前的复选框，如图 5-21 所示。

（5）单击“确定”按钮，打开“初始化对账”窗口，显示对账结果，如图 5-22 所示。

（6）对账完毕，单击“退出”按钮。

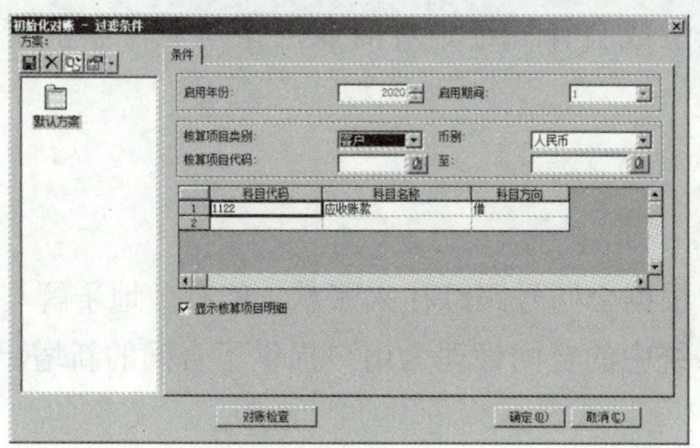

图 5-21　初始化对账

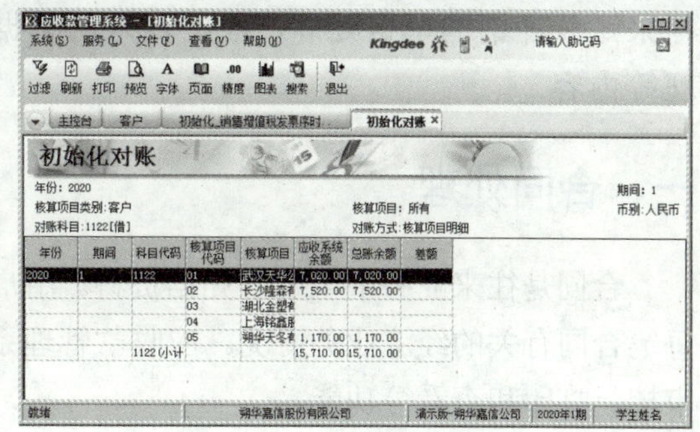

图 5-22　应收款管理系统对账

3．结束初始化

在完成系统参数设置、基础资料设置和初始数据录入工作后，初始化工作即告完成，在开始日常业务处理之前，应进行结束初始化的操作。在结束初始化后，初始数据将不能被修改，以保证核算起点的一致性和准确性。

具体操作步骤如下：

（1）在金蝶 K/3 主控台，执行“财务会计”→“应收款管理”→“初始化”→“结束初始化”命令，系统弹出“结束初始化之前，需要查看初始化检查的结果吗？”提示框。如已进行了初始化检查，则不需再次检查，单击“否”按钮。

（2）系统弹出提示框，建议进行初始化对账，如图 5-23 所示，如已对账，单击“否”按钮。

（3）系统弹出提示框，提示“系统成功启用！”，单击“确定”按钮，如图 5-24 所示。

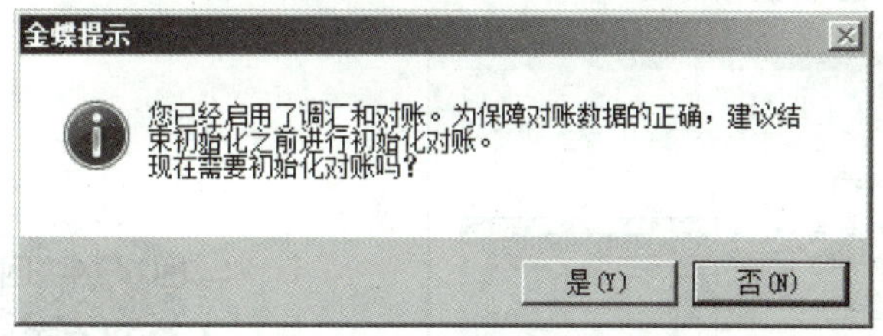

图 5-23　系统提示

图 5-24　系统成功启用

第三节　应收款管理系统的日常业务处理

在建立应收款管理系统的条件下，用户日常往来业务形成的单据，如发票、费用单、结算单据等全部在应收款管理系统中输入并生成凭证，系统根据录入的原始单据信息，自动记录和汇总与各往来单位的款项数据，并向用户提供对往来账款的统计分析。对于操作员来说，在应收款管理系统初始化设置结束以后，其日常核算的主要工作就是单据的处理，包括往来业务发生时的单据处理、往来业务结算时的单据处理、往来账款冲销的单据处理、根据输入的单据生成会计凭证、对商业汇票承兑汇票的管理等内容。

一、合同处理

合同是往来业务中重要的凭据资料。用户根据合同号跟踪往来账款，能有效地了解与每笔合同有关的经济业务情况。应收款管理系统中的合同管理为用户提供了合同的新增、审核、打印和查看等功能。

【例 6】 根据表 5-2 列出的合同资料，在金蝶 K/3 中完成应收款管理系统的合同资料录入工作。

表 5-2 合同资料

单位：元

合同号	合同名称	对方单位	合同日期	摘要	产品代码	数量	含税单价	应收日期	部门	业务员
XSHT000002	产品销售合同	武汉天华	2020.1.1	销售产品	03.02	50	100	2020.1.31	销售部	武新国

操作步骤：

（1）在金蝶 K/3 主控台，执行“财务会计”→“应收款管理”→“合同”→“合同—新增”命令，打开“合同（应收）—新增”窗口，合同种类保持默认，依次录入相关信息，单击“保存”按钮，如图 5-25 所示。

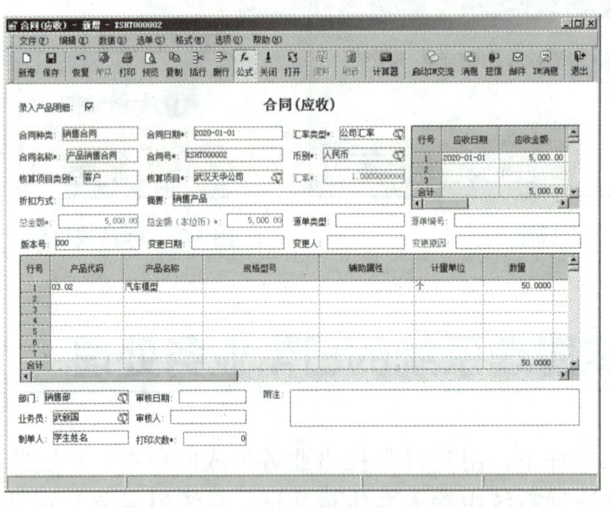

图 5-25 合同资料新增

操作视频

例 6 录入合同

（2）合同录入完毕，依次单击“保存”“退出”按钮。

（3）执行“财务会计”→“应收款管理”→“合同”→“合同—维护”命令，单击

“确定”按钮，打开“合同（应收）序时簿”窗口，新录入的合同显示在合同（应收）序时簿中，如图 5-26 所示。

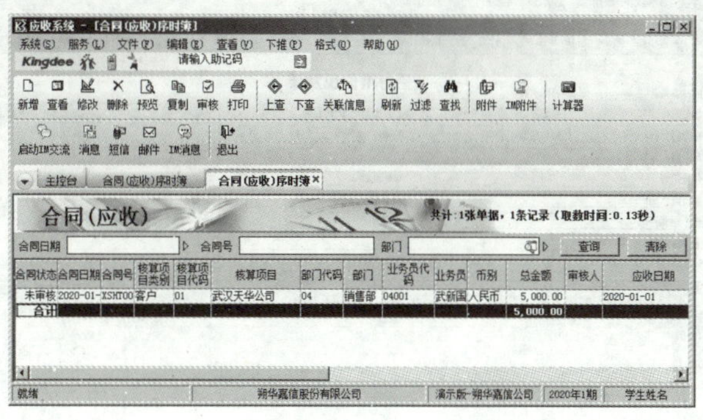

图 5-26　合同（应收）序时簿

二、发票处理

销售发票是往来业务的重要凭证，是统计应收账款的重要依据。

1. 录入发票

发票可分为普通发票和增值税发票，在录入时，应根据实际获取的发票选择相应的命令录入发票内容。

【例 7】　根据表 5-3 列出的销售增值税发票，在金蝶 K/3 中完成应收款管理系统的销售增值税发票录入工作。

表 5-3　销售增值税发票

单位：元

发票号	合同号	发票日期	客户	摘要	产品代码	数量	含税单价	金额	应收日期	部门	业务员
XSZP000002	XSHT000002	2020.1.1	武汉天华	销售产品	03.02	50	100	5 000	2020.1.31	销售部	武新国

操作步骤：

（1）在金蝶 K/3 主控台，执行“财务会计”→“应收款管理”→“发票处理”→“销售增值税发票—新增”命令，打开“销售增值税发票—新增”窗口，依次录入相关信息，单击“保存”按钮，如图 5-27 所示。

操作视频

例 7　录入发票

（2）销售增值税发票录入完毕，依次单击“保存”“退出”按钮。

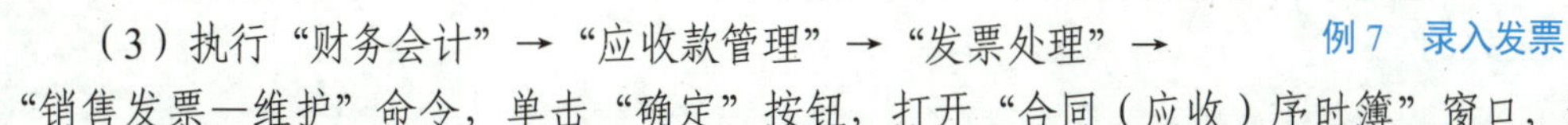

（3）执行“财务会计”→“应收款管理”→“发票处理”→“销售发票—维护”命令，单击“确定”按钮，打开“合同（应收）序时簿”窗口，新

录入的销售增值税发票显示在销售增值税发票序时簿中，如图 5-28 所示。

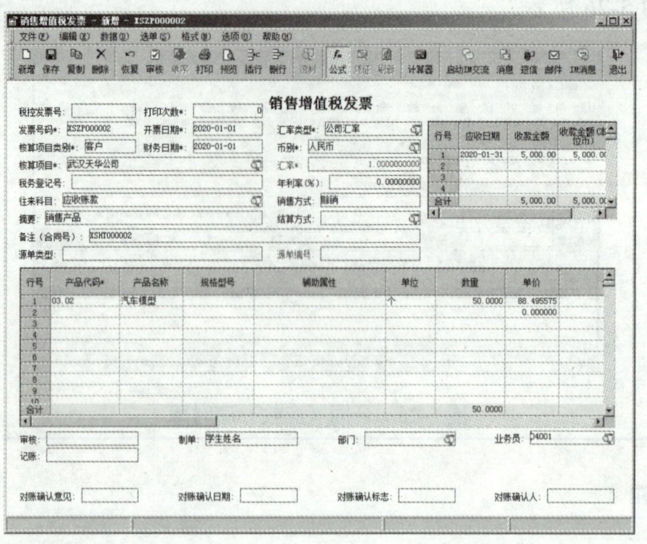

图 5-27　新增销售增值税发票

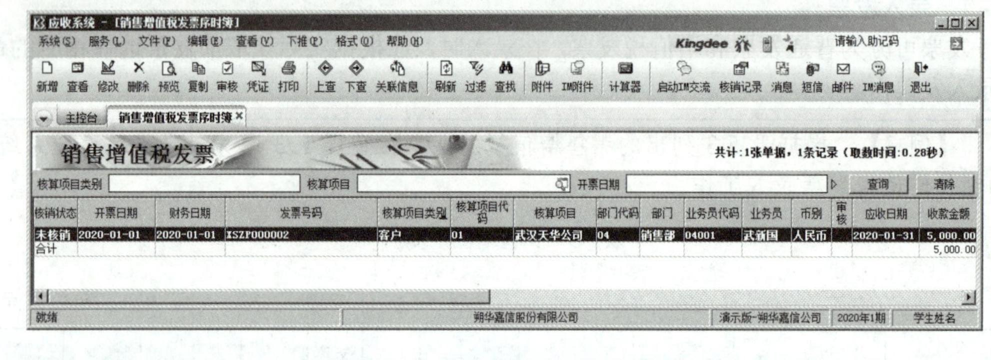

图 5-28　销售增值税发票序时簿

2．发票维护

已录入的发票可以通过系统的维护功能进行修改、审核、删除等操作，已审核的发票也可在发票维护窗口中生成相应的凭证。

具体操作步骤如下：

（1）在金蝶 K/3 主控台，执行“财务会计”→“应收款管理”→“发票处理”→“销售发票—维护”命令，弹出“过滤”对话框。

（2）在“事务类型”下拉框中选择发票类型“销售增值税发票”，然后单击“确定”按钮，打开“销售增值税发票序时簿”窗口，如图 5-29 所示。

（3）选定销售增值税发票列表中需要审核的发票，单击“审核”按钮后返回。

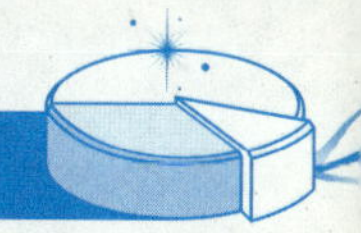

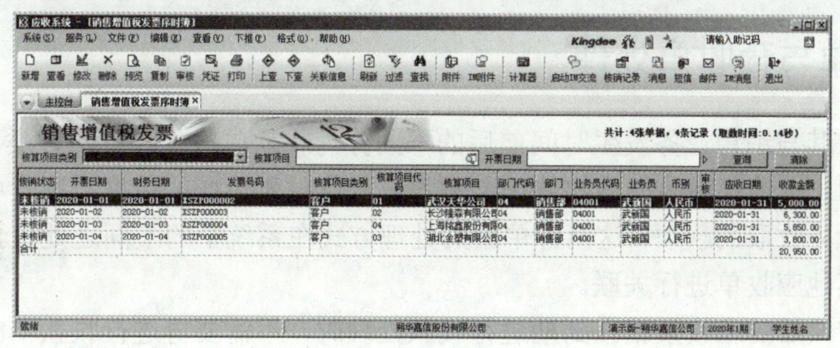

图 5-29　销售增值税发票

三、其他应收单处理

其他应收单主要是指非发票形式的应收单据。其他应收单的处理方法与合同管理的处理方法类似。

【例 8】　根据表 5-4 列出的其他应收单，在金蝶 K/3 中完成应收款管理系统的其他应收单录入工作。

表 5-4　其他应收单

单位：元

单据日期	单据号	核算项目类别	核算项目名称	摘要	金额	应收日期	部门	业务员
2020.1.5	QTYS000002	客户	长沙隆森	借款	2 000	2020.2.5	销售部	武新国

操作步骤：

（1）在金蝶 K/3 主控台，执行"财务会计"→"应收款管理"→"其他应收单"→"其他应收单—新增"命令，打开"其他应收单——新增"窗口，依次录入相关信息，如图 5-30 所示。

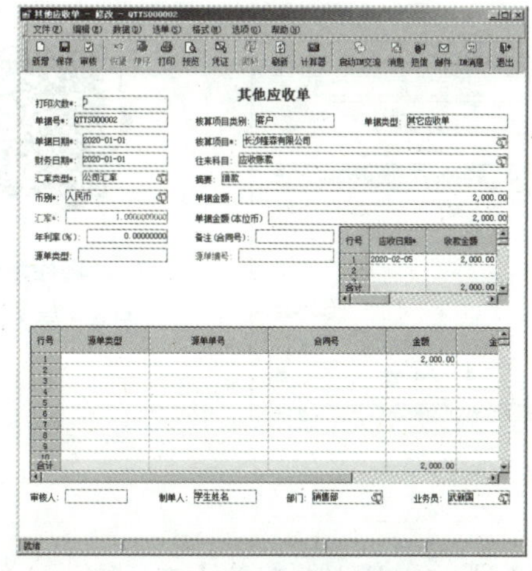

图 5-30　新增其他应收单

操作视频

例 8　录入其他应收单

（2）录入完毕，单击"保存"按钮。

四、收款单与预收单处理

收款单按其与销售业务发生时间前后的不同分为收款单与预收单两种类型。收款单是在销售发生后，按销售商品的应收款项金额收取货款时所形成的单据；预收单是在销售发生前向客户预先收取的款项。这两种单据的处理方式在系统中的不同之处是预收单不能和销售发票、其他应收单进行关联。

此外，审核后的应收票据在到期进行收款处理时，不需要再进行收款单的录入，只需在应收票据模块中进行收款处理即可。

1. 录入收款单

当发生收款业务时，应将收款单的内容录入到相应的应收款管理系统中。

【例 9】 根据表 5-5 列出的收款单，在金蝶 K/3 中完成应收款管理系统的收款单录入工作。

表 5-5　收款单

单位：元

单据号	单据日期	结算方式	摘要	客户	收款类型	源单类型	源单编号	结算金额	部门	业务员
XSKD000002	2020.1.6	转账支票	收货款	武汉天华	销售回款	销售发票	OXZP000002	5 000	销售部	武新国

操作步骤：

（1）在金蝶 K/3 主控台，执行"财务会计"→"应收款管理"→"收款"→"收款单—新增"命令，打开"收款单—新增"窗口，依次录入相关信息，如图 5-31 所示。

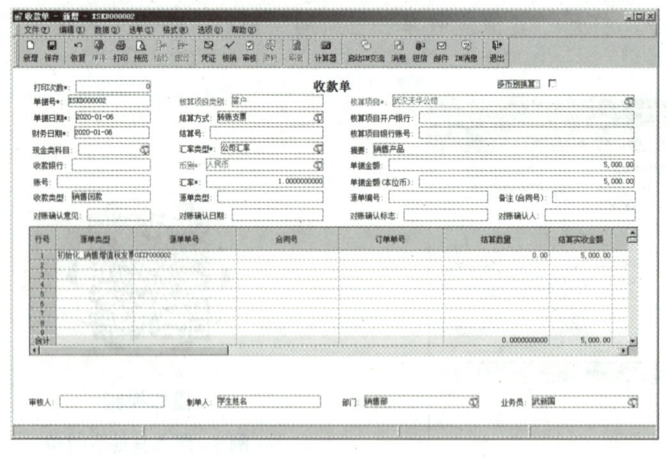

操作视频

例 9　录入收款单

图 5-31　录入收款单

（2）录入完毕，单击"保存"按钮。

（3）如在应收款系统参数设置中未勾选"审核人与制单人不为同一人"，单击"审核"按钮，对单据进行审核处理。

（4）如输入源单类型和源单编号，单击“核销”按钮，进行核销处理。

（5）处理完毕，单击“退出”按钮。

提 示

收款单必须经过审核才能进行后续的核销和凭证处理。

2．收款单维护

已录入的收款单，可以通过系统的维护功能进行修改、审核、删除等处理，还可以在维护窗口确认从现金管理系统传递过来的收款单。

具体操作步骤如下：

（1）在金蝶 K/3 主控台，执行“财务会计”→“应收款管理”→“收款”→“收款单—维护”命令，弹出“过滤”对话框。

（2）单击“确定”按钮，打开“收款单序时簿”窗口，如图 5-32 所示。

（3）选定收款单列表中由应收票据审核生成的收款单据，单击“审核”按钮后返回。

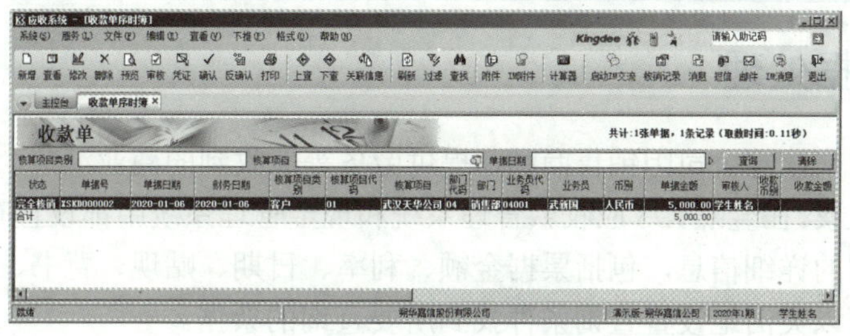

图 5-32 审核收款单

五、退款单处理

在销售业务中有可能发生退款情况，其原因主要是货物在质量或品种规格等方面不符合双方约定，采购方要求退回或在价格上给予折让。在发生退回或价格折让时，销售方应录入应收退款单。

【例 10】 根据表 5-6 列出的信息，在金蝶 K/3 中完成应收款管理系统的退款单录入工作。

表 5-6 退款单

单位：元

单据号	单据日期	结算方式	单据金额	摘要	客户	结算实收金额	部门	业务员	源单编号
XTKD000002	2020.1.10	转账支票	10 000	退预收货款	上海铭鑫	10 000	销售部	武销售	OPRD000003

操作步骤：

（1）在金蝶 K/3 主控台，执行“财务会计”→“应收款管理”→“退款”→“退

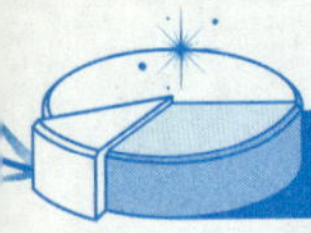

款单—新增”命令，进入“退款单—新增”窗口，依次录入相关信息，如图 5-33 所示。

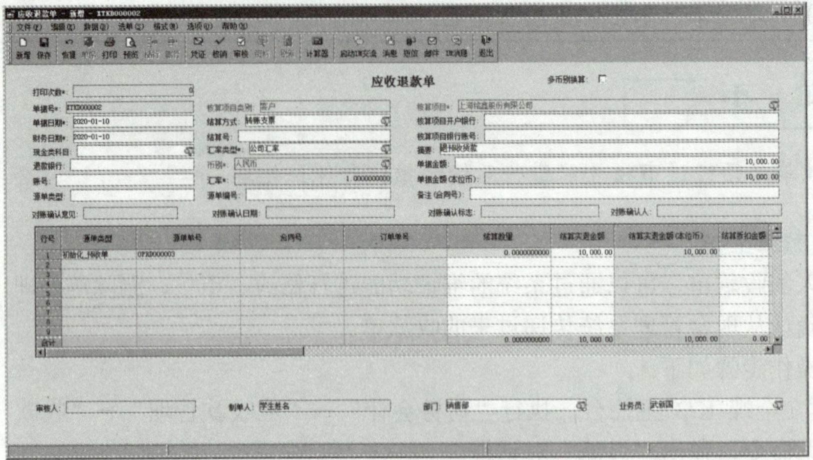

图 5-33　新增应收退款单

（2）录入完毕，单击“保存”按钮，并进行审核。

六、应收票据处理

应收票据用来核算公司因销售商品、提供劳务等而收到的商业汇票，包括银行承兑汇票和商业承兑汇票。在金蝶 K/3 应收款管理系统和现金管理系统中都设置有票据管理功能，供用户记录票据的详细信息，包括票据金额、利率、日期、贴现、背书、计息、结算和转出等内容，并可以灵活地设置查询条件找到所要查询的票据。

需要注意的是，使用票据管理功能，必须将应收票据科目设置成为带有客户往来辅助核算科目。

【例 11】　根据表 5-7 列出的应收票据，在金蝶 K/3 中完成应收款管理系统应收票据的录入工作。

表 5-7　应收票据

单位：元

票据类型	票据编号	签发日期	期限	票面金额	票面利率/%	到期利率/%	承兑人	出票人	付款人	摘要
银行承兑汇票	YSPJ000002	2020.1.11	90 天	1 200	1.7	1.7	中行光华分行	武汉天华	武汉天华	收货款
银行承兑汇票	YSPJ000003	2020.1.12	90 天	1 000	1.7	1.7	中行光华分行	长沙隆森	长沙隆森	收货款

（1）票据背书：2020 年 1 月 14 日，武汉天华的银行承兑汇票 1 200 元背书给武汉绿萝，背书方式为冲减应付款，对应科目为应付账款 2 202。

（2）票据转出：2020 年 1 月 13 日，期初的应收票据—武汉天华（转出单位）的票据转为应收账款，审核后系统自动生成其他应收单（未审）。

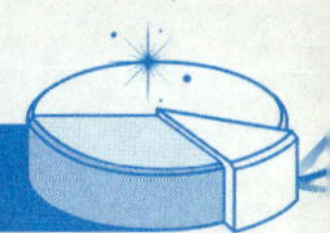

操作步骤：

（1）在金蝶 K/3 主控台，执行“财务会计”→“应收款管理”→“应收票据”→“应收票据—新增”命令，打开“应收票据—新增”窗口，逐项录入票据内容，如图5-34所示。

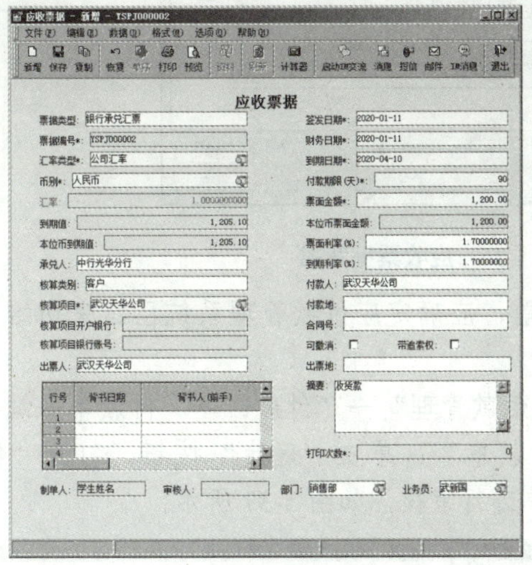

图 5-34　新增应收票据

操作视频

例 11　应收票据处理

（2）录入完毕，单击“保存”按钮并进行审核。应收票据审核后选择生成收款单。以同样的方法录入其他票据并审核。若取消审核，则执行“编辑”→“取消审核”命令。

小提示：若要查询应收票据生成的收款单，可执行“财务会计”→“应收款管理”→“应收票据”→“应收票据—维护”命令，在“应收票据序时簿”界面选中该单据后，单击“连查”按钮即可。

（3）执行“财务会计”→“应收款管理”→“应收票据”→“应收票据—维护”命令，打开过滤界面，在事务类型下拉列表框中选择应收票据，单击“确定”按钮，打开“应收票据序时簿”窗口，如图 5-35 所示。

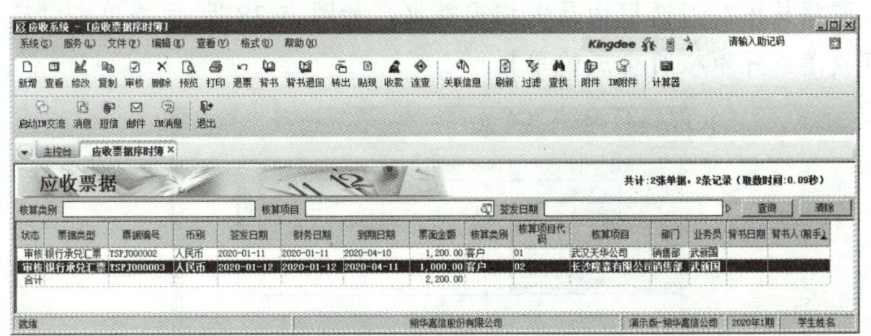

图 5-35　应收票据序时簿

（4）选中要背书的票据，单击“背书”按钮，输入相应数据，如图 5-36 所示，单击“确定”按钮，系统自动生成一张付款单，应收票据状态栏状态显示“背书”。

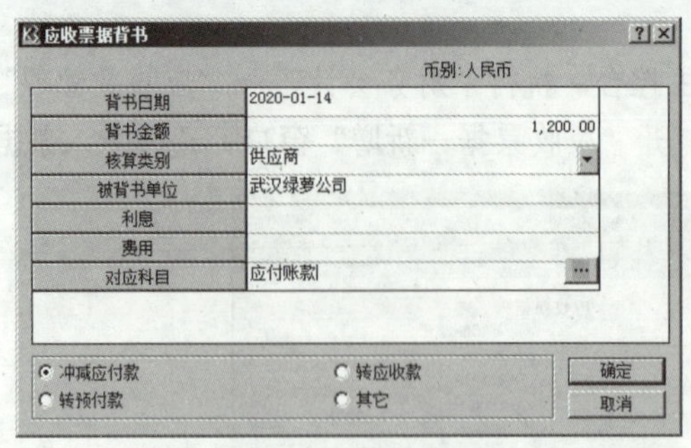

图 5-36　应收票据背书

小提示：在进行应收票据背书前，应确定应付款管理系统已结束初始化，否则无法生成付款单。

（5）执行“财务会计”→“应付款管理”→“付款”→“付款单—维护”命令，打开过滤界面，选择事物类型“付款单”，单击“确定”按钮，打开“付款单序时簿”窗口，对系统自动生成的付款单进行审核，如图 5-37 所示。

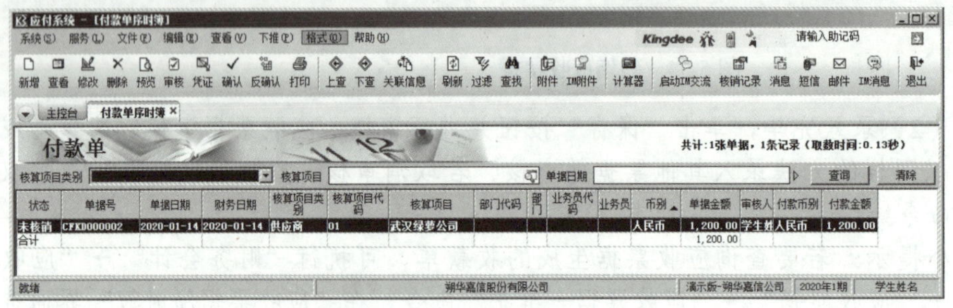

图 5-37　背书生成付款单

（6）执行“财务会计”→“应收款管理”→“应收票据”→“应收票据—维护”命令，打开过滤界面，选择事物类型“初始化—应收票据”，单击“确定”按钮，打开“初始化—应收票据序时簿”窗口。选择要转出的票据，单击“转出”按钮，在弹出的“应收票据转出”对话框中录入相应数据，如图 5-38 所示，单击“确定”按钮，生成其他应收单，并审核所生成的单据。

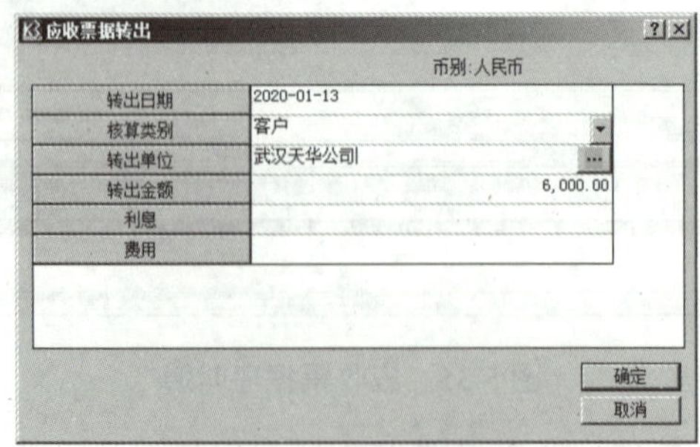

图 5-38　应收票据转出

七、结算管理

应收款管理系统提供的结算管理主要是基于应收款的核销处理及凭证处理。

（一）核销处理

核销管理模块主要用来对往来账款进行各种形式的核销处理。只有经过核销的应收单据才能进行收款处理，核销日期是计算账龄的重要依据。目前，系统提供了三种核销方式与七种核销类型。

1．核销方式

核销方式主要是按单据核销内容的不同进行分类的。

（1）单据：选择单据进行核销，系统内部按行依次核销。

（2）存货数量：用户可以对发票上的存货数量行进行选择并核销。

（3）关联关系：对存在结算关联关系的单据进行核销，包括收款单关联应收单、退款单关联附属应收单、退款单关联收款单、退款单关联预收单。

2．核销类型

核销类型主要是按单据的不同进行分类的。

（1）到款结算。到款结算主要是收款单、退款单与销售发票、其他应收单核销，或收款单与退款单互冲，红字销售发票、其他应收单与蓝字销售发票、其他应收单互冲，不包括预收单。

（2）预收冲应收。预收冲应收解决的是预收单的核销问题，包括预收款与销售发票、其他应收单核销，或预收单与退款单互冲。预收冲应收与到款结算的区别之处在于，预收冲应收要根据相应的核销记录生成预收冲应收凭证，而到款结算则不用。

（3）应收冲应付。应收冲应付解决的是销售发票、其他应收单与采购发票、其他应付单的核销问题。

（4）应收款转销。应收款转销用于处理将应收款项从一个客户转为另一个客户，实际应收款的总额并不减少。

（5）预收款转销。预收款转销用于处理将预收款从一个客户转为另一个客户，实际预收款的总额并不减少。

（6）预收款冲预付款。预收款冲预付款解决的是预收单与预付单的核销问题，适用于对方单位既是供应商又是客户的情况。

（7）收款冲付款。收款冲付款解决的是收款单与付款单的核销问题，适用于对方单位既是供应商又是客户的情况。

应收账款核销后，可以通过核销日志查询单据核销情况。若已核销的单据需要修改，则在“核销日志”中反核销单据后再进行修改。若要查看记录的单据情况，则选中记录后单击“单据”按钮即可。

【例 12】　根据要求进行下列处理：

（1）到款结算，勾选“包括含有关联关系的单据”，选择核销方式“关联关系”

进行核销。

（2）预收款冲应收款，勾选“包括含有关联关系的单据”进行核销。

操作步骤：

（1）在金蝶 K/3 主控台，执行“财务会计”→“应收款管理”→“结算”→“到款结算”命令，打开“单据核销”窗口，将核销类型默认为“到款结算”，设置过滤条件，勾选“包括含有关联关系的单据”，点击“确定”按钮，打开“核销（应收）”窗口，如图 5-39 所示。

操作视频

例 12　核销处理

应收款管理系统 - [核销(应收)]

系统(S)　服务(L)　帮助(H)

全选　全清　过滤　刷新　单据　核销　自动　页面　关闭

主控台　核销(应收)　收款单序时簿

核销方式：单据　核销日期：2020-01-15

到款结算-应收款

	选择	核算项目代码	核算项目名称	单据号	合同号	单据日期	财务日期	单据类型	备注(合同号)	摘要	币别	汇率	折扣金额	单据金额	未核销金额	本次核销金额	部门	业务员	
1		01	武汉天华公司	OXZP000002		2019-12-01	2019-12-01	销售发票		销售产品	人民币	000000000		7,020.00	2,020.00	2,020.00	销售部	武新国	学
2		01	武汉天华公司	XSZP000002		2020-01-01	2020-01-01	销售发票	XSHT000002	销售产品	人民币	000000000		5,000.00	5,000.00	5,000.00	销售部	武新国	学
3		01	武汉天华公司	QTYS000005		2020-01-13	2020-01-13	其他应收单		应收票据转出	人民币	000000000		6,000.00	6,000.00	6,000.00			学
4		02	长沙隆森有限公司	OYSD000002		2019-12-02	2019-12-02	其他应收单		代垫运费	人民币	000000000		500.00	500.00	500.00	销售部	武新国	学
5		02	长沙隆森有限公司	XSZP000003		2020-01-02	2020-01-02	销售发票	XSHT000002	销售产品	人民币	000000000		6,300.00	6,300.00	6,300.00	销售部	武新国	学
6		03	湖北金塑有限公司	XSZP000005		2020-01-04	2020-01-04	销售发票	XSHT000004	销售产品	人民币	000000000		3,800.00	3,800.00	3,800.00	销售部	武新国	学
7		04	上海铭鑫股份有限公司	XSZP000004		2020-01-03	2020-01-03	销售发票	XSHT000004	销售产品	人民币	000000000		5,850.00	2,850.00	2,850.00	销售部	武新国	学
8		05	朔华天冬有限公司	OXZP000004		2019-12-03	2019-12-03	销售发票		销售产品	人民币	000000000		1,170.00	1,170.00	1,170.00	销售部	武新国	学
	合计:													35,640.00	27,640.00	0.00			

到款结算-收款

	选择	核算项目代码	核算项目名称	单据号	合同号	单据日期	财务日期	单据类型	备注(合同号)	摘要	币别	汇率	实收金额	折
1		01	武汉天华公司	XSKD000003		2020-01-11	2020-01-11	收款单		收到应收票据-YSPJ000002	人民币	000000000	1,200.00	
2		02	长沙隆森有限公司	XSKD000005		2020-01-12	2020-01-12	收款单		收到应收票据-YSPJ000003	人民币	000000000	1,000.00	
	合计:													

就绪　朔华嘉信股份有限公司　演示版-朔华嘉信公司　2020年1期　学生姓名

图 5-39　单据核销

（2）选择核销方式“关联关系”，系统会将具有关联关系、处于未核销状态的单据显示出来，如图 5-40 所示。在窗口下部选中“到款”中的单据，窗口上部同时有发票被选中。单击“核销”按钮，稍后窗口中被选中的记录被隐藏，表示核销成功。再选择核销方式“单据”，进行查看是否进一步核销。

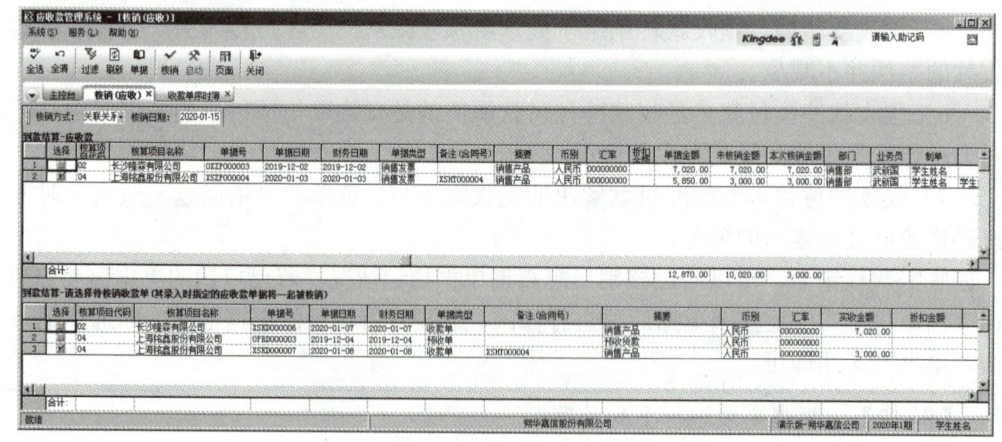

应收款管理系统 - [核销(应收)]

系统(S)　服务(L)　帮助(H)

全选　全清　过滤　刷新　单据　核销　自动　页面　关闭

主控台　核销(应收)　收款单序时簿

核销方式：关联关系　核销日期：2020-01-15

到款结算-应收款

	选择	核算项目代码	核算项目名称	单据号	单据日期	财务日期	单据类型	备注(合同号)	摘要	币别	汇率	折扣金额	单据金额	未核销金额	本次核销金额	部门	业务员	制单	
1		02	长沙隆森有限公司	OXZP000003	2019-12-02	2019-12-02	销售发票		销售产品	人民币	000000000		7,020.00	7,020.00	7,020.00	销售部	武新国	学生姓名	
2		04	上海铭鑫股份有限公司	XSZP000004	2020-01-03	2020-01-03	销售发票	XSHT000004	销售产品	人民币	000000000		5,850.00	3,000.00	3,000.00	销售部	武新国	学生姓名	学生
	合计:												12,870.00	10,020.00	3,000.00				

到款结算-请选择待核销收款单（其录入时指定的应收款单据将一起被核销）

	选择	核算项目代码	核算项目名称	单据号	单据日期	财务日期	单据类型	备注(合同号)	摘要	币别	汇率	实收金额	折扣金额
1		02	长沙隆森有限公司	XSKD000006	2020-01-07	2020-01-07	收款单		销售产品	人民币	000000000	7,020.00	
2		04	上海铭鑫股份有限公司	OPRD000003	2019-12-04	2019-12-04	预收单		预收货款	人民币	000000000		
3		04	上海铭鑫股份有限公司	XSKD000007	2020-01-08	2020-01-08	收款单	XSHT000004	销售产品	人民币	000000000	3,000.00	
	合计:												

就绪　朔华嘉信股份有限公司　演示版-朔华嘉信公司　2020年1期　学生姓名

图 5-40　关联关系核销

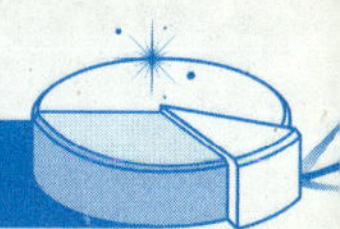

小提示：在使用“关联关系”核销时，收款单据需先进行审核，否则无法显示在“核销（应收）”窗口中。

（3）单击“过滤”按钮，打开“单据核销”窗口，选择“预收款冲应收款”选项，设置过滤条件，勾选“包括含有关联关系的单据”，单击“确定”按钮，系统重新显示符合条件的单据，如图 5-41 所示，勾选核算项目代码一致的单据，单击“核销”按钮进行核销。

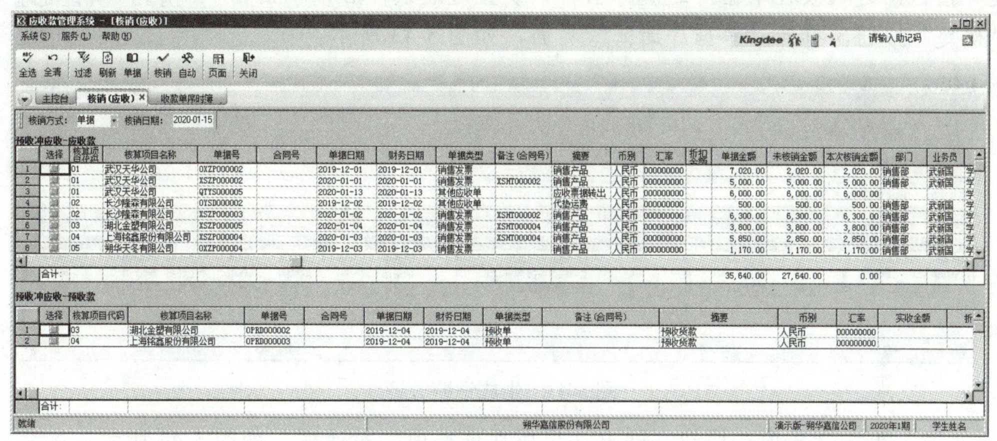

图 5-41　预收款冲应收款核销

（4）执行“财务会计”→“应收款管理”→“结算”→“核销日志—维护”命令，打开过滤窗口，设置过滤条件后，单击“确定”按钮，打开“核销日志”窗口，如图 5-42 所示。用户可在此窗口中对已核销的单据进行反核销处理。

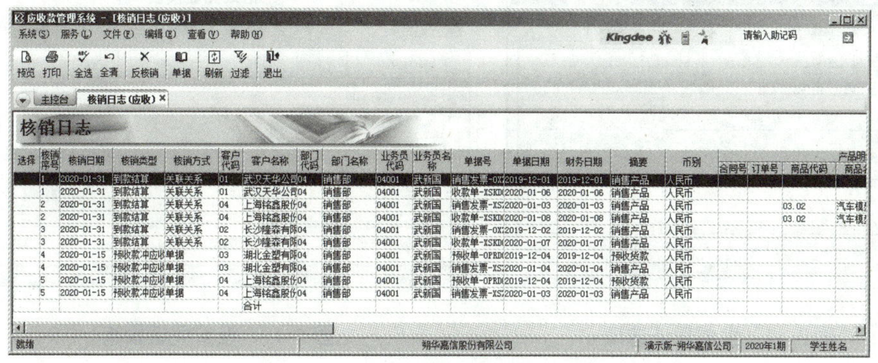

图 5-42　核销日志

（二）凭证处理

凭证处理是指将应收款管理系统中的各种单据生成凭证再传入总账管理系统。用户在应收款管理系统集中进行凭证处理时，处理方式可以分为采用凭证模板的处理方式与不采用凭证模板的处理方式两种。

【例 13】 采用凭证模板的处理方式生成凭证（注意：凭证模板已经设置完成）。

操作视频

例 13　凭证处理

操作步骤：

（1）在金蝶 K/3 主控台，执行“财务会计”→“应收款管理”→“凭证处理”→“凭证—生成”命令，弹出“选择事务类型”对话框。移动光标，选择需要生成凭证的单据，单击“确定”按钮，进入该种单据“过滤”窗口，设置过滤条件后，单击“确定”按钮，打开“单据序时簿”界面，如图 5-43 所示。

核销状态	开票日期	财务日期	发票号码	核算项目类别	核算项目代码	核算项目	部门代码	部门	业务员代码	业务员	币别	审核	应收日期	收款金额
未核销	2020-01-01	2020-01-01	XSZP000002	客户	01	武汉天华公司	04	销售部	04001	武新国	人民币	学生姓名	2020-01-31	5,000.00
未核销	2020-01-02	2020-01-02	XSZP000003	客户	02	长沙隆森有限公司	04	销售部	04001	武新国	人民币	学生姓名	2020-01-31	6,300.00
完全核销	2020-01-03	2020-01-03	XSZP000004	客户	04	上海铭鑫股份有限公司	04	销售部	04001	武新国	人民币	学生姓名	2020-01-31	5,850.00
完全核销	2020-01-04	2020-01-04	XSZP000005	客户	03	湖北金塑有限公司	04	销售部	04001	武新国	人民币	学生姓名	2020-01-31	3,800.00
合计:														20,950.00

图 5-43　生成记账凭证

（2）单击“选项”按钮，弹出“生成凭证选项”对话框，如图 5-44 所示。

（3）单击“模板设置”按钮，打开“凭证模板设置”窗口，选中所属事务类型，单击“新增”按钮，新增并保存凭证模板，如图 5-45 所示。

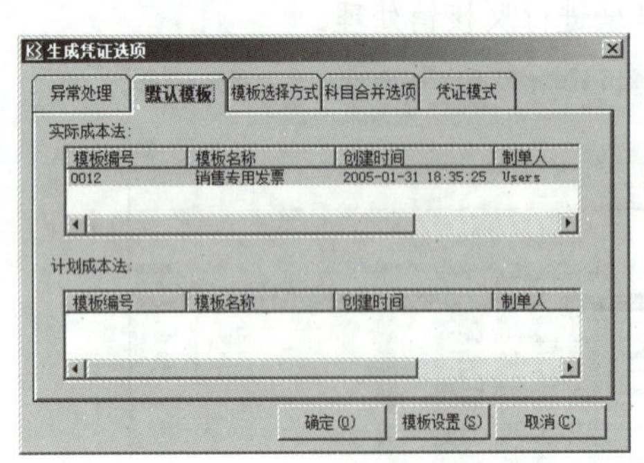

图 5-44　生成凭证选项

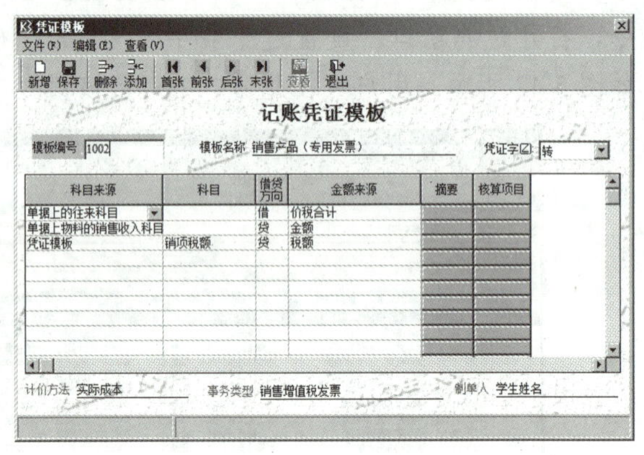

图 5-45　设置凭证模板

（4）模板设置完成后，单击“按单”或“汇总”按钮，则按单生成多张或汇总生成一张凭证。稍后系统弹出生成凭证成功提示框。用户可用同样方法将其他发票也生成凭证。

（5）当前的应收单据生成凭证后，用户可以通过会计序时簿对生成的凭证信息进行查询。执行“财务会计”→“应收款管理”→“凭证处理”→“凭证—维护”命令，打开过滤窗口，设置过滤条件，单击“确定”按钮，打开“会计分录序时簿”窗

口，如图 5-46 所示。

（6）审核所有凭证后，返回总账系统对所有凭证过账。

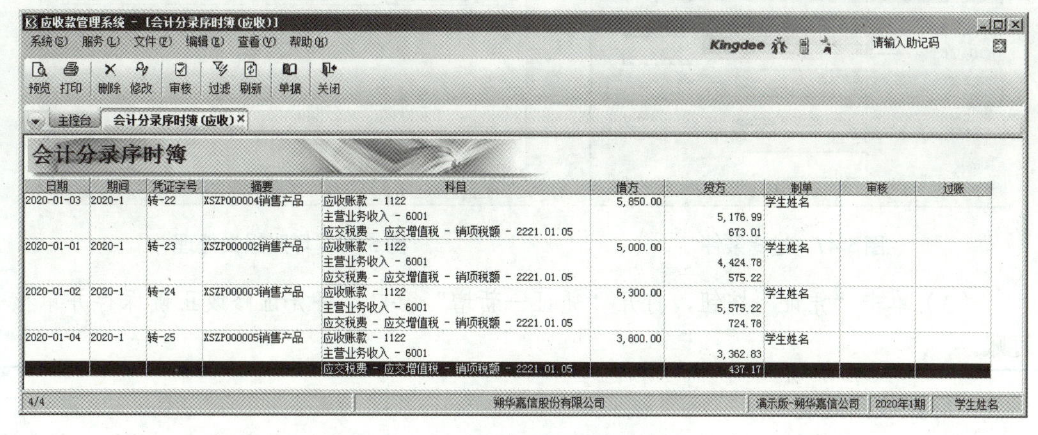

图 5-46　会计分录序时簿（应收）

八、坏账处理

在企业的日常经营业务中，由于客户方面的原因，坏账是经常遇到的经营风险，因此坏账处理是应收款管理系统不可缺少的业务内容。坏账的处理包括坏账发生、坏账收回和坏账计提。其中，坏账的发生和收回是根据往来业务情况在日常核算中进行的，而坏账的计提则只在年末进行，并且由应收款管理系统根据对坏账计提方法的设置自动计算，然后在系统中生成自动凭证。

1. 坏账损失处理

由于某种原因导致应收款无法收回时，需要将其作为坏账来处理，待日后将此笔货款收回之后，再将其做相应的坏账收回处理。

坏账处理的单据只适用于初始化的销售发票、其他应收单及初始化结束后新增的已生成凭证的销售发票、其他应收单。当前的单据不能确认坏账。

【例 14】　坏账损失：武汉天华期初应收账款 1 000 元，逾期未还，催缴无效，将其处理为坏账。

操作视频

例 14　坏账损失处理

操作步骤：

（1）在金蝶 K/3 主控台，选择“财务会计”→“应收款管理”→“坏账处理”→“坏账损失”命令，弹出“过滤条件”对话框，获取核算项目代码“武汉天华”，选择单据类型“销售发票”、凭证字“转”，如图 5-47 所示。

（2）单击“确定”按钮，弹出“坏账损失处理”对话框，在“坏账”项目下的方框上打勾并选中，坏账原因选择“逾期未还，并明显无法收回”，本次坏账金额修改为“1 000”，如图 5-48 所示。

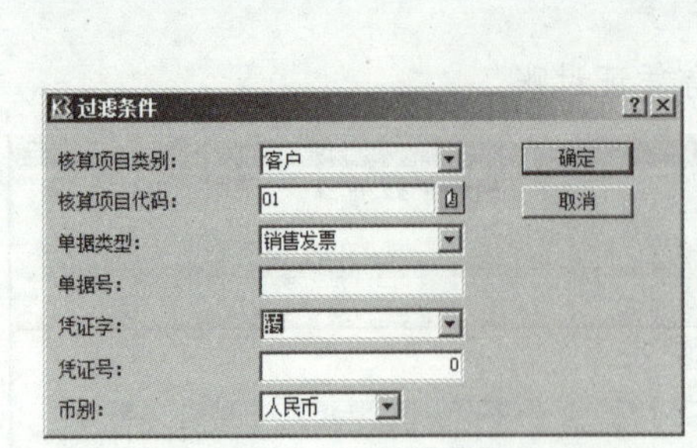

图 5-47　过滤条件

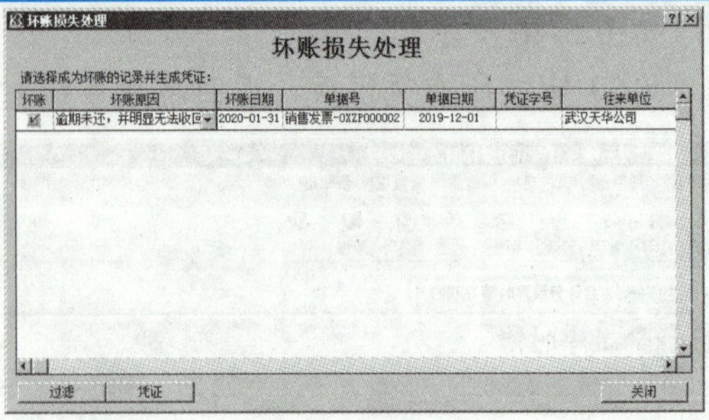

图 5-48　坏账损失处理

（3）单击“凭证”按钮，打开“凭证—新增”窗口，将凭证修改正确保存并审核过账。

2. 坏账收回处理

对于已经确认的坏账损失后期又发生收回业务的，在进行坏账收回时，要有该客户的同等金额的收款单，且收款单要已审核且未生成凭证才可以参与坏账收回处理。

【例 15】　接上例，进行坏账收回处理，收回武汉天华的坏账 1 000 元。

操作步骤:

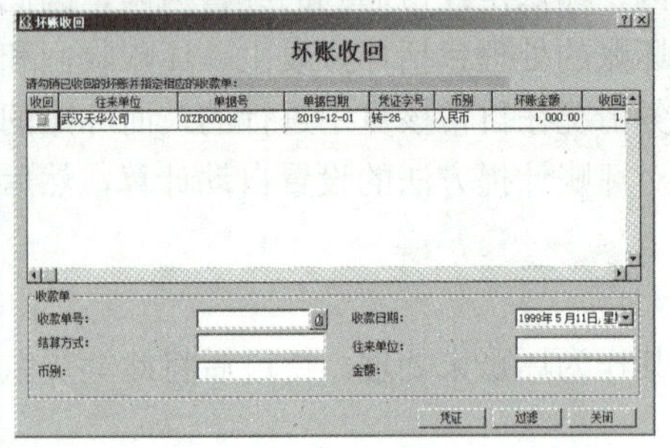

图 5-49　坏账收回

（1）在金蝶 K/3 主控台，执行“财务会计”→“应收款管理”→“坏账处理”→“坏账收回”命令，弹出“过滤条件”对话框，设置过滤条件，单击“确定”按钮，弹出“坏账收回”对话框，如图 5-49 所示。

（2）选中要收回处理的单据，输入收回金额“1 000”元，获取对应的收款单。

（3）单击“凭证”按钮，系统生成一张有关坏账收回的凭证，保存该凭证，审核过账。

小提示：在进行坏账收回处理时，需先录入已收回坏账的收款单，才能在“坏账收回”界面选择相应的收款单。

3. 计提坏账准备

坏账准备可以一年计提一次，也可以随时计提。系统根据应收款管理系统参数的设置方法计提坏账准备，并生成相应的凭证，其计提方法也可以随时更改。

具体操作步骤如下:

（1）在金蝶 K/3 主控台，执行“财务会计”→“应收款管理”→“坏账处理”→“坏账准备”命令，弹出“计提坏账准备”对话框。表中数据由系统自动计算，不能修改，如图 5-50 所示。

（2）单击“凭证”按钮，系统自动生成一张计提坏账的凭证，保存后退出。

（3）如果要取消计提的坏账准备，只需要删除坏账准备的计提凭证即可。

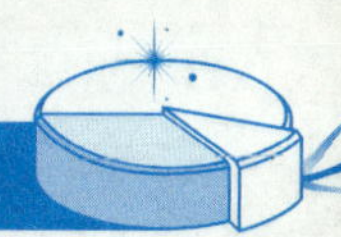

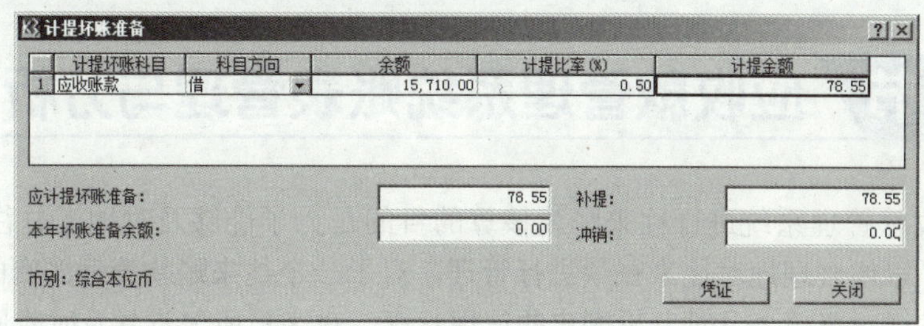

图 5-50　计提坏账准备

4. 设置坏账备查簿

坏账备查簿主要用来浏览查询坏账损失、坏账收回的相关记录。

具体操作步骤如下：在金蝶 K/3 主控台，执行“财务会计”→“应收款管理”→“坏账处理”→“坏账备查簿”命令，弹出“过滤条件”对话框，设置相应条件后，单击“确定”按钮，打开“坏账备查簿”窗口，如图 5-51 所示。

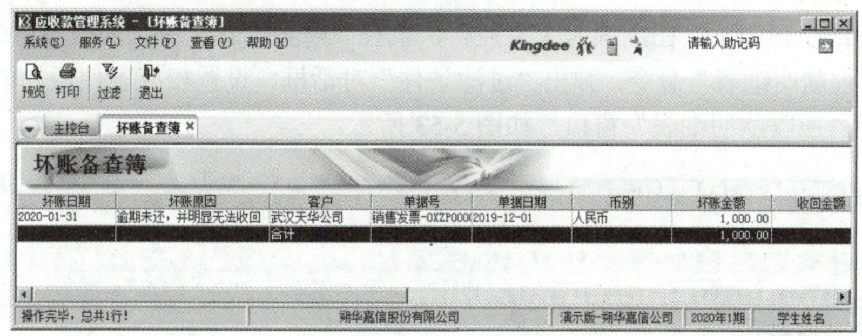

图 5-51　坏账备查簿

5. 生成坏账计提明细表

坏账计提明细表用于查询坏账计提情况。

具体操作步骤如下：在金蝶 K/3 主控台，执行“财务会计”→“应收款管理”→“坏账处理”→“坏账计提明细表”命令，弹出“过滤条件”对话框，设置相应条件后，单击“确定”按钮，打开“坏账计提明细表”窗口，如图 5-52 所示。

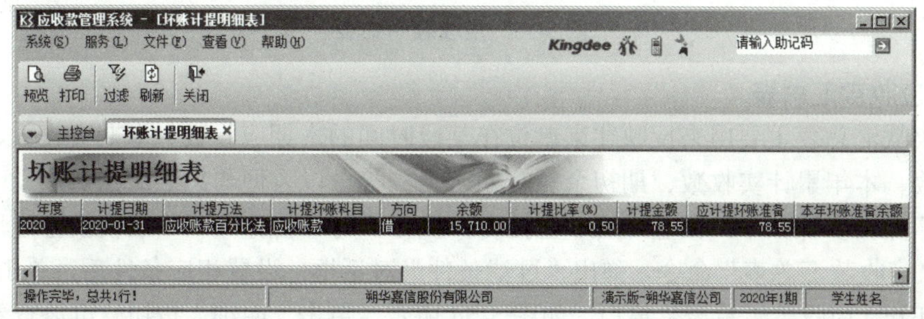

图 5-52　坏账计提明细表

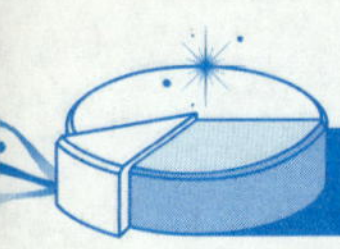

第四节 应收款管理系统账表管理与分析

运用应收款管理系统进行往来账款核算的目的是为了能够及时地汇总往来账款数据并进行分析，以便合理地对往来账款进行管理。对于一个往来账款管理严密的企业来说，向客户定期发送对账单、及时分析客户的信用状况、对客户所欠货款及时收回，是企业信用管理和资金管理的重要内容。

一、账表管理

应收款管理系统提供的账表管理主要是提供各种报表的查询。

1. 应收款明细表

应收款明细表既可以按期输出，也可以按日输出，用户可以通过应收款明细表查询往来账款的日报表。

具体操作步骤如下：在金蝶 K/3 主控台，执行“财务会计”→“应收款管理”→“账表”→“应收款明细表”命令，弹出“过滤条件”对话框，设置相应条件后，单击“确定”按钮，打开“应收款明细表”窗口，如图 5-53 所示。

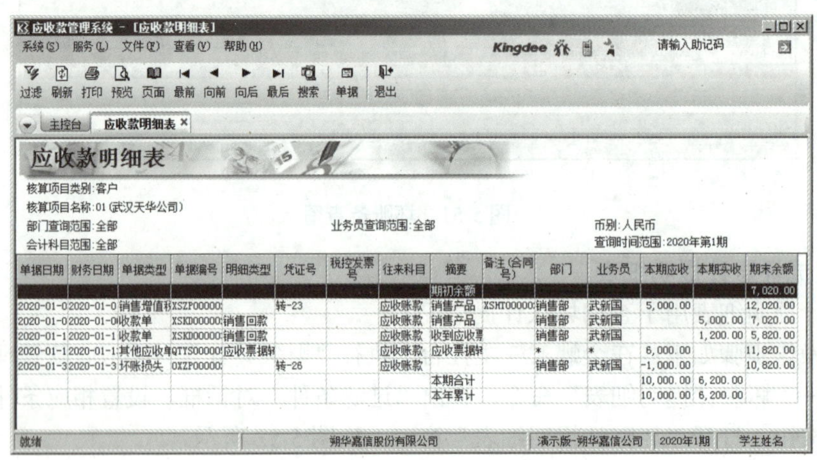

单据日期	财务日期	单据类型	单据编号	明细类型	凭证号	税控发票号	往来科目	摘要	备注（合同号）	部门	业务员	本期应收	本期实收	期末余额
								期初余额						7,020.00
2020-01-0	2020-01-0	销售增值税	XSZP00000		转-23		应收账款	销售产品	XSHT00000	销售部	武新国	5,000.00		12,020.00
2020-01-0	2020-01-0	收款单	XSKD00000	销售回款			应收账款	销售产品		销售部	武新国		5,000.00	7,020.00
2020-01-1	2020-01-1	收款单	XSKD00000	销售回款			应收账款	收到应收票		销售部	武新国		1,200.00	5,820.00
2020-01-1	2020-01-1	其他应收单	QTYS00000	应收票据转			应收账款	应收票据转		*	*	6,000.00		11,820.00
2020-01-3	2020-01-3	坏账损失	OXZP00000		转-26		应收账款			销售部	武新国	-1,000.00		10,820.00
								本期合计				10,000.00	6,200.00	
								本年累计				10,000.00	6,200.00	

图 5-53 应收款明细表

2. 应收款汇总表

应收款汇总表主要用来反映往来单位在某段时间的本期应收数、本期实收数、本年累计应收数、本年累计实收数、期初余额、期末余额等，以方便与总账对账。

具体操作步骤如下：在金蝶 K/3 主控台，执行“财务会计”→“应收款管理”→“账表”→“应收款汇总表”命令，弹出“过滤条件”对话框，设置相应条件后，单击“确定”按钮，打开“应收款汇总表”窗口，如图 5-54 所示。单击“明细”按钮，可以查看该客户的明细账情况。

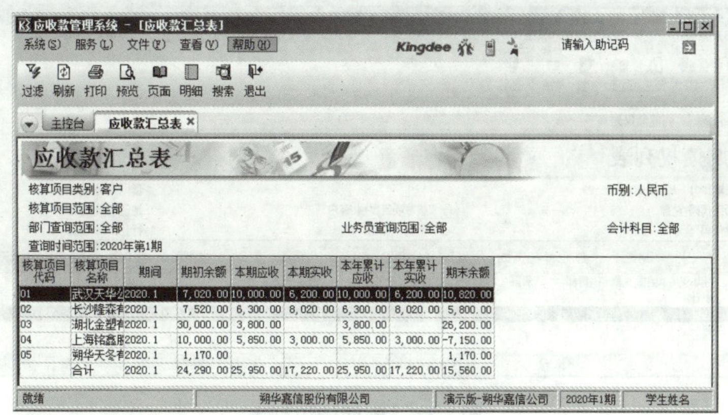

应收款汇总表

核算项目类别:客户　币别:人民币

核算项目范围:全部

部门查询范围:全部　业务员查询范围:全部　会计科目:全部

查询时间范围:2020年第1期

核算项目代码	核算项目名称	期间	期初余额	本期应收	本期实收	本年累计应收	本年累计实收	期末余额
01	武汉天华公	2020.1	7,020.00	10,000.00	6,200.00	10,000.00	6,200.00	10,820.00
02	长沙隆森有	2020.1	7,520.00	6,300.00	8,020.00	6,300.00	8,020.00	5,800.00
03	湖北金塑有	2020.1	30,000.00	3,800.00		3,800.00		26,200.00
04	上海铭鑫服	2020.1	10,000.00	5,850.00	3,000.00	5,850.00	3,000.00	-7,150.00
05	朔华天冬有	2020.1	1,170.00					1,170.00
	合计	2020.1	24,290.00	25,950.00	17,220.00	25,950.00	17,220.00	15,560.00

图 5-54　应收款汇总表

3．往来对账单

往来对账单主要用于查询客户在某个时间范围内的往来情况，通过对账单能了解哪张单据欠款、是否核销等信息。

具体操作步骤如下：在金蝶 K/3 主控台，执行“财务会计”→“应收款管理”→“账表”→“往来对账”命令，弹出“过滤条件”对话框，设置相应条件后，单击“确定”按钮，打开“往来对账单”窗口，如图 5-55 所示。

应收款管理系统 －［往来对账］

系统(S)　服务(L)　文件(F)　查看(V)　帮助(H)　Kingdee　请输入助记码

过滤　刷新　打印　预览　页面　搜索　单据　退出

主控台　往来对账

往来对账

核算项目类别:客户　核算项目范围:全部

部门代码范围:全部　业务员代码范围:全部　币别:人民币

地区:　行业:　查询日期范围:2020-01-01 至 2020-01-31

客户代码	客户名称	部门代码	部门名称	业务员代码	业务员名称	单据日期	财务日期	到期日期	单据类型	单据号码	凭证字号	摘要	备注(合同号)	应收	已收	现金折扣	状态	单据余额(收款单(-))
01	武汉天华公								期初余额									7,020.00
												期初单据余						-6,000.00
		04	销售部	04001	武新国	2020-01-0	2020-01-0	2020-01-3	销售发票	XSZP00000	转-23	销售产品	XSHT00000	5,000.00			未核销	5,000.00
		04	销售部	04001	武新国	2020-01-1	2020-01-1		收款单	XSKD00000		收到应收票			1,200.00		未核销	-1,200.00
		*	*	*	*	2020-01-1	2020-01-1	2020-01-0	其他应收单	QTYS00000		应收票据		6,000.00			未核销	6,000.00
小计	武汉天华公													11,000.00	1,200.00			10,820.00
02	长沙隆森有								期初余额									7,520.00
												期初单据余						-7,020.00
		04	销售部	04001	武新国	2020-01-0	2020-01-0	2020-01-3	销售发票	XSZP00000	转-24	销售产品	XSHT00000	6,300.00			未核销	6,300.00
		04	销售部	04001	武新国	2020-01-1	2020-01-1		收款单	XSKD00000		收到应收票			1,000.00		未核销	-1,000.00
小计	长沙隆森有													6,300.00	1,000.00			5,800.00
03	湖北金塑有								期初余额									-30,000.00
												期初单据余						3,800.00
小计	湖北金塑有																	-26,200.00
04	上海铭鑫服								期初余额									-10,000.00
												期初单据余						2,850.00
小计	上海铭鑫服																	-7,150.00
05	朔华天冬有								期初余额									1,170.00
小计	朔华天冬有																	1,170.00
	总计													17,300.00	2,200.00			-15,560.00

就绪　朔华嘉信股份有限公司　演示版-朔华嘉信公司　2020年1期　学生姓名

图 5-55　往来对账单

4．到期债权列表

到期债权列表反映截止到指定日期，已经到期的未核销应收款及过期天数、未到期的应收款及未过期天数。

具体操作步骤如下：在金蝶 K/3 主控台，执行“财务会计”→“应收款管理”→“账表”→“到期债权列表”命令，弹出“过滤条件”对话框，设置到期债权列表输出范围，单击“确定”按钮，打开“到期债权列表”窗口，如图 5-56 所示。

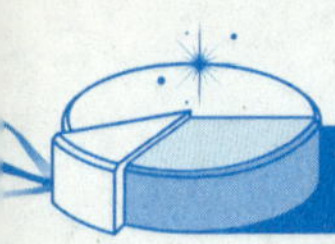

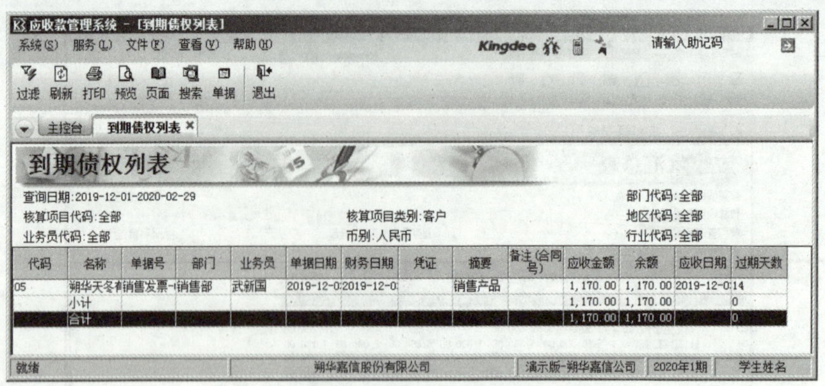

图 5-56 到期债权列表

二、账表分析

应收款管理系统提供的账表分析管理主要是提供各种分析的查询。

1. 账龄分析

账龄分析主要是用来对未核销的往来账款的余额、账龄进行分析。

具体操作步骤如下：在金蝶 K/3 主控台，执行“财务会计”→“应收款管理”→“分析”→“账龄分析”命令，弹出“过滤条件”对话框，设置单据查询条件和账龄取数条件，单击“确定”按钮，打开“账龄分析”窗口，如图 5-57 所示。

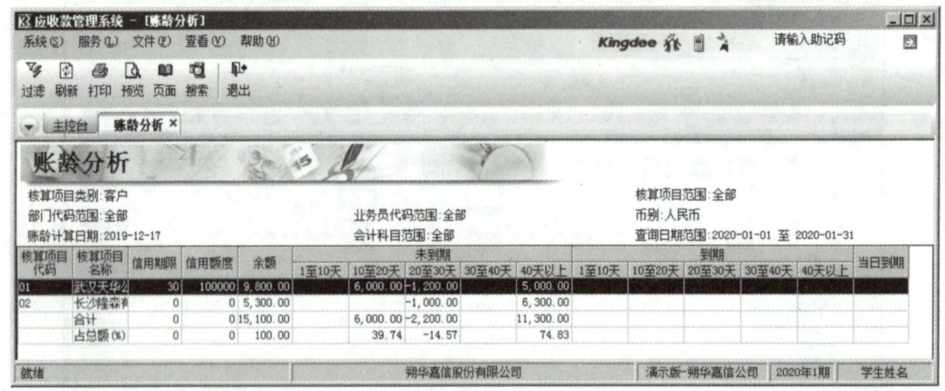

图 5-57 账龄分析

2. 周转分析

周转分析主要用来反映往来单位在某段时间的应收账款周转率及周转天数。

具体操作步骤如下：在金蝶 K/3 主控台，执行“财务会计”→“应收款管理”→“分析”→“周转分析”命令，弹出“周转分析条件设置”对话框，设置对周转分析输出范围及周转分析的时间段等条件，单击“确定”按钮，打开“周转分析”窗口，显示符合条件的周转分析信息，如图 5-58 所示。

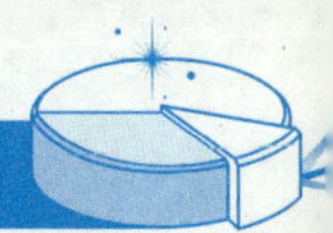

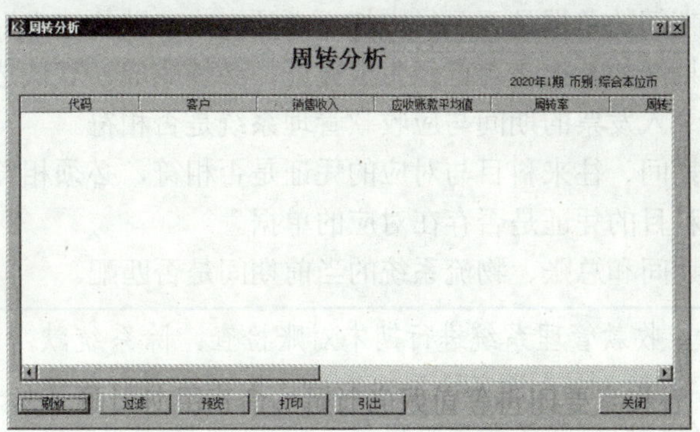

图 5-58　周转分析

3．欠款分析

欠款分析主要用来反映往来单位在某段时间的应收账款周转率与周转天数。

具体操作步骤如下：在金蝶 K/3 主控台，执行“财务会计”→“应收款管理”→“分析”→“欠款分析”命令，弹出“欠款分析条件”对话框，设置相应条件后，单击“确定”按钮，打开“欠款分析”窗口，如图 5-59 所示。

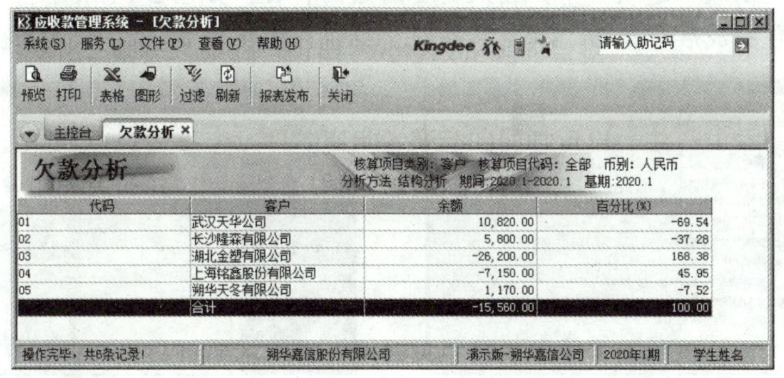

代码	客户	余额	百分比(%)
01	武汉天华公司	10,820.00	-69.54
02	长沙隆森有限公司	5,800.00	-37.28
03	湖北金塑有限公司	-26,200.00	168.38
04	上海铭鑫股份有限公司	-7,150.00	45.95
05	朔华天冬有限公司	1,170.00	-7.52
	合计	-15,560.00	100.00

图 5-59　欠款分析

● 第五节　应收款管理系统的期末处理

与金蝶 K/3 系统中的其他系统一样，应收款管理系统在一个会计期间结束时也需要进行期末处理，待期末结账完毕，系统才可以进入下一个会计期间。若要对已结账期间的单据进行修改，则需要反结账。在反结账前，要求当前期间的单据已取消审核、取消核销且取消坏账处理。

一、期末对账

期末对账是系统对当前的单据、凭证及核销、票据操作所进行的检查，包括以下内容：

（1）检查当前期间的单据是否已经审核，必须完成（默认选中）。

（2）检查当前期间的单据是否已经生成凭证，必须完成（默认选中）。

（3）检查物流录入发票的期间与应收款管理系统是否相符。

（4）检查单据期间、往来科目与对应的凭证是否相符，必须相符（默认选中）。

（5）检查指定科目的凭证是否存在对应的单据。

（6）检查结账期间和总账、物流系统的当前期间是否匹配。

【例 16】　对应收款管理系统进行期末对账检查。除系统默认对账内容外，需勾选“检查指定科目的凭证是否存在对应的单据”，对账的科目包括应收账款和预收账款。

操作视频

例 16　期末对账

操作步骤：

（1）在金蝶 K/3 主控台，执行“财务会计”→“应收款管理”→“期末处理”→“期末对账检查”命令，弹出“应收款系统对账检查”对话框。

（2）在“概述”选项卡中，勾选需要进行对账检查的选项，如图 5-60 所示。

（3）在“高级”选项卡中，输入需要对账的科目，如图 5-61 所示。

（4）设置完成后，单击“确定”按钮，系统即弹出提示框，显示对账结果。

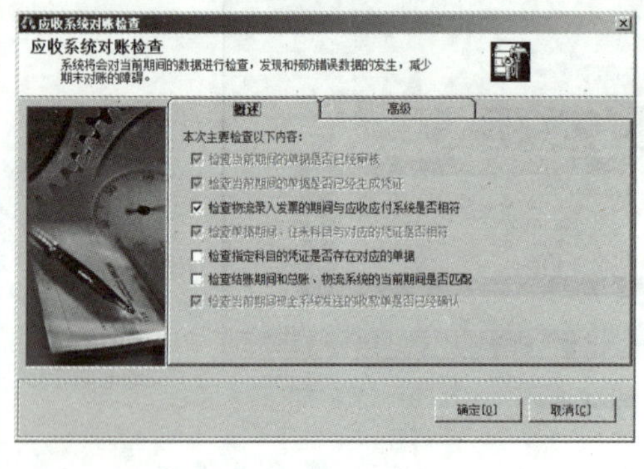

图 5-60　对账检查（1）

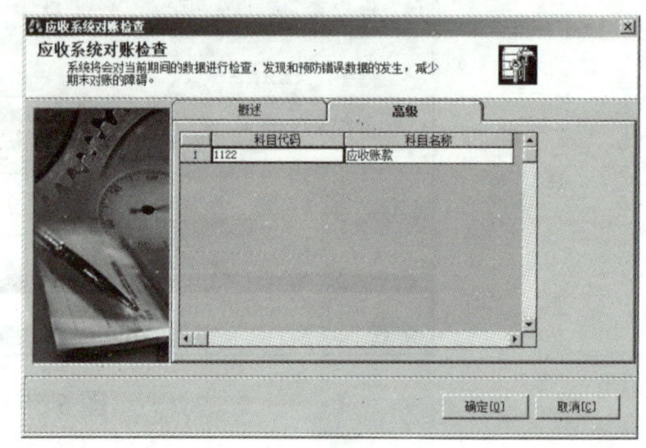

图 5-61　对账检查（2）

二、期末结账

当本期所有操作完成之后，如所有单据进行了审核、核销处理，相关单据已生成了凭证，同时与总账等系统的数据资料已核对完毕。在上述过程完成后，即可进行期末结账，期末结账处理完毕，系统进入下一个会计期间。

具体操作步骤如下：

（1）在金蝶 K/3 主控台，执行“财务会计”→“应收款管理”→“期末处理”→“结账”命令，弹出是否查看期末检查结果提示框，如果已经进行了期末对账检查，单击“否”按钮，如图 5-62 所示。

（2）系统弹出“需要进行期末科目对账”提示框，如果已进行了期末科目对账，单

击“否”按钮，如图 5-63 所示。

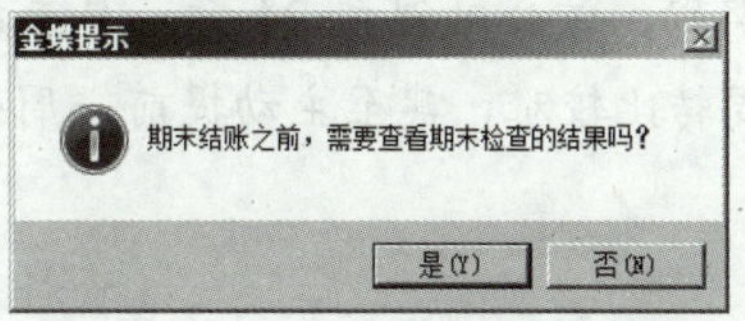

图 5-62 查看期末检查结果提示

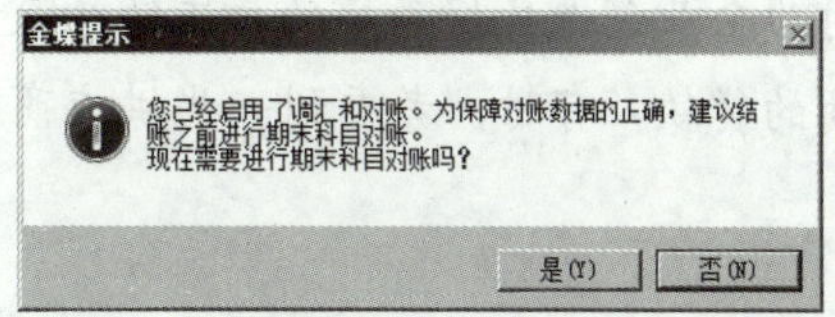

图 5-63 期末对账提示

（3）系统弹出“期末处理”对话框，选择“结账”单选框，单击“继续”按钮，结账成功后，弹出提示框，提示结账结果。

上机实验

实验 6 应收款、应付款管理系统业务处理。

以上实验内容详见书后所附“上机实验资料”。

修身立德

重视诚信口碑

某对外贸易有限公司秉持诚信经营的理念，深耕外贸综合服务领域，为中小企业提供线上线下融合的供应链解决方案，帮助生产企业获取订单，助力中小企业提质增效，提高国际市场竞争力。

一、诚信助力发展

该公司作为首批外贸综合服务国家试点企业，通过“互联网+外贸”综合服务，为外贸企业提供信息、数据、金融、通关、物流、退税、外汇等服务，构建“五位一体”的企业信用管理机制，包括信用奖惩制度、产品质量管理体系、知识产权监管体系、商务运营管控体系、财务信用管控体系等，助推企业提质增效。

二、诚信赢得客户

2020 年以来，该公司出口防疫物资数百批次，未发生一起防疫物资质量投诉，也未发生一起防疫物资违规申报。2020 年 3 月，该公司接到来自境外客户的防疫物资订单后，克服货期紧、质量要求高的困难，及时对接优质供应商，严格把控供应链环节，主动让利厂家，确保产品质量并如期交货。最后，该公司得到了国际客户的好评，并获得追加订单的回报。

三、诚信展现形象

该公司积极引导员工树立“诚信经营”的价值观，引导员工对社会、对客户讲诚

信，对为企业创造良好声誉的员工给予表彰和奖励。该公司创立 24 年，从未拖欠过供应商的货款，有时，考虑到一些供应商资金周转比较难，甚至主动提前一周或两周付款。

（资料来源：http://scjss.mofcom.gov.cn/article/jyjl/jysw/202109/20210903202975.shtml，有改动

第六章　固定资产管理系统

学习目标

知识目标：

（1）了解金蝶 K/3 固定资产管理系统的主要功能及业务处理流程。

（2）掌握固定资产管理系统初始设置的内容和方法。

（3）掌握固定资产业务处理的内容和方法。

（4）掌握固定资产系统期末对账和结账方法。

能力目标：

（1）能够按业务要求设置固定资产系统参数。

（2）能够完成设置固定资产类别、录入固定资产原始卡片等初始设置。

（3）能够根据业务要求进行增加固定资产、减少固定资产、计提折旧、计提固定资产减值准备等日常业务处理。

（4）能够完成固定资产系统期末对账和结账。

素质目标：

（1）培养对待工作一丝不苟的精神。

（2）培养执着专注、精益求精、追求卓越的工匠精神。

（3）养成刻苦学习与钻研的好习惯，永攀技术高峰。

工作情景

手工会计中，对固定资产的核算通常使用固定资产卡片详细记录每一项固定资产从形成到处置的相关事项。如果企业的固定资产种类不多、规模不大，使用手工的固定资产卡片即可及时、全面地对固定资产业务进行记录和管理。如果企业固定资产数量较多、品种较杂、使用部门多且较为分散，或持有期间需要维修的事项较多，则使用手工卡片往往很不方便，业务核算容易出现疏漏或卡片记录混乱，且不便对固定资产业务进行数据分析。对于朔华嘉信公司来说，随着企业的迅速发展，使用金蝶 K/3 固定资产管理系统，来加强对固定资产业务的核算、分析和管理，就成了必然的选择。

第一节 固定资产管理系统概述

固定资产管理是企业管理的一个重要组成部分，是开展正常业务的物质基础，但由于固定资产具有价值高、数量大、种类多、保管和使用地点分散等特点，所以在手工条件下，对固定资产的核算与管理工作难度大。使用固定资产管理系统对固定资产进行核算与管理，可以细化固定资产管理，提高固定资产的使用水平。

一、固定资产管理系统的主要功能

固定资产管理系统对企业的所有固定资产进行全面管理，主要工作包括：企业固定资产日常业务的核算和管理，生成固定资产卡片；按月反映固定资产的增加、减少、原值变化及其他变动，并输出相应的增减变动明细账；按月自动计提折旧，生成折旧分配凭证，同时输出同设备管理相关的报表和账簿。

二、固定资产管理系统与其他系统的主要关系

固定资产管理系统中资产的增加、减少，以及原值和累计折旧的调整、折旧计提都将有关数据通过记账凭证的形式传输到总账管理系统，同时通过对账保持固定资产账目与总账的平衡，并可以修改、删除及查询凭证；为成本核算系统提供折旧有关费用的数据；报表管理系统也可以通过相应的取数函数从固定资产管理系统中提取分析数据。

三、固定资产管理系统的业务处理流程

固定资产管理系统的业务处理流程如图 6-1 所示。

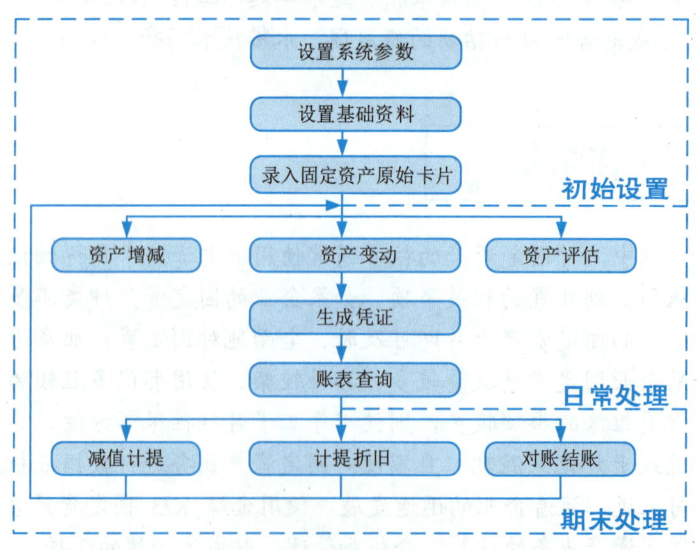

图 6-1 固定资产管理系统的业务处理流程

第二节　固定资产管理系统的初始设置

固定资产管理系统初始设置是指在进行固定资产业务处理之前必须完成的系统功能设置和固定资产初始数据的录入，主要包括设置固定资产系统参数、设置固定资产类别等基础资料和录入固定资产原始卡片等工作。

一、系统参数设置

在使用固定资产管理系统之前，首先要根据企业固定资产核算的具体情况在系统中建立基本的业务处理方法，业务处理方法是通过在系统中选择相应的业务控制选项建立的。系统参数反映了企业管理固定资产的个性化需要，它的设置关系到以后系统的业务和流程的处理，用户在使用系统前要根据企业的管理制度和要求全面考虑。

具体操作步骤如下：

（1）在金蝶 K/3 主控台，执行“系统设置”→“系统设置”→“资产管理”→“固定资产—系统参数”命令，弹出“系统选项”对话框，如图 6-2 所示。

（2）在“基本设置”选项卡中可查看和修改公司的名称和地址等信息；在“固定资产”选项卡中可以选择启用期间、是否折旧、折旧率等信息。

（3）设置完成后，单击“确定”按钮。

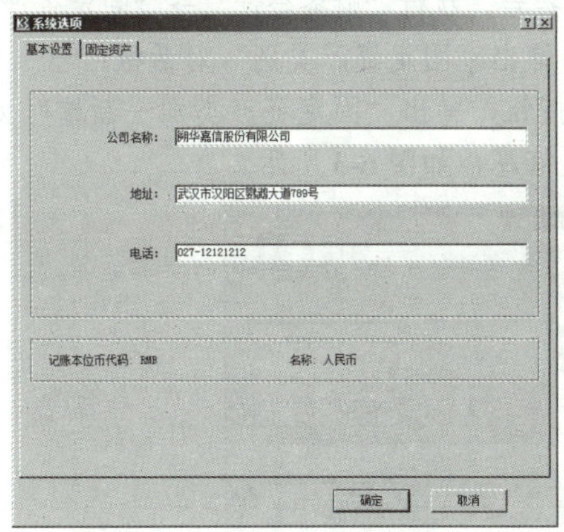

图 6-2　固定资产系统选项

二、基础资料设置

固定资产的核算管理涉及许多专用的基础资料，包括折旧方法、折旧政策、卡片类别、使用状态类别、变动方式、存入地点等内容。在金蝶 K/3 系统中，对常用的固定资产基础资料已进行了部分设置，企业在启用固定资产管理系统后，还需要根据企业核算和管理的要求对基本资料进行补充和完善。

1. 卡片类别管理

固定资产的种类繁多，规格不一，要强化固定资产管理，及时准确地做好固定资产核算，必须建立科学的固定资产分类体系。在金蝶 K/3 系统中，为方便固定资产管理，系统为用户提供了固定资产卡片按类别的多级管理方式，用户可以自定义分类的规则，对卡片进行分类管理，并将同一类别的相同属性在卡片类别上一次录入，避免了大量的重复性工作。

【例 1】 根据表 6-1 所示信息设置固定资产卡片类别。

表 6-1 固定资产卡片类别

代码	类别名称	使用年限（年）	净残值率（%）	计量单位
01	房屋及建筑物	20	4	幢
02	交通运输工具	5	4	辆
03	机器设备	5	4	台
03.01	办公设备	5	4	台
03.02	生产设备	5	4	台
04	电子设备	5	4	台

预设折旧方法均为“平均年限法”，固定资产科目为“1601，固定资产”，累计折旧科目为“1602，累计折旧”，减值准备科目为“1603，固定资产减值准备”。要求选择“由使用状态决定是否计提折旧”“允许抵扣增值税进项税”。

操作步骤：

（1）在金蝶 K/3 主控台，执行“财务会计”→“固定资产管理”→“基础资料”→“卡片类别管理”命令，弹出“固定资产类别”对话框。

（2）单击“新增”按钮，弹出“固定资产类别一新增”对话框。输入所需设置的固定资产类别及其他相关信息，如图 6-3 所示。

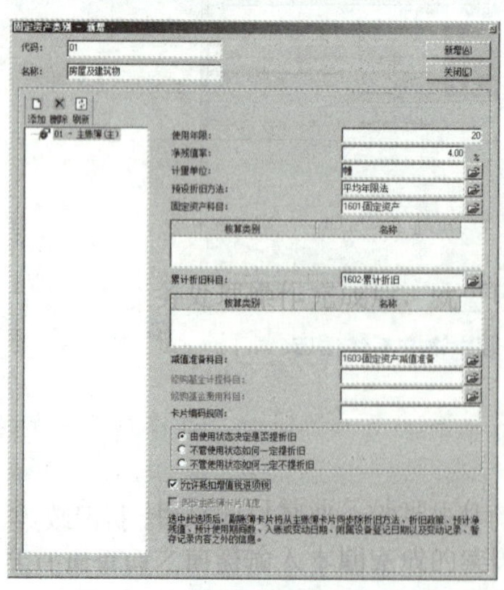

图 6-3 设置固定资产卡片类别

操作视频

例 1 卡片类别管理

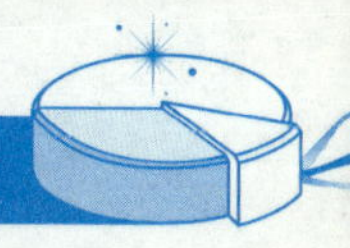

（3）设置完成后，单击“新增”按钮。

（4）以同样的方式设置其他固定资产类别。

（5）固定资产类别全部设置完成后，在“固定资产类别”对话框中，单击“关闭”按钮。

2. 折旧方法定义

固定资产管理系统具有自动计提折旧和分摊折旧费用的功能。为了实现自动计提折旧的功能，用户必须预先设置好需用的折旧方法，这样系统在计提固定资产折旧时会根据折旧方法、使用年限等数据自动计算出应计提的折旧费用。系统提供有预设的折旧方法，如果系统的折旧方法不能满足用户核算需要，也可以由用户自行定义固定资产的折旧方法。

【例2】　新增“动态平均年限法”固定资产折旧方法，具体折旧公式如下：

月折旧额=（入账原值−入账累计折旧−入账预计净残值−入账固定资产减值准备）/入账剩余使用期间

月折旧率=月折旧额/(入账原值−入账累计折旧−入账预计净残值−入账固定资产减值准备）

操作步骤：

（1）在金蝶 K/3 主控台，执行“财务会计”→“固定资产管理”→“基础资料”→“折旧方法定义”命令，弹出“折旧方法定义”对话框。

（2）在“编辑”选项卡中，单击“新增”按钮。在“折旧方法名称”和“折旧公式”文本框中分别输入相应的内容。在设置公式时，可运用“运算符”中的按钮和“折旧要素”的下拉框选项进行选择设置。

（3）设置完成后，单击“保存”按钮，如图 6-4 所示。

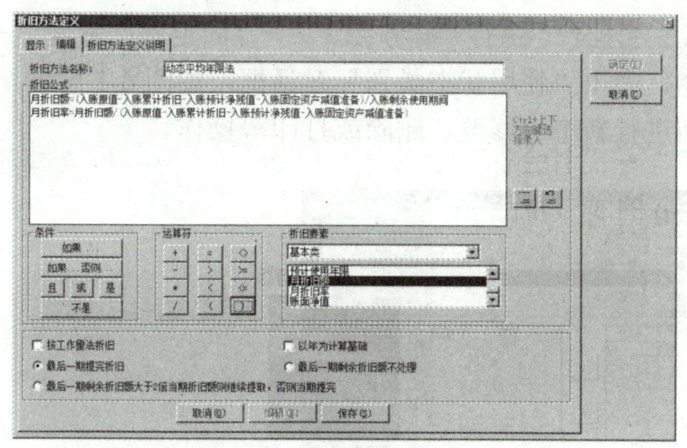

图 6-4　设置固定资产折旧方法

操作视频

例 2　折旧方法定义

3. 存放地点维护

固定资产实物都有存放的具体地点，金蝶 K/3 系统可对存放地点进行维护，辅助用户加强固定资产管理。

具体操作步骤如下：在金蝶 K/3 主控台，执行“财务会计”→“固定资产管理”→“基础资料”→“存放地点维护”命令，弹出“存放地点”对话框，如图 6-5 所示。用户在该对话框中可以对存放地点进行新增、修改、删除等操作。

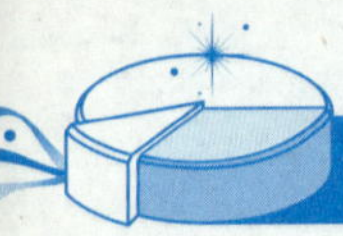

4. 变动方式类别

变动方式是指固定资产的新增、变动和减少的方式，如购入、接受捐赠及出售固定资产等，是固定资产卡片上的属性资料。

具体操作步骤如下：在金蝶 K/3 主控台，执行“财务会计”→“固定资产管理”→“基础资料”→“变动方式类别”命令，弹出“变动方式类别”对话框，如图 6-6 所示。用户在该对话框中可以对变动方式进行新增、修改、删除或打印等操作。

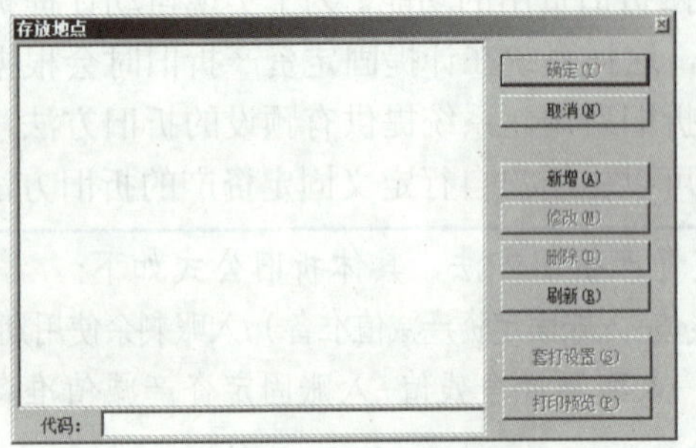

图 6-5　存放地点

图 6-6　变动方式类别

5. 使用状态类别

使用状态类别是指固定资产当前的使用情况，如正常使用、融资租入或未使用等，并可根据状态设置是否计提折旧。从固定资产核算和管理的角度来看，企业需要明确固定资产的使用情况，这不仅可以正确计算和计提折旧，还便于统计固定资产的使用情况，提高固定资产的使用效率。

具体操作步骤如下：在金蝶 K/3 主控台，执行“财务会计”→“固定资产管理”→“基础资料”→“使用状态类别”命令，弹出“使用状态类别”对话框，如图 6-7 所示。用户可以在该对话框中对使用状态类别进行新增、修改、删除或打印等操作。

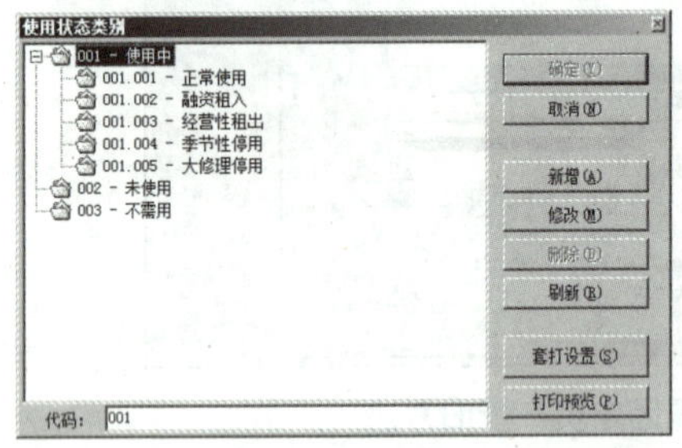

图 6-7　使用状态类别

三、原始卡片录入

进行固定资产管理的一项重要内容是要建立固定资产卡片，通过卡片的建立可以详细了解每项资产的由来、价值、折旧、所属部门、存放地点等重要信息。在启用金蝶 K/3 固定资产管理系统前，通常有很多固定资产已经使用了若干期，企业已经设置了手工的固定

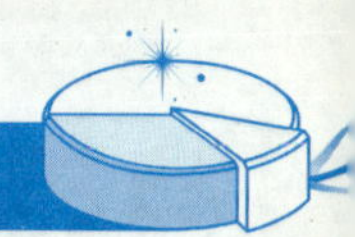

资产台账。因此，为了保证数据的完整性，在正式启用系统前，需要将这些固定资产的历史数据在初始化时录入到系统中。原始卡片的录入不限制必须在第一个期间结账前，任何时候都可以录入原始卡片。

【例 3】　根据表 6-2 所示信息录入办公楼固定资产原始卡片。

表 6-2　办公楼固定资产原始卡片

资产类别	资产编码	资产名称	入账时间（开始使用时间）	原币金额（元）	累计折旧（元）	使用部门	折旧费用分配
01	01101	办公楼	2016-08-30	1 141 400	155 124	多个	多个

办公楼使用状况为正常使用；变动方式为购入；使用部门及具体折旧分配比例为办公室 40%，财务部 30%，仓储部、采购部和销售部各 10%；折旧费用分配科目除销售部为销售费用外，其他使用部门均为管理费用，折旧方法为动态平均年限法。

操作视频

例 3　原始卡片录入

操作步骤：

（1）在金蝶 K/3 主控台，执行“财务会计”→“固定资产管理”→“业务处理”→“新增卡片”命令，弹出提示框，因为是第一次录入卡片，系统询问是否在当前期间录入，并警告录入卡片后不可以改变启用期间。

（2）单击“是”按钮，弹出“卡片及变动—新增”对话框，在“基本信息”选项卡中，输入固定资产类别、编码、名称和使用状况等内容，如图 6-8 所示。

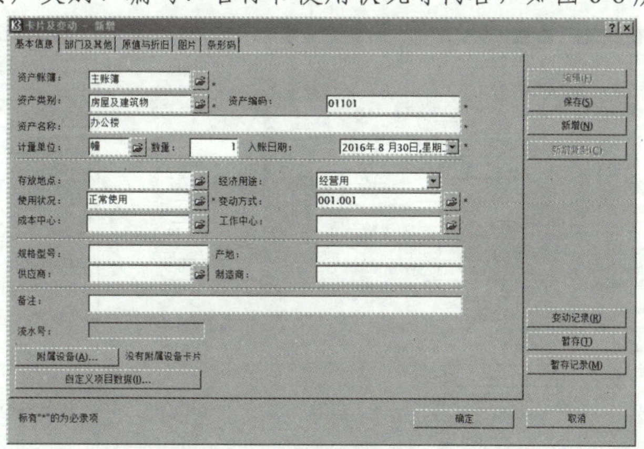

图 6-8　新增卡片及变动

（3）在“部门及其他”选项卡中，使用部门选择“多个”，然后单击“…”按钮，弹出“部门分配情况—编辑”对话框。单击“增加”按钮，弹出“部门分配情况—新增”对话框，逐个输入各部门的分配比例，如图 6-9 所示，所有部门的分配比例定义完毕，单击“关闭”按钮。

（4）在“部门及其他”选项卡中，将折旧费用分配设置为“多个”，单击“参照”按钮，弹出“折旧费用分配情况—编辑”对话框。

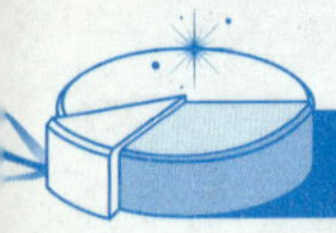

（5）单击“增加”按钮，弹出“折旧费用分配情况—新增”对话框。单击“部门”文本框旁的“参照”按钮，弹出“部门分配情况—编辑”对话框，选择其中的“办公室”，然后单击“确定”按钮。

（6）在“折旧费用分配情况—新增”对话框中，继续录入科目“6602.04，管理费用——折旧费”，然后将光标定位在对话框下面的列表中，列表框中即显示核算科目“6602.04，管理费用——折旧费”的核算类别为“部门”，单击“名称”栏内的“参照”按钮，将部门选择为“办公室”，输入分配比例“100”，如图 6-10 所示。

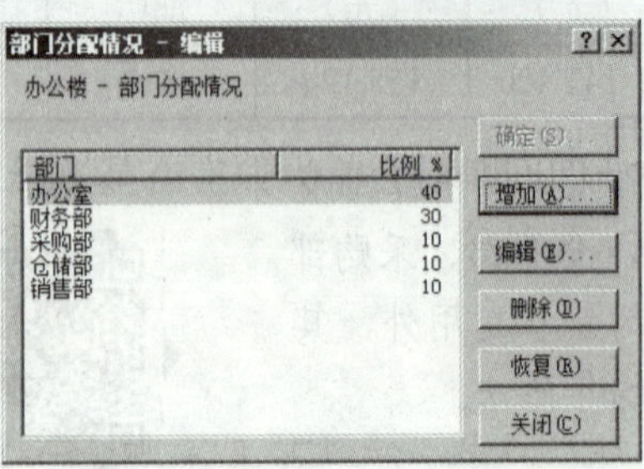

图 6-9　部门分配情况

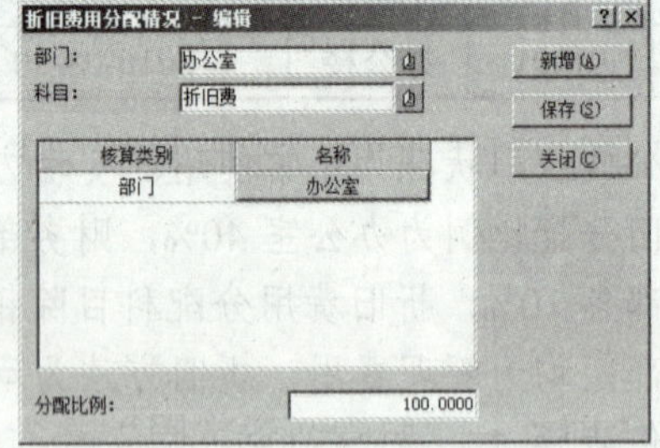

图 6-10　折旧费用分配情况

（7）设置完成后，单击“保存”按钮。

（8）以同样的方法设置其他各部门的折旧费用分配方式。设置完成后，单击“关闭”按钮。

（9）在“原值与折旧”选项卡中，录入固定资产的原值和折旧等初始数据，如图 6-11 所示。

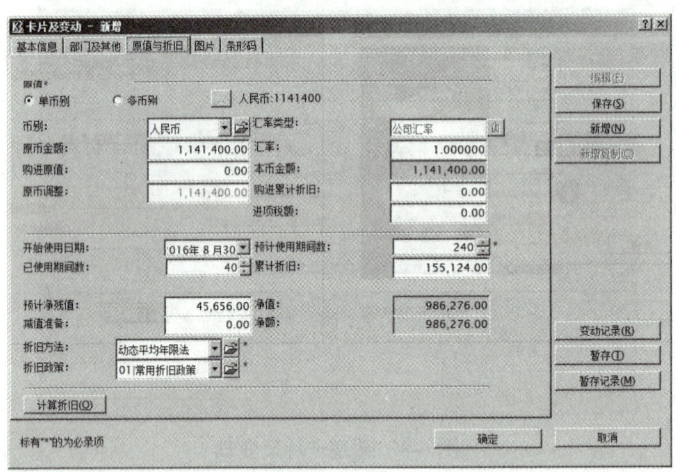

图 6-11　固定资产原值与折旧

（10）卡片录入完成后，单击“保存”按钮。

四、结束初始化

在完成固定资产管理系统初始设置后，需要结束初始化的处理，在结束初始化后，才

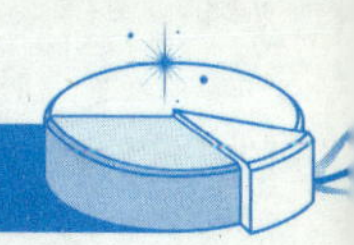

能进行日常工作的操作处理。

具体操作步骤如下：

（1）在金蝶 K/3 主控台，执行“系统设置”→“初始化”→“固定资产”→“初始化”命令，弹出“结束初始化”对话框，如图 6-12 所示。

（2）单击“开始”按钮，结束初始化后，系统弹出提示框，单击“确定”按钮即可。

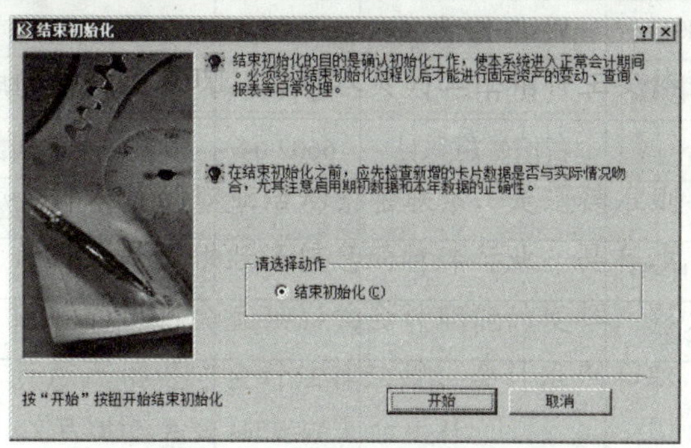

图 6-12　固定资产管理系统结束初始化

上机实验

实验 7　固定资产管理系统初始设置。

以上实验内容详见书后所附“上机实验资料”。

第三节　固定资产管理系统的日常业务处理

当设置好固定资产的基础资料后，就可以对固定资产进行日常业务处理了，主要包括固定资产卡片的新增、修改、删除、固定资产的清理、报废等变动处理，以及与之相关的凭证管理、设备检修等相关业务。

一、新增固定资产

在系统日常使用过程中，企业会购进或通过其他方式增加企业固定资产，该部分资产通过“资产增加”操作录入系统。当固定资产开始使用日期的会计期间等于录入会计期间时，才能通过“资产增加”录入，具体录入方法与原始卡片录入相同。

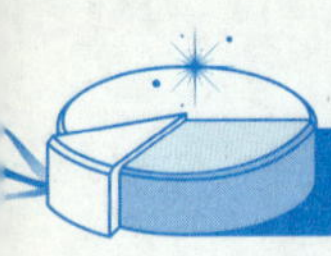

【例 4】 根据表 6-3 所示信息，在金蝶 K/3 中完成固定资产增加。

表 6-3 固定资产初始数据

基本信息		部门及其他		原值与折旧	
资产类别	办公设备	固定资产科目	1601	币别	人民币
资产编码	B0001	累计折旧科目	1602	原币金额	18 000
名称	联想电脑	使用部门	办公室	开始使用日期	2020-01-01
计量单位	台	折旧费用科目	6602.04	预计使用期间数	60
数量	2			已使用期间数	0
入账日期	2020-01-01			累计折旧	0
存放地点	办公室			预计净残值	1 800
使用状况	正常使用			折旧方法	平均年限法（基于入账原值和预计使用期间）
变动方式	购入				

操作步骤：

（1）在金蝶 K/3 主控台，执行“财务会计”→“固定资产管理”→“业务处理”→“新增卡片”命令，打开“固定资产系统—卡片管理”窗口，单击“增加”按钮，弹出“卡片及变动—新增”对话框，如图 6-13 所示。

（2）在“基本信息”选项卡中，选择资产类别“办公设备”，录入资产编码“B0001”，资产名称“联想电脑”，计量单位处选择“台”，数量“2”，入账日期修改为“2020-01-01”，存放地点选择“办公室”，使用状况选择“正常使用”，变动方式选择“购入”，其他采用默认值，如图 6-14 所示。

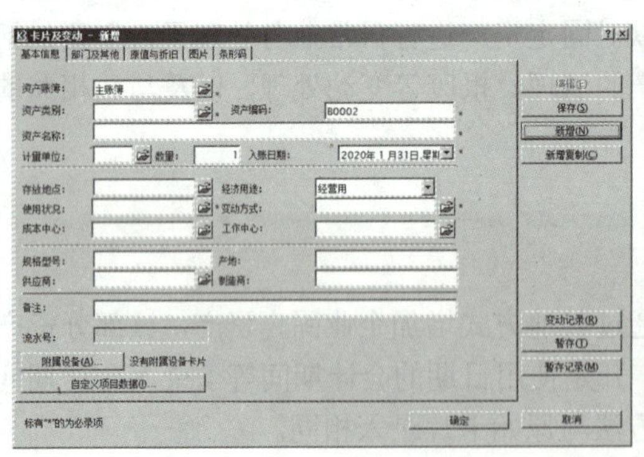

图 6-13 卡片及变动新增

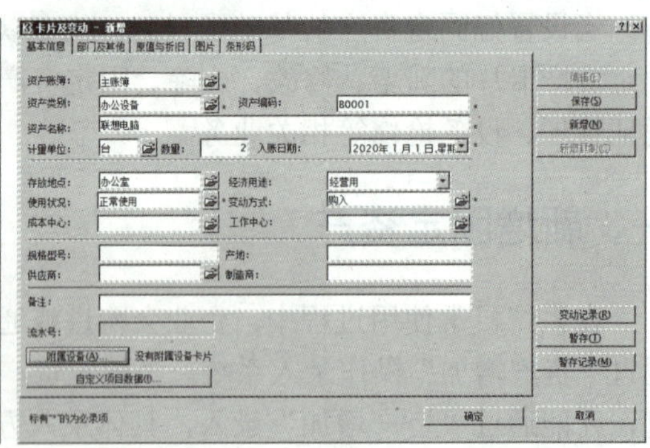

图 6-14 基本信息新增

小提示：若该固定资产有附属设备时，单击“附属设备”按钮，弹出“附属设置清单—编辑”对话框，如图 6-15 所示，在该对话框中可新增、编辑和删除附属清单。

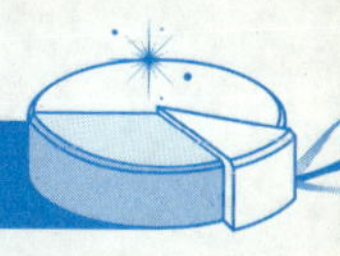

（3）在“部门及其他”选项卡中，固定资产科目选择“1601”科目，累计折旧科目处选择“1602”科目，使用部门处选择“办公室”，折旧费用科目处选择“6602.04”科目，如图6-16所示。

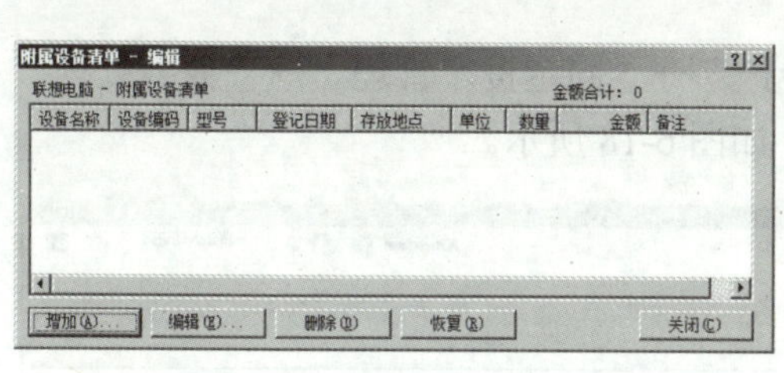

图6-15 卡片附属设备清单

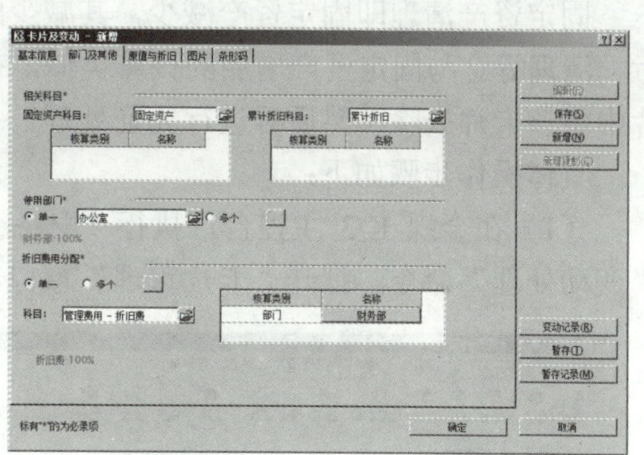

图6-16 部门及其他新增

小提示：

① 当该固定资产由多个部门使用时，选中使用部门下的“多个”项目，单击“…”按钮，弹出“部门分配情况—编辑”对话框，在该对话框中可以设置该固定资产使用的部门及折旧费用的分配比例。需要注意的是，一定要保证使每一个使用部门的所有费用科目的分配比例之和均为100%，否则不能完成多费用科目的设置。

② 当折旧费用分配也有多个科目时，选择折旧费用分配下的“多个”项目，单击“…”按钮，弹出“折旧费用分配情况—编辑”对话框，在该对话框中可以设置不同部门的折旧费用科目。

操作视频

例4 新增固定资产

（4）在“原值与折旧”选项卡中，币别选择“人民币”，录入原币金额“18 000”，开始使用日期“2020-01-01”，预计使用期间数“60”，累计折旧“0”，预计净残值“1 800”，选择折旧方法“平均年限法”，如图6-17所示。

（5）设置完成后，单击“保存”按钮即可。

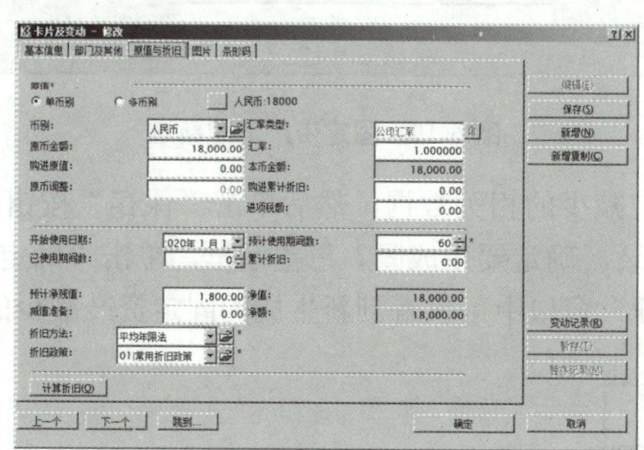

图6-17 原值与折旧新增

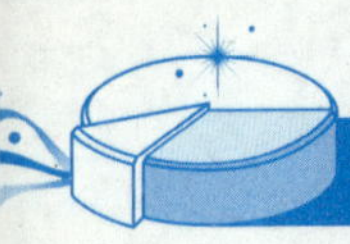

二、固定资产清理

固定资产清理即固定资产减少，其减少的主要原因有固定资产的投资转出、报废、盘亏、清理等。与固定资产增加的核算类似，在固定资产减少时，首先要从固定资产原始卡片中将该卡片去除，然后再进行凭证处理。

具体操作步骤如下：

（1）在金蝶 K/3 主控台，执行“财务会计”→“固定资产管理”→“业务处理”→“变动处理”命令，打开“卡片管理”窗口，如图 6-18 所示。

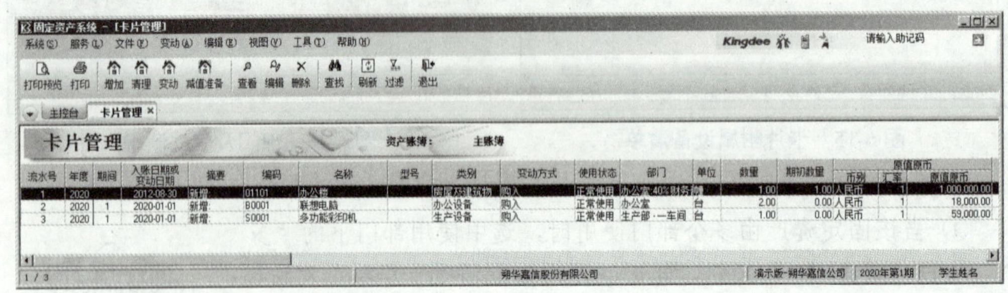

图 6-18　卡片管理

（2）选中要进行清理的固定资产，单击“清理”按钮，弹出“固定资产清理—新增”对话框，如图 6-19 所示。

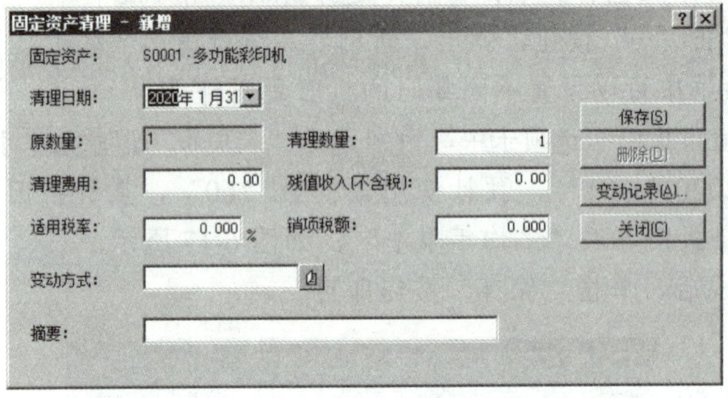

图 6-19　固定资产清理新增

（3）输入固定资产减少的相关数据，然后单击“保存”按钮，弹出“保存清理数据前必须生成一条变动记录，确定要生成吗？”提示框，单击“确定”按钮后返回。

（4）在“卡片管理”窗口中可以看到新生成的固定资产减少的业务记录。

不能清理当期已经进行变动的资产。当期新增及当期清理的功能只适用于单个固定资产清理，不适用于批量清理。

三、固定资产变动

固定资产变动业务包括价值信息变更和非价值信息变更两个方面。

固定资产价值信息的变更包括：① 对固定资产的后续支出，如大修理，发生此类业务时，如果使可能流入企业的经济利益超过原先的估计，如延长固定资产的使用寿命，或使产品的质量实质性提高，或是产品实质性降低，则可以资本化，计入固定资产的账面价值，这时可利用系统的固定资产变动功能，调整固定资产原值；② 根据企业的实际情况，对固定资产的折旧方法、预计使用寿命、预计净残值等折旧要素进行变更，并经有关方批准备案后，也可利用系统的固定资产变动功能进行调整，系统从下期开始将按变动后的折旧要素计提折旧。

固定资产非价值信息的变更包括固定资产的使用情况、使用部门、存放地方等的变动。这时也需要在固定资产系统中，通过系统提供的变动功能，将变更的信息录入到系统中，以确保固定资产数据的正确性，便于以后的跟踪管理。

具体操作步骤如下：在“卡片管理”窗口中，选中要变动的固定资产，单击“变动”按钮，弹出“卡片及变动—新增”对话框，单击“变动方式”，选择对应的变动方式，以及在相应的项目下获取正确的数据。如果是部门变动，则在使用部门处修改正确的部门；如果是价值发生变化，则在“原值与折旧”处修改正确的数据。变动完成后，单击“确定”按钮保存本次变动。

同一张卡片同时可以做多个项目的变动。变动的同时可以一并产生凭证（只有变动了原值和折旧才会生成凭证），也可以在凭证管理处进行集中处理。

四、固定资产拆分

固定资产拆分功能可以将原来成批、成套资产拆分成单个资产进行管理。卡片拆分既可以处理当期新增的卡片，也可以拆分以前期间录入的卡片。

具体操作步骤如下：在“卡片管理”窗口中，选中要拆分的卡片，执行“变动”→“拆分”命令，弹出“卡片拆分”对话框，如图 6-20 所示。若按金额进行拆分，系统自动按金额百分比进行拆分，不对资产数量进行控制；若按数量进行拆分，系统自动按数量所占百分比对金额进行拆分，并且使拆分后卡片上的资产数量之和与原卡片上的资产数量之和相等。

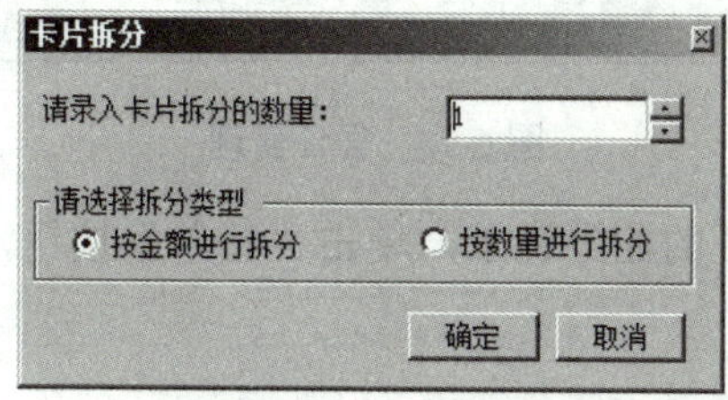

图 6-20　卡片拆分

拆分后卡片的原值、累计折旧、净值和减值准备等和拆分前的卡片一致。

五、固定资产审核

固定资产审核是以“审核人与制单人不是同一人”为基础，所以审核时不能是制单人，更换身份登录后，在“卡片管理”窗口中，选中要审核的卡片记录，执行“编辑”→“审核”命令，即可审核。审核完成后系统弹出提示框，如图 6-21 所示。

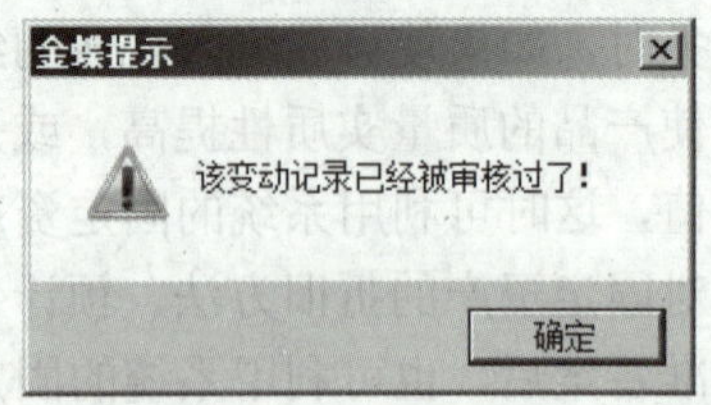

图 6-21　固定资产审核

六、凭证管理

金蝶 K/3 固定资产管理系统除了完成对固定资产的新增、减少和变动的业务处理外，还提供了凭证管理功能，根据固定资产增加、变动等业务资料生成凭证，并对凭证进行有效的管理，包括生成凭证、修改凭证、审核凭证等操作，还可以将固定资产管理系统生成的凭证自动传递到总账管理系统中，以保证固定资产系统和总账管理系统的固定资产科目、累计折旧科目数据一致，以实现财务、业务的一体化管理。

具体操作步骤如下：

（1）在金蝶 K/3 主控台，执行“财务会计”→“固定资产管理”→“凭证管理”→“卡片凭证管理”命令，弹出“过滤方案设置”对话框。

（2）设置过滤的事务类型、会计年度、会计期间和审核等项目后，单击“确定”按钮，打开“凭证管理”窗口，如图 6-22 所示。

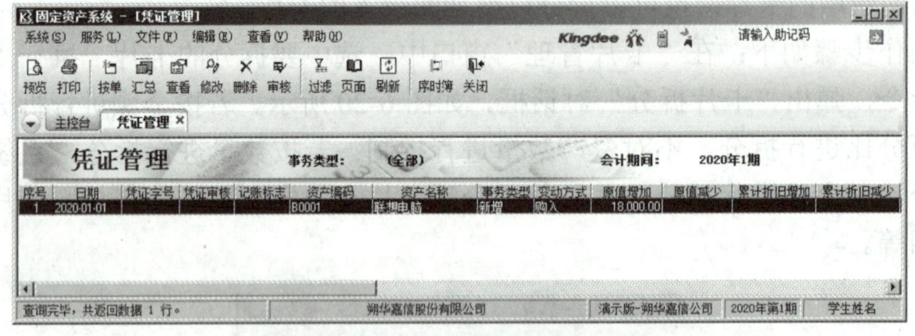

图 6-22　凭证管理

（3）选中需要生成凭证的业务记录，单击“按单”按钮，弹出“按单生成凭证”对话框，如图 6-23 所示。

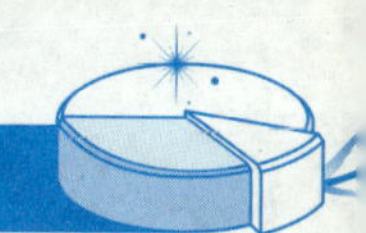

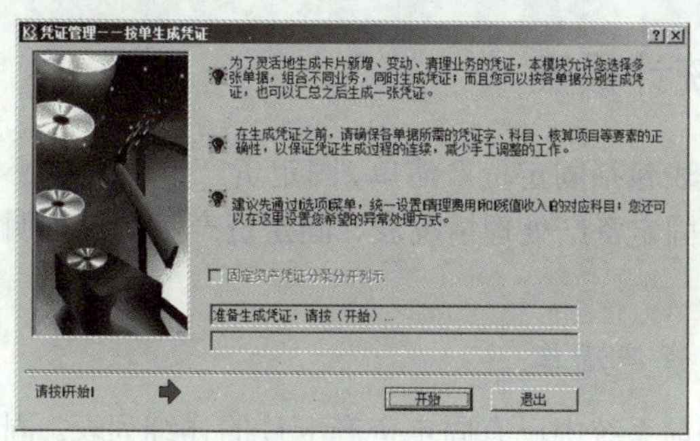

图 6-23　按单生成凭证

（4）单击“开始”按钮，稍后系统弹出“凭证出错是否手工修改字样”提示框，单击“是”按钮，打开“记账凭证”窗口。

（5）修改正确的凭证分录后，单击“保存”按钮保存当前凭证，稍后系统弹出“现金流量”窗口，录入相应的现金流量信息后的凭证如图 6-24 所示。

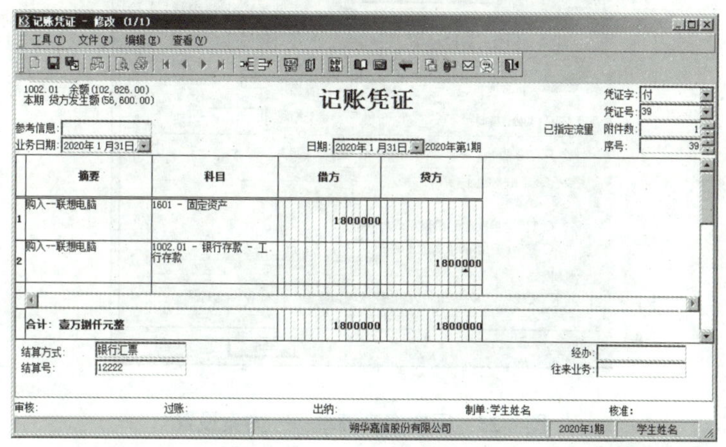

图 6-24　记账凭证

（6）单击“关闭”按钮，返回“按单生成凭证”对话框，系统显示生成记账凭证，单击“查看报告”按钮，可以查看生成凭证的过程。

（7）单击“退出”按钮，返回“凭证管理”窗口，此时注意已生成凭证后记录的显示颜色。

提　示

在生成凭证时出错不是系统原因，而是因为系统不知道相应的固定资产的对方科目，如固定资产增加时，系统不知道是付的现金还是银行存款，所以需要手工将凭证补充完整。

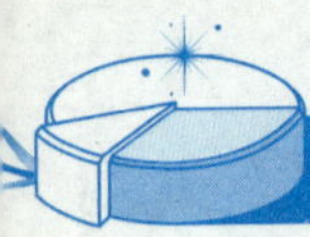

七、固定资产的统计报表

固定资产的统计报表包括固定资产清单、固定资产价值变动表、固定资产数量统计表、固定资产到期提示表、固定资产处理情况表、固定资产附属设备明细表和固定资产修购基金计提情况表等。

（一）查询固定资产清单

固定资产清单是当前系统中已有固定资产卡片的详细列表。固定资产清单上的数据来源于固定资产卡片和折旧计提的数据。

具体操作步骤如下：

（1）在金蝶 K/3 主控台，执行“财务会计”→“固定资产管理”→“统计报表”→“资产清单”命令，弹出“固定资产清单——方案设置”对话框，如图 6-25 所示。

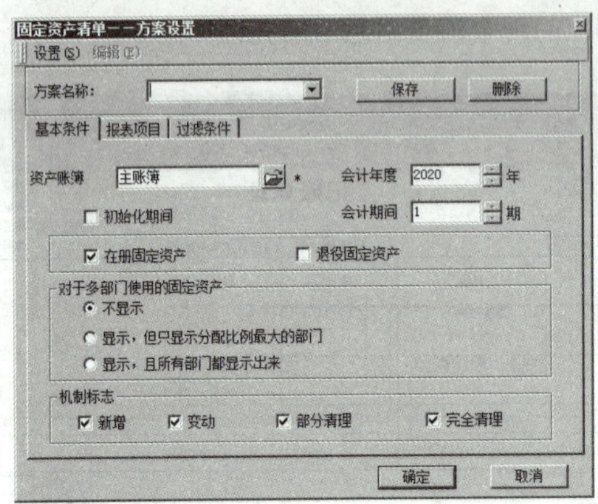

图 6-25　固定资产清单——方案设置

（2）设置查询的期间、固定资产状态、显示部门资料和报表项目等内容后，单击“确定”按钮，打开“固定资产清单”窗口，如图 6-26 所示。若要查看固定资产的卡片情况，选中记录后，单击“卡片”按钮即可。

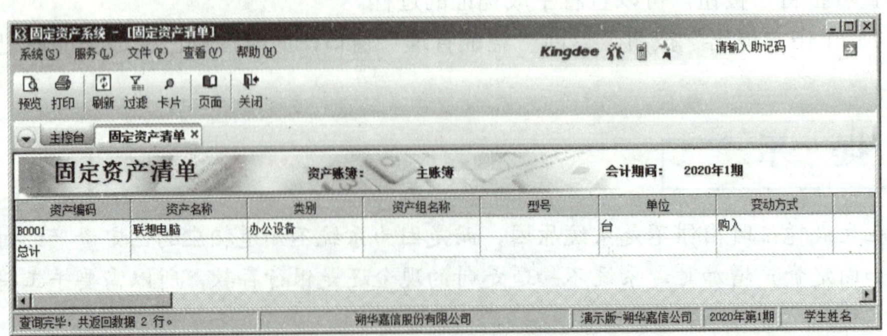

资产编码	资产名称	类别	资产组名称	型号	单位	变动方式
B0001	联想电脑	办公设备			台	购入
总计						

图 6-26　固定资产清单

提 示

固定资产清单与固定资产卡片序时簿不同之处在于：固定资产清单是查询某一期间企业固定资产的信息，并可从不同的角度进行多级汇总和排序；而固定资产卡片序时簿是从卡片记录的角度，列示一个或多个期间的卡片记录（包括制单人、审核人等信息），一项固定资产发生多次变动的，将以不同的记录显示出来。

（二）查询固定资产价值变动表

固定资产价值变动表用于查询各项固定资产原值、累计折旧、减值准备等在指定期间的变化情况。

具体操作步骤如下：

（1）在金蝶 K/3 主控台，执行“财务会计”→“固定资产管理”→“统计报表”→“固定资产价值变动表”命令，弹出“固定资产价值变动表——方案设置”对话框，如图 6-27 所示。

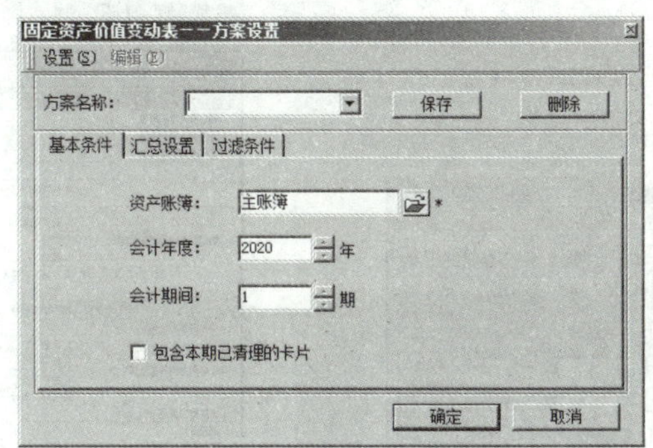

图 6-27 固定资产价值变动表——方案设置

（2）在“基本条件”选项卡中，设置查询期间和是否包含本期已清理的卡片；在“汇总设置”选项卡中设置汇总条件；在“过滤条件”选项卡中设置更详细的过滤条件。设置完成后，单击“确定”按钮，打开“固定资产价值变动表”窗口，如图 6-28 所示。

固定资产系统 - [固定资产价值变动表]

固定资产价值变动表　　资产账簿： 主账簿　　会计期间： 2020年1期

类别	资产编码	资产名称	规格	原值期初余额	原值借方	原值贷方	原值期末余额	累计折旧期初余额	累计折旧借方	累计折旧贷方
办公设备	B0001	联想电脑		0.00	18,000.00	0.00	18,000.00	0.00	0.00	0.00
	小计			0.00	18,000.00	0.00	18,000.00	0.00	0.00	0.00
房屋及建筑物	01101	办公楼		1,000,000.00	0.00	0.00	1,000,000.00	240,000.00	0.00	0.00
	小计			1,000,000.00	0.00	0.00	1,000,000.00	240,000.00	0.00	0.00
合计				1,000,000.00	18,000.00	0.00	1,018,000.00	240,000.00	0.00	0.00

查询完毕，共返回数据5行。　朔华嘉信股份有限公司　演示版-朔华嘉信公司　2020年第1期　学生姓名

图 6-28 固定资产价值变动表

（三）管理固定资产报表

管理固定资产报表用于查询、分析固定资产的使用情况。

1. 查询固定资产变动及结存表

固定资产变动及结存表反映指定会计期间，企业固定资产的变动（包括增加和减少）的金额，以及当期结存的金额，同时对于当期新增又减少的固定资产，在该表中会包含这一进一出的数据。

具体操作步骤如下：

（1）在金蝶 K/3 主控台，执行“财务会计”→“固定资产管理”→“管理报表”→“固定资产变动及结存表”命令，弹出“固定资产变动及结存表——方案设置”对话框，如图 6-29 所示。

（2）设置查询会计期间或初始化期间数据及是否显示明细级别后，单击“确定”按钮，打开“固定资产变动及结存表”窗口，如图 6-30 所示。

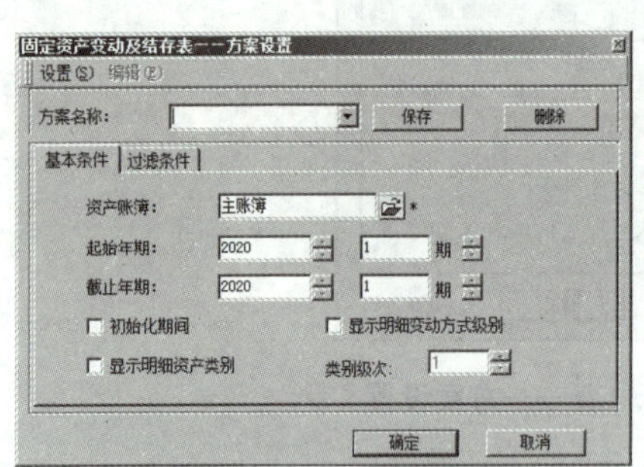

图 6-29 固定资产变动及结存表——方案设置

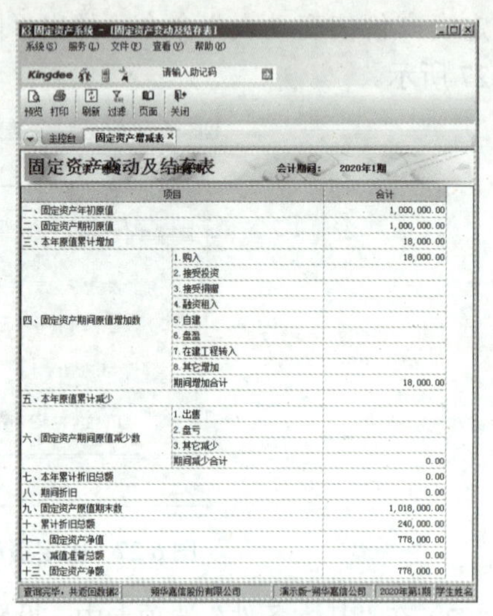

固定资产变动及结存表　会计期间：2020年1期

项目		合计
一、固定资产年初原值		1,000,000.00
二、固定资产期初原值		1,000,000.00
三、本年原值累计增加		18,000.00
四、固定资产期间原值增加数	1.购入	18,000.00
	2.接受投资	
	3.接受捐赠	
	4.融资租入	
	5.自建	
	6.盘盈	
	7.在建工程转入	
	8.其它增加	
	期间增加合计	18,000.00
五、本年原值累计减少		
六、固定资产期间原值减少数	1.出售	
	2.盘亏	
	3.其它减少	
	期间减少合计	0.00
七、本年累计折旧总额		0.00
八、期间折旧		0.00
九、固定资产原值期末数		1,018,000.00
十、累计折旧总额		240,000.00
十一、固定资产净值		778,000.00
十二、减值准备总额		0.00
十三、固定资产净额		778,000.00

图 6-30 固定资产变动及结存表

2. 查询固定资产明细账

固定资产明细账用于查询一个或多个会计期间，固定资产业务的财务数据，同时在当期进行凭证处理的，还可以看到对应的凭证信息。

具体操作步骤如下：

（1）在金蝶 K/3 主控台，执行“管理报表”→“固定资产明细账”命令，弹出“固定资产及累计折旧明细账——方案设置”对话框，如图 6-31 所示。

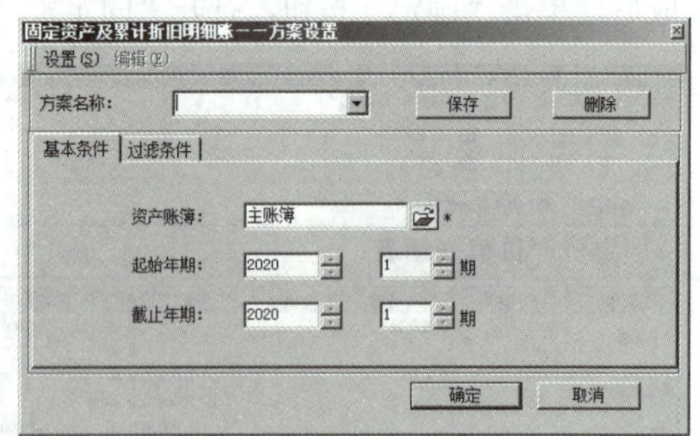

图 6-31 固定资产及累计折旧明细账——方案设置

（2）设置相应查询条件后，单击“确定”按钮，打开“固定资产及累计折旧明细账”

窗口，如图 6-32 所示。

固定资产及累计折旧明细账

资产账簿：主账簿　　会计期间：2020年1期

日期	凭证字号	摘要	资产编码	资产名称	币别	原币金额	原值(综合本位币)			累计折旧(综合本位币)	
							借方金额	贷方金额	余额	借方金额	贷方金额
年初余额							0.00	0.00	1,000,000.00	0.00	0.00
2020-01-01	付 字39号	购入--联想电脑	B0001	联想电脑	人民币	18,000.00	18,000.00	0.00	1,018,000.00	0.00	0.00
2020-01-01		折旧(未生成凭证					0.00	0.00	1,018,000.00	0.00	0.00
第1期合计							18,000.00	0.00	1,018,000.00	0.00	0.00
本年累计							18,000.00	0.00	1,018,000.00	0.00	0.00

图 6-32　固定资产及累计折旧明细账

3．查询固定资产卡片变动历史记录表

卡片变动历史记录表以分页形式反映某一固定资产的历史变动情况，包括基础信息变更、价值变更和减值准备等。

具体操作步骤如下：

（1）在金蝶 K/3 主控台，执行“管理报表”→“变动历史记录表”命令，弹出“卡片历史记录——方案设置”对话框，如图 6-33 所示。

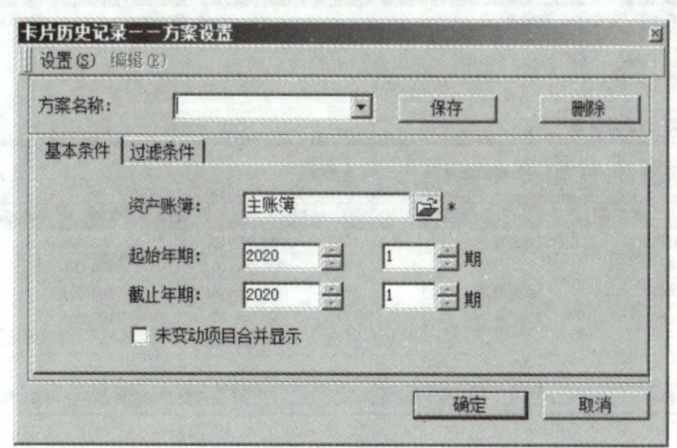

图 6-33　卡片历史记录——方案设置

（2）设置相应的查询条件后，单击“确定”按钮，打开“卡片历史记录”窗口，如图 6-34 所示。

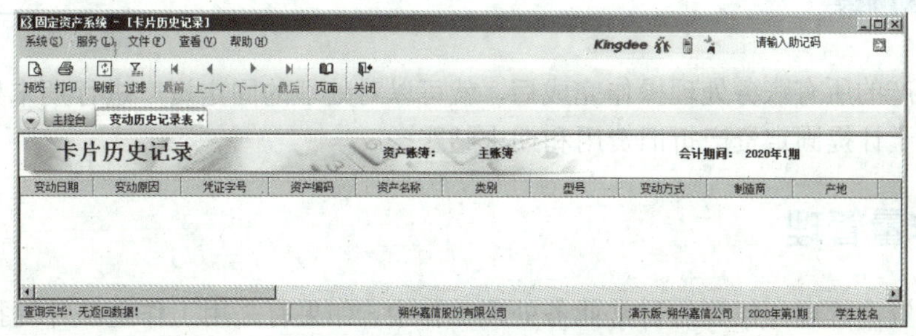

图 6-34　卡片历史记录

4. 查询资产构成表

资产构成表反映指定会计期间，固定资产按照不同项目分类后固定资产原值的构成比例，如类别、使用部门、存放地点、经济用途、变动方式、使用状态等，帮助企业掌握固定资产的价值分布。

具体操作步骤如下：

（1）在金蝶 K/3 主控台，执行“管理报表”→“资产构成表”命令，打开“固定资产构成分析表——方案设置”对话框，如图 6-35 所示。

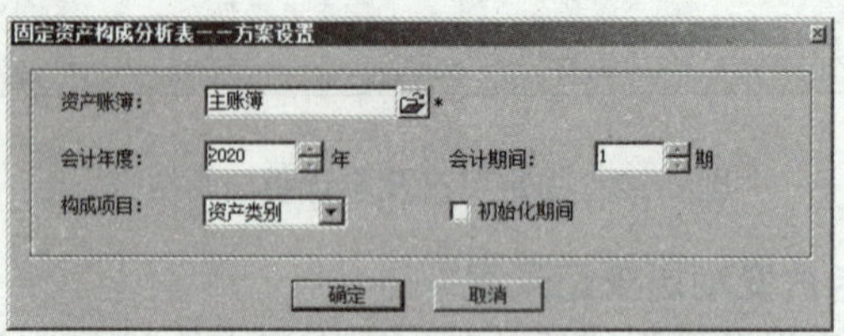

图 6-35 固定资产构成分析表——方案设置

（2）设置相应的查询条件后，单击“确定”按钮，打开“固定资产构成分析表”窗口，如图 6-36 所示。

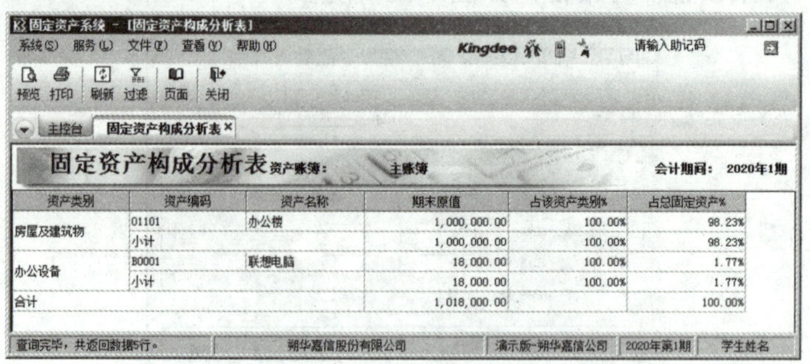

固定资产构成分析表 资产账簿： 主账簿 会计期间： 2020年1期

资产类别	资产编码	资产名称	期末原值	占该资产类别%	占总固定资产%
房屋及建筑物	01101	办公楼	1,000,000.00	100.00%	98.23%
	小计		1,000,000.00	100.00%	98.23%
办公设备	B0001	联想电脑	18,000.00	100.00%	1.77%
	小计		18,000.00	100.00%	1.77%
合计			1,018,000.00		100.00%

图 6-36 固定资产构成分析表

第四节 固定资产管理系统的期末处理

固定资产的所有账务处理操作完成后，就可以对处理的固定资产进行期末处理，期末处理主要用于计提固定资产折旧费用和期末结账。

一、工作量管理

在固定资产管理和核算的日常业务处理工作中，如果有采用工作量法计提折旧的固定资产，则应在计提折旧之前需输入本期完成的实际工作量。

具体操作步骤如下：

（1）在金蝶 K/3 主控台，执行“财务会计”→“固定资产管理”→“期末处理”→“工作量管理”命令，弹出“工作量编辑过滤”对话框。

（2）单击“确定”按钮，弹出“方案名称”对话框，输入“方案名称”后，单击“确定”按钮，打开“工作量管理”窗口，输入本期工作量，如图 6-37 所示。

（3）单击“保存”按钮，保存对工作量的修改。

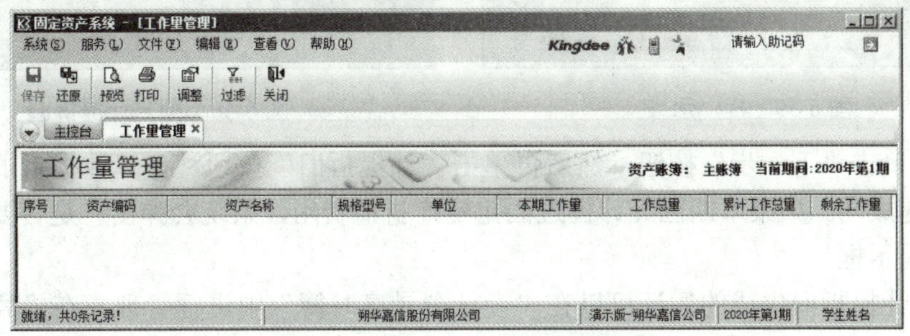

图 6-37　固定资产工作量管理

二、计提折旧

计提折旧是每期固定资产管理必须要进行的工作，金蝶 K/3 系统为用户提供了计提折旧和费用分摊向导，在各项数据设置的基础上，能够自动计提本期各项固定资产的折旧，并将折旧费用根据使用部门的情况分别计入有关的费用科目，自动生成计提折旧的转账凭证并传送到账务系统中去。

具体操作步骤如下：

（1）在金蝶 K/3 主控台，执行“财务会计”→“固定资产管理”→“期末处理”→“计提折旧”命令，弹出“计提折旧”对话框，如图 6-38 所示。

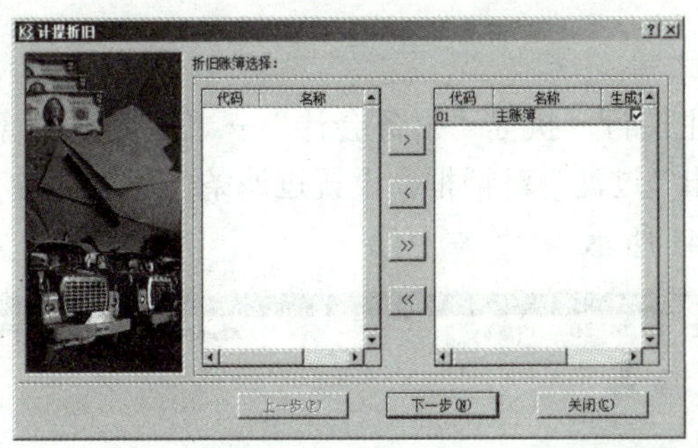

图 6-38　计提折旧

（2）选择要计提折旧的账簿，单击“下一步”按钮，弹出提示框，如图 6-39 所示。

（3）单击“下一步”按钮，输入摘要和凭证字，如图 6-40 所示。

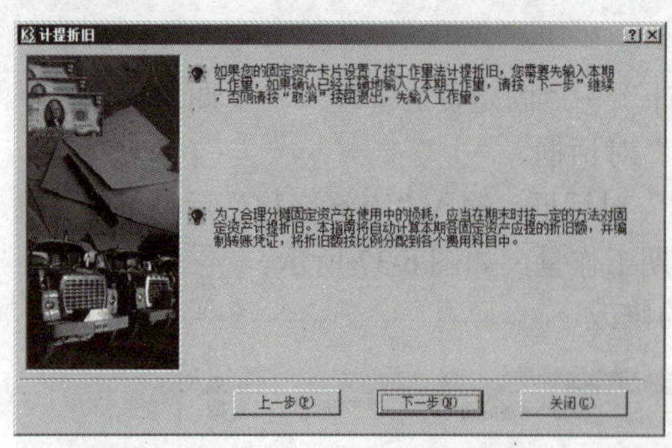

计提折旧
如果您的固定资产卡片设置了按工作量法计提折旧，您需要先输入本期工作量，如果确认已经正确地输入了本期工作量，请按“下一步”继续，否则请按“取消”按钮退出，先输入工作量。
为了合理分摊固定资产在使用中的损耗，应当在期末时按一定的方法对固定资产计提折旧。本指南将自动计算本期各固定资产应提的折旧额，并编制转账凭证，将折旧额按比例分配到各个费用科目中。
上一步
下一步
关闭

图 6-39　提　示

计提折旧
要生成转账凭证，请输入以下内容：
凭证摘要：
结转折旧费用
凭证字：
转
上一步
下一步
关闭

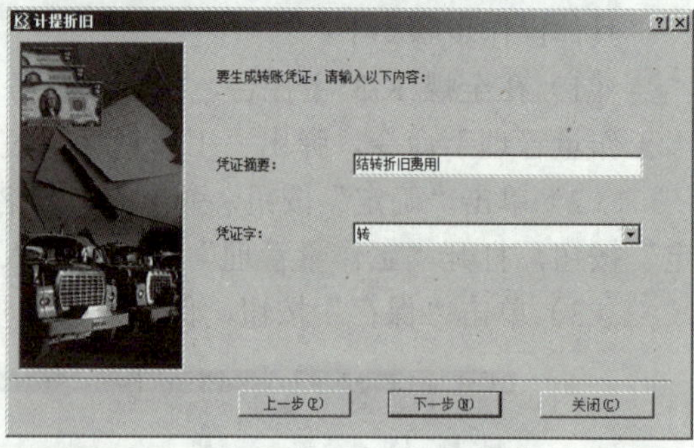

图 6-40　期末计提折旧

（4）单击“下一步”按钮，然后再单击“计提折旧”按钮，计算计提折旧，稍后系统提示计提成功。如果本期已经计提过固定资产折旧费用，系统会弹出“是否要重新计提折旧”的提示框。

（5）计提折旧生成的凭证可以在“会计分录序时簿”中进行管理，在“凭证管理”窗口，单击“序时簿”按钮，打开“会计分录序时簿”窗口，找到计提凭证后进行相应的操作即可。该笔计提凭证在总账管理系统中也可以进行查询，但不能编辑。

提　示

为了保证折旧数据的正确性，计提折旧时不允许其他用户同时使用系统，如果此时有用户使用，系统将给出提示。这时需要联系系统管理员，在中间层服务器上用“账套管理”中的“网络控制”来清除并发操作。

三、折旧管理

折旧管理是对已提折旧的金额进行查看和修改，修改后的数据会自动更改所提的计提折旧凭证金额。

具体操作步骤如下：

（1）在金蝶 K/3 主控台，执行“财务会计”→“固定资产管理”→“期末处理”→“折旧管理”命令，弹出“过滤”对话框，设置过滤条件后，单击“确定”按钮，打开“折旧管理”窗口，如图 6-41 所示。

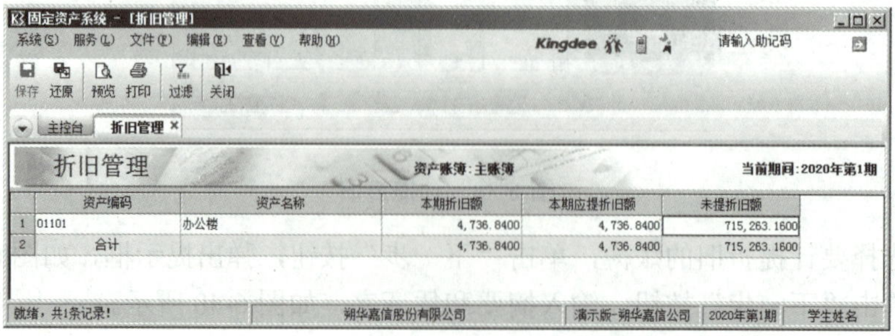

固定资产系统 - [折旧管理]
系统(S) 服务(L) 文件(F) 编辑(E) 查看(V) 帮助(H)
Kingdee
请输入助记码
保存 还原 预览 打印 过滤 关闭
主控台 折旧管理
折旧管理
资产账簿：主账簿
当前期间：2020年第1期
资产编码 资产名称 本期折旧额 本期应提折旧额 未提折旧额
1 01101 办公楼 4,736.8400 4,736.8400 715,263.1600
2 合计 4,736.8400 4,736.8400 715,263.1600
就绪，共1条记录！
朔华嘉信股份有限公司
演示版-朔华嘉信公司
2020年第1期
学生姓名

图 6-41　折旧管理

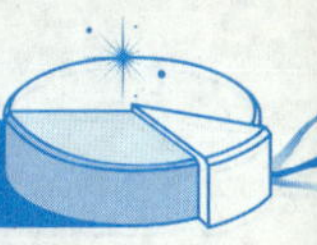

（2）在“本期折旧额”中修改所需要的数据，单击“保存”按钮，系统保存当前修改，并自动修改“计提折旧凭证”的数据。

四、自动对账

固定资产管理系统实现了固定资产业务处理和总账财务核算处理的无缝连接，但为了防止用户不通过固定资产管理系统，直接在总账管理系统中录入固定资产凭证，导致业务数据与财务数据核对不上，系统提供了自动对账功能，帮助用户将固定资产管理系统的业务数据与总账管理系统的财务数据进行核对，保证双方系统数据的一致性，及时发现错误。

具体操作步骤如下：

（1）在金蝶 K/3 主控台，执行“财务会计”→“固定资产管理”→“期末处理”→“自动对账”命令，弹出“对账方案”对话框，如图 6-42 所示。

（2）单击“增加”按钮，弹出“固定资产对账”对话框，设置固定资产原值科目“1601 固定资产”、累计折旧科目“1602 累计折旧”、减值准备科目“1603 固定资产减值准备”，如图 6-43 所示。

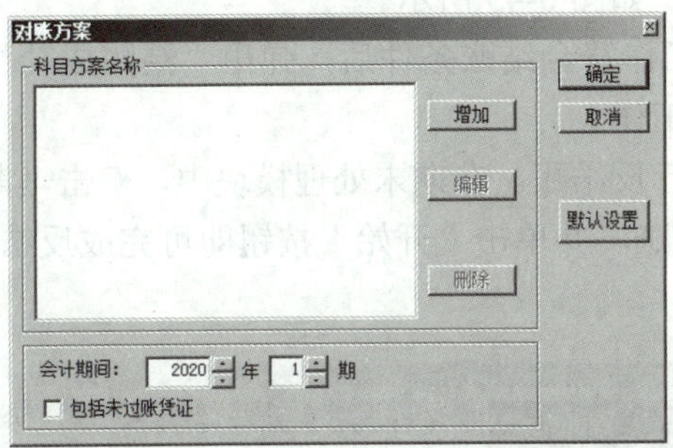

图 6-42　对账方案

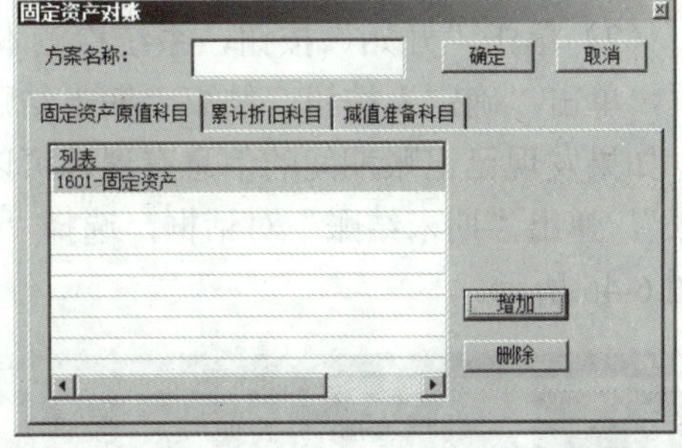

图 6-43　固定资产自动对账

（3）录入方案名称后，单击“确定”按钮，系统弹出提示框，单击“确定”按钮返回“对账方案”对话框，可以看到已经新增的“方案名称”。若对“自动对账”的方案不满意，可以对方案进行编辑和删除操作。

（4）选中新增加的方案，单击“默认设置”，将当前方案设定为“默认方案”，选中“包括未过账凭证”，单击“确定”按钮，打开“自动对账”窗口，如图 6-44 所示。

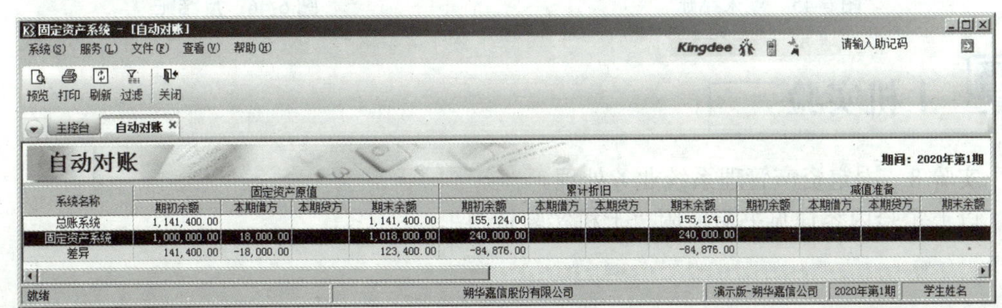

系统名称	固定资产原值				累计折旧				减值准备			
	期初余额	本期借方	本期贷方	期末余额	期初余额	本期借方	本期贷方	期末余额	期初余额	本期借方	本期贷方	期末余额
总账系统	1,141,400.00			1,141,400.00	155,124.00			155,124.00				
固定资产系统	1,000,000.00	18,000.00		1,018,000.00	240,000.00			240,000.00				
差异	141,400.00	-18,000.00		123,400.00	-84,876.00			-84,876.00				

图 6-44　自动对账

提　示

自动对账时，建议审核并过账本期所有的固定资产业务凭证。如果对账后发现数据不平，用户应及时对总账和固定资产管理系统的数据进行检查，找出错误并及时更正，避免将数据错误累积到以后期间，系统将会控制对前期数据的修改。如果对账平衡，就可以进行结账处理。

五、期末结账

期末结账是在完成当前会计期间的业务处理后，结转到下一期间进行新的业务处理时进行，包括将固定资产的有关账务处理，如折旧或变动等信息转入已结账状态，已结账的业务不能再进行修改和删除。

具体操作步骤如下：

（1）在金蝶 K/3 主控台，执行“财务会计”→“固定资产管理”→“期末处理”→“期末结账”命令，弹出“期末结账”对话框，如图 6-45 所示。

（2）单击“开始”按钮，系统检测本期工作符合结账条件后，弹出“结账成功”提示框，单击“确定”按钮，结束“期末结账”工作。

如果发现已记账期间的信息有误，可以进行反结账。在期末处理模块中，双击“期末结账”，弹出“期末结账”对话框，选择“反结账”并单击“开始”按钮即可完成反结账，如图 6-46 所示。

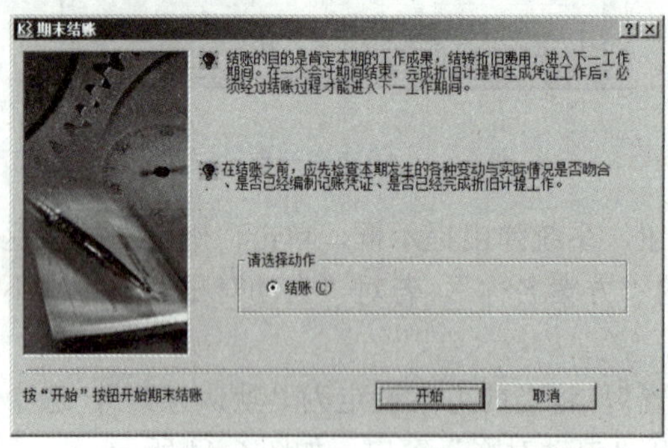

图 6-45　期末结账

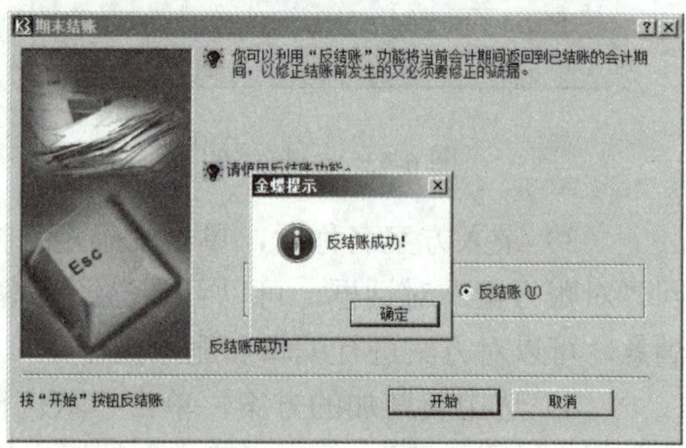

图 6-46　反结账

上机实验

实验 8　固定资产管理系统业务处理。

以上实验内容详见书后所附“上机实验资料”。

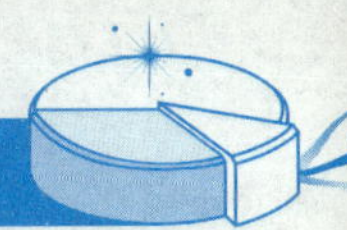

修身立德

领悟工匠精神，做一名合格的会计人员

工匠精神是一种职业精神，它是职业道德、职业能力、职业品质的体现，是从业者的一种职业价值取向和行为表现。会计人员的工匠精神主要体现在以下两个方面。

一、会计职业道德是工匠精神在会计行业中的具体体现

会计职业道德与会计人员的职业活动紧密联系，是道德准则和行为规范的总和，其不具备强制性。会计行业是提供经济信息的特殊行业，具有涉及面广、影响深远等特点。会计人员职业道德的优劣会直接影响会计职能的发挥，影响会计信息使用者的决策。因此，会计人员应严格遵守会计法律法规、会计准则和职业道德规范，树立精益求精的精神，认真、严谨、专注地做好本职工作。

二、会计专业素养提升是贯彻工匠精神的重要手段

真正的工匠绝对不会停止追求进步，秉承工匠精神的会计人员也应如此。财务会计工作涉及面广，专业性与实践性强，业务繁杂，法律制度规范的更新速度快。因此，对会计人员来说，不断学习新知识与新技能是必然要求。这就需要会计人员具备较强的学习能力，及时更新和掌握会计专业知识与技能，努力钻研业务，不断提升自身的专业素养。

会计人员应时刻谨记工匠精神的要求，坚持诚信为本、操守为重的工作原则，养成精益求精的工作态度。

（资料来源：https://www.doczhi.com/p-771408.html，有改动）

第七章　工资管理系统

学习目标

知识目标：

（1）了解金蝶K/3工资管理系统的主要功能及业务处理流程。

（2）掌握工资管理系统基础设置的内容和方法。

（3）掌握工资业务处理的内容和方法。

（4）掌握工资管理系统期末结账的方法。

能力目标：

（1）能够按业务要求设置工资管理系统参数。

（2）能够完成工资类别、人员档案、工资项目和计算公式等基础设置。

（3）能够根据业务要求进行人员变动调整、工资数据录入、计算个人所得税、进行工资分摊和费用计提等日常业务处理。

（4）能够完成工资管理系统的期末结账。

素质目标：

（1）培养吃苦耐劳、勤勉尽责、廉洁自律的品质。

（2）培养敢于担当的品格，敢于迎难而上，积极寻找克服困难的对策。

（3）培养崇实务实、勇敢前行的实干精神。

工作情景

朔华嘉信公司是一家生产经营各种塑料制品为主的劳动密集型企业。公司员工多、流动性大，不同岗位的员工适用不同的薪酬政策，在员工管理和薪酬计算方面的工作量大。在熟悉了金蝶K/3系统后，公司决定使用金蝶K/3的工资管理系统加强对员工薪酬的核算和管理。

第一节　工资管理系统概述

工资管理是各企业单位最常使用的功能之一。金蝶 K/3 的工资管理系统适用于各行业企业和集团公司进行工资核算、工资发放、工资费用分配、银行代发等业务处理。

一、工资管理系统的主要功能

工资管理系统的主要功能如下：

（1）提供了多个工资类别处理的设置，有利于用户对不同类型的人员工资进行分类计算和管理。

（2）可以自由设置工资项目和计算公式，并可对平时发生的工资变动进行调整。

（3）可以自动计算个人所得税，自动进行扣零处理，生成的工资文件可以直接供银行代发工资。

（4）可以自动计算汇总工资数据，自动完成工资费用的分摊，自动生成相关凭证。

（5）可以便捷地进行工资数据查询和分析，有利于对职工薪酬的评价比较。

二、工资管理系统与其他系统的主要关系

工资管理系统与系统管理共享基础数据，工资管理系统将工资分摊的结果生成转账凭证，传递到总账管理系统，两个系统可互相查询凭证；工资管理系统能够向成本核算系统传送相关费用的合计数据；报表系统可以利用公式向导从工资管理系统中提取数据；人力资源管理系统与工资管理系统共享一套基础资料，可以将绩效考核、考勤记录导入工资系统，作为工资发放的依据。

三、工资管理系统的业务处理流程

工资管理系统可以设置单个工资类别和多个工资类别。

1．首次使用操作流程

采用多工资类别核算的企业，第一次启用工资管理系统时，应按照如图 7-1 所示步骤进行操作。

2．非首次使用操作流程

如果已经使用工资管理系统，到了年末应进行数据的结转，以便开始下一年度的工资管理。

在新的会计年度开始时，可在“设置”菜单中选择所需修改的内容，如人员附加信息、人员类别、工资项目和部门等，这些设置只有在新的会计年度第一个会计月中删除所涉及的工资数据和人员档案后，才可进行修改。

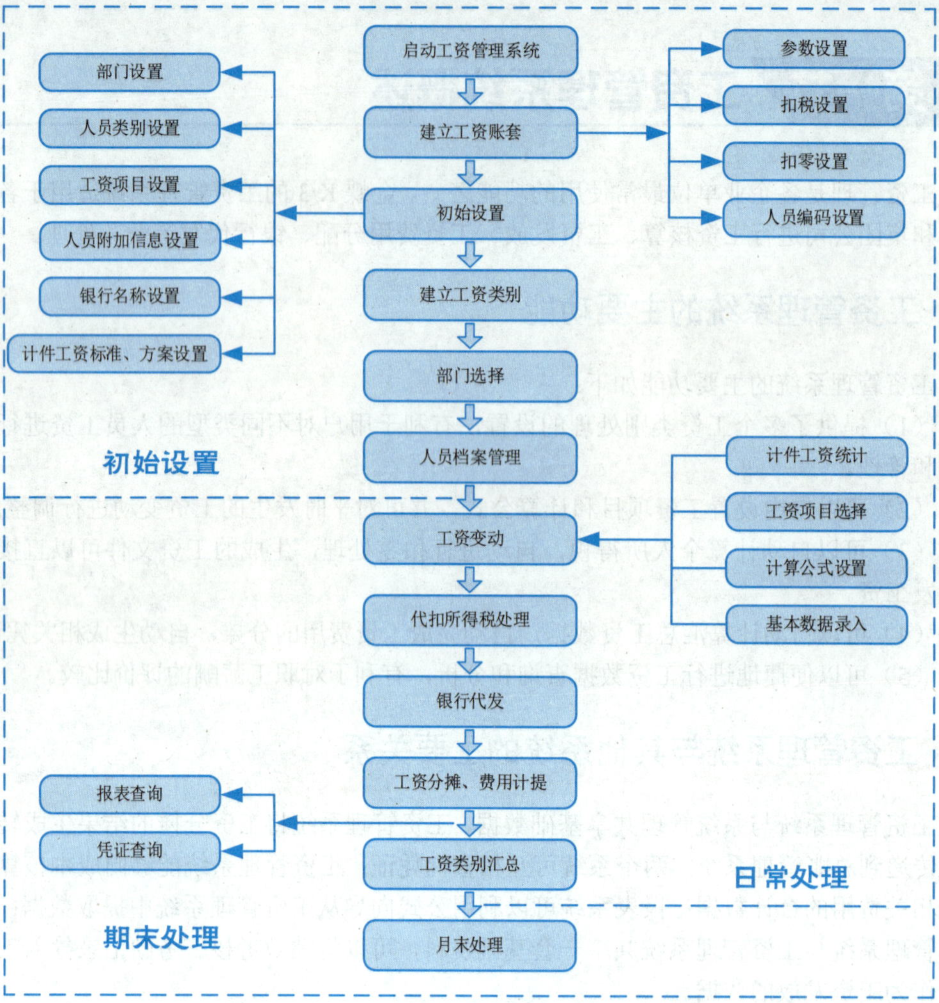

图 7-1　启用工资管理系统操作流程

● 第二节 工资管理系统的初始设置

工资管理系统的初始设置是指在进行工资业务处理之前必须在系统中完成的功能设置和档案录入，主要包括设置工资类别、工资管理系统参数、工资项目、计算公式和扣零等内容。

一、设置工资类别

如果企业在工资分配方面涉及多个标准，不同的部门或岗位适用不同的工资政策，或者企业在一个月里，工资需多次发放，且各期发放的工资性质也有很大不同，则适合通过建立多个工资类别，对不同性质和标准的工资分别进行管理和计算。

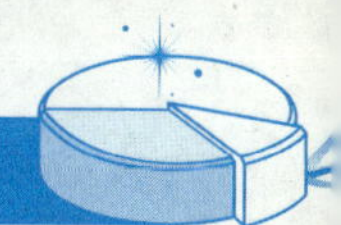

【例 1】　新增“管理人员”“计件工资”工资类别，币别均为人民币。

操作步骤：

操作视频

例 1　设置工资类别

（1）在金蝶 K/3 主控台，执行“人力资源”→“工资管理”→“类别管理”→“新建类别”命令，弹出“打开工资类别”对话框，单击窗口左下角“类别向导”按钮，弹出“新建工资类别”对话框，输入类别名称“管理人员”，如图 7-2 所示。

（2）单击“下一步”按钮，选择币别“人民币”，如图 7-3 所示。

小提示：选中“是否多类别”选项，即当前类别为汇总工资类别；反之，为单一工资类别。

（3）单击“下一步”按钮，单击“完成”按钮保存当前类别。

（4）以同样的方法，增加“计件工资”类别。

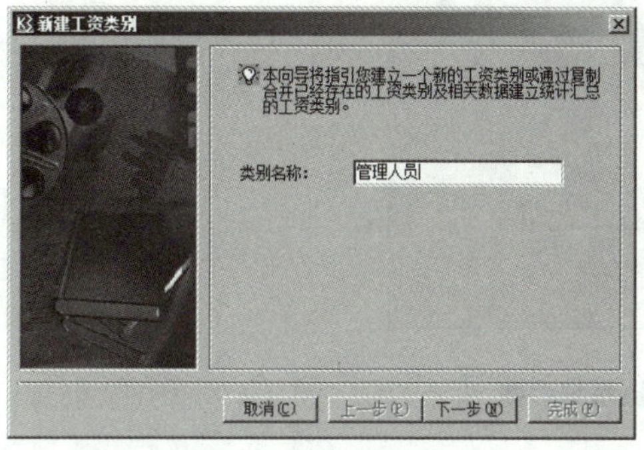

图 7-2　新建工资类别

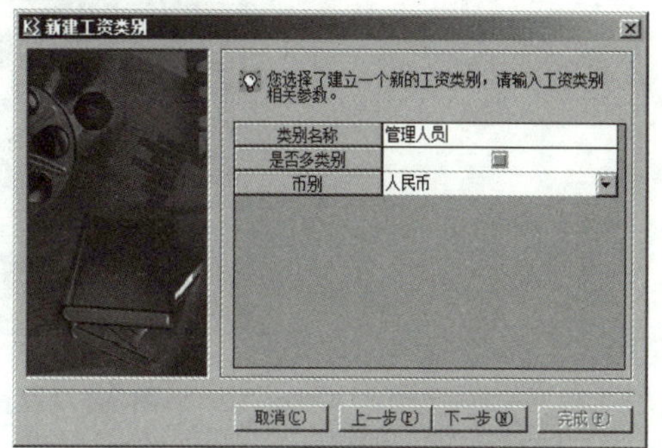

图 7-3　新建管理人员类别

提　示

账套中至少要存在一个工资类别。

在对工资进行多类别设置后，每次进入工资管理系统都要求选择类别。

具体操作步骤如下：

（1）在金蝶 K/3 主控台，执行“人力资源”→“工资管理”→“类别管理”→“选择类别”命令，弹出“打开工资类别”对话框，如图 7-4 所示。

（2）在工资类别列表中选择需要打开的工资类别后，单击“选择”按钮即可。

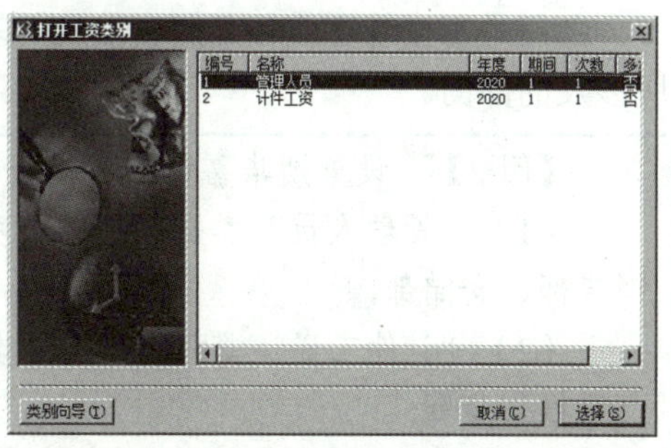

图 7-4　打开工资类别

二、设置工资管理系统参数

工资管理系统同应收、应付款管理系统等一样，也是在一定的业务处理规则条件下进行的。由于规则的可选择性，启用工资管理系统同样必须为系统建立业务处理的基本控制参数。

具体操作步骤如下：

（1）在金蝶 K/3 主控台，执行“系统设置”→“系统设置”→“工资管理”→“系统参数”命令，如果在此之前没有选择工资类别，系统会弹出“打开工资类别”对话框。

（2）选择已建立的工资类别，单击“选择”按钮，弹出“系统参数”对话框。

（3）在“工资”选项卡中设置工资管理系统的功能选项，单击“保存”按钮，如图 7-5 所示。

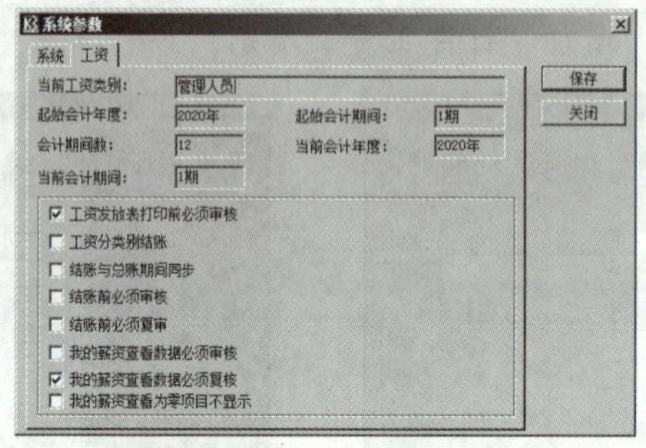

图 7-5　设置工资系统参数

三、设置基础资料

工资管理系统的业务处理需要用到部门、职员、银行和币别等基础资料，这些资料在前期公共基础资料设置中已录入系统。但在金蝶 K/3 系统中，工资管理系统具有相对的独立性，必须根据工资管理系统的业务要求对基础资料加以利用。

1. 部门管理

部门是工资管理业务必然会涉及的基础资料。在工资管理中，需分类别建立各类别下所涉及的部门。

【例 2】　设置朔华嘉信公司工资管理系统部门。

（1）“管理人员”类别的部门：办公室、财务部、采购部、销售部、仓储部。

（2）“计件工资”类别的部门：生产部、一车间、二车间。

操作步骤：

（1）在工资管理系统中选择“管理人员”的工资类别。在金蝶 K/3 主控台，执行“人力资源”→“工资管理”→“设置”→“部门管理”命令，打开“部门”窗口，如图 7-6 所示。

操作视频
例 2　部门管理

（2）单击“导入”按钮，切换到“导入”状态，在导入数据源中选择“总账数据”，系统会显示基础资料中的部门信息，如图 7-7 所示。

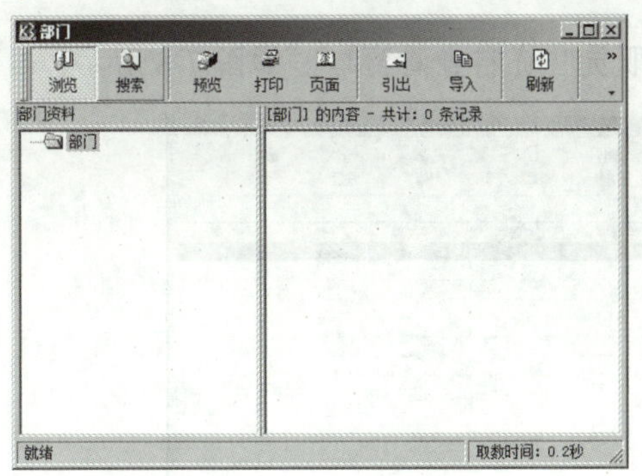

图 7-6　部门引入浏览

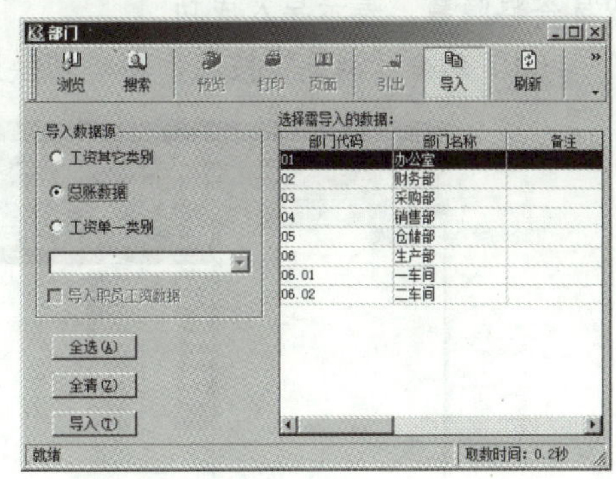

图 7-7　部门导入

（3）选择“管理人员”类别适用的部门，然后单击“导入”按钮，系统将选中的部门资料隐藏，表示导入成功。

（4）关闭对话框，重复上述步骤，选择打开“计件工资”工资类别，从总账数据中选择“生产部”“一车间”“二车间”，然后导入到“计件工资”类别中。

提　示

如果要删除的部门已经有了下级明细部门，需要将下级明细部门从最低起开始删除，如果被删除的某个部门在另外一个工资类别中已经被使用，则只在当前类别中被删除。

2. 币别管理

在工资业务中可能涉及多币种工资支付，在基础资料中必须设置相关币种。在金蝶 K/3 系统中币别为公用数据，在工资管理系统中可直接获取前期公共基础资料中已设置的币别数据。

3. 职员管理

职员管理是将账套中需要进行工资计算的职员信息获取到相应的工资类别下，职员档案包括身份证号、性别、所属部门、职位、文化程度、类别、入职日期、离职日期和银行账号等信息。

【例 3】　设置朔华嘉信公司工资管理系统“管理人员”类别下的职员，即办公室、财务部、采购部、销售部、仓储部的职员。

操作步骤：

（1）在工资管理系统中选择“管理人员”的工资类别。在金蝶 K/3 主控台，执行“人力资源”→“工资管理”→“设置”→“职员管理”命令，打开“职员”窗口。

（2）单击“导入”按钮，切换到“导入数据”状态，在导入数

操作视频

例 3　职员管理

据源中选择“总账数据”，系统会显示基础资料中的职员资料。

（3）选择“管理人员”类别适用的职员，然后单击“导入”按钮，系统将导入的职员资料隐藏，表示导入成功。

（4）单击“浏览”按钮，窗口切换到“职员”资料查看窗口，如图 7-8 所示。

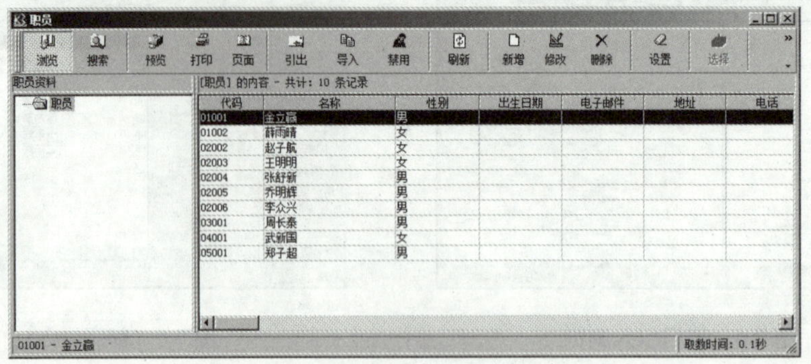

图 7-8 职员导入

（5）选中“金立赢”，单击“修改”按钮，打开“职员—修改”窗口，可以修改相关信息，如图 7-9 所示。

小提示：若要录入职工银行名称信息，应先执行“人力资源”→“工资管理”→“设置”→“银行管理”命令，设置好银行名称信息后才能在此处选择录入职工银行名称信息，具体操作步骤见银行管理。

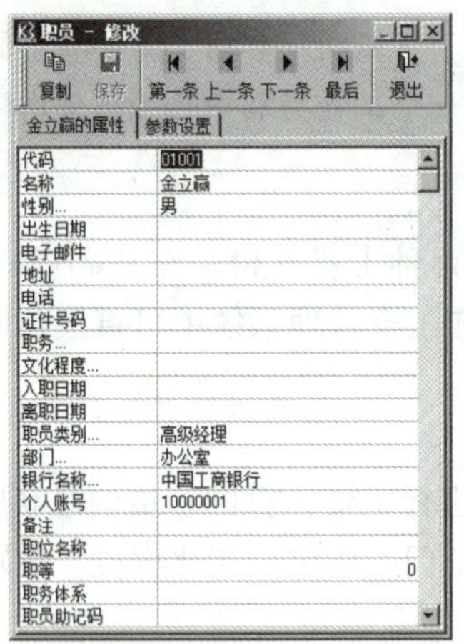

图 7-9 职员信息修改

（6）单击“保存”按钮保存当前修改，单击“退出”按钮，返回“职员”窗口。

4. 银行管理

若企业采用银行代发工资，在银行管理中要输入银行名称，然后在职员管理中录入每位职员的银行账号，以方便输出相应的银行代发工资表。

具体操作步骤如下：

（1）在金蝶 K/3 主控台，执行“人力资源”→“工资管理”→“设置”→“银行管

理”命令，打开“银行”窗口，如图 7-10 所示。

（2）单击“新增”按钮，打开“银行—新增”窗口，输入银行代码、名称和账号长度等信息，如图 7-11 所示。

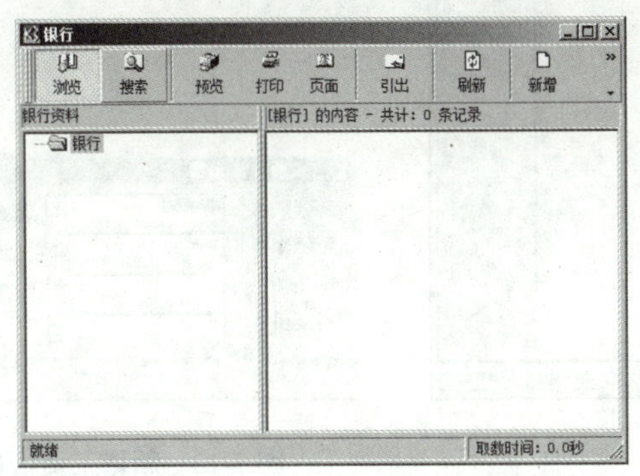

图 7-10　银行管理

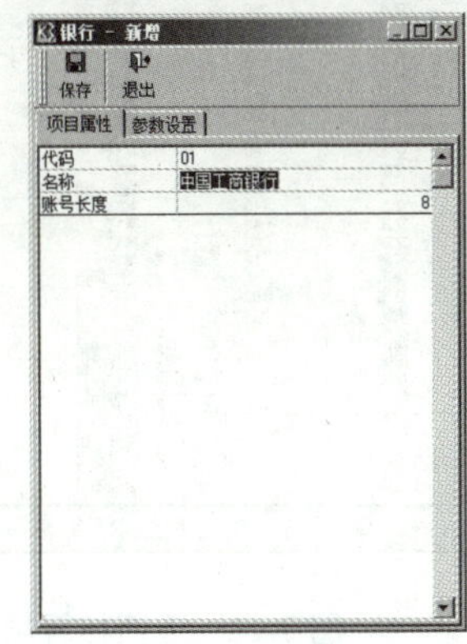

图 7-11　银行新增

（3）单击“保存”按钮，即可将添加的银行信息保存起来。

（4）以同样的方法继续添加其他银行信息，添加完毕的银行信息即可在“银行”窗口中显示出来。

四、项目设置

设置工资项目是为工资计算、汇总和管理服务的。有一些工资项目是不可缺少的，如“应发合计”“扣款合计”和“实发合计”；有一些项目是常用项目，如基本工资、奖金等，在系统中已根据企业通常的工资业务预设了一些项目供用户选择。如果需系统没有设置的项目，用户还可以自行定义设置。

在设置工资项目时，不仅要定义工资项目的类型和项目属性等参数，还要定义日常工资结算单中所列的工资项目，以及工资项目计算和汇总过程中所涉及的项目，如日工资、请假天数等。

【例 4】　设置工资项目“计件工资”，数据类型“实数”，数据长度“18”，小数位数“2”，项目属性“可变项目”。

操作视频

例 4　项目设置

操作步骤：

（1）在金蝶 K/3 主控台，执行“人力资源”→“工资管理”→“设置”→“项目设置”命令，弹出“工资核算项目设置”对话框，如图 7-12 所示。

（2）单击“新增”按钮，弹出“工资项目—新增”对话框。输入项目名称“计件工资”，选择数据类型“实数”，输入数据长度“18”，小数位数“2”，选择项目属性“可变项目”，如图 7-13 所示。

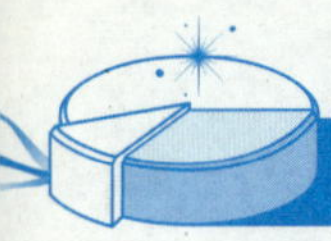

（3）单击“新增”按钮，系统保存新增项目并返回“工资核算项目设置”对话框。

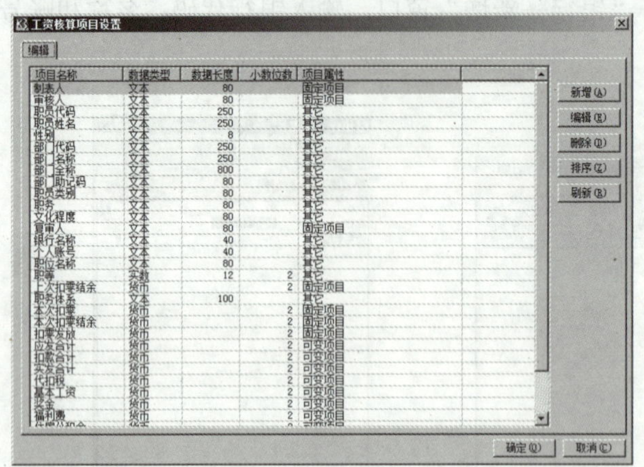

图 7-12　工资核算项目设置

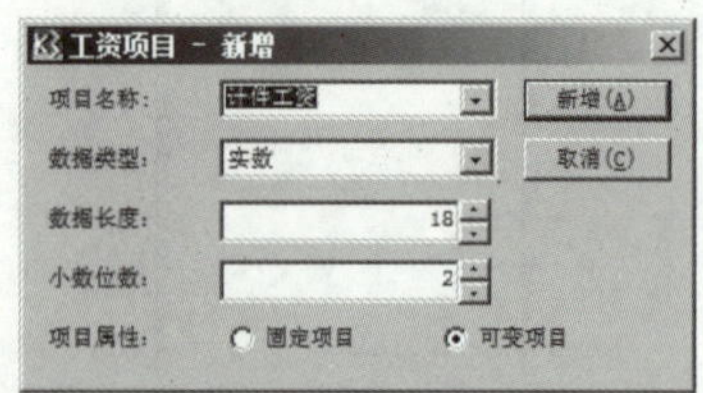

图 7-13　新增工资项目

五、公式设置

在企业中，工资发放存在很强的政策性，也就是说存在很明显的规律性，用户可以通过设置工资计算公式的方式，将复杂的工资数据录入转化为简单的公式设置，从而大大简化工资数据录入和管理的工作量。在完成工资项目设置之后，即可进行工资计算公式的设置。需要注意的是，必须分别设置各不同工资类别下的工资计算公式。

【例 5】　根据表 7-1 所示信息设置“管理人员”类别下的工资计算公式。

表 7-1　“管理人员”类别下的工资计算公式

公式 1	应发合计=基本工资+奖金+福利费
公式 2	扣款合计=其他扣款+代扣税
公式 3	实发合计=应发合计－扣款合计

操作步骤：

（1）在工资管理系统中选择“管理人员”的工资类别。在金蝶 K/3 主控台，执行“人力资源”→“工资管理”→“设置”→“公式设置”命令，弹出“工资公式设置”对话框，如图 7-14 所示。

（2）单击“新增”按钮，使对话框处于可编辑状态，增设新的工资计算公式。

操作视频

例 5　公式设置

（3）设置公式 1。双击项目下的“应发合计”，单击运算符下的“=”，然后双击项目下的“基本工资”，单击运算符下的“+”，然后双击项目下的“奖金”，单击运算符下的“+”，最后双击项目“福利费”即可。

（4）设置公式 2。将光标移至第一条公式最末，按下键盘上的“Enter”键，将光标移动到第二行，双击项目下的“扣款合计”，单击运算符下的“=”，然后双击项目

下“其他扣款”，单击运算符下的“+”，最后双击项目下“代扣税”即可。

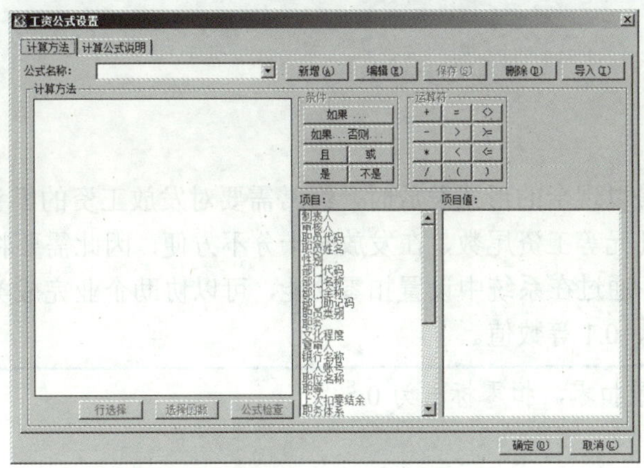

图 7-14　工资公式设置

（5）设置公式 3。按照前面的设置方法将公式 3 输入完毕之后，录入公式名称“管理计算方法”，如图 7-15 所示。

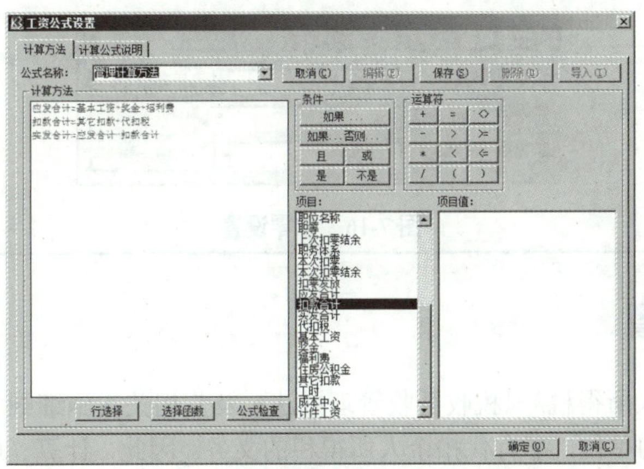

图 7-15　管理计算方法公式定义

（6）设置完成后，单击“公式检查”按钮，检查公式是否正确。

（7）公式检查通过后，单击“保存”按钮，保存当前公式名称和计算方法。

提　示

（1）工资计算公式可手工录入，也可用上面的方法录入。手工录入时一定要注意所录入的项目是否存在，以及光标的位置，以防公式录入错误。修改公式方法是将光标移到要修改的位置，按键盘上的“Backspace”或“Delete”键进行修改即可。

（2）工资计算公式的录入必须在半角英文标点状态下进行。

（3）要修改工资计算公式时，一定要先选中“公式名称”，然后单击“编辑”按钮，在“计算方法”窗口下修改，最后单击“保存”按钮。

（4）设置工资项目计算公式要符合公式逻辑，对于不符合逻辑的公式系统将给予错误提示。

六、扣零设置

当企业的工资是以现金的形式发放时，经常需要对发放工资的零头进行特殊的处理，如对于几角几分或几元等工资尾数，在发放时十分不方便，因此需要将零头进行累积达到一定数目后再发放。通过在系统中设置扣零功能，可以协助企业完成类似处理。扣零的标准有 10、5、1、0.5、0.1 等数值。

【例 6】　设置扣零，扣零标准为 0.5。

操作步骤：

（1）在金蝶 K/3 主控台，执行“人力资源”→“工资管理”→“设置”→“扣零设置”命令，弹出“扣零设置”对话框。

（2）设置扣零项目、扣零标准和扣零后项目，如图 7-16 所示。

（3）设置完成后，单击“确定”按钮。

操作视频

例 6　扣零设置

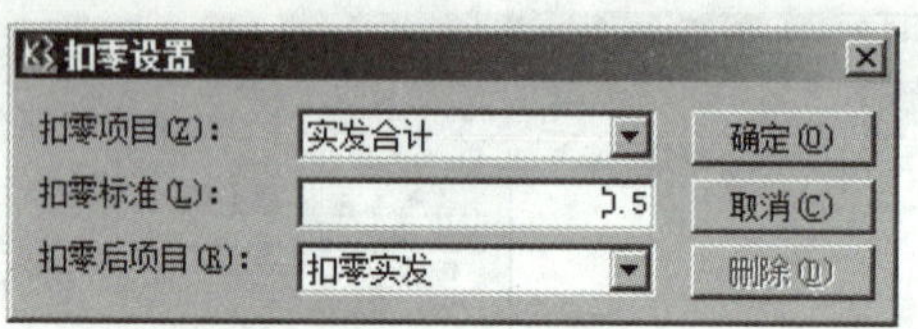

图 7-16　扣零设置

七、所得税设置

按照现行《个人所得税》《税收征收管理办法》及其相关实施细则的有关规定，凡向个人支付应纳税所得的单位，都有代扣个人所得税的义务。因此，计算、申报和缴纳个人所得税成为工资管理中的一项重要内容，金蝶 K/3 工资管理系统中提供了个人所得税的处理功能。在进行所得税计算及扣减的业务处理前，需要在所得税设置中对个人所得税计算进行初始项目设置，如税率类别、税率项目、所得计算、基本扣除、所得期间和外币币别等。

需要说明的是，系统中的个人所得税计算是为普遍使用的工资所得设置的，在会计实务中，有些用户可能会遇到向个人发放劳务报酬所得、稿酬所得、特许权使用费所得等其他类型的个人所得的情况，由于各种个人所得的计税方法不同，用户应分清个人所得的归属类型，不能一概用系统中原有的工资所得的计税方法来计算。在个人所得税的计税方法发生改变或税率调整时，用户也应调整系统中的个人所得税的计税设置，使其符合实际的计税要求。

具体操作步骤如下：

（1）在工资管理系统中选择一个工资类别。在金蝶 K/3 主控台，执行“人力资源”→“工资管理”→“设置”→“所得税设置”命令，弹出“个人所得税初始设置”对

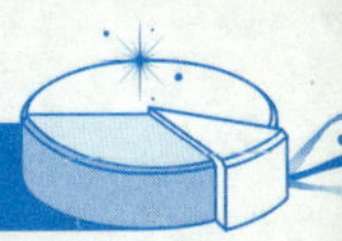

话框，如图 7-17 所示。

（2）在“编辑”选项卡中，单击“新增”按钮，使对话框可处于编辑状态，输入方案名称“个人所得税”，如图 7-18 所示。

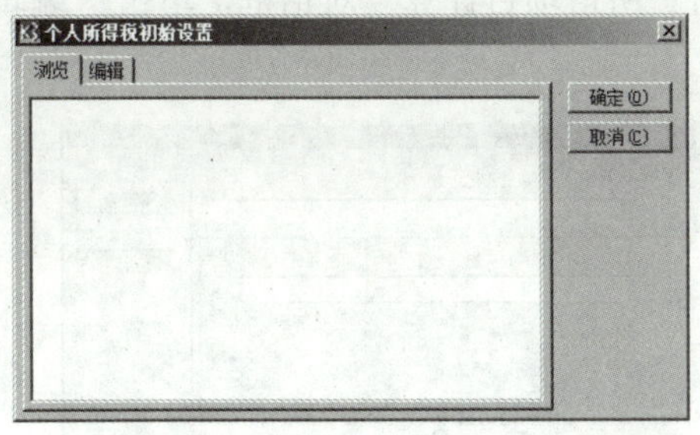

图 7-17 个人所得税初始设置

图 7-18 个人所得税初始设置编辑

（3）单击“税率类别”右边的编辑条，弹出“个人所得税税率设置”对话框，如图 7-19 所示。

（4）单击“编辑”标签，进入“编辑”选项卡，如图 7-20 所示。

图 7-19 个人所得税税率设置

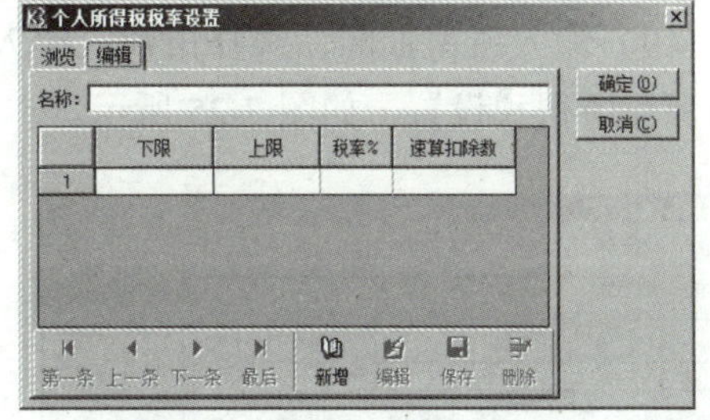

图 7-20 个人所得税税率设置编辑

（5）单击“新增”按钮，系统弹出提示框，如图 7-21 所示。

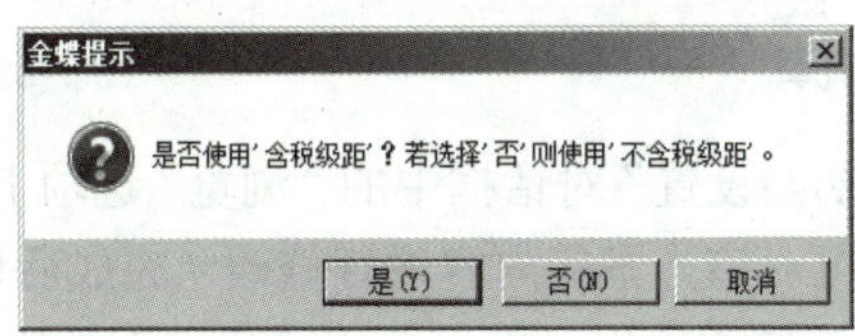

图 7-21 提 示

提 示

“含税级距”和“非含税级距”是按照《税法》规定减除有关费用后的所得额，“含税级距”适用于由纳税人负担税款的工资、薪金所得；“非含税级距”适用于由其他人或单位代付税款的工资、薪金所得。

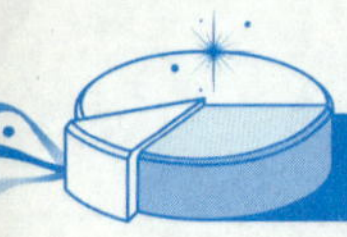

（6）根据需要单击“是”或“否”按钮，进入“新建税率”界面，根据提示输入相应的内容，如图 7-22 所示，定义完税率后单击“保存”和“确定”按钮，返回“个人所得税初始设置”对话框。

（7）单击“税率项目”右边的编辑条，弹出“所得项目计算”对话框，单击“编辑”标签，进入“编辑”选项卡，如图 7-23 所示。

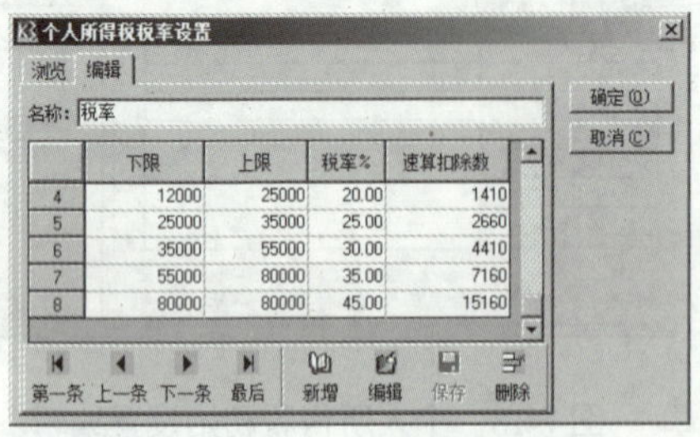

图 7-22　税率设置

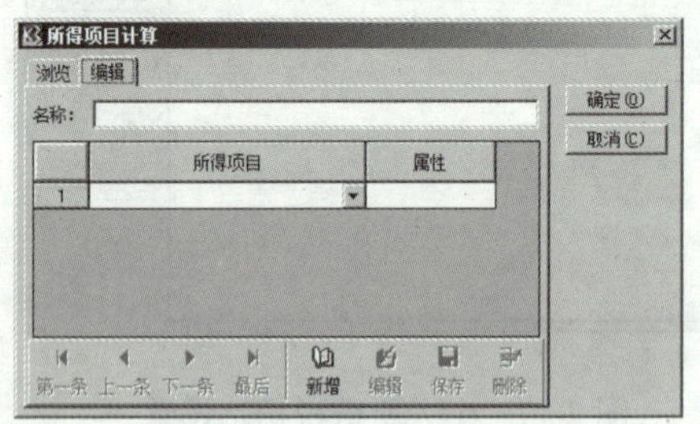

图 7-23　所得项目计算

（8）单击“新增”按钮，定义应税项目，并选择属性，单击“保存”按钮，再单击“确定”按钮返回“个人所得税初始设置”对话框，然后运用同样的方法设置“所得计算”项，如图 7-24 所示。

（9）输入所得期间、选择币别，输入基本扣除数和其他扣除数，然后单击“保存”按钮保存所得税设置，如图 7-25 所示。

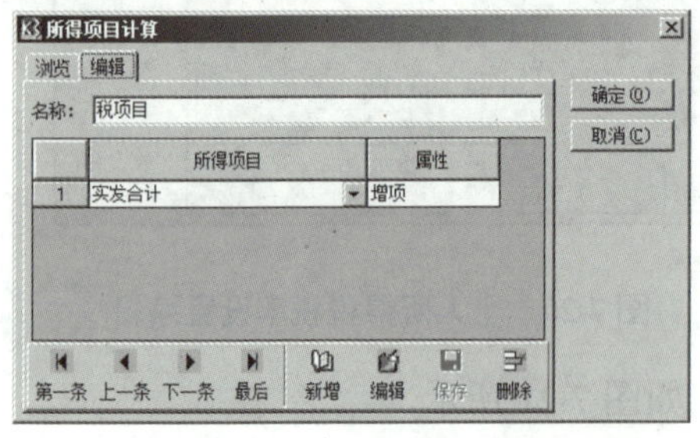

图 7-24　所得项目计算

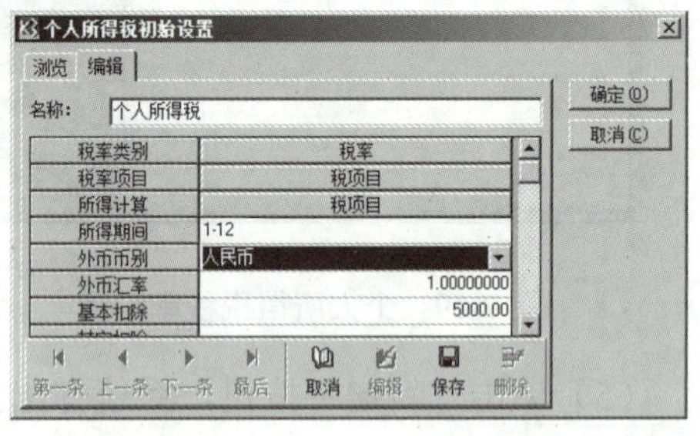

图 7-25　个人所得税设置

（10）在“个人所得税初始设置”对话框中的“浏览”选项卡中，选中某一所得税方案，切换到“编辑”选项卡，即可对该方案的内容进行修改，完成后单击“保存”按钮保存修改信息；单击“删除”按钮，系统弹出提示框，单击“确定”按钮即可删除该所得税方案。

第三节　工资管理系统的日常业务处理

工资的日常核算业务主要是对职工工资数据进行计算和调整，按照计算数据发放工资及进行凭证填制等账务处理。工资日常核算业务的重点是及时根据职工人员变动对人员档案进行调整，根据工资分配政策的变化及时进行工资数据的准确计算，在此基础上利用系统的报表功能对工资分配进行报表分析，为企业制定和调整分配政策提供参考。

一、人员变动管理

人员变动包括人员职务的升降、部门的调动、入职及离职等情况。工资管理系统中的“人员变动”功能项可以处理人员与工资相关的项目发生变动后工资的自动计算处理，从而方便财务人员根据人员变动情况制定工资计算标准。

具体操作步骤如下：

（1）在金蝶 K/3 主控台，执行“人力资源”→“工资管理”→“人员变动”→“人员变动处理”命令，弹出“职员变动”对话框，如图 7-26 所示。

（2）单击“新增”按钮，弹出“职员”对话框，双击选择需要人事变动的职员，如图 7-27 所示。如果涉及多个职员，按住键盘上的“Ctrl”键或“Shift”键进行选择后，单击“选择”按钮，系统返回“职员变动”对话框。

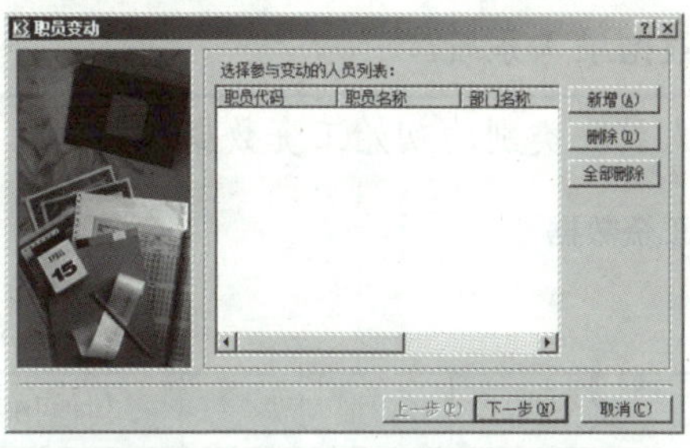

图 7-26　职员变动

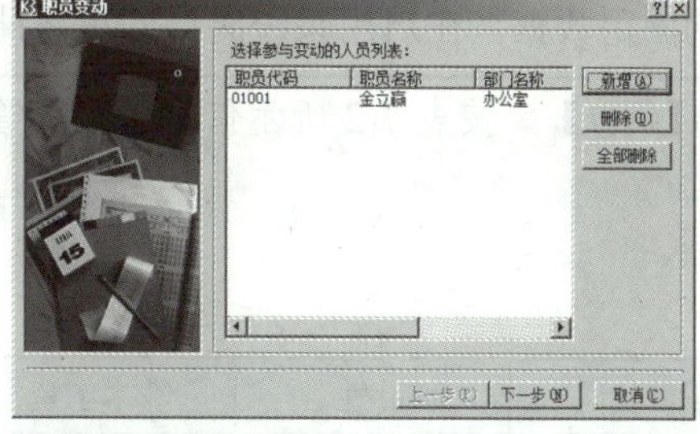

图 7-27　新增变动职员

（3）在“职员变动”对话框中，显示有被选择待进行变动处理的人员列表，单击“下一步”按钮，系统进入变动信息处理窗口。

（4）选中“禁用职员”复选框，并选择工资类别，设置“职员项目”和“变动参数”相关项目，如图 7-28 所示。

（5）设置完成后，单击“完成”按钮，系统弹出“在禁用离职人员的同时，是否删除他们当前工资类别下相应的本次工资发放数据和所得税数据？”提示框，根据情况单击“是”或“否”按钮，如图 7-29 所示。

（6）系统弹出“职员变动成功完成！”提示框，单击“确定”按钮，如图 7-30 所示。

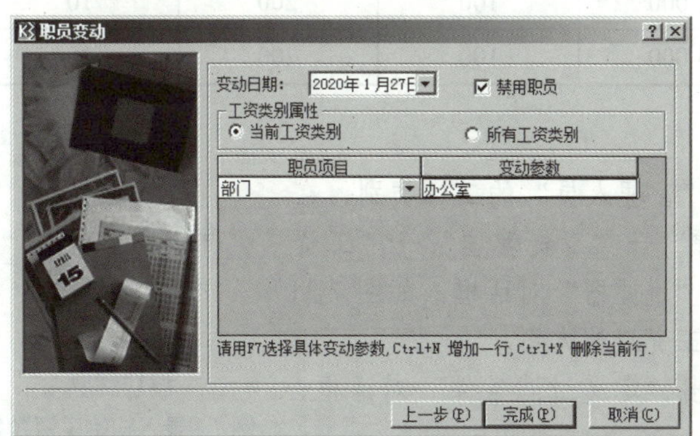

图 7-28　职员变动信息设置

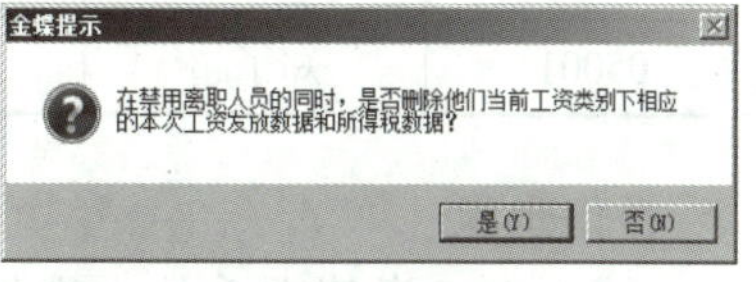

图 7-29　提　示

图 7-30　职员变动成功

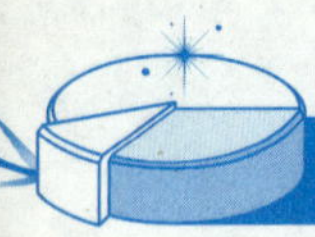

二、工资数据录入

工资业务处理的第一步就是录入工资数据内容，这是工资业务处理的基础。

工资数据可分为固定数据和变动数据两类。固定数据一般较为稳定，数值很少变动，在创建工资账套后，在账套基础设置结算逐项录入，在日常工作中只有待其发生变化时才重新调整，平时无须反复输入，常见的有基本工资、岗位工资等；而变动数据则需每期发放工资时根据实际情况进行调整，如奖金、请假天数、个人所得税等。在变动数据中，有些变动数据的编辑必须通过手工逐项录入完成，如请假天数等；有些变动数据则可以由系统根据既定的公式自动计算生成，如奖金、请假扣款、代扣税等。

1. 录入初始工资数据

初始工资数据是指启用工资管理系统初期即已确定的工资数据，通常是指工资中较为稳定的固定数据。在启用系统时，即可将此类数据录入系统。

【例 7】 按表 7-2 所示信息录入“管理人员”类别的初始工资数据。

表 7-2 职员工资数据

单位：元

职员代码	职员姓名	基本工资	奖金	福利费	其他扣款
01001	金立赢	9 000	400	200	50
01002	薛雨晴	6 200	400	200	40
02002	赵子航	5 000	300	200	30
02003	王明明	5 000	200	200	20
02004	张舒新	5 000	200	200	20
02005	乔明辉	5 000	200	200	20
02006	李众兴	5 000	200	200	20
03001	周长泰	3 000	100	200	10
04001	武新国	3 000	100	200	10
05001	郑子超	3 000	100	200	20

操作步骤：

（1）在工资管理系统中选择“管理人员”的工资类别。在金蝶 K/3 主控台，执行“人力资源”→“工资管理”→“工资业务”→“工资录入”命令，弹出“过滤器”对话框，如图 7-31 所示。初次录入工资数据时需定义工资过滤方案。

操作视频

例 7 录入初始工资数据

（2）单击“增加”按钮，弹出“定义过滤条件”对话框，如图 7-32 所示。

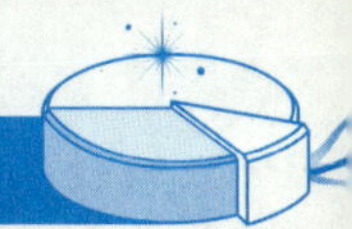

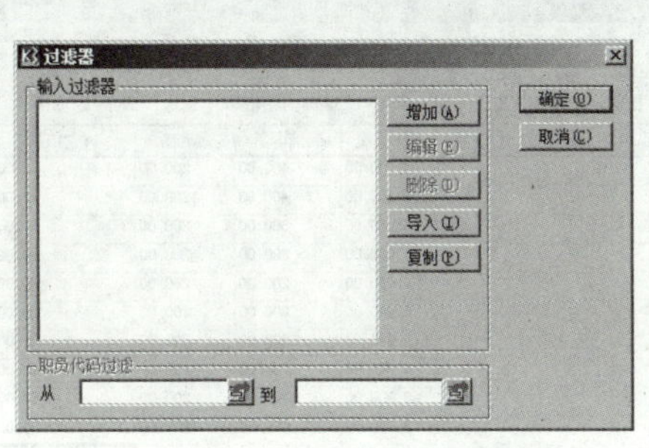

图 7-31　工资录入过滤器

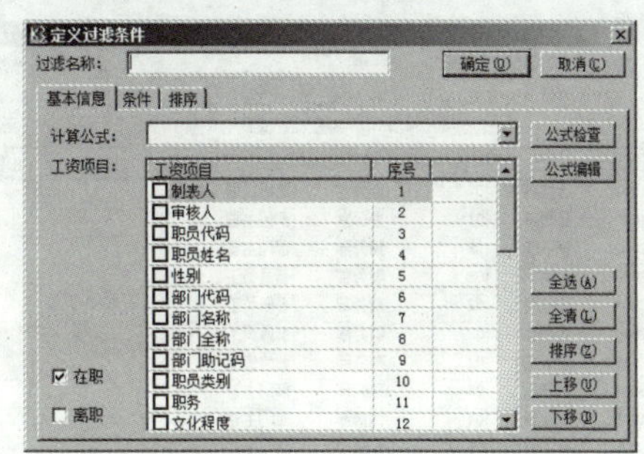

图 7-32　定义过滤条件

（3）在“过滤名称”文本框中输入过滤方案名称，在“工资项目”列表中勾选所需的工资项目。根据要求单击“上移”或“下移”按钮对工资项目进行排序。

（4）在“计算公式”下拉框中选择第一个计算项目“管理计算方法”，然后单击“确定”按钮。

（5）系统弹出“确定要新增过滤条件［工资数据管理］吗？”提示框，如图 7-33 所示，单击“确定”按钮，返回“过滤器”对话框。

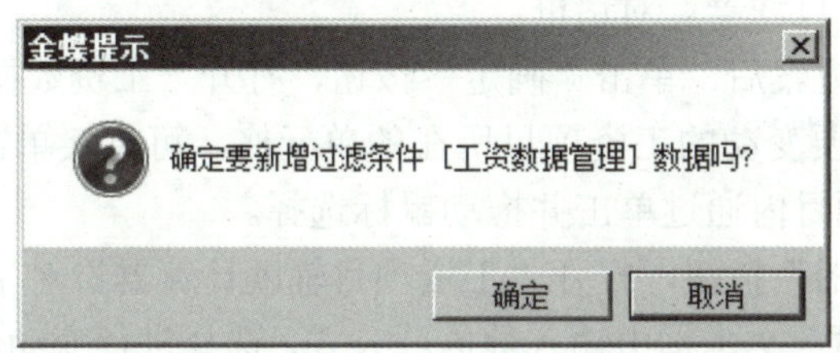

图 7-33　提　示

（6）在“过滤器”对话框类别中显示有已设置的过滤方案，选中后单击“确定”按钮，打开“工资数据录入—［管理人员工资］”窗口，如图 7-34 所示。该窗口上的项目有两种颜色数据，黄色表示该数据是由系统自动生成的选项，如合计等；白色是可修改选项。

工资数据录入-[管理人员工资]----(年份:2020　期间：1　次数：1)　人数：10

文件(F)　编辑(E)　查看(V)　选项(O)

保存　修改　引出　引入　计算　基金　过滤　刷新　定位　计算器　所得税　扣零　发放　设置　复制　同步　审核　反审核　区选　清除　关闭

职员代码	职员姓名	部门代码	部门名称	职员类别	职务	应发合计	扣款合计	实发合计	代扣税	基本工资	奖金	福利费	其它扣款
01001	金立巖	01	办公室	高级经理									
01002	薛雨晴	01	办公室	部门主管									
02002	赵子航	02	财务部	部门主管									
02003	王明明	02	财务部	普通员工									
02004	张舒新	02	财务部	普通员工									
02005	乔明辉	02	财务部	普通员工									
02006	李众兴	02	财务部	普通员工									
03001	周长泰	03	采购部	部门主管									
04001	武新国	04	销售部	部门主管									
05001	郑子超	05	仓储部	部门主管									
合计						0.00	0.00	0.00	0.00	0.00	0.00	0.00	0.00

图 7-34　工资数据录入—［管理人员工资］

（7）录入表 7-2 中的数据，然后单击“保存”按钮保存工资，如图 7-35 所示。

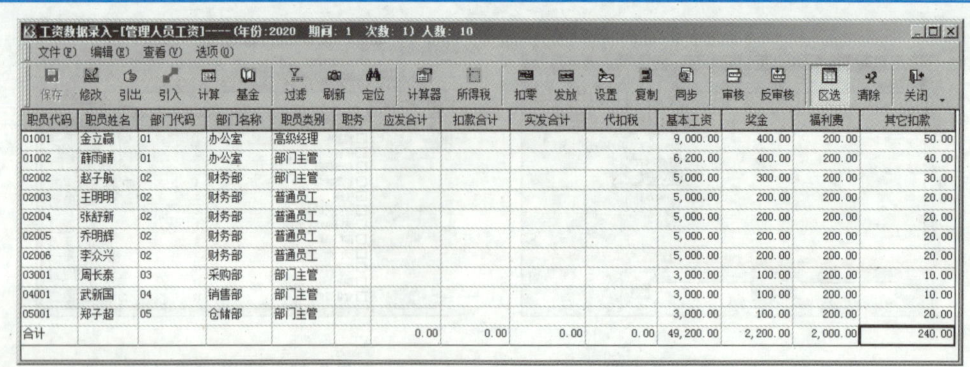

职员代码	职员姓名	部门代码	部门名称	职员类别	职务	应发合计	扣款合计	实发合计	代扣税	基本工资	奖金	福利费	其它扣款
01001	金立巍	01	办公室	高级经理						9,000.00	400.00	200.00	50.00
01002	薛雨晴	01	办公室	部门主管						6,200.00	400.00	200.00	40.00
02002	赵子航	02	财务部	部门主管						5,000.00	300.00	200.00	30.00
02003	王明明	02	财务部	普通员工						5,000.00	200.00	200.00	20.00
02004	张舒新	02	财务部	普通员工						5,000.00	200.00	200.00	20.00
02005	乔明辉	02	财务部	普通员工						5,000.00	200.00	200.00	20.00
02006	李众兴	02	财务部	普通员工						5,000.00	200.00	200.00	20.00
03001	周长泰	03	采购部	部门主管						3,000.00	100.00	200.00	10.00
04001	武新国	04	销售部	部门主管						3,000.00	100.00	200.00	10.00
05001	郑子超	05	仓储部	部门主管						3,000.00	100.00	200.00	20.00
合计						0.00	0.00	0.00	0.00	49,200.00	2,200.00	2,000.00	240.00

图 7-35 工资数据

2. 批量替换与变动

如果很多员工的工资数据相同，或需同时进行相同的调整，可以使用系统的批量替换功能录入工资数据。

具体操作步骤如下：

（1）在金蝶 K/3 主控台，执行“人力资源”→“工资管理”→“工资业务”→“工资录入”命令，弹出“过滤器”对话框。

（2）选定过滤器方案后，单击“确定”按钮，打开“工资数据录入”窗口。

（3）选择职员需要变动的工资项目所在的单元格，可直接单击该工资项目的列表全选，也可以在该工资项目内通过单击并拖动鼠标选择。

（4）单击“计算器”按钮，打开“工资项目辅助计算器”对话框，如图 7-36 所示。

（5）在“变动公式”文本框中输入数值或公式，选择进行变动的职员范围，如图 7-37 所示。

（6）设置完成后，单击“确定”按钮。

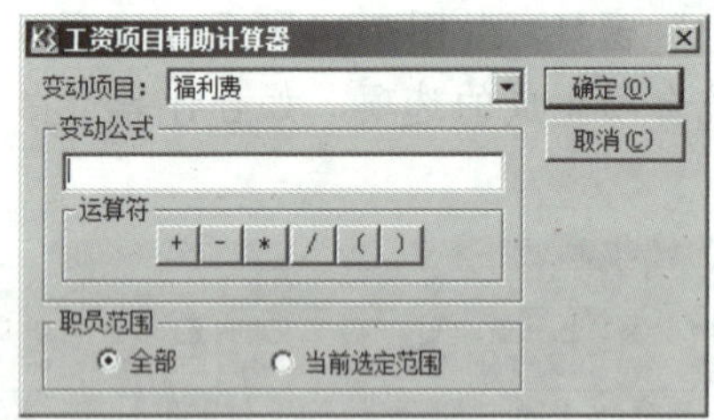

图 7-36 工资项目辅助计算器

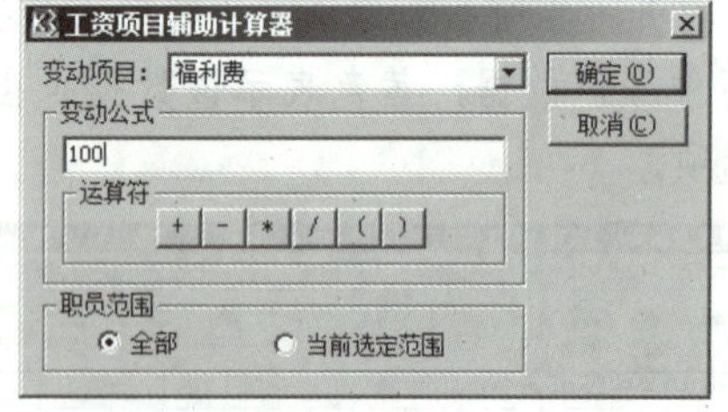

图 7-37 批量替换与变动

三、工资计算

在系统中录入期初工资数据和本期工资数据后，可以根据已设置的工资计算公式，逐项计算出工资项目数据。需要注意的是，工资计算有严格的顺序要求，如果某计算公式中要求工资项目未进行计算，则该计算公式也不能计算，否则会导致计算结果不准确。

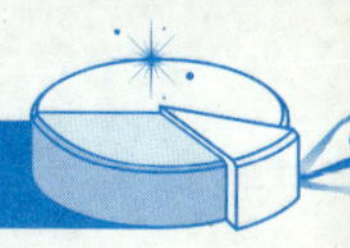

【例 8】　对“管理人员”类别的工资项目进项计算。

操作步骤:

操作视频

例 8　工资计算

（1）在工资管理系统中选择“管理人员”的工资类别。在金蝶 K/3 主控台，执行“人力资源”→“工资管理”→“工资业务”→“工资计算”命令，弹出“工资计算向导”对话框，如图 7-38 所示。

（2）在“工资方案”列表框中显示有已设置的工资过滤方案，勾选后单击“下一步”按钮。

（3）在下一个打开的对话框中，单击“计算”按钮，系统显示出工资计算报告单，如果工资计算全部完成，则单击“完成”按钮，如图 7-39 所示。

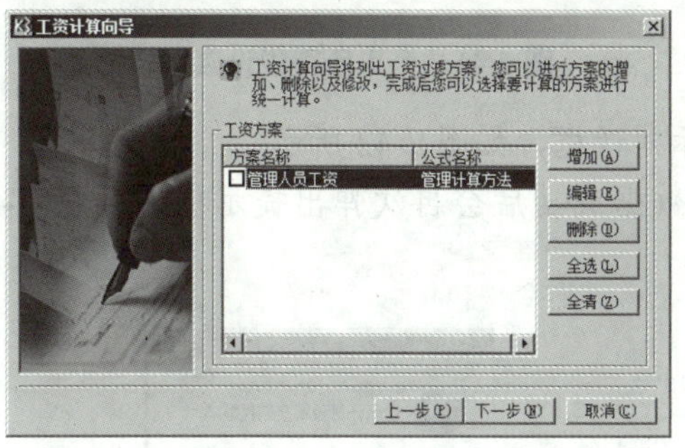

图 7-38　工资计算向导

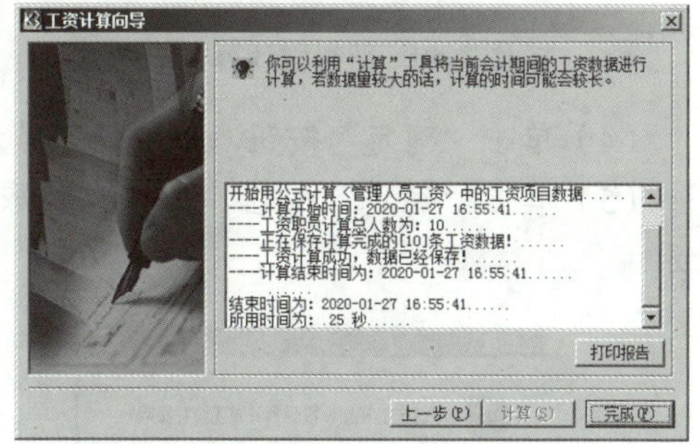

图 7-39　工资计算报告单

（4）如果还需要计算其他工资项目，则单击“上一步”按钮，返回到对工资方案进行定义的对话框。

（5）单击“编辑”按钮，打开“定义过滤条件”对话框。在“计算公式”下拉框中选择下一个工资计算公式，然后单击“确定”按钮，以同样的方法进行工资计算。

四、所得税计算

工资达到一定的金额就需要缴纳相应的个人所得税，为减轻财务人员的工作量，用户可以根据不同标准计算个人所得税。需要注意的是，在进行所得税计算前，必须将本期与所得税计算相关的工资数据计算完毕。

【例 9】　进行“管理人员”类别的所得税计算。

操作步骤:

操作视频

例 9　所得税计算

（1）在工资管理系统中选择“管理人员”的工资类别。在金蝶 K/3 主控台，执行“人力资源”→“工资管理”→“工资业务”→“所得税计算”命令，弹出“过滤器”对话框。

（2）保持默认值，单击“确定”按钮，打开“个人所得税数据录入”窗口，单击“方法”按钮，弹出“所得税计算”对话框，如图 7-40 所示。

（3）选择“按工资发放期间计算”，单击“确定”按钮，返回“个人所得税数据录入”窗口，再单击“设置”按钮，弹出“个人所得税初始设置”对话框，选择之前已设置好的所得税标准，如图 7-41 所示。

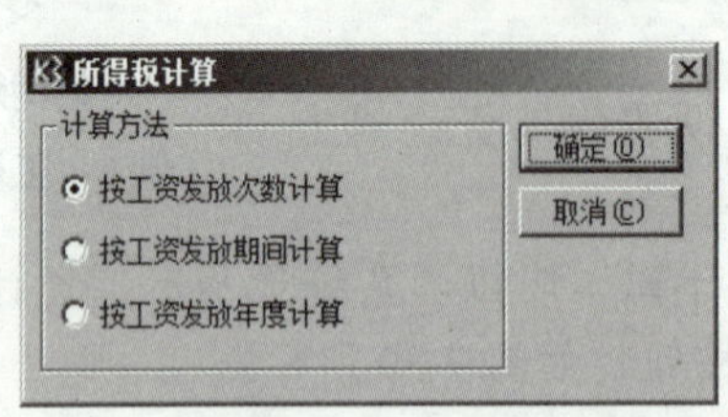

图 7-40　所得税计算方法

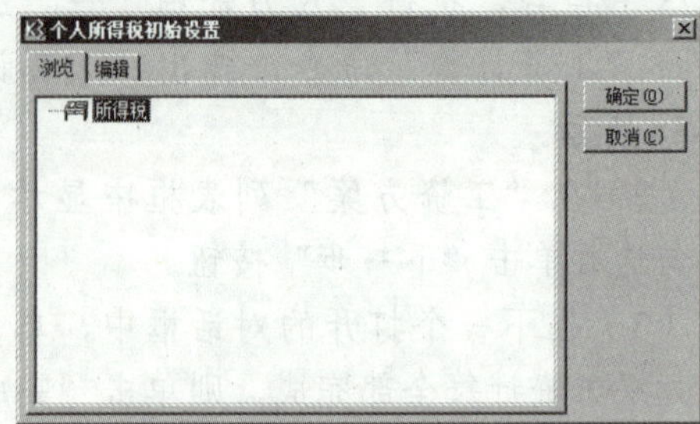

图 7-41　个人所得税设置编辑

（4）单击“确定”按钮，系统弹出提示对话框，如图 7-42 所示。

（5）单击“确定”按钮，系统在获取数据成功后会再次弹出提示框，如图 7-43 所示。

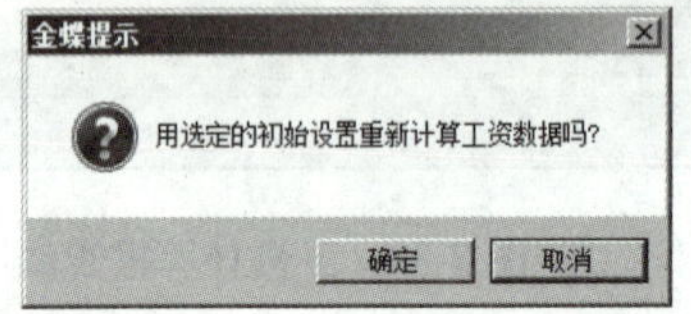

图 7-42　个人所得税税率设置新增

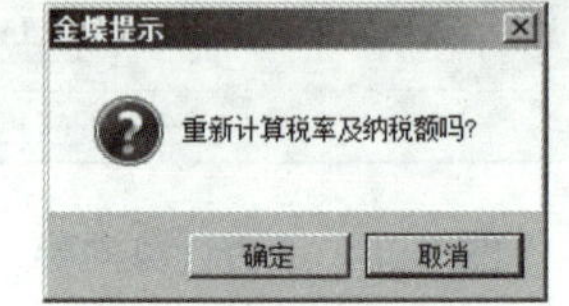

图 7-43　个人所得税税率设置保存

（6）单击“确定”按钮，系统自动计算出所得税，如图 7-44 所示。

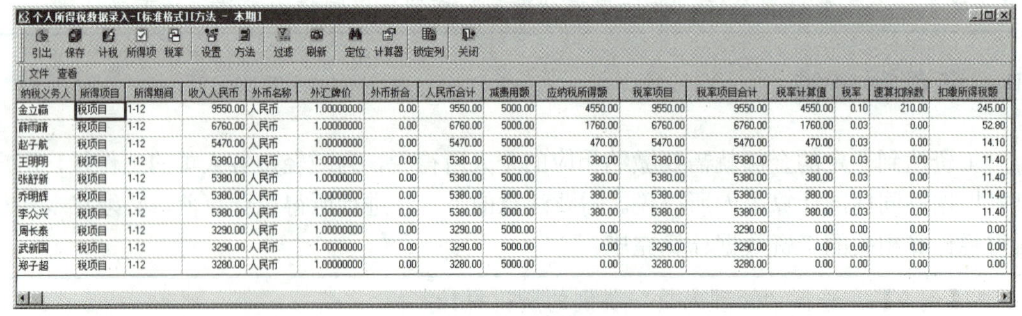

纳税义务人	所得项目	所得期间	收入人民币	外币名称	外汇牌价	外币折合	人民币合计	减费用额	应纳税所得额	税率项目	税率项目合计	税率计算值	税率	速算扣除数	扣缴所得税额
金立赢	税项目	1-12	9550.00	人民币	1.00000000	0.00	9550.00	5000.00	4550.00	9550.00	9550.00	4550.00	0.10	210.00	245.00
薛雨晴	税项目	1-12	6760.00	人民币	1.00000000	0.00	6760.00	5000.00	1760.00	6760.00	6760.00	1760.00	0.03	0.00	52.80
赵子航	税项目	1-12	5470.00	人民币	1.00000000	0.00	5470.00	5000.00	470.00	5470.00	5470.00	470.00	0.03	0.00	14.10
王明明	税项目	1-12	5380.00	人民币	1.00000000	0.00	5380.00	5000.00	380.00	5380.00	5380.00	380.00	0.03	0.00	11.40
张舒新	税项目	1-12	5380.00	人民币	1.00000000	0.00	5380.00	5000.00	380.00	5380.00	5380.00	380.00	0.03	0.00	11.40
乔明辉	税项目	1-12	5380.00	人民币	1.00000000	0.00	5380.00	5000.00	380.00	5380.00	5380.00	380.00	0.03	0.00	11.40
李众兴	税项目	1-12	5380.00	人民币	1.00000000	0.00	5380.00	5000.00	380.00	5380.00	5380.00	380.00	0.03	0.00	11.40
周长泰	税项目	1-12	3290.00	人民币	1.00000000	0.00	3290.00	5000.00	0.00	3290.00	3290.00	0.00	0.00	0.00	0.00
武新国	税项目	1-12	3290.00	人民币	1.00000000	0.00	3290.00	5000.00	0.00	3290.00	3290.00	0.00	0.00	0.00	0.00
郑子超	税项目	1-12	3280.00	人民币	1.00000000	0.00	3280.00	5000.00	0.00	3280.00	3280.00	0.00	0.00	0.00	0.00

图 7-44　所得项目计算

（7）单击“保存”按钮保存所得税计算。单击“引出”按钮可以引出其他类型文件，并上交税务局。

个人所得税计算后并未直接使用在工资表中，只有在工资录入窗口引入个人所得税数据，然后再进行工资计算，才能计算出正确的工资数据。

【例 10】 引入“管理人员”类别的所得税数据。

操作步骤:

操作视频

例10 引入所得税数据

（1）在工资管理系统中选择“管理人员”的工资类别。在金蝶 K/3 主控台，执行“人力资源”→“工资管理”→“工资业务”→“工资录入”命令，弹出“过滤器”对话框。

（2）选定过滤器方案后，单击“确定”按钮，打开“工资数据录入—［管理人员工资］”窗口。

（3）选择需要引入所得税数据的职员对应的“代扣税”所在单元格，然后单击“所得税”按钮，如图 7-45 所示。

工资数据录入-[管理人员工资]----(年份:2020 期间: 1 次数: 1) 人数: 10

文件(F) 编辑(E) 查看(V) 选项(O)

保存 修改 引出 引入 计算 基金 过滤 刷新 定位 计算器 所得税 扣零 发放 设置 复制 同步 审核 反审核 区选 清除 关闭

职员代码	职员姓名	部门代码	部门名称	职员类别	职务	应发合计	扣款合计	实发合计	代扣税	基本工资	奖金	福利费	其它扣款
01001	金立巍	01	办公室	高级经理		9,600.00	50.00	9,550.00		9,000.00	400.00	200.00	50.00
01002	薛雨晴	01	办公室	部门主管		6,800.00	40.00	6,760.00		6,200.00	400.00	200.00	40.00
02002	赵子航	02	财务部	部门主管		5,500.00	30.00	5,470.00		5,000.00	300.00	200.00	30.00
02003	王明明	02	财务部	普通员工		5,400.00	20.00	5,380.00		5,000.00	200.00	200.00	20.00
02004	张舒新	02	财务部	普通员工		5,400.00	20.00	5,380.00		5,000.00	200.00	200.00	20.00
02005	乔明辉	02	财务部	普通员工		5,400.00	20.00	5,380.00		5,000.00	200.00	200.00	20.00
02006	李众兴	02	财务部	普通员工		5,400.00	20.00	5,380.00		5,000.00	200.00	200.00	20.00
03001	周长泰	03	采购部	部门主管		3,300.00	10.00	3,290.00		3,000.00	100.00	200.00	10.00
04001	武新国	04	销售部	部门主管		3,300.00	10.00	3,290.00		3,000.00	100.00	200.00	10.00
05001	郑子超	05	仓储部	部门主管		3,300.00	20.00	3,280.00		3,000.00	100.00	200.00	20.00
合计						53,400.00	240.00	53,160.00	0.00	49,200.00	2,200.00	2,000.00	240.00

图 7-45 工资数据录入

（4）系统弹出“确定要在当前项目［代扣税］导入扣缴个人所得税数据吗？”提示框，单击“确定”按钮，如图 7-46 所示。

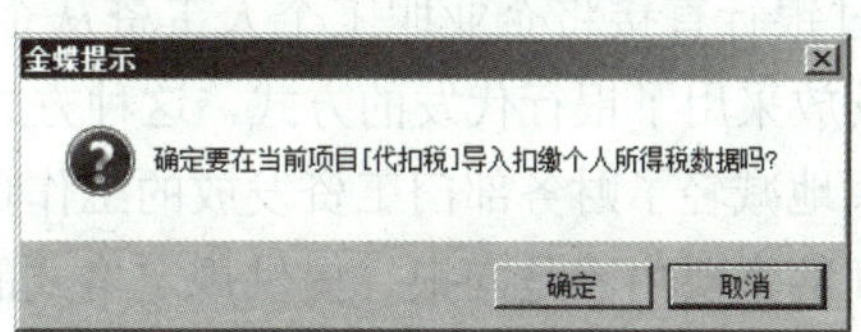

图 7-46 提 示

（5）在打开的“引入所得税”对话框中选择引入方式，如图 7-47 所示。

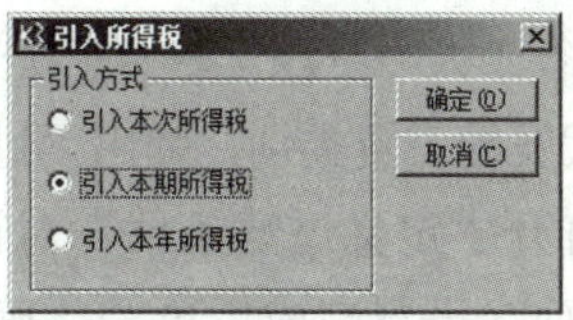

图 7-47 引入方式

（6）单击“确定”按钮，窗口中即显示出引入的所得税数据，如图 7-48 所示。

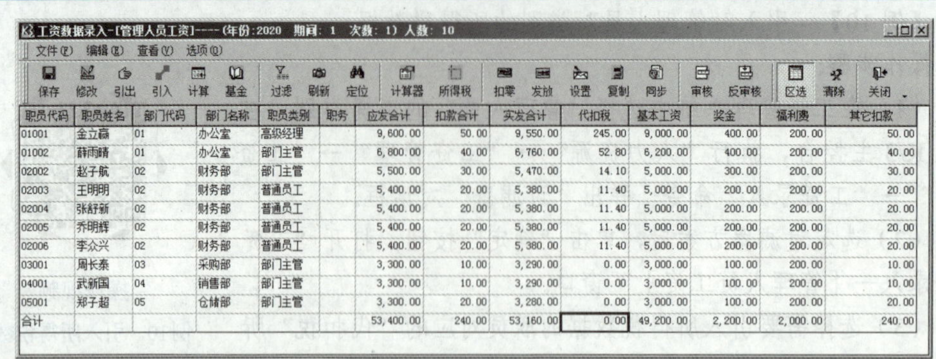

职员代码	职员姓名	部门代码	部门名称	职员类别	职务	应发合计	扣款合计	实发合计	代扣税	基本工资	奖金	福利费	其它扣款
01001	金立灏	01	办公室	高级经理		9,600.00	50.00	9,550.00	245.00	9,000.00	400.00	200.00	50.00
01002	薛雨晴	01	办公室	部门主管		6,800.00	40.00	6,760.00	52.80	6,200.00	400.00	200.00	40.00
02002	赵子航	02	财务部	部门主管		5,500.00	30.00	5,470.00	14.10	5,000.00	300.00	200.00	30.00
02003	王明明	02	财务部	普通员工		5,400.00	20.00	5,380.00	11.40	5,000.00	200.00	200.00	20.00
02004	张舒新	02	财务部	普通员工		5,400.00	20.00	5,380.00	11.40	5,000.00	200.00	200.00	20.00
02005	乔明辉	02	财务部	普通员工		5,400.00	20.00	5,380.00	11.40	5,000.00	200.00	200.00	20.00
02006	李众兴	02	财务部	普通员工		5,400.00	20.00	5,380.00	11.40	5,000.00	200.00	200.00	20.00
03001	周长泰	03	采购部	部门主管		3,300.00	10.00	3,290.00	0.00	3,000.00	100.00	200.00	10.00
04001	武新国	04	销售部	部门主管		3,300.00	10.00	3,290.00	0.00	3,000.00	100.00	200.00	10.00
05001	郑子超	05	仓储部	部门主管		3,300.00	20.00	3,280.00	0.00	3,000.00	100.00	200.00	20.00
合计						53,400.00	240.00	53,160.00	0.00	49,200.00	2,200.00	2,000.00	240.00

图 7-48　引入所得税

提　示

引入方式应与计算所得税时所选择的计算方法一致，否则系统无法获取相应数据。

五、发放工资

在实际工作中，工资的发放有现金发放和银行代发两种方式。对采用现金发放的用户，金蝶 K/3 工资管理系统设置有“工资配款表”功能，帮助用户筹划现金提取的票面组合；对采用银行代发的用户，金蝶 K/3 工资管理系统设置有“银行代发”功能，帮助用户制作符合银行要求的工资发放文件。

1. 银行代发

银行代发工资是指通过银行直接将企业职工个人工资从企业账户转入职工银行卡账户。目前许多单位的工资发放采用了银行代发的方式，这种方式可以有效地避免从银行提取巨额现金的风险，也大大地减轻了财务部门工资发放的工作量。

银行代发工资业务处理的主要内容是向银行提供规定格式的工资数据文件。在系统中进行了工资业务处理后，通过系统的自动文件生成功能，即可将数据输出到硬盘或通过网络发送给银行代发工资。

具体操作步骤如下：

（1）在金蝶 K/3 主控台，执行“人力资源”→“工资管理”→“工资报表”→“银行代发表”命令，选择需要进行银行代发的工资类别，弹出“过滤器”对话框，如图 7-49 所示。

（2）单击“编辑”按钮，打开“定义过滤条件”对话框，如图 7-50 所示。先对工资项目进行选择，然后进行顺序排列，设置完成后单击“确定”按钮。

（3）在“过滤器”对话框中，单击“确定”按钮，打开“银行代发表”窗口，单击“刷新”按钮，窗口中即显示系统已生成的工资数据，如图 7-51 所示。

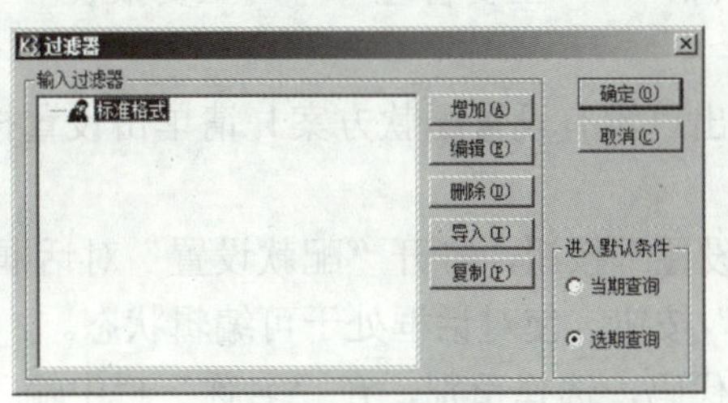

图 7-49　过滤器

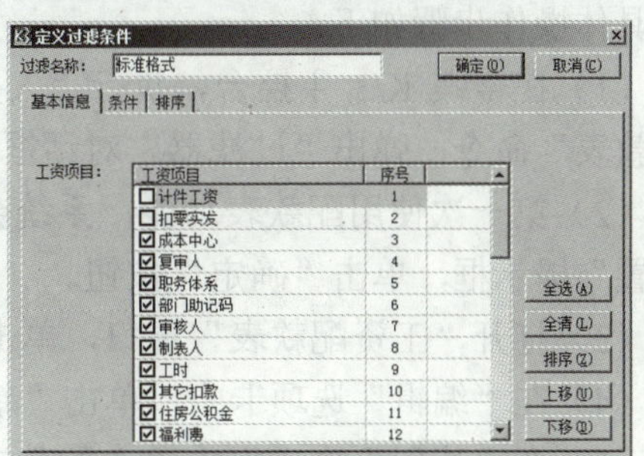

图 7-50　定义过滤器

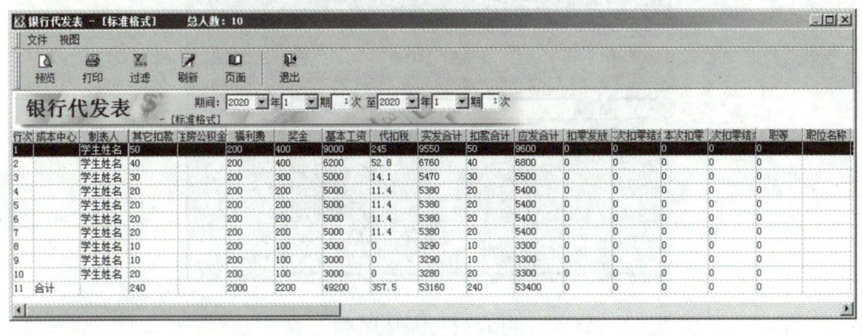

图 7-51　银行代发表

（4）执行“文件”→“引出”命令，弹出“引出‘银行代发表’”对话框，如图 7-52 所示。

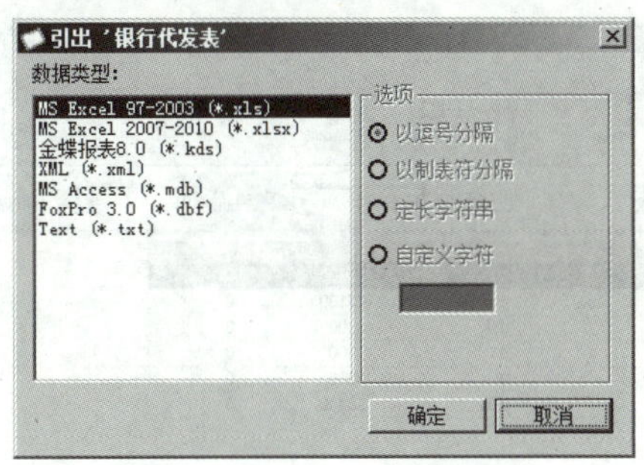

图 7-52　引出‘银行代发表’

（5）选择需要引出的文件类型，单击“确定”按钮。

（6）在打开的“选择 Excel 文件”对话框中设置文件储存路径和文件名，单击“保存”按钮后返回。

2. 现金发放

在采用现金发放工资的情况下，可以使用金蝶 K/3 的工资配款表进行配款设置。系统可以根据用户设定的不同货币面值，进行不同的配款，配款结果按部门显示，以方便企业进行工资发放业务的货币组织及发放，提高工作效率。

具体操作步骤如下：

（1）在金蝶 K/3 主控台，执行“人力资源”→“工资管理”→“工资报表”→“工资配款表”命令，弹出“过滤器”对话框。

（2）第一次使用配款表功能，系统会弹出“没有设置配款方案！请单击设置按钮进行设置”提示框，单击“确定”按钮。

（3）打开“工资配款表”窗口，单击“设置”按钮，打开“配款设置”对话框。

（4）在“编辑”选项卡中，单击“新增”按钮，使对话框处于可编辑状态。

（5）在“代码”文本框中输入配款方案代码，选择币别，在“名称”栏中输入发放工资货币的面值名称，在“面值”栏中输入货币面值金额，如图 7-53 所示。

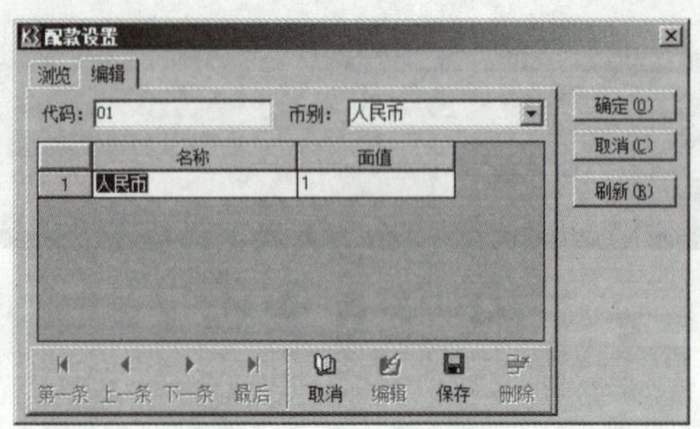

图 7-53　配款设置

（6）设置完成后，单击“保存”按钮，再单击“确定”按钮。

（7）在“工资配款表”窗口中，选择工资项目，系统即按该项目数据自动按部门设置相应的配款方案，如图 7-54 所示。

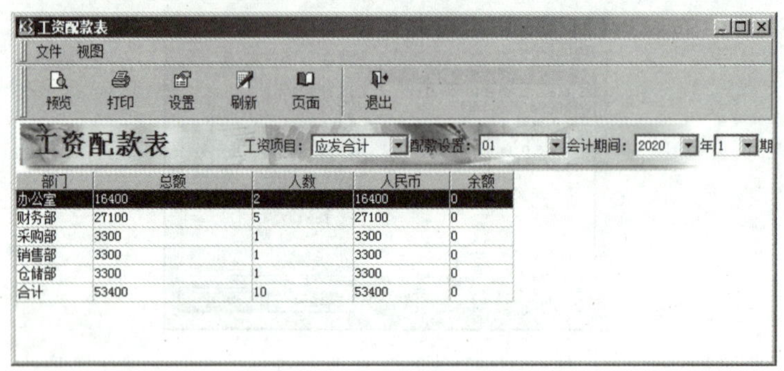

部门	总额	人数	人民币	余额
办公室	16400	2	16400	0
财务部	27100	5	27100	0
采购部	3300	1	3300	0
销售部	3300	1	3300	0
仓储部	3300	1	3300	0
合计	53400	10	53400	0

图 7-54　工资配款表

（8）可以单击“打印”按钮输出配款方案，也可以执行“文件”→“引出”命令，以文件形式输出配款方案。

六、费用分配

费用分配是指根据系统所设置的分配方案或计提方案生成凭证的过程，金蝶 K/3 系统的工资分配功能，可以对各种费用计提，如计提福利费、计提工会经费、自定义计提等进行分配。

【例 11】　将办公室、财务部、采购部和仓储部下的扣零实发分配到“管理费用——工资”科目，将销售部下的扣零实发分配到“营业费用——员工工资”科目。

操作步骤:

（1）在金蝶 K/3 主控台，执行“人力资源”→“工资管理”→“工资业务”→“费用分配”命令，弹出“费用分配”对话框。

（2）在“编辑”选项卡中，单击“新增”按钮，系统切换到编辑状态。

（3）输入分配名称“工资分配”、摘要内容“工资分配”，选择凭证字“转”。

操作视频

例 11　费用分配

（4）单击第一行部门处“获取”获取“办公室”，在工资项目处选择“实发合计”项目，费用科目处获取“6602.01 管理费用——工资费”科目，核算项目处选择相应部门，工资科目处获取“2211.01 应付职工薪酬——应付工资”科目。

（5）在第二行部门处获取“财务部”，其他同第一行；在第三行部门处获取“销售部”，费用科目处获取“6601 销售费用”，其他同第一行；第四行、第五行除部门外同第一行，设置完成后如图 7-55 所示。

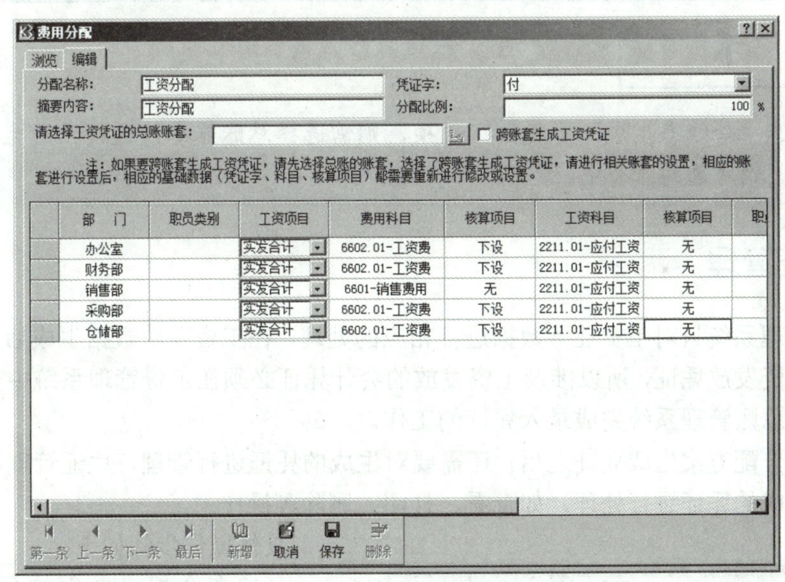

图 7-55　费用分配

（6）单击“保存”按钮保存当前设置。

（7）单击“浏览”选项卡，系统切换到浏览窗口。勾选“工资分配”，选中“按工资会计期间生成凭证”，单击“生成凭证”按钮，系统弹出提示框。

（8）单击“确定”按钮，稍后系统弹出“信息”对话框。单击“关闭”按钮与“查询凭证”按钮，打开“凭证处理”窗口。选中该记录后双击，系统弹出该凭证的查看窗口，如图 7-56 所示。

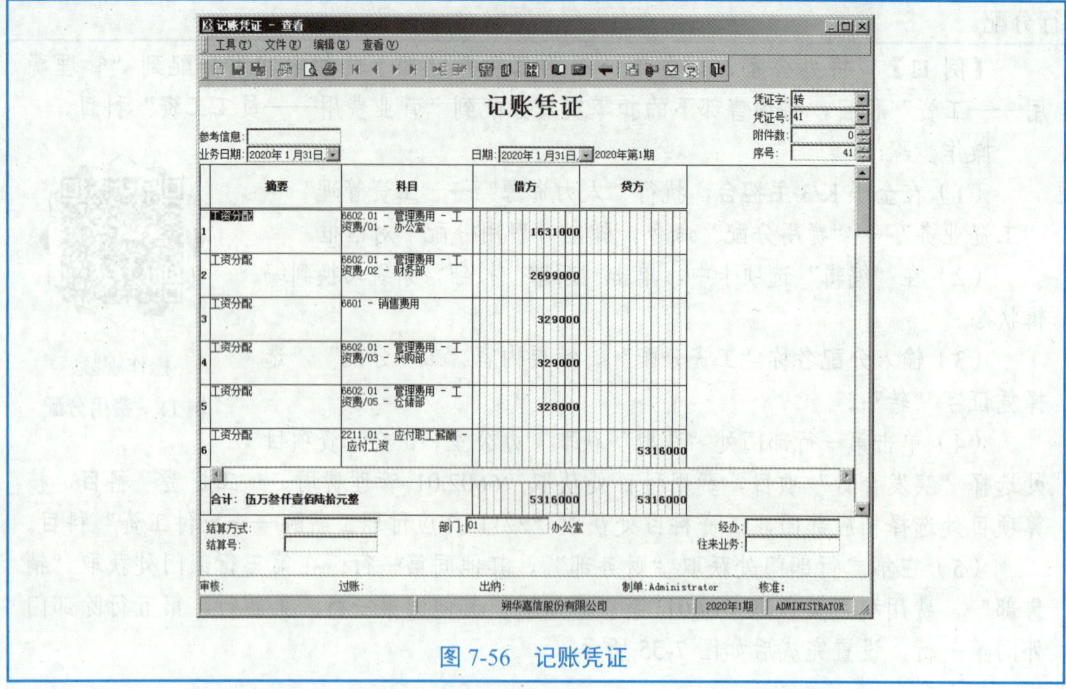

图 7-56 记账凭证

提 示

若勾选“跨账套生成工资凭证”选项，则需选择总账账套，这样系统生成的凭证会自动传递到所选的账套中。

七、凭证管理

工资管理系统只对工资业务数据进行相应的处理，在工资发放数据生成后，并不能生成相应的工资发放凭证，所以涉及工资发放的会计凭证必须在工资管理系统中查询相关数据后，通过总账管理系统完成录入凭证的工作。

按费用分配方案生成凭证之后，还需要对生成的凭证进行管理，凭证管理用于对工资管理系统生成的凭证进行处理，如查看、打印、删除等操作。

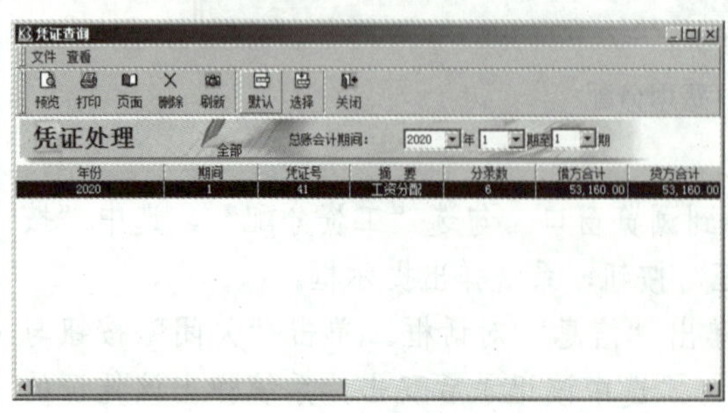

图 7-57 凭证查询

具体操作步骤如下：

（1）在金蝶 K/3 主控台，执行“人力资源”→“工资管理”→“工资业务”→“工资凭证管理”命令，弹出“凭证查询”对话框，如图 7-57 所示。

（2）双击凭证所在行，可打开“记账凭证—查看”窗口，查看凭证的详细内容。

（3）单击“打印”按钮，可打印输

出凭证；单击“删除”按钮，可删除选定的凭证；单击“选择”，可跨账套查询凭证。

提　示

按总账会计期间生成凭证的，分配工资生成凭证的会计期间为总账管理系统所在的会计期间；按工资会计期间生成凭证的，分配工资生成凭证的会计期间为工资管理系统所在的会计期间。

八、工资审核

为确保工资的正确，用户需要对工资数据进行审核。审核后的工资数据不能修改，只有反审核后才能修改。

具体操作步骤如下：

（1）在金蝶 K/3 主控台，执行“人力资源”→“工资管理”→“工资业务”→“工资审核”命令，弹出“工资审核”对话框，左侧显示系统中已有的部门信息，单击“+”按钮，层层展开该部门下的职员信息，职员前面方框中勾选，如图 7-58 所示。

（2）若选取“按部门处理”复选框，则审核、反审核等操作按部门进行，否则按登陆的职员进行；若选取“级联选择”复选框，则当用户选取上级部门时，其下级部门将自动处于被选中状态。

（3）选取“审核”单选项，选择需要审核的工资数据，单击“确定”按钮即可完成审核操作，审核完成的人员信息自“工资审核”窗口消失，如图 7-59 所示。

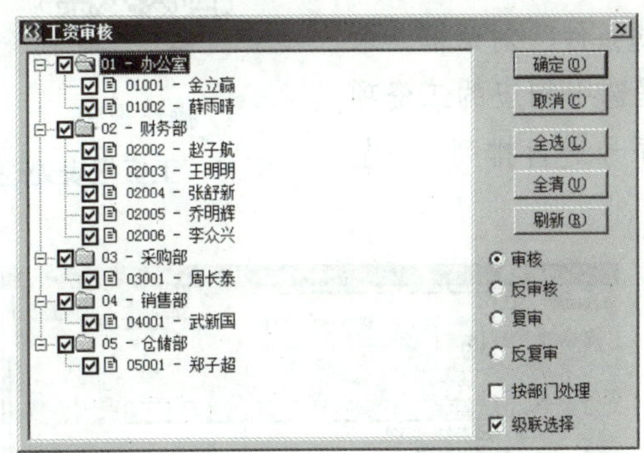

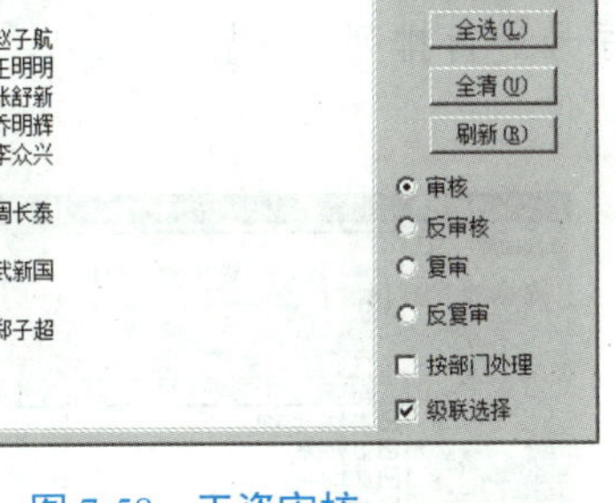

图 7-58　工资审核

图 7-59　工资审核完成

提　示

（1）如果选取“复审”单选项，选择需要复审的工资数据，单击“确定”按钮，即可完成复审操作。如果工资数据需要修改，则可选取“反复审”“反审核”单选项，单击“确定”按钮即可完成。

（2）反审核人和审核人，反复审人和复审人都应是同一个人。

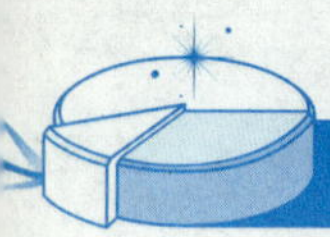

九、工资报表处理

金蝶 K/3 工资管理系统提供丰富的工资报表，如工资条、工资发放表、工资汇总表等。用户通过报表能全面掌握企业工资总额、分部门水平构成、人员工龄及年龄结构等，为公司制定合理的薪资管理提供详细的资料。工资报表的应用重点是过滤方案的设置和打印输出时纸张大小及方向的调整。

【例 12】 下面以输出“管理人员”类别下的工资条及表 7-3 中所示信息为例，进行工资条设置。

表 7-3 工资条项目排列顺序

1	2	3	4	5	6	7	8	9	10	11	12	13	14	15	16
职员代码	职员姓名	部门名称	上次扣零结余	本次扣零	本次扣零结余	扣零发放	基本工资	奖金	福利费	应发合计	代扣税	其他扣款	扣款合计	实发合计	扣零实发

操作步骤：

（1）在金蝶 K/3 主控台，执行“人力资源”→“工资管理”→“工资报表”→“工资条”命令，弹出“过滤器”对话框，如图 7-60 所示。

（2）单击“增加”按钮，弹出“定义过滤条件”对话框。录入过滤名称“工资条”，根据表 7-3 中的数据选中相应的工资项目，并单击“上移”“下移”按钮，按表中序号进行排列。设置完成后的对话框如图 7-61 所示。

操作视频

例 12 工资报表处理

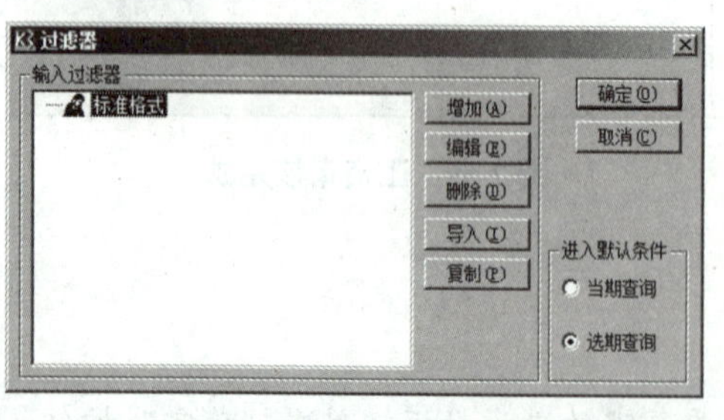

图 7-60 过滤器

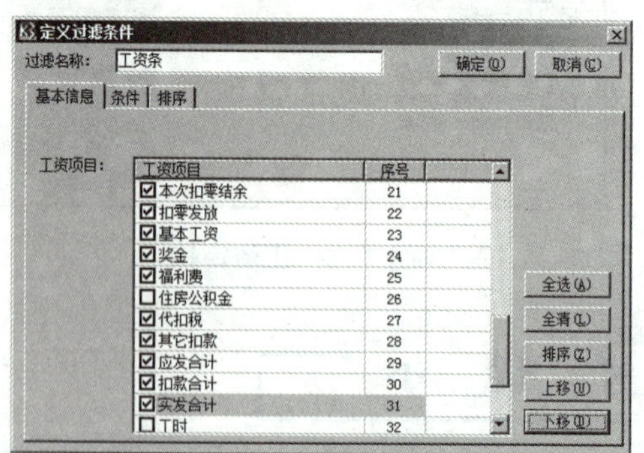

图 7-61 定义过滤条件

（3）单击“确定”按钮，系统弹出提示框，确定后新增“工资条”过滤方案，并返回“过滤器”对话框。选中“工资条”方案，单击“确定”按钮，弹出“工资条打印”对话框，如图 7-62 所示。

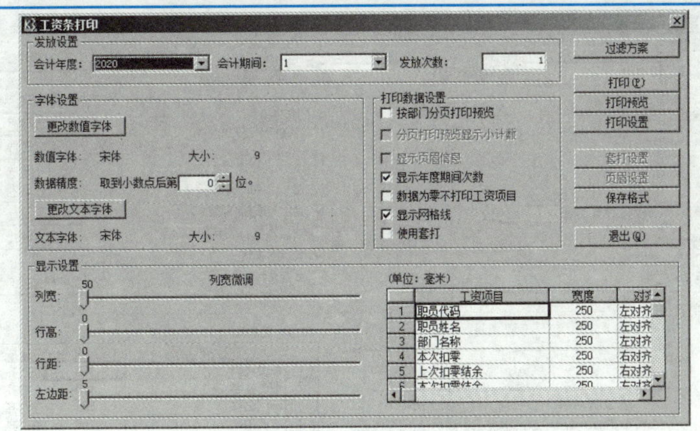

图 7-62　工资条打印

（4）单击“打印预览”按钮，打开“打印预览—工资条”窗口，如图 7-63 所示。若通过预览发现打印格式不美观，则可以进行更改。更改方法有三种：纸张方向选择“横向”；选择尽量大的纸张，如 A3 纸张；修改列的宽度。

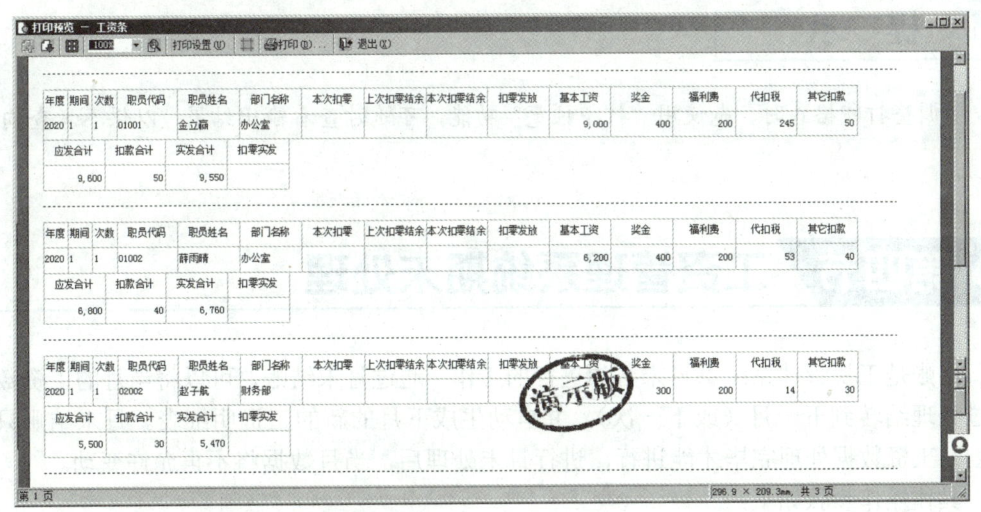

图 7-63　打印预览—工资条

（5）单击“关闭”按钮，返回“工资条打印”对话框。单击“打印设置”按钮，弹出“打印设置”对话框，修改方向为“横向”。单击“确定”按钮返回“工资条打印”对话框，再单击“打印预览”按钮，打开“打印预览—工资条”窗口。通过预览窗口发现，格式虽有所变化，但是还没达到要求，下一步可以修改“工资条打印”对话框右下方每一个项目的列宽，如图 7-64 所示。

（6）单击“打印预览”按钮，系统进入“打印预览”窗口，打印格式基本达到要求后，单击“打印”按钮即可输出工资条内容。

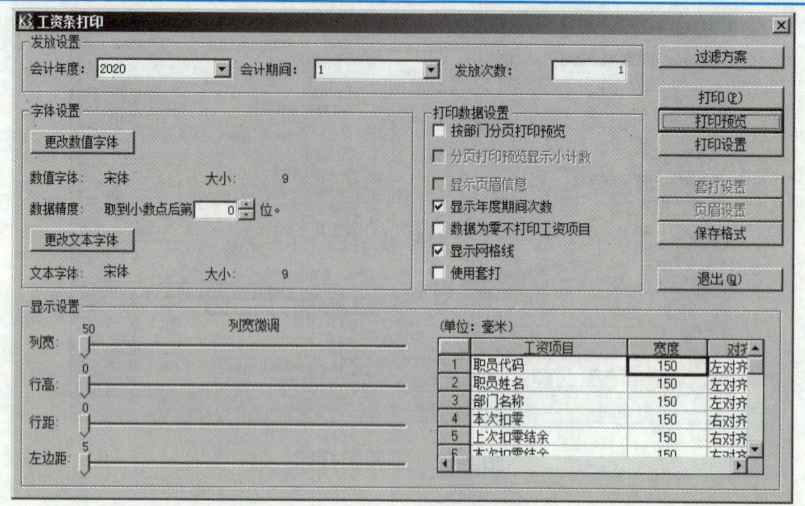

图 7-64　工资条打印

提　示

调整打印格式时，先使用“打印预览”功能，可随时查看输出结果，以供参考查询。

第四节　工资管理系统期末处理

结账是工资管理系统每月末必须进行的工作，通过月末结账，可以将当月的工资数据经过处理结转到下一月（或下一次），并自动生成下月的新的工资明细表。月末结账只有在当月工资数据处理完毕才能进行，进行月末处理后，当月数据将不再允许变动。

具体操作步骤如下：

（1）在金蝶 K/3 主控台，执行“人力资源”→“工资管理”→“工资业务”→“期末结账”命令，弹出“期末结账”对话框，如图 7-65 所示。

（2）根据需要，选择“本期”或“本次”，单击“开始”按钮，系统开始结账。

（3）结账后，系统弹出提示框，提示已成功结账到下次或下期工资发放和工资基金结转，单击“确定”按钮，如图 7-66 所示。

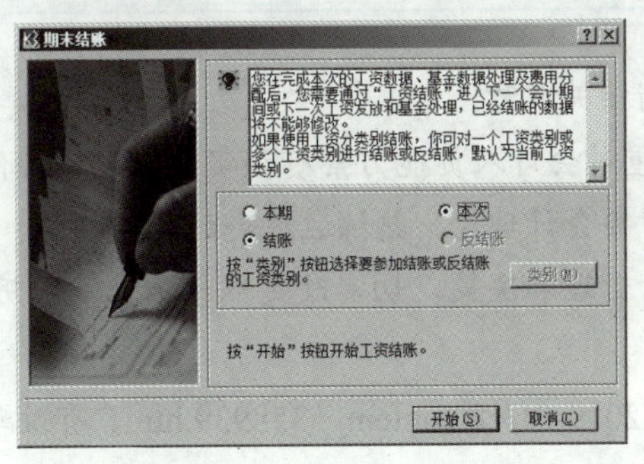

图 7-65　工资期末结账

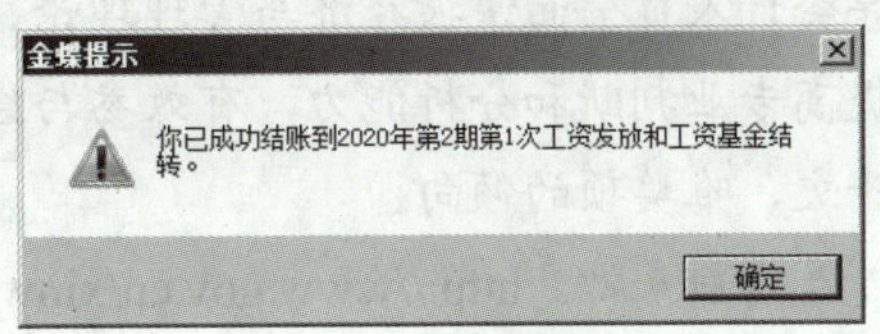

图 7-66　完成结账

提　示

（1）结账时，系统会自动复制每个类别下的固定工资项目数据。当对其中一个工资类别进行反结账操作时，若选取“删除当前工资数据”功能，则自动删除当前工资数据，而且其他工资类别也同时跟着反结账并自动删除当前工资数据。

（2）若在工资管理系统的“系统参数”中设置了工资结账前必须审核或者必须复审，则需要在结账前对工资数据进行审核或者复审，否则不能进行结账处理。

（3）反结账时，如果未勾选“删除当前工资数据”选项，则在反结账时不删除已经存在的工资数据，这样再结账时会保留修改后的固定工资项目数据。

上机实验

实验 9　工资管理系统业务处理。

以上实验内容详见书后所附“上机实验资料”。

修身立德

会计人员职称制度改革

会计人员是维护社会主义市场经济秩序的重要力量。深化会计人员职称制度改革，完善符合会计工作职业特点的评价机制，对于提高会计人员的专业能力，加强会计人员队伍建设，更好地服务经济高质量发展具有重要意义。《关于深化会计人员职称制度改革的指导意见》（以下简称《指导意见》）坚持以服务发展、科学评价、以用为本为原则，遵循会计人员成长规律，推动会计人员职称制度改革。

（1）突出评价会计人员职业道德。坚持把职业道德放在评价的首位，引导会计人员遵纪守法、勤勉尽责、参与管理、强化服务，不断提高专业胜任能力；要求会计人员坚持客观公正、诚实守信、廉洁自律、不做假账的工作原则，不断提高职业操守；

对通过弄虚作假取得职称的情况，一律撤销相关职称。

（2）充分体现会计工作职业特点。注重对会计人员能力素质和实际贡献的评价，引导会计人员全面掌握经济与管理理论、财务会计理论，熟练运用会计业务技能，不断提高专业判断和分析能力，有效参与经营管理和决策，切实改变唯学历、唯资历、唯论文、唯奖项的倾向。

（资料来源：http://www.gov.cn/xinwen/2019-01/18/content_5358939.htm，有改动）

第八章　现金管理系统

学习目标

知识目标：

（1）了解金蝶 K/3 现金管理系统的主要功能及业务处理流程。

（2）掌握现金管理系统基础设置的内容和方法。

（3）掌握日常现金管理业务处理的内容和方法。

（4）掌握现金管理系统期末结账的方法。

能力目标：

（1）能够按业务要求设置现金管理系统参数。

（2）能够完成现金管理系统的基础设置。

（3）能够根据业务要求进行现金盘点、银行对账、票据管理和收付款管理等日常业务处理。

（4）能够完成现金管理系统的期末结账。

素质目标：

（1）树立正确的世界观、人生观和价值观。

（2）树立廉洁从业、守规操作的职业操守。

（3）增强遵纪守法意识和责任意识，培养辨别是非的能力。

工作情景

货币资金是企业流动性最强的资产。企业的收付款业务频繁、管理不善，很容易导致资产流失。朔华嘉信公司在与外单位的收付款结算中，涉及多种结算票据的核算和管理，如现金支票、转账支票、银行汇票、商业汇票等。合理使用金蝶 K/3 的现金管理系统，尤其是与应收、应付款管理系统等相关业务系统相配合，可以加强公司现金和银行存款等资金收付款业务的管理。

第一节 现金管理系统概述

现金管理系统能处理企业中的日常出纳业务，包括现金业务、银行业务、票据管理及其相关报表、系统维护等内容。

一、现金管理系统的主要功能

金蝶 K/3 的现金管理系统适用于企事业单位财务部门对本单位现金收入、付出和库存进行预算、监督和控制，其主要功能如下：

（1）库存现金和银行存款日记账管理。库存现金和银行存款日记账管理便于出纳人员根据业务发生情况及时进行现金和银行存款的日记账登记。

（2）库存现金盘点和银行对账管理。现金管理系统提供的自动计算和对账功能能够显著提高对账效率。

（3）票据管理。票据管理用于对支票、本票、汇票等各种票据及汇兑、托收承付、委托收款、利息单等结算凭证的登记管理。同时，在票据备查簿中，可以根据出纳录入的票据信息生成记账凭证。

（4）往来结算管理。往来结算管理用于对收款和付款业务进行登记管理，主要与结算中心、应收应付款管理系统集成使用。

（5）现金流预测。现金流预测功能的作用是通过采集业务系统数据，对企业未来的流量和存量进行预测，使用户能随时掌握未来资金流入、流出和余额情况，以帮助用户防范支付危机和进行资金优化配置。

二、现金管理系统与其他系统的主要关系

现金管理系统既可以独立运行，也可以与其他业务系统配合使用。

现金管理系统与总账管理系统在数据上可以建立共享关系，现金管理系统可以从总账管理系统中引入现金和银行存款日记账；系统也可以根据现金管理系统录入的收付款单据生成凭证并传递到总账管理系统。

现金管理系统中的票据管理和往来结算功能与应收、应付款管理系统完全共享，现金管理系统录入的收付款单据可传递到应收款管理系统或应付款管理系统，反之亦可。现金管理系统对票据的处理信息也可传递到应收款管理系统或应付款管理系统，反之亦可。

现金管理系统可以与结算中心联用，现金管理系统的票据、付款申请单、收款通知单可以发送到结算中心，也可从结算中心下载收款单和付款单。

三、现金管理系统的业务处理流程

在现金业务处理中，可以根据企业的需要选择是否启用相应的功能模块。例如，往来

款结算如果选择在应收、应付款系统中处理，则现金管理系统可不使用相应的功能；同样，票据管理功能也可根据企业的需要选择是否使用，或在应收、应付款管理系统中使用该功能。现金管理系统的业务处理流程如图 8-1 所示。

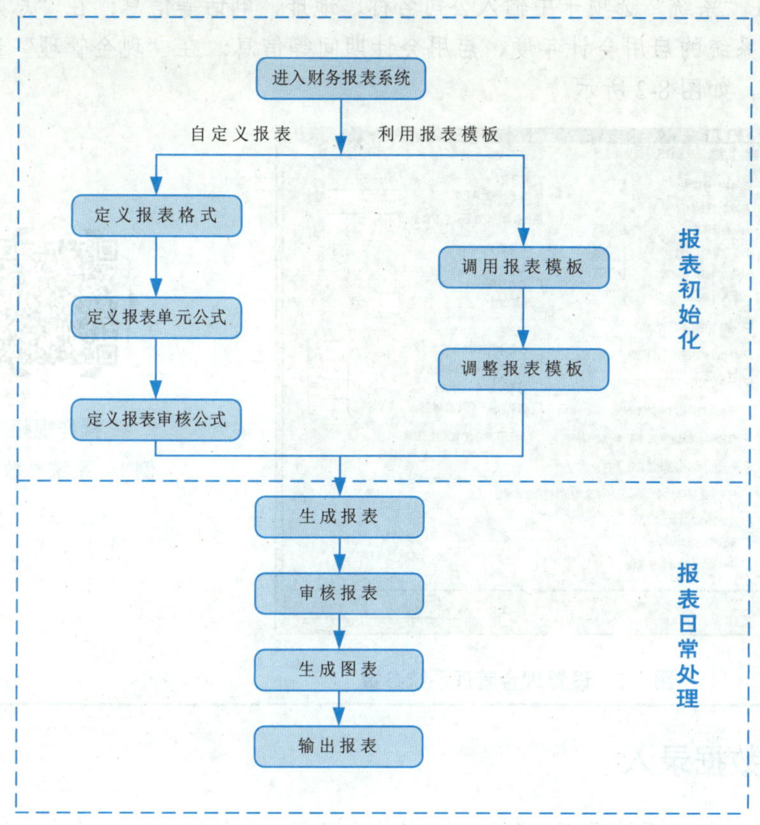

图 8-1　现金管理系统的业务处理流程

第二节　现金管理系统的初始设置

使用现金管理系统处理企业日常出纳业务，首先应对现金管理系统进行初始化设置，主要包括现金管理系统的参数设置与初始数据录入。

一、系统参数设置

在启用现金管理系统之前，必须对现金管理系统的功能进行选择配置。

【例 1】　设置现金管理系统参数：勾选“结账与总账期间同步”“自动生成对方科目日记账”“允许从总账引入日记账”“审核后的凭证才可以复核记账”“与总账对账期末余额不等时不允许结账”“日记账所对应的总账凭证必须存在”。

操作步骤：

（1）在金蝶 K/3 主控台，执行“系统设置”→“系统设置”→“现金管理”→“系统参数”命令，弹出“系统参数”对话框。

（2）在“系统”选项卡中输入公司名称、地址、电话等信息；在“总账”选项卡中查看总账系统的启用会计年度、启用会计期间等信息；在“现金管理”选项卡中勾选以上参数，如图 8-2 所示。

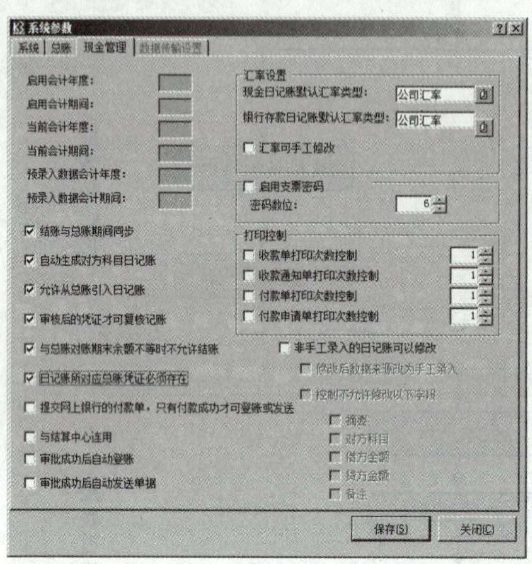

操作视频

例 1　系统参数设置

图 8-2　设置现金管理系统参数

二、初始数据录入

在启用现金管理系统进行业务处理之前，为了保证系统业务的连续性与总账系统数据的一致性，必须在现金管理系统中录入现金和银行存款期初数据，包括账面金额和银行存款期初未达账项金额。

所谓未达账项，是指单位与银行之间一方已取得有关凭证登记入账，另一方尚未入账的款项。存在未达账项的情况下，企业单位银行存款日记账的余额和银行对账单的余额往往是不相等的，这就需要对企业和银行账面余额进行调整，即在企业与银行双方账面余额的基础上，各自加上对方已收、本单位未收的款项，减去对方已付、本单位未付的款项。如果没有记账错误，调节后的双方余额应相符。

三、结束初始化

在完成现金管理系统初始设置后，需进行结束初始化的处理，在结束初始化后，才能进行现金日常业务的操作处理，同时，初始化数据不能再被修改。

【例 2】　根据下列要求进行设置：

（1）将总账系统的现金、银行存款科目引入。

（2）从总账系统引入2020年1月的现金、银行存款科目的余额。

（3）进行试算平衡检查，结束初始化。

银行名称及账号如表8-1所示。

表8-1　银行名称及账号

代码	名称	银行接口类型	银行账号	账户名称	开户行
01	工行光华支行	中国工商银行	123	工行	工行光华支行
02	中行光华支行	中国银行	234	中行	中行光华支行
03	建行光华支行	中国建设银行	456	建行	建行光华支行

操作步骤:

（1）在金蝶K/3主控台，执行“系统设置”→“初始化”→“现金管理”→“初始数据录入”命令，打开“初始数据录入”窗口，如图8-3所示。

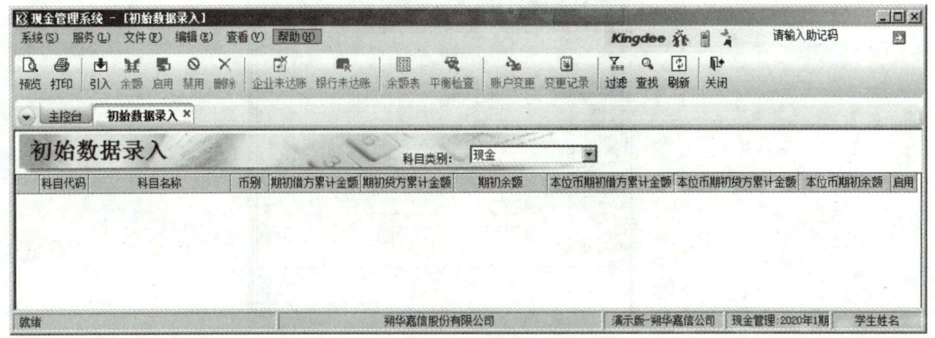

图8-3　初始数据录入

（2）单击“引入”按钮，弹出“从总账引入科目”对话框，如图8-4所示。

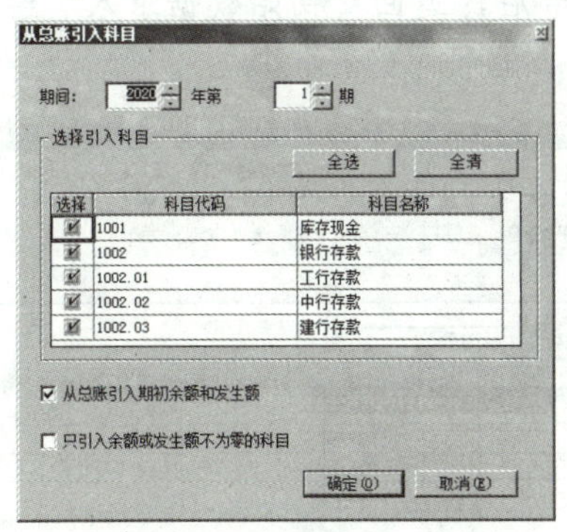

图8-4　从总账引入科目

操作视频

例2　结束初始化

（3）设置引入期间和引入方式，然后单击“确定”按钮，返回“初始数据录入”窗口。在“初始数据录入”窗口中显示有已引入的现金数据，如图8-5所示。

（4）在窗口上方的“科目类别”右侧的下拉框中选择“银行存款”，窗口即显示已引入的银行存款数据。双击“银行账号”空白栏，打开“核算项目—银行账号”窗

口，单击“新增”按钮，打开“银行账号—新增”窗口，录入表 8-1 中的银行名称及账号，如图 8-6 所示。

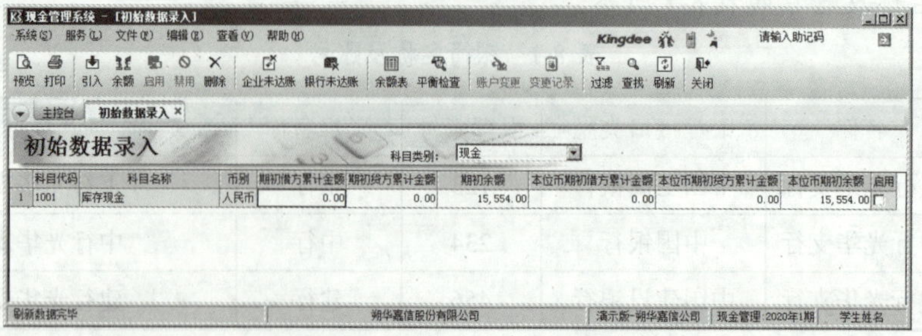

图 8-5　录入初始数据

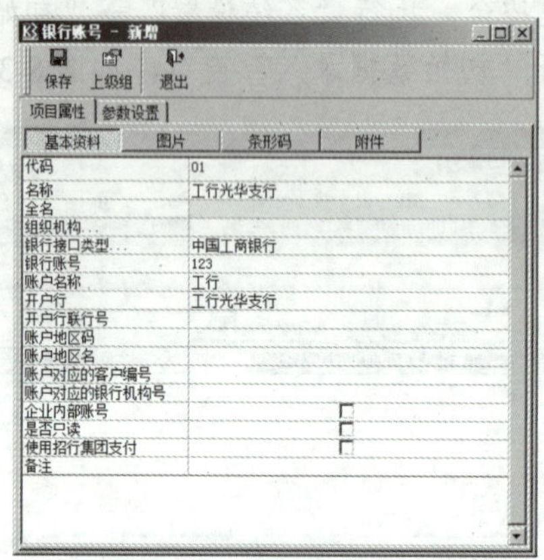

图 8-6　银行账号信息新增

（5）录入完毕，单击“关闭”按钮，返回“核算项目—银行账号”窗口，单击“浏览”按钮，双击选择正确的银行账号后，返回“初始数据录入”窗口，成功设置银行账号，如图 8-7 所示。

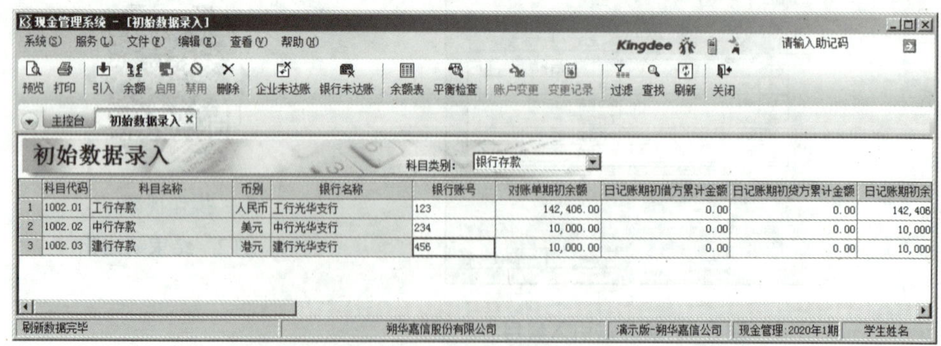

图 8-7　完成科目余额引入

（6）在“初始数据录入”窗口中，单击“余额表”，可打开“余额调节表”窗口查看银行存款余额调节表；单击“平衡检查”按钮，可检查所有的银行存款科目的余额调节表是否平衡。

（7）平衡后，执行“编辑”→“结束初始化”命令，弹出“启用会计期间—结束初始化”对话框。设置现金管理系统的启用会计期间后，单击“确定”按钮，如图 8-8 所示。

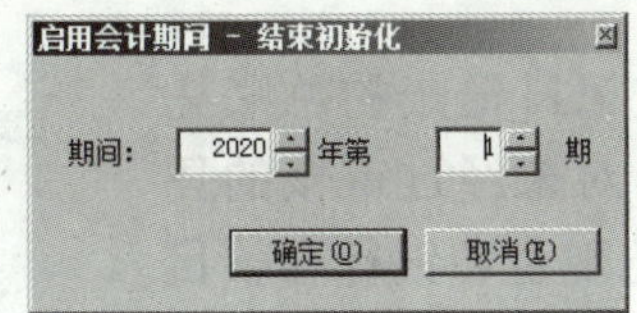

图 8-8　启用会计期间—结束初始化

（8）系统弹出“结束初始化后，将不能再输入新科目的初始数据！继续吗？”提示框，单击“确定”按钮。在系统稍后弹出的“结束新科目初始化完毕”提示框中再单击“确定”按钮，完成系统初始化操作。

（9）结束初始化后，若发现初始数据错误，在启用当期可执行“编辑”→“反初始化”命令，回到初始化状态，修改初始数据。待数据修改完成后，再结束初始化。

提　示

初始化账套的启用时间和引入的总账科目及其余额的时间应一致。

● 第三节　现金管理系统的日常业务处理

现金管理业务即出纳业务，是以货币资金、票据、有价证券为对象，反映和监督本单位货币资金运动，并对货币资金、票据和有价证券进行整理和保管的工作。

出纳人员日常工作的主要内容是进行货币资金的存入、提取和保管。为了加强货币资金的管理，保证货币资金的安全与完整，按照现行《现金管理暂行条例》的规定，对货币资金的收付有严格的制度要求，尤其是禁止坐支现金和现金限额管理的有关规定，使出纳人员必须经常在现金和银行存款之间转换货币资金形式，资金收付较为烦琐。为了满足出纳人员随时掌握和了解单位货币资金实际情况的需要，金蝶 K/3 现金管理系统提供了总账数据、现金、银行存款、票据和报表等处理模块。

一、总账数据处理

总账数据处理的是现金管理系统与总账管理系统的数据关系，主要实现复核记账、引入日记账和与总账对账三种功能。在现金管理系统与总账系统集成使用的情况下，可以将总账数据引入现金管理系统，以避免登记现金日记账和银行存款日记账的重复工作，并能够避免录入数据的错误。

1. 复核记账

复核记账实际上就是出纳人员在现金管理系统对总账的现金和银行存款凭证进行复核并登记现金日记账或银行存款日记账的过程，是将总账的有关现金、银行存款数据引入到现金管理系统的一种方式。

在现金管理系统中用于登记日记账的总账凭证不要求进行审核过账处理，对未经过审核的凭证，出纳同样可以进行复核登记现金和银行存款日记账。

具体操作步骤如下：

（1）在金蝶K/3主控台，执行“财务会计”→“现金管理”→“总账数据”→“复核记账”命令，弹出“复核记账”对话框，如图8-9所示。

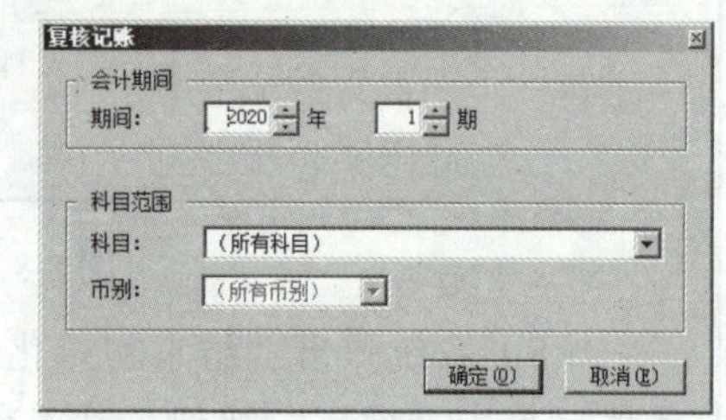

图8-9　复核记账条件设置

（2）选择相应的会计期间、科目范围和币别，设置完成后，单击“确定”按钮。在打开的“复核记账”窗口中显示有总账系统凭证，如图8-10所示。

复核记账　科目：（所有科目）　币别：（所有币别）　期间：2020年1期

日期	凭证字号	摘要	科目代码	科目名称	币别	原币金额	借方金额	贷方金额	制单	审核	过账	出纳
2020-01-02	付 - 1	提现	1001	库存现金	人民币	20,000.00	20,000.00		学生姓名	Administ	学生姓名	学生姓名
		提现	1002.01	银行存款 - 工行存款	人民币	20,000.00		20,000.00				
2020-01-04	收 - 2	收到投资款	1002.02	银行存款 - 中行存款	美元	10,000.00	65,335.00		学生姓名	Administ	学生姓名	学生姓名
		收到投资款	1002.03	银行存款 - 建行存款	港元	50,000.00	41,795.00					
		收到投资款	4001	实收资本	人民币	107,130.00		107,130.00				
2020-01-06	付 - 3	支出通讯费	6602.06	管理费用 - 通讯费	人民币	120.00	120.00		学生姓名	Administ	学生姓名	学生姓名
		支出通讯费	1001	库存现金	人民币	120.00		120.00				
2020-01-06	收 - 28	收款单	1002.01	银行存款 - 工行存款	人民币	5,000.00	5,000.00		学生姓名	Administ	学生姓名	学生姓名
			1122	应收账款	人民币	5,000.00		5,000.00				
2020-01-07	收 - 29	收款单	1002.01	银行存款 - 工行存款	人民币	7,020.00	7,020.00		学生姓名	Administ	学生姓名	学生姓名
			1122	应收账款	人民币	7,020.00		7,020.00				
2020-01-08	收 - 30	收款单	1002.01	银行存款 - 工行存款	人民币	3,000.00	3,000.00		学生姓名	Administ	学生姓名	学生姓名
			1122	应收账款	人民币	3,000.00		3,000.00				
2020-01-09	付 - 4	采购原材料	1401	材料采购	人民币	2,000.00	2,000.00		学生姓名	Administ	学生姓名	学生姓名
		采购原材料	1001	库存现金	人民币	2,000.00		2,000.00				
2020-01-09	收 - 37	预收单	1002.01	银行存款 - 工行存款	人民币	2,000.00	2,000.00		学生姓名	Administ	学生姓名	学生姓名
			2203	预收账款	人民币	2,000.00		2,000.00				
2020-01-10	付 - 38	退款单	2203	预收账款	人民币	-10,000.00		-10,000.00	学生姓名	Administ	学生姓名	学生姓名

图8-10　复核记账

提　示

科目范围是“初始化”时从“总账引入科目”生成的。随着公司业务发展，可能会随时新增现金科目和银行存款科目，若这些新增科目需要“现金管理”时，可在现金管理系统的“初始数据录入”窗口，通过“从总账引入科目”引入新增的科目。

（3）执行“文件”→“登账设置”命令，弹出“登账设置”对话框，如图8-11所示。

（4）登账设置默认不变，单击“确定”按钮，选择需要登账的记录。

（5）单击“登账”按钮或双击该条记录，即可实现数据的登账操作。登账后，此条

记录不再显示在复核记账的查询界面上。

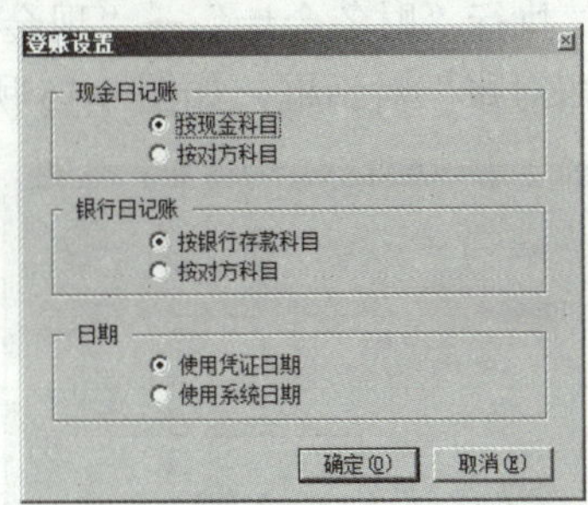

图 8-11　登账设置

2．引入日记账

引入日记账是从总账管理系统中将现金日记账和银行存款日记账引入现金管理系统。具体操作步骤如下：

（1）在金蝶 K/3 主控台，执行“财务会计”→“现金管理”→“总账数据”→“引入日记账”命令，弹出“引入日记账”对话框。

（2）在“现金日记账”和“银行存款日记账”选项卡中，设置对引入相应日记账的会计期间、会计科目、引入方式、期间模式、日期和凭证范围等条件，分别如图 8-12 与图 8-13 所示。

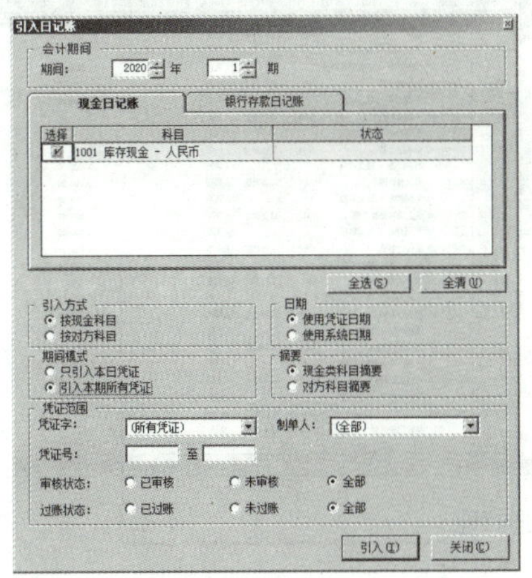

图 8-12　“现金日记账”选项卡

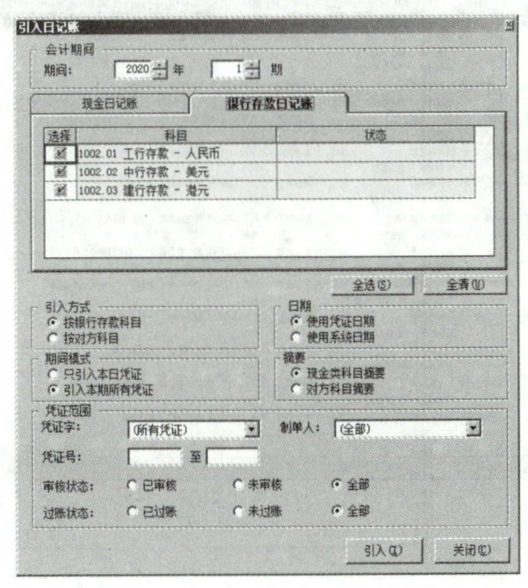

图 8-13　“银行存款日记账”选项卡

（3）设置完成后，单击“引入”按钮，开始引入相应的日记账。

（4）引入完毕，系统弹出引入完毕的信息提示框，如图 8-14 所示。

图 8-14　引入完毕

3．与总账对账

与总账对账是指将现金管理系统中的现金、银行存款日记账与总账中的日记账进行核对，以保证现金管理系统的日记账和总账登账的一致性。

具体操作步骤如下：

（1）在金蝶 K/3 主控台，执行“财务会计”→“现金管理”→“总账数据”→“与总账对账”命令，弹出“与总账对账”对话框，如图 8-15 所示。

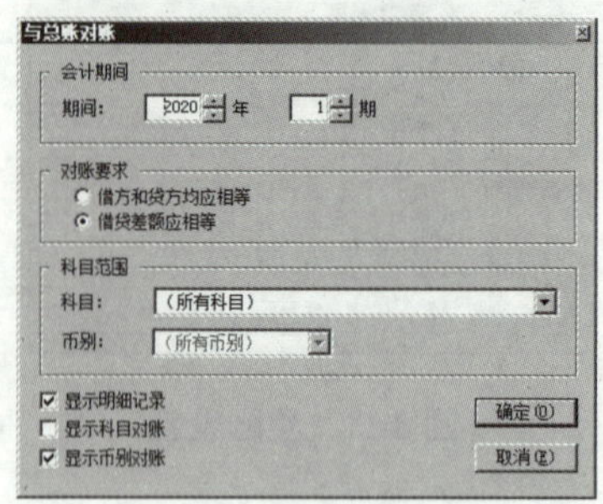

图 8-15　与总账对账条件设置

（2）选择会计期间、对账条件、会计科目和显示条件等，设置完成后，单击“确定”按钮。打开“与总账对账”窗口，左侧显示已登记的日记账数据，右侧显示总账系统的日记账数据，如图 8-16 所示。

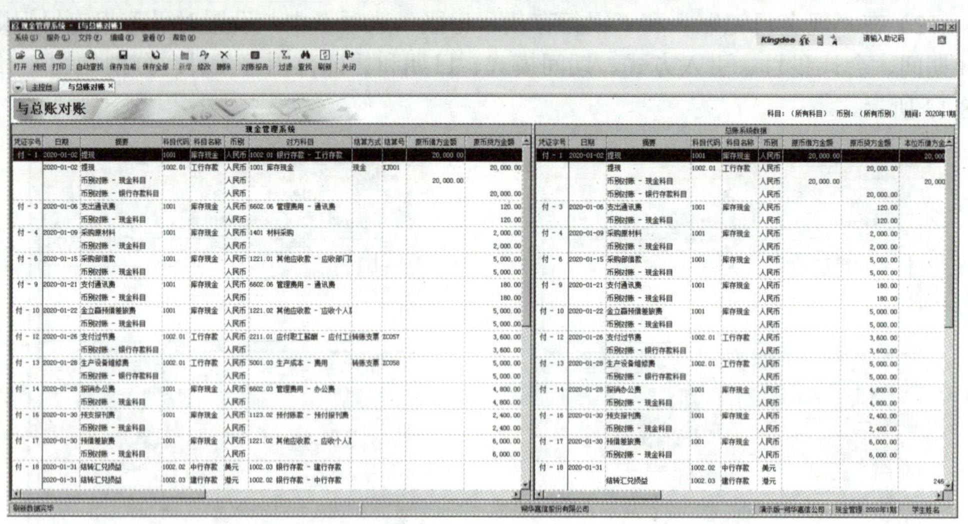

图 8-16　与总账对账

提　示

（1）如果现金管理系统未登记相应业务的日记账，则与总账对账不符、存在差异的业务记账系统以红色显示。

（2）只有现金管理系统生成的日记账可以修改，总账系统的记录不能在此模块中修改。如果需要修改总账数据，则必须在总账系统中进行。

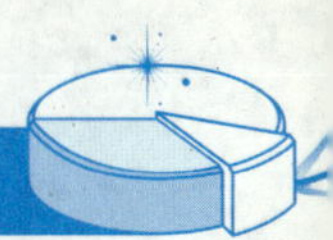

二、现金处理

1. 现金日记账的新增和修改

现金日记账用来逐日逐笔反映库存现金的收入、支出和结存情况，以便于对现金的保管、使用及现金管理制度的执行情况进行严格的日常监督及核算。现金日记账的登记依据是经过复核无误的收款记账凭证和付款记账凭证。

具体操作步骤如下：

（1）在金蝶 K/3 主控台，执行“财务会计”→“现金管理”→“现金”→“现金日记账”命令，弹出“现金日记账”对话框，如图 8-17 所示。

（2）设置相应的过滤条件，选中“显示所有记录”，其他默认设置，单击“确定”按钮，打开“现金日记账”窗口，如图 8-18 所示。

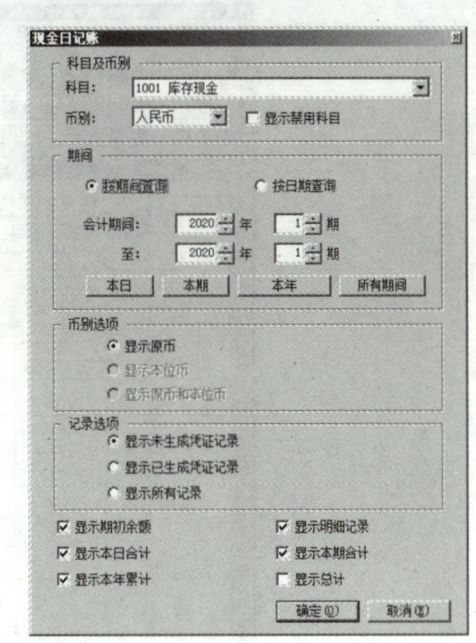

图 8-17　现金日记账条件设置

现金日记账　科目：1001 库存现金　币别：人民币　期间：2020年1期

序列号	日期	凭证字号	凭证期间	凭证审核	记账标志	摘要	对方科目	借方金额	贷方金额	余额	附件数	制单人	数据来源	备注
	2020-01-01					上年结转				15,554.00				
1	2020-01-02	付 - 1	2020年1期	√	√	提现	1002.01 银行存款	20,000.00		35,554.00		学生姓名	复核记账，按现金科目引入	
	2020-01-02					本日合计		20,000.00		35,554.00				
2	2020-01-06	付 - 3	2020年1期	√	√	支出通讯费	6602.06 管理费用		120.00	35,434.00		学生姓名	复核记账，按现金科目引入	
	2020-01-06					本日合计			120.00	35,434.00				
3	2020-01-09	付 - 4	2020年1期	√	√	采购原材料	1401 材料采购/01.		2,000.00	33,434.00		学生姓名	复核记账，按现金科目引入	
	2020-01-09					本日合计			2,000.00	33,434.00				
4	2020-01-15	付 - 6	2020年1期	√	√	采购部借款	1221.01 其他应收		5,000.00	28,434.00		学生姓名	复核记账，按现金科目引入	
	2020-01-15					本日合计			5,000.00	28,434.00				
5	2020-01-20	收 - 8	2020年1期	√	√	收回采购部借款	1221.01 其他应收	2,000.00		30,434.00		学生姓名	复核记账，按现金科目引入	
	2020-01-20					本日合计		2,000.00		30,434.00				
6	2020-01-21	付 - 9	2020年1期	√	√	支付通讯费	6602.06 管理费用		180.00	30,254.00		学生姓名	复核记账，按现金科目引入	
	2020-01-21					本日合计			180.00	30,254.00				
7	2020-01-22	付 - 10	2020年1期	√	√	金立巍预借差旅费	1221.02 其他应收		5,000.00	25,254.00		学生姓名	复核记账，按现金科目引入	
	2020-01-22					本日合计			5,000.00	25,254.00				
8	2020-01-24	收 - 11	2020年1期	√	√	产品升级服务费	6051 其他业务收入	10,000.00		35,254.00		学生姓名	复核记账，按现金科目引入	
	2020-01-24					本日合计		10,000.00		35,254.00				
9	2020-01-28	付 - 14	2020年1期	√	√	报销办公费	6602.03 管理费用		4,800.00	30,454.00		学生姓名	复核记账，按现金科目引入	
	2020-01-28					本日合计			4,800.00	30,454.00				
10	2020-01-30	付 - 16	2020年1期	√	√	预支报刊费	1123.02 预付账款		2,400.00	28,054.00		学生姓名	复核记账，按现金科目引入	
11	2020-01-30	付 - 17	2020年1期	√	√	预借差旅费	1221.02 其他应收		6,000.00	22,054.00		学生姓名	复核记账，按现金科目引入	
	2020-01-30					本日合计			8,400.00	22,054.00				
	2020-01-31					本期合计		32,000.00	25,500.00	22,054.00				
	2020-01-31					本年累计		32,000.00	25,500.00	22,054.00				

图 8-18　现金日记账

（3）现金日记账的新增方法有三种：

- “总账数据”下的复核记账。
- 执行“文件”→“从总账引入现金日记账”命令，从总账系统引入现金日记账。该方法与“总账数据”复核记账相同。
- 执行“编辑”→“多行输入”命令，单击“新增”按钮，打开“现金日记账录入”窗口，用户根据需要可多行或单笔手工录入现金日记账，如图 8-19 和图 8-20 所示。

（4）如果需要修改、删除现金日记账，则在现金日记账界面选择需要修改或删除的内容，然后单击工具栏中的相应按钮，单击“保存”按钮即可。

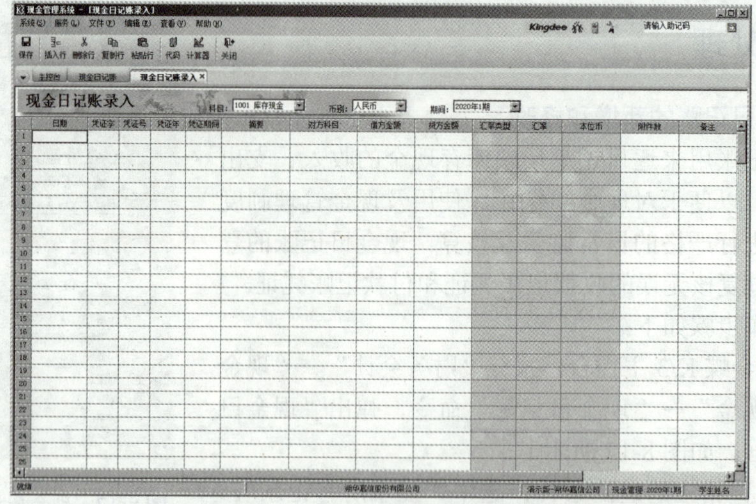

图 8-19　现金日记账多行录入窗口

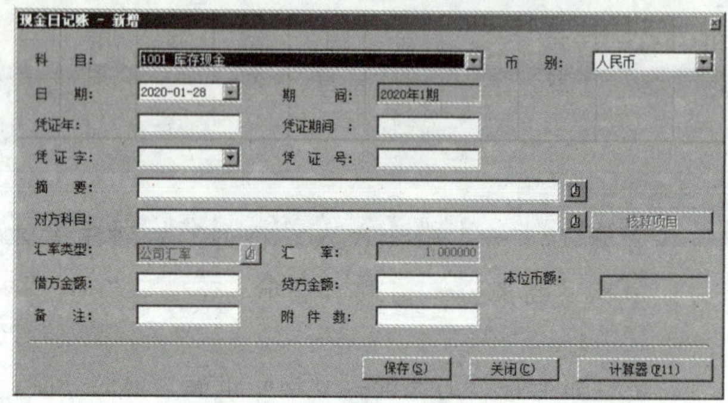

图 8-20　现金日记账单笔录入窗口

提　示

（1）若单独使用现金管理系统，不用录入凭证字、凭证号及对方科目。

（2）系统同时提供单张记录录入窗口，前提是在“现金日记账”管理窗口，去掉菜单“编辑”—“多行输入”功能的勾选。单击“新增”按钮，弹出“单张式现金日记账—新增”窗口。

2. 生成现金盘点单

现金盘点单是指出纳人员在每天业务终了以后对现金进行盘点的结果。

【例 3】　进行现金盘点，2020 年 1 月库存现金期初余额为 9 654 元（其中 100 元有 90 张，50 元有 13 张，1 元有 4 张），并与人民币现金日记账核对。

操作步骤:

（1）在金蝶 K/3 主控台，执行“财务会计”→“现金管理”→“现金”→“现金盘点单”命令，打开“现金盘点单”窗口，如图 8-21 所示。

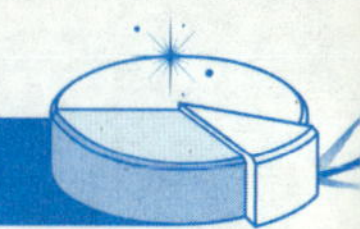

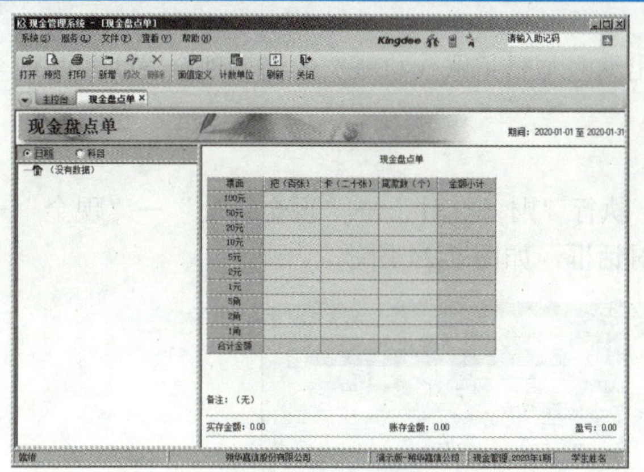

图 8-21　现金盘点单

操作视频

例 3　生成现金盘点单

（2）单击“新增”按钮，弹出“现金盘点单—新增”对话框。选择要盘点的科目“1001”，修改日期为“2020-1-1”，根据实际盘点输入不同面值现钞的数量，如图 8-22 所示。

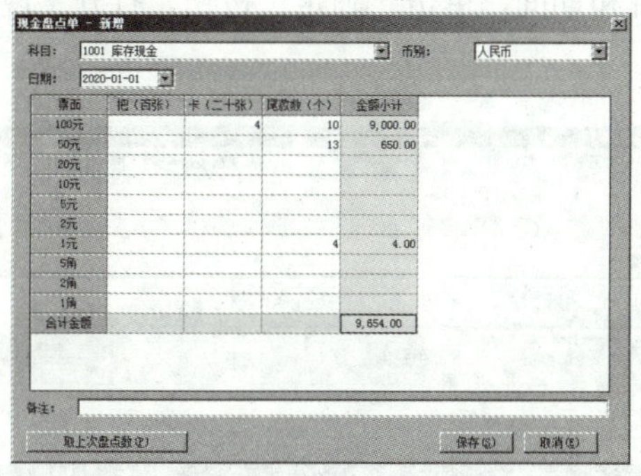

图 8-22　现金盘点单—新增

（3）输入完成后，单击“保存”按钮。在“现金盘点单”窗口即显示出现金盘点情况及实存、账存和盈亏数据，如图 8-23 所示。

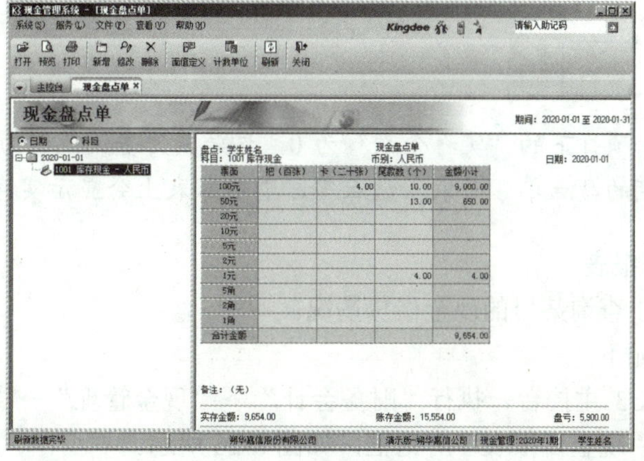

图 8-23　现金盘点对账

3. 现金对账

现金对账是指系统自动将出纳账与日记账（总账）的当期现金发生额与现金余额进行核对，并生成对账表。

具体操作步骤如下：

（1）在金蝶 K/3 主控台，执行“财务会计”→“现金管理”→“现金”→“现金对账”命令，弹出“现金对账”对话框，如图 8-24 所示。

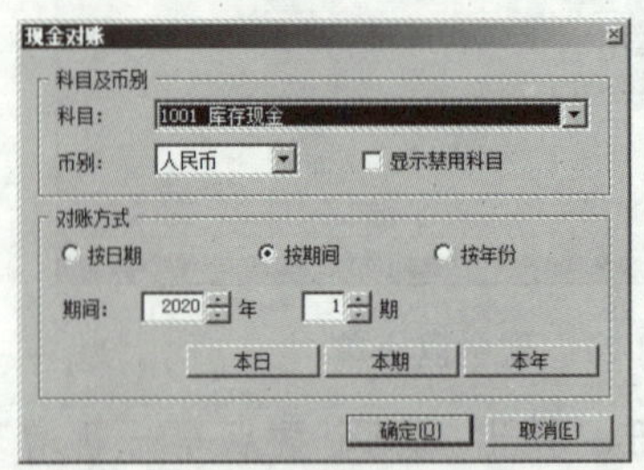

图 8-24　现金对账条件设置

（2）设置对账的科目和期间，单击“确定”按钮，打开“现金对账”窗口，如图 8-25 所示。

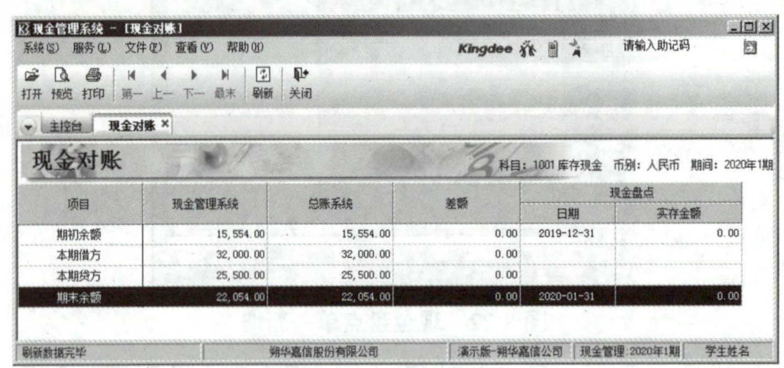

图 8-25　现金对账

提　示

“现金盘点”项目下的“实存金额”为 0，这是因为查询范围为当期的最后一天，系统没有录入当期的盘点单。若录入盘点单，则对账表上会显示实存金额。

4. 查询现金日报表

现金日报表用于查询某日的现金借贷情况。

具体操作步骤如下：

（1）在金蝶 K/3 主控台，执行“财务会计”→“现金管理”→“现金”→“现金日报表”命令，弹出“现金日报表”对话框，如图 8-26 所示。

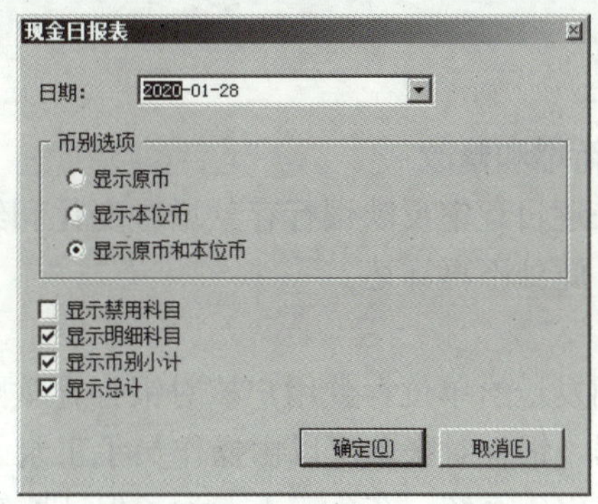

图 8-26　现金日报表条件设置

（2）设置查询条件后，单击“确定”按钮，打开“现金日报表”窗口，如图 8-27 所示。

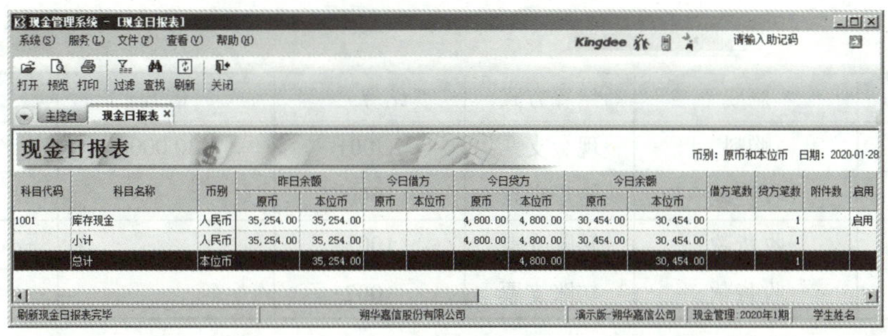

科目代码	科目名称	币别	昨日余额		今日借方		今日贷方		今日余额		借方笔数	贷方笔数	附件数	启用
			原币	本位币	原币	本位币	原币	本位币	原币	本位币				
1001	库存现金	人民币	35,254.00	35,254.00			4,800.00	4,800.00	30,454.00	30,454.00		1		启用
	小计	人民币	35,254.00	35,254.00			4,800.00	4,800.00	30,454.00	30,454.00		1		
	总计	本位币		35,254.00				4,800.00		30,454.00		1		

图 8-27　现金日报表

5. 登记现金收付流水账

现金收付流水账是指出纳根据现金收付的时间顺序登记的流水账。在现金收付流水账中，用户可以根据收付款信息直接生成凭证，并将其传递到总账。

如果是第一次进入现金收付流水账，则需要进行现金收付流水账的初始化，以获得现金各币别的初始余额。在初始数据设置完成后，执行“编辑”→“结束初始化”命令，系统弹出提示框。重新进入“现金收付流水账”窗口后，单击“新增”按钮，打开“现金收付流水账录入”窗口，可手工录入每一笔现金收付流水账。

提　示

（1）录入的现金收付流水账若带有凭证字和凭证号，系统会自动检测该记录是否与总账系统中的记录相匹配，若不匹配则不能保存。若录入的流水账经检测有凭证字和凭证号也可以保存，在返回的“现金流水账”窗口，选中该条目，单击“按单、汇总”按钮，则可以生成凭证传递到总账系统。

（2）生成凭证时，操作员一定要有操作总账的凭证权限才行。

三、银行存款处理

1. 银行存款日记账的新增和修改

银行存款日记账是用来逐日逐笔反映银行存款增减变化和结余情况的账簿，增加和修改情况与现金日记账类似，此处不再详述。

2. 录入银行对账单

银行对账单是银行定期发送给单位存款用户核对银行存款账项的账单，它是月末各单位进行银行对账的主要依据。银行对账单可以由操作员手工录入；如果银行提供有对账单电子文件，也可将数据直接引入系统。在分工上，为了保证所输入的对账单的准确性，防止篡改等舞弊行为的发生，一般不应由出纳员执行此项操作。

【例 4】 按表 8-2 所示信息输入朔华嘉信公司 1 月份的工行银行对账单。

表 8-2 工行银行对账单

单位：元

日期	摘要	结算方式	结算号	借方	贷方
01-02	购料	现金支票	XJ001	20 000	
01-06	收货款	转账支票	1000		5 000
01-07	收货款	转账支票	1001		7 020
01-08	收货款	转账支票	1002		3 000

操作步骤：

（1）在金蝶 K/3 主控台，执行“财务会计”→“现金管理”→“银行存款”→“银行对账单”命令，弹出“银行对账单”对话框，设置科目“1002.01 工行存款”、币别“人民币”、会计期间“2020 年 1 期”，如图 8-28 所示。

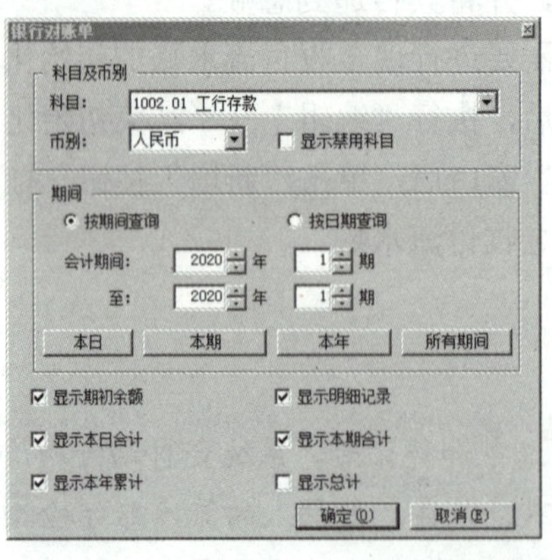

图 8-28 银行对账单条件设置

操作视频

例 4 录入银行对账单

（2）单击“确定”按钮，打开“银行对账单”窗口，如图 8-29 所示。

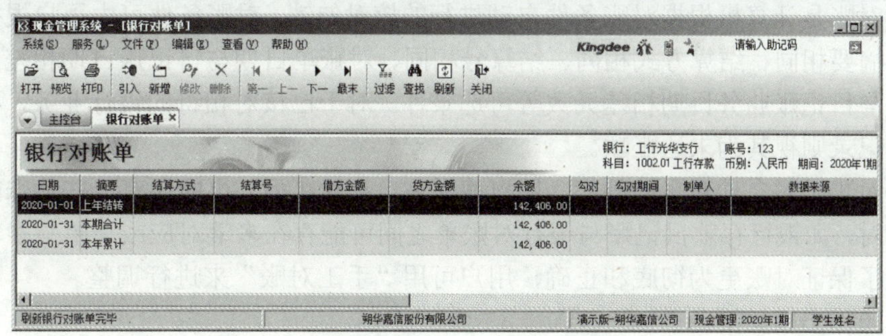

图 8-29　银行对账单

（3）单击“新增”按钮，打开“银行对账单录入”窗口，如图 8-30 所示。

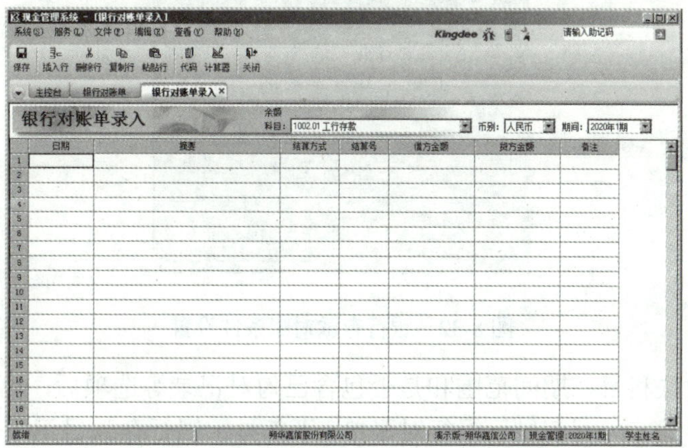

图 8-30　录入银行对账单

（4）根据表 8-2 的信息逐行录入对账单内容，如图 8-31 所示。

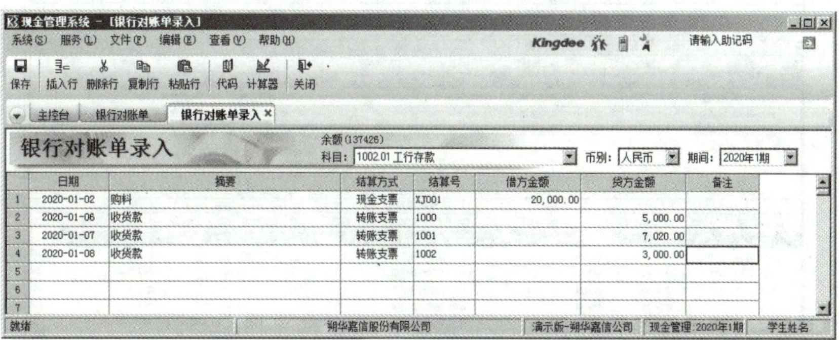

图 8-31　银行对账单

（5）录入完毕，单击“保存”按钮，在弹出的提示框中单击“确定”按钮后返回。

3．银行存款对账

银行存款对账是将企业的银行存款日记账与银行出具的银行对账单进行核对，以检查两者是否相符。银行存款对账分为自动对账与手工对账两种方式。

自动对账是计算机根据对账条件自动进行的核对勾销。对账条件可由用户根据需要选择，包括摘要相同、结算方式相同、结算号相同、对账单日期与日记账日期相差天数、对账单日期与日记账业务日期相差天数等可选条件。对于已核对相符的银行业务，不符合条件的业务记录则视其为未达账项。

手工对账是对自动对账的补充。用户使用完自动对账后，可能还有一些特殊的已达账项没有勾对，如银行存款日记账与银行对账单之间可能存在多笔对应或一笔与多笔对应等情况，为了保证对账更为彻底和正确，用户可用“手工对账”来进行调整。

具体操作步骤如下：

（1）在金蝶 K/3 主控台，执行“财务会计”→“现金管理”→“银行存款”→“银行存款对账”命令，弹出“银行存款对账”对话框，如图 8-32 所示。

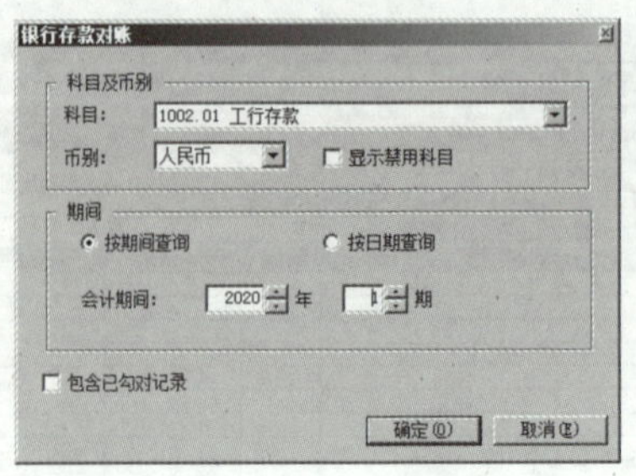

图 8-32　银行存款对账条件设置

（2）选择对账科目、期间范围和是否包含已勾对记录等选项后，单击“确定”按钮，打开“银行对账”窗口，上部显示银行对账单，下部显示银行存款日记账，如图 8-33 所示。

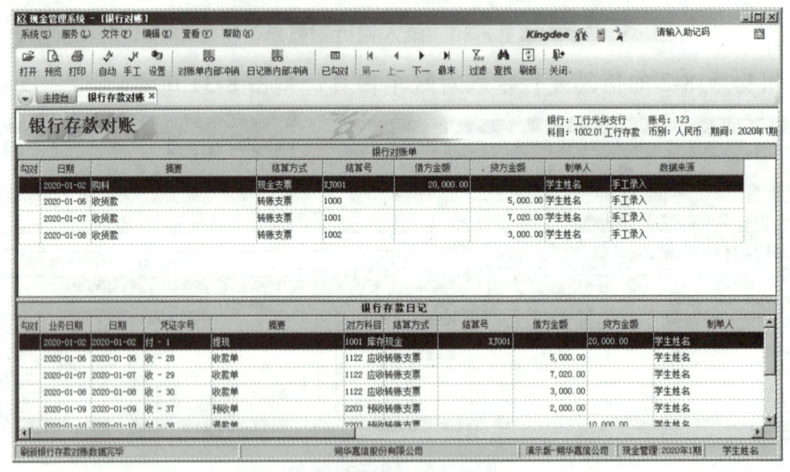

图 8-33　银行存款对账

（3）单击“设置”按钮，弹出“银行存款对账设置”对话框。在“表格设置”选项卡中设置对账单和日记账的显示位置，在“自动对账设置”和“手工对账设置”选项卡中可对自动对账和手工对账进行相应的设置。设置完成后，单击“确定”按钮，如图 8-34 所示。

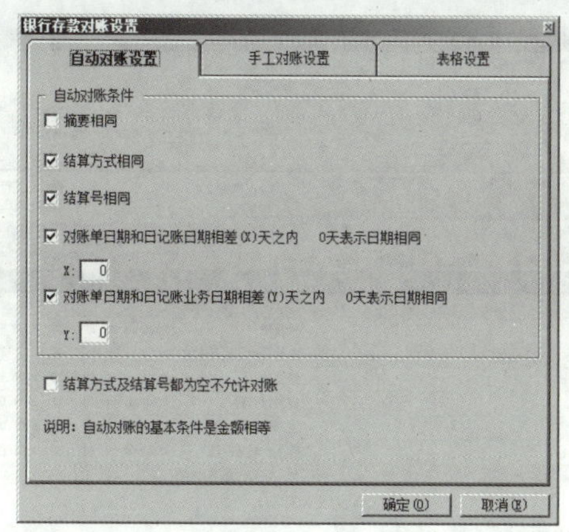

图 8-34　银行存款对账条件设置

（4）单击“自动”按钮，稍后系统弹出提示框，再单击“确定”按钮，即可按照相关设置进行自动对账。单击“确定”按钮，返回“银行对账”窗口，将已经对账的记录隐藏起来。单击“手工”按钮，以手工方式勾对剩余数据。

（5）单击“已勾对”按钮，打开“已勾对记录列表”窗口，如图 8-35 所示。单击“对账”按钮，返回“银行对账”窗口。

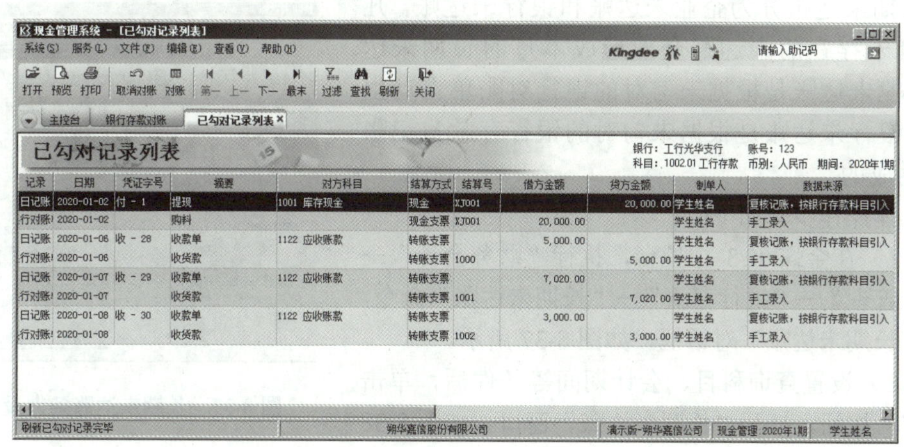

记录	日期	凭证字号	摘要	对方科目	结算方式	结算号	借方金额	贷方金额	制单人	数据来源
日记账	2020-01-02	付 - 1	提现	1001 库存现金	现金	XJ001		20,000.00	学生姓名	复核记账，按银行存款科目引入
行对账!	2020-01-02		购料		现金支票	XJ001	20,000.00		学生姓名	手工录入
日记账	2020-01-06	收 - 28	收款单	1122 应收账款	转账支票		5,000.00		学生姓名	复核记账，按银行存款科目引入
行对账!	2020-01-06		收货款		转账支票	1000		5,000.00	学生姓名	手工录入
日记账	2020-01-07	收 - 29	收款单	1122 应收账款	转账支票		7,020.00		学生姓名	复核记账，按银行存款科目引入
行对账!	2020-01-07		收货款		转账支票	1001		7,020.00	学生姓名	手工录入
日记账	2020-01-08	收 - 30	收款单	1122 应收账款	转账支票		3,000.00		学生姓名	复核记账，按银行存款科目引入
行对账!	2020-01-08		收货款		转账支票	1002		3,000.00	学生姓名	手工录入

图 8-35　已勾对记录列表

4．编制银行存款余额调节表

银行存款余额调节表是在对账完毕，为检查对账结果是否正确、查询对账结果，系统自动编制的银行存款报表。

具体操作步骤如下：

（1）在金蝶 K/3 主控台，执行“财务会计”→“现金管理”→“报表”→“余额调节表”命令，打开“余额调节表”窗口。

（2）设置相应的查询条件，单击“确定”按钮。在“余额调节表”窗口，自动生成符合条件的余额调节表信息，如图 8-36 所示。

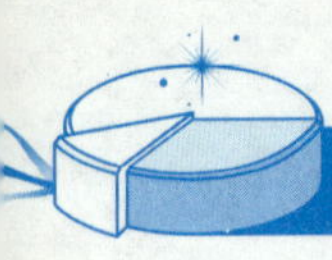

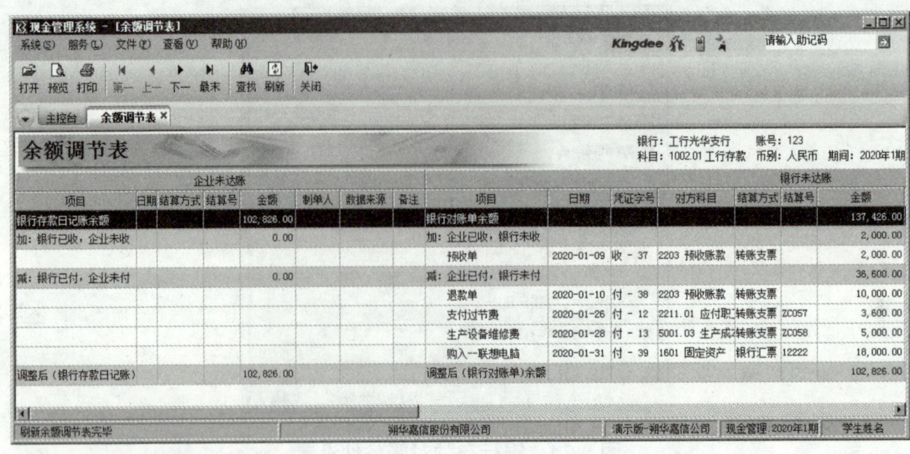

图 8-36　余额调节表

5. 长期未达账

由于主客观方面的原因，有时会出现个别业务长期未达的情况，这说明企业记账、银行结算或银行对账等环节出现了差错。长期未达账的功能就是协助用户查询输出这类长期未达账项，辅助财会人员分析查找造成长期未达的原因，避免资金损失。

长期未达账分为企业未达账和银行未达账。凡是上月末存在的未达账全部形成本月的长期未达账。企业未达账是根据未勾对的银行对账单自动生成的；银行未达账是根据未勾对的银行存款日记账自动生成的。

具体操作步骤如下：

（1）在金蝶 K/3 主控台，执行“财务会计”→“现金管理”→“银行存款”→“长期未达账”命令，弹出“长期未达账”对话框，如图 8-37 所示。

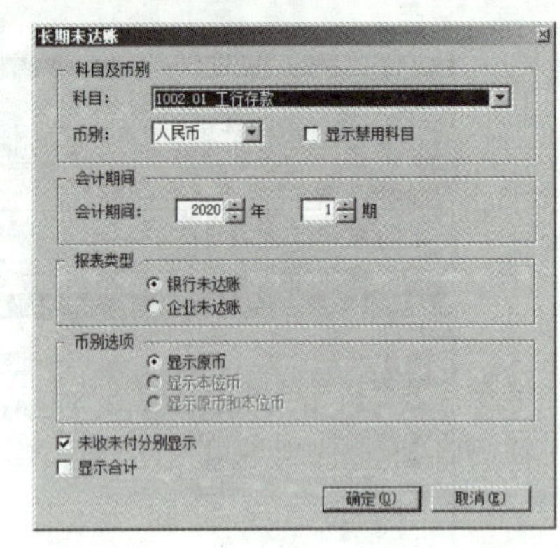

图 8-37　长期未达账条件设置

（2）设置查询科目、会计期间等条件后，单击“确定”按钮，打开“长期未达账”窗口，如图 8-38 所示。

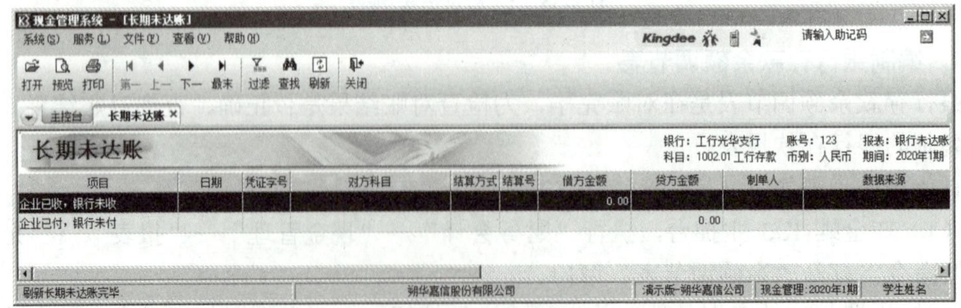

图 8-38　长期未达账

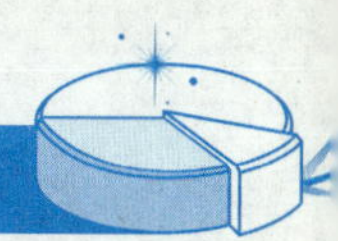

6. 生成银行存款日报表

现金管理系统的银行存款部分提供了银行存款日报表，通过当日银行存款收支及账面余额的输出，为企业及时了解和掌握资金状况和合理运用资金提供了参考数据。银行存款日报表是根据录入或引入的银行存款日记账自动生成的。

具体操作步骤如下：

（1）在金蝶 K/3 主控台，执行“财务会计”→“现金管理”→“银行存款”→“银行存款日报表”命令，弹出“银行存款日报表”对话框。

（2）设置查询条件后，单击“确定”按钮，打开“银行存款日报表”窗口，如图 8-39 所示。

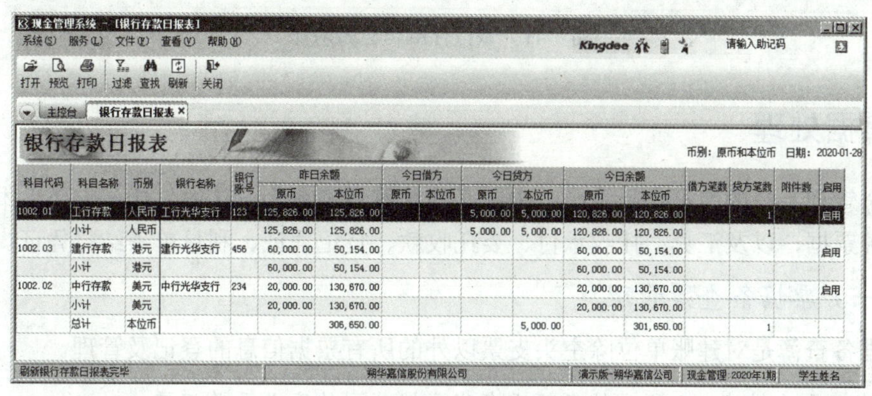

银行存款日报表　币别：原币和本位币　日期：2020-01-28

科目代码	科目名称	币别	银行名称	银行账号	昨日余额		今日借方		今日贷方		今日余额		借方笔数	贷方笔数	附件数	启用
					原币	本位币	原币	本位币	原币	本位币	原币	本位币				
1002.01	工行存款	人民币	工行光华支行	123	125,826.00	125,826.00			5,000.00	5,000.00	120,826.00	120,826.00		1		启用
	小计	人民币			125,826.00	125,826.00			5,000.00	5,000.00	120,826.00	120,826.00		1		
1002.03	建行存款	港元	建行光华支行	456	60,000.00	50,154.00					60,000.00	50,154.00				启用
	小计	港元			60,000.00	50,154.00					60,000.00	50,154.00				
1002.02	中行存款	美元	中行光华支行	234	20,000.00	130,670.00					20,000.00	130,670.00				启用
	小计	美元			20,000.00	130,670.00					20,000.00	130,670.00				
	总计	本位币				306,650.00				5,000.00		301,650.00		1		

图 8-39　银行存款日报表

7. 将银行存款与总账对账

将银行存款与总账对账是指系统自动将出纳账与日记账（总账）当期银行存款的发生额、余额进行核对，并生成对账表。

具体操作步骤如下：

（1）在金蝶 K/3 主控台，执行“财务会计”→“现金管理”→“银行存款”→“银行存款与总账对账”命令，弹出“银行存款与总账对账”对话框，如图 8-40 所示。

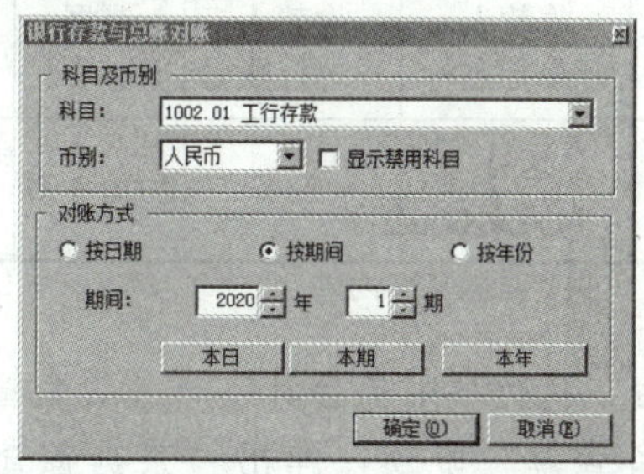

图 8-40　银行存款与总账对账条件设置

（2）设置查询条件后，单击“确定”按钮，打开“银行存款与总账对账”窗口，如图 8-41 所示。

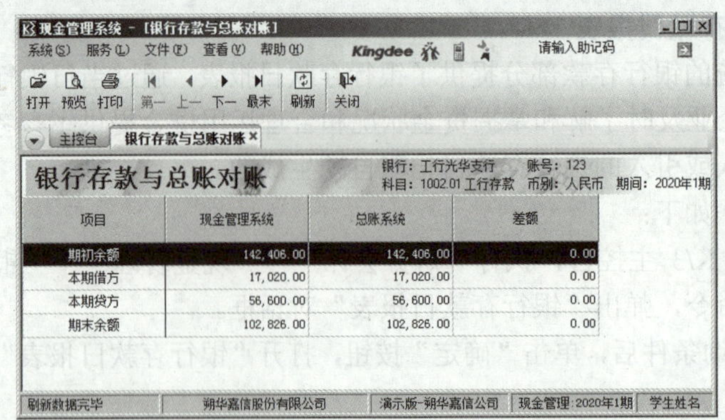

图 8-41　银行存款与总账对账

四、票据处理

现金管理系统的票据实际上是一个广义的结算凭证概念，具体包括了支票、本票、汇票等各种票据，以及汇兑、托收承付、委托收款、贷记凭证、利息单等结算凭证。

（一）票据备查簿管理

票据备查簿是对建账单位除空头支票以外的所有票据信息的登记及管理。

【例 5】　按表 8-3 所示信息新增朔华嘉信公司的商业承兑汇票。

表 8-3　商业承兑汇票

单位：元

属性	票据名称	汇票号码	币别	出票日期	金额	付款人名称	付款人账号	付款人开户行名称
收款	商业承兑汇票	112233	人民币	2020-1-14	2 000	武汉天华公司	210	工行福田支行
付款人开户行行号	收款人名称	收款人账号	收款人开户行名称	收款人开户行账号	票据到期日	交易合同号码	年利率	计息方式
232	光华	110	工行光华支行	234	2020-3-21	222	1.7	按月计息

操作步骤：

（1）在金蝶 K/3 主控台，执行“财务会计”→“现金管理”→“票据”→“票据备查簿”命令，弹出“票据备查簿”对话框，如图 8-42 所示。

（2）设置过滤条件后，单击“确定”按钮，打开“票据备查簿”窗口，左侧显示当前账套所建立的票据类别，右侧显示所选类别下的详细内容，如图 8-43 所示。

操作视频

例 5　新增商业承兑汇票

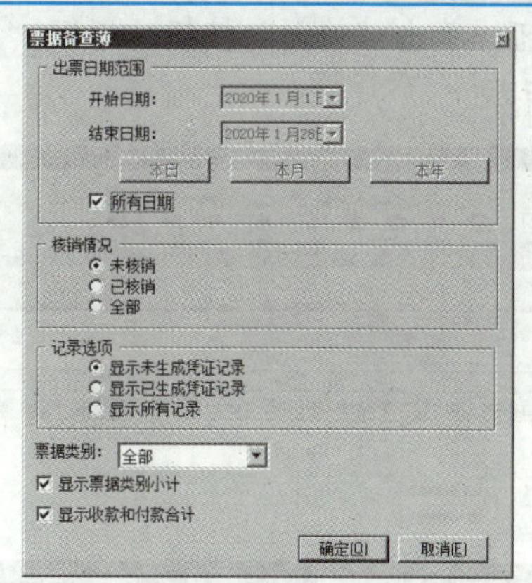

图 8-42　票据备查簿条件设置

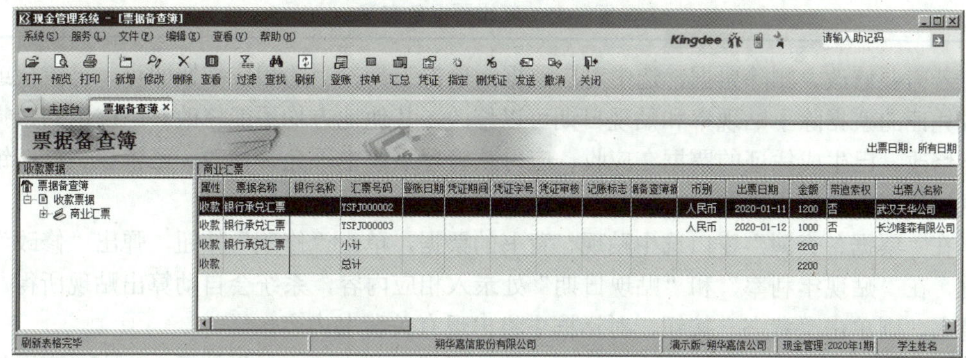

图 8-43　票据备查簿

（3）单击“新增”按钮，弹出“收款票据—新增”对话框，单击“新增收款”旁的下拉按钮，打开“票据类型”选择菜单，选择“商业承兑汇票”，系统切换到“商业承兑汇票”界面。按表 8-3 的内容录入新增商业承兑信息，如图 8-44 所示。

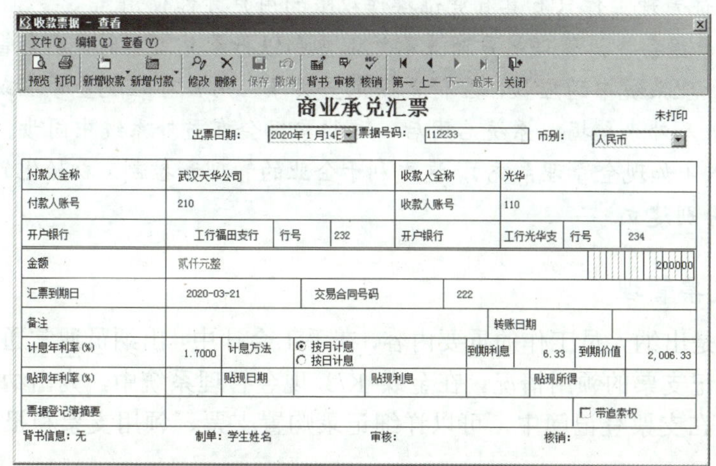

图 8-44　新增商业承兑汇票

（4）单击“保存”按钮，单击“关闭”按钮，返回“票据备查簿”窗口，系统显示新增的票据，如图 8-45 所示。

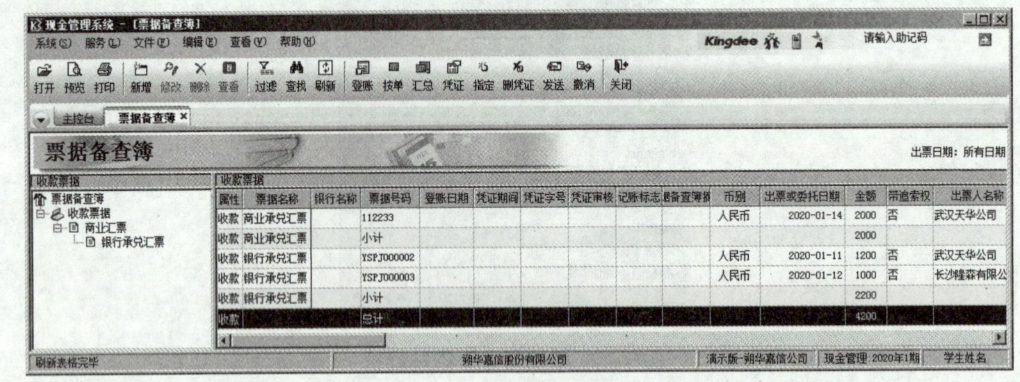

图 8-45 新增票据备查簿

若需要修改、删除票据，选中对应票据，单击工具栏上的相应按钮即可。已审核或已生成凭证的票据除了贴现率和贴现日期可以修改，其他地方均不能修改。已核销的票据都不能修改。已生成凭证的票据在应收、应付款管理系统中不允许修改。已审核、已核销或已生成凭证的票据不能删除。

在“票据备查簿”窗口选中贴现、背书的票据，单击“修改”按钮，弹出“修改”对话框，在“贴现年利率”和“贴现日期”处录入相应内容，系统会自动算出贴现所得。对于背书，则单击“背书”按钮，对话框中将出现有关背书内容。

在“票据备查簿”窗口选中审核、核销的票据，单击“查看”按钮，弹出“查看”对话框，单击“审核”“核销”按钮，对话框中相应处显示操作人的名字，表示操作成功。

提 示

（1）凭证管理工作只有具有凭证操作权限的用户才能使用。

（2）当票据备查簿管理的是商业承兑汇票和银行承兑汇票时，现金管理系统与应收、应付款管理系统中的应收、应付票据完全共享。用户可在现金管理或应收、应付款管理系统录入外来票据，系统启用后，这些票据会在另外系统中同步。票据最好在一个系统录入（如现金管理系统），这更利于企业的管理和控制。初始化的信息必须在两个系统中分别建立。

（二）支票管理

支票管理是出纳人员工作的重要内容，在手工会计中，出纳员通常通过建立支票领用登记簿来登记支票的领用情况。在金蝶 K/3 现金管理系统中，为出纳员提供了支票登记簿功能，在支票登记簿中，可以详细记录购置支票、领用支票和报销支票的具体业务内容。

1. 购置支票

从银行购置的新支票应进行支票登记，以明确经济责任。登记购置的支票是进行支票管理的起点。

【例 6】　按表 8-4 所示信息登记购置的支票。

表 8-4　购置支票

银行名称	币别	支票类型	起始号码	结束号码	购置日期
工行光华支行	人民币	转账支票	001	025	2020-1-3

操作步骤：

（1）在金蝶 K/3 主控台，执行“财务会计”→“现金管理”→“票据”→“支票管理”命令，打开“支票管理”窗口。

操作视频

例 6　登记购置的支票

（2）单击“购置”按钮，打开“支票购置”窗口。

（3）单击“新增”按钮，弹出“新增支票购置”对话框，在“账号和币别”列表中选择购置支票的银行，在“支票号码”中选择转账支票、设置起始号码、结束号码等信息，如图 8-46 所示。

小提示：购置支票时，支票号码规则不是必录项，但是如果要录入支票号码规则，则该规则的录入必须按照支票购置新增界面的提示来设定。

（4）输入完成后，单击“确定”按钮，新增的购置支票显示在“支票购置”窗口中，如图 8-47 所示。若要修改、删除购置信息，单击相应的按钮即可。

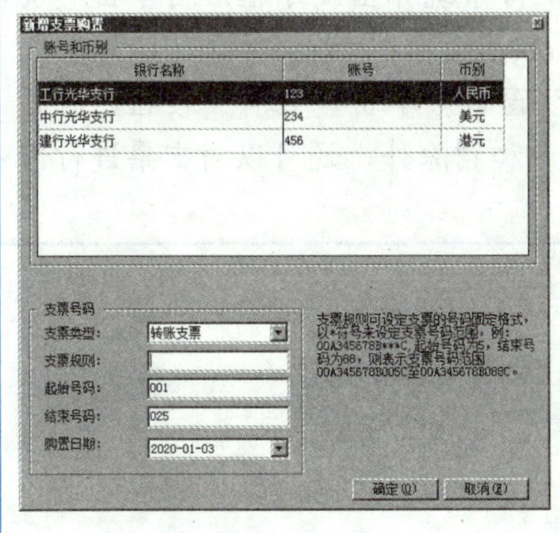

图 8-46　新增支票购置

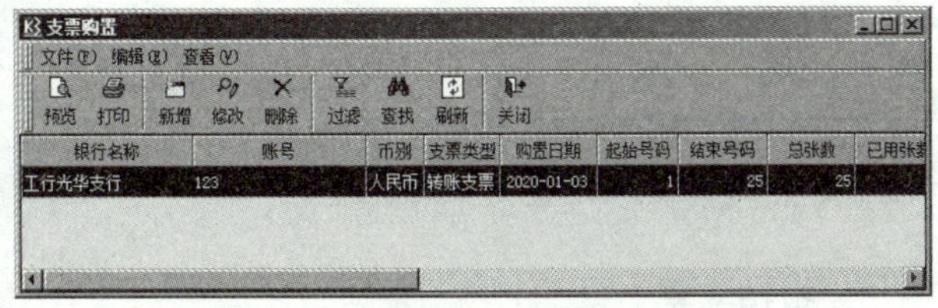

图 8-47　支票购置

2. 领用支票

当支票被填写使用后，应及时对支票的使用情况进行登记，包括领用的支票号码、领用和报销日期、领用人、金额等内容。

【例 7】 根据表 8-5 所示信息登记领用的支票。

表 8-5 领用支票

单位：元

银行名称	支票号码	领用日期	领用部门	领用人	对方单位	使用限额	领用用途
工行	1	2020-1-28	采购部	周长泰	武汉绿萝	10 000	付货款

操作步骤：

（1）在“支票管理”窗口，选中要领用的支票，单击“领用”按钮，弹出“支票领用”对话框。

（2）保持支票号码不变，按表 8-5 中内容输入日期、领用部门和领用人等信息，如图 8-48 所示。

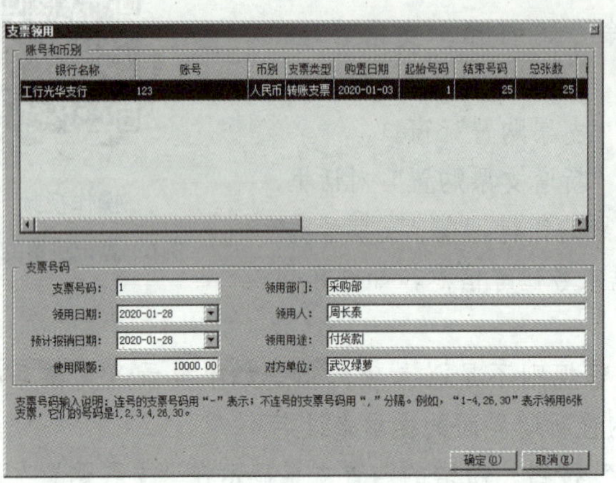

图 8-48 支票领用

操作视频

例 7 登记领用的支票

（3）单击“确定”按钮，保存当前领用记录，待系统弹出提示框后再单击“确定”按钮，返回“支票管理”窗口，同时窗口中显示领用记录。

（4）双击选中具体的支票或者在“支票管理”窗口中单击“查看”按钮，打开“支票查看”窗口，用户除可对选择的支票进行修改和删除外，还可以对支票进行作废、审核和核销。

提 示

支票的审核人不能是制单人。

3. 报销支票

已领用的支票，在银行办理了支票结算后，应及时进行报销处理。

具体操作步骤如下：

（1）在“支票管理”窗口，选中要报销的领用支票所在行，单击“修改”按钮，弹出“支票—修改”对话框。

（2）录入报销支票的金额、签发日期、报销日期和报销人等支票相关内容，如图 4-49 所示。

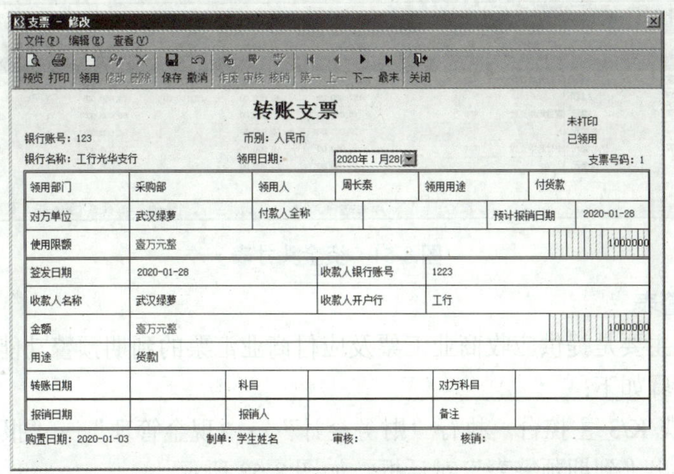

图 8-49　报销支票

（3）录入完毕，单击“保存”按钮，该支票即被标记为“已报销”状态。

五、报表处理

1．资金头寸表

资金头寸表是根据现金日记账、银行存款日记账共同生成的，用于查阅各个日期或期间的资金（现金和银行存款）余额。

具体操作步骤如下：

（1）在金蝶 K/3 主控台，执行“财务会计”→“现金管理”→“报表”→“资金头寸表”命令，弹出“资金头寸表”对话框，如图 8-50 所示。

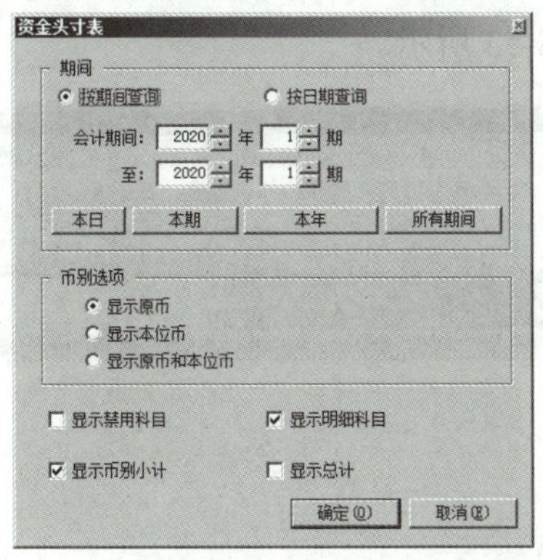

图 8-50　资金头寸表条件设置

（2）设置查询条件后，单击“确定”按钮，打开“资金头寸表”窗口，如图 8-51 所示。

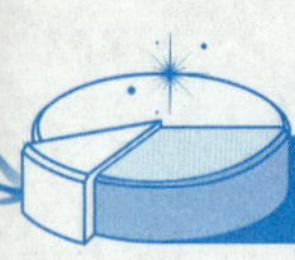

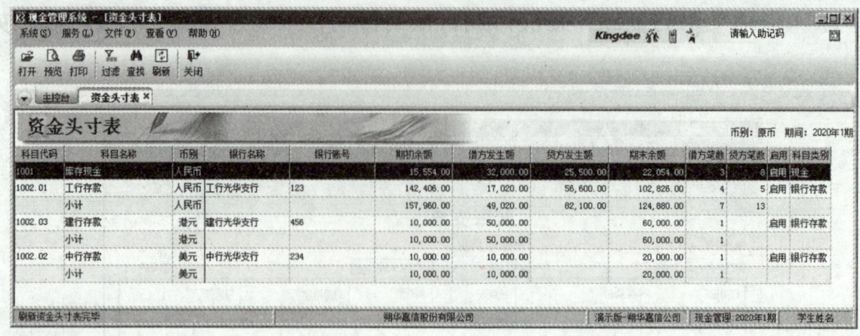

图 8-51　资金头寸表

2. 到期预警表

到期预警表主要是提供应收商业汇票及应付商业汇票的到期预警功能。

具体操作步骤如下：

（1）在金蝶 K/3 主控台，执行“财务会计”→“现金管理”→“报表”→“到期预警表”命令，弹出“到期预警表”对话框，如图 8-52 所示。

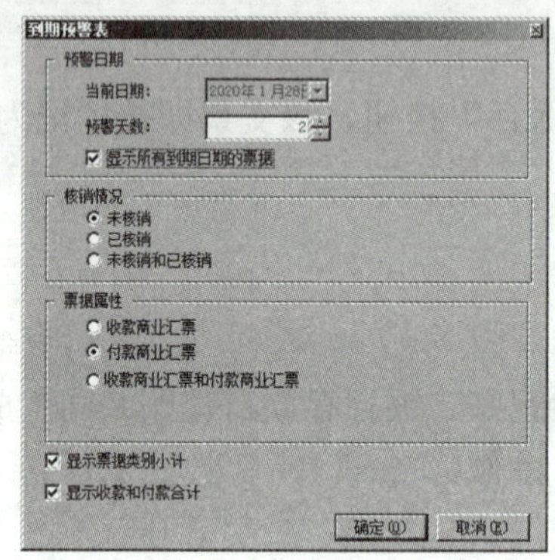

图 8-52　到期预警表条件设置

（2）设置查询条件后，单击“确定”按钮，打开“到期预警表”窗口，显示符合条件的到期预警表信息，如图 8-53 所示。

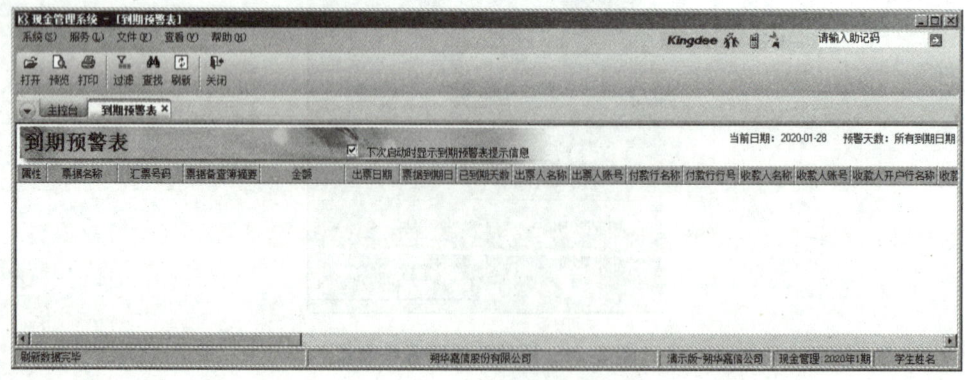

图 8-53　到期预警表

第四节　现金管理系统期末处理

当前会计期间结束，所有经济业务已处理完毕，则应在期末结账至下期。

具体操作步骤如下：

（1）在金蝶 K/3 主控台，执行“财务会计”→“现金管理”→“期末处理”→“期末结账”命令，弹出“期末结账”对话框，如图 8-54 所示。

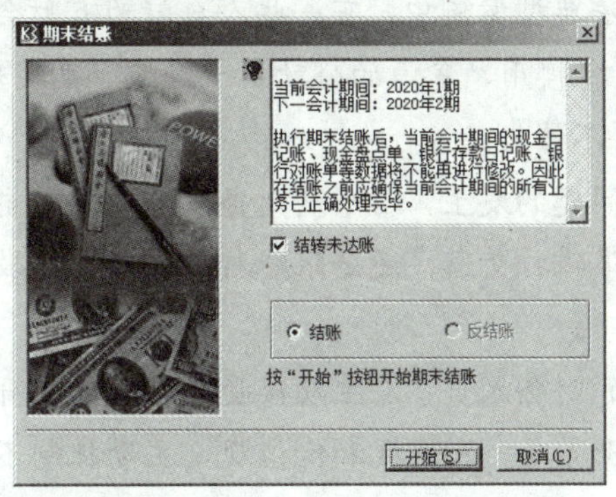

图 8-54　期末结账

（2）选中“结转未达账”“结账”项，单击“开始”按钮，系统弹出提示框，单击“确定”按钮，系统即进行结账，并显示结账结果。

（3）系统提供反结账功能，操作方法与结账类似，即在“期末结账”对话框中选中“反结账”项。只有系统管理员才能反结账。

提　示

（1）结转未达账是指把本期（包括以前期间转为本期）未勾对的银行存款日记账和未勾对的银行对账单结转到下一期。用户必须勾选“结转未达账”的选项，否则将造成下期余额调节表不平衡。

（2）进行反结账时，上期结转的银行存款日记账、银行对账单及与这些记录进行勾对的银行存款日记账、银行对账单的勾对标志将被取消。结账返回上期后需要重新进行勾对。

上机实验

实验 10　现金管理系统业务处理。

以上实验内容详见书后所附“上机实验资料”。

修身立德

抵制诱惑，坚守职业道德

2021 年，中央纪委国家监委网站累计发布了 14 起出纳、会计等岗位财务人员违纪违法问题的案例剖析类报道。这些案件暴露出财务人员岗位廉政风险及相关单位财务管理混乱、财务监督流于形式等问题。

在财务人员违纪违法典型案例中，有一些人自以为有财会知识背景，具备经济头脑，企图“借鸡生蛋”，将挪用、贪污的公款用于炒股、购买理财产品、投资实业等，结果却“鸡飞蛋打”，得不偿失。

财务人员违纪违法问题的发生，与个别财务人员放松对自我的要求、对法纪毫无敬畏之心有关。无论是跟钱打交道，还是跟账打交道，爱岗敬业、廉洁自律都是财务人员必须遵守的职业操守。

身处资金密集岗位的财务人员，应主动接受廉洁从业教育和警示教育，自觉提升思想认识，树立正确的世界观、人生观和价值观，主动抵制不劳而获、贪图享受等不良思想，筑牢拒腐防变的思想防线。

（资料来源：
https://www.ccdi.gov.cn/yaowen/202105/t20210528_242759.html，有改动）

第九章　报表系统

学习目标

知识目标：

（1）了解金蝶 K/3 报表系统的主要功能及业务处理流程。

（2）了解金蝶 K/3 会计报表的编制流程。

（3）掌握利用自定义报表功能生成企业报表的操作流程。

（4）掌握保存和输出报表数据的方法。

能力目标：

（1）能够按业务要求编制会计报表。

（2）能够按照业务要求生成报表数据。

（3）能够将所编制的会计报表和报表数据按要求的方式保存和输出。

素质目标：

（1）提升诚信素养，坚守职业操守。

（2）积极践行社会主义核心价值观。

工作情景

在手工会计核算中，在对本期所有经济业务进行记账核算的基础上，月末会计人员要对总分类账簿和明细分类账簿进行对账和结账，然后根据总分类账簿和明细账簿编制会计报表，这是一项较为复杂的工作。在使用总账管理系统进行会计核算的电算化会计中，同样需要根据总账管理系统的总账和明细账数据编制会计报表，这项工作需要通过报表系统完成。与手工会计核算相比较，通过在会计报表系统中设置报表公式，可以由系统自动从账簿中取数计算，生成所需的会计报表，电算化技术使得编制会计报表变得更加准确、及时且轻松。

第一节 报表系统概述

金蝶 K/3 的各系统不仅为用户提供了丰富的对内通用报表，而且提供了报表系统帮助用户快速、准确地编制各种个性化报表和对外报表。

一、报表系统的主要功能

1. 行业报表模板的功能

金蝶 K/3 报表系统按照行业性质不同，分别设置了不同行业的报表模板，主要处理资产负债表、利润表、现金流量表等常用的财务报表。

2. 自定义编制报表的功能

金蝶 K/3 报表系统为用户提供了根据自己需要自定义编制报表格式、利用公式向导设置取数公式、利用数据形成图形等功能。自定义编制报表主要包括格式设置和数据处理两大部分内容。

二、报表系统与其他系统的主要关系

报表系统主要是从其他系统中提取编制报表所需的数据。总账、工资、固定资产、财务分析、采购、库存、存货核算和销售系统等均可向报表系统传递数据，以生成财务部门所需的各种会计报表。

三、报表系统的业务处理流程

报表系统的一般业务流程如图 9-1 所示。

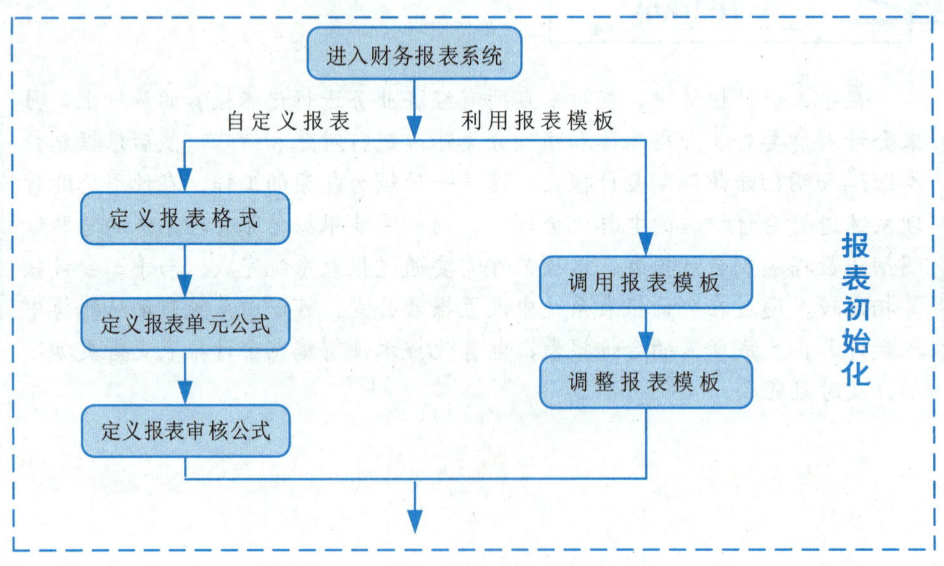

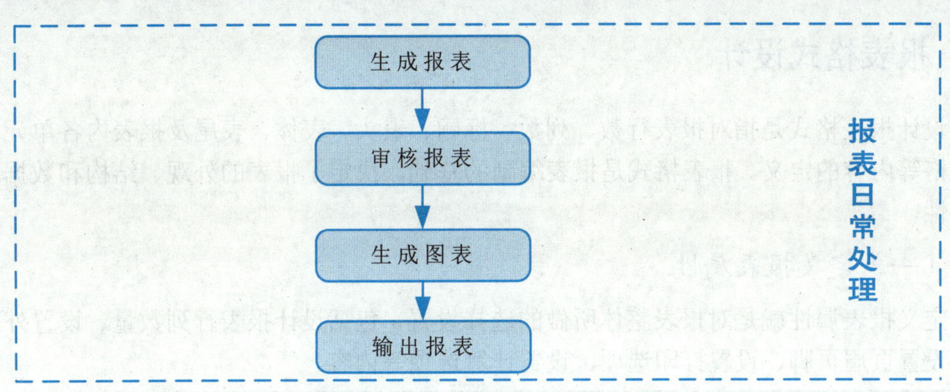

图 9-1　报表系统的业务处理流程

第二节　会计报表的编制

编制会计报表是指在金蝶 K/3 报表系统中根据需要创建报表、设置报表格式和对会计报表进行公式编辑，以使报表系统在以后的各个会计期间根据所编制的报表，达到能够根据实际的会计期间和相应的经营业务自动取数、计算和生成报表的功能。

一、创建新表

创建新表就是在报表系统中建立一个新的报表文件，这是编制会计报表的前提。

具体操作步骤如下：

（1）在金蝶 K/3 主控台，执行“财务会计”→“报表”→“新建报表”→“新建报表文件”命令，打开“报表系统”窗口，如图 9-2 所示。

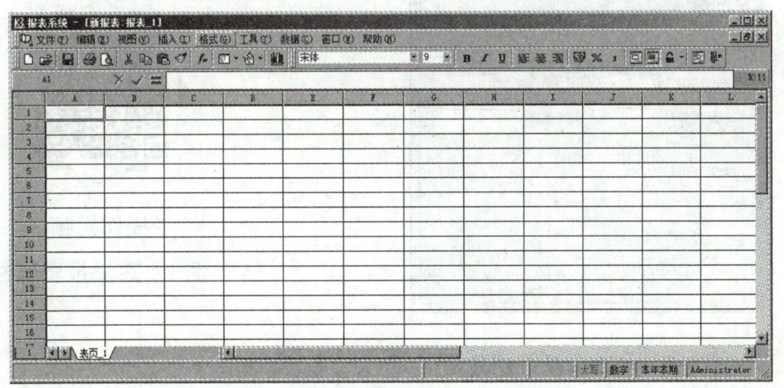

图 9-2　新建报表文件

（2）报表文件有“公式”和“数据”两个界面，用户在“公式”界面可以进行格式设计，在“数据”界面可以进行数据处理。

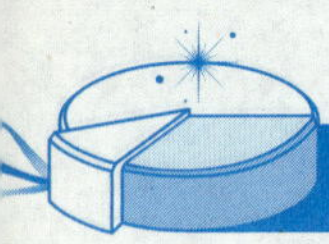

二、报表格式设计

设计报表格式是指对报表行数、列数、标题、表头、表体、表尾及报表内各单元属性和风格等内容的定义。报表格式是报表编制的基础，决定了报表的外观、结构和数据录入的属性。

（一）定义报表属性

定义报表属性就是对报表整体所做的选择设置，包括设计报表行列数量、设置外观属性、设置页眉页脚、设置打印选项、设置计算选项等内容。

【例 1】 根据图 9-3 所示的报表格式，在金蝶 K/3 中完成自定义报表的编制工作。

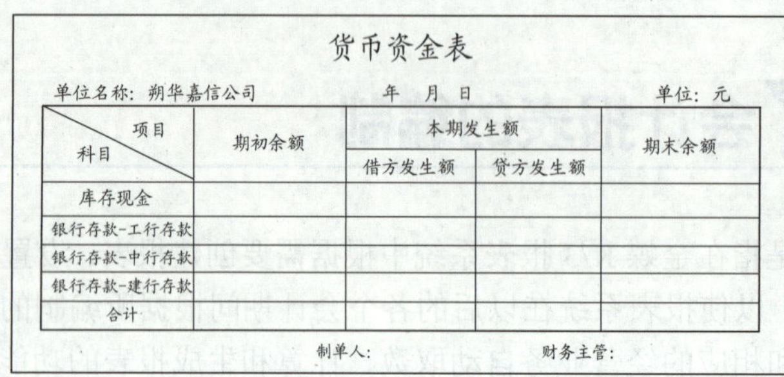

货币资金表

单位名称：朔华嘉信公司　　　　年　月　日　　　　单位：元

项目 科目	期初余额	本期发生额		期末余额
		借方发生额	贷方发生额	
库存现金				
银行存款-工行存款				
银行存款-中行存款				
银行存款-建行存款				
合计				

制单人：　　　　财务主管：

图 9-3　自定义货币资金表的格式

操作步骤：

（1）在“报表系统”窗口中，执行“格式”→“表属性”命令，弹出“报表属性”对话框。

（2）在“行列”选项卡中，设置报表的总行数和总列数，共 7 行 5 列，如图 9-4 所示。

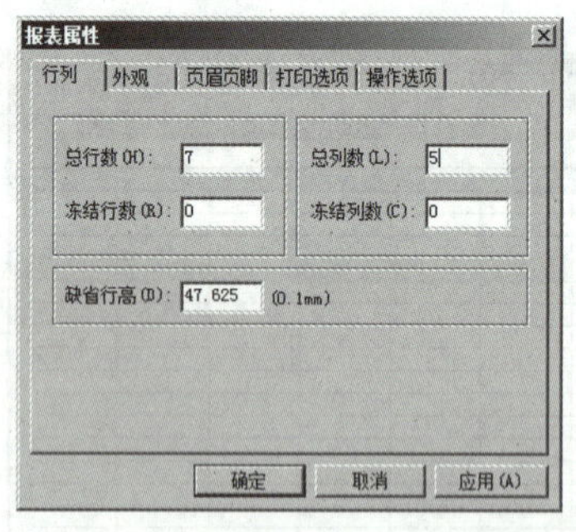

图 9-4　设置报表行列数量

操作视频

例 1　定义报表属性

小提示：如总行数定义的范围包括报表标题和表尾脚注，则报表的总行数应包括表头标题和表尾脚注行。

（3）在“页眉页脚”选项卡中，当用鼠标选择页眉页脚时，画面显示出“页眉 1 预定义类型”，此时可通过页眉预定义类型下拉列表框进行预定义，如图 9-5 所示。

① 标题的设置。在第一栏“报表名称”上双击，进入报表标题的设置界面，将默认的“报表名称”替换成“货币资金表”。报表名称前后的“|”是分段符，如果在同一个页眉或是页脚中设置了多项内容，用分段符“|”可以将这几项内容均匀分布在页面上。“|货币资金表|”表示将标题行三等分，其中，“货币资金表”为与正中位置，如图9-6所示，设置完成后，单击“确定”按钮。

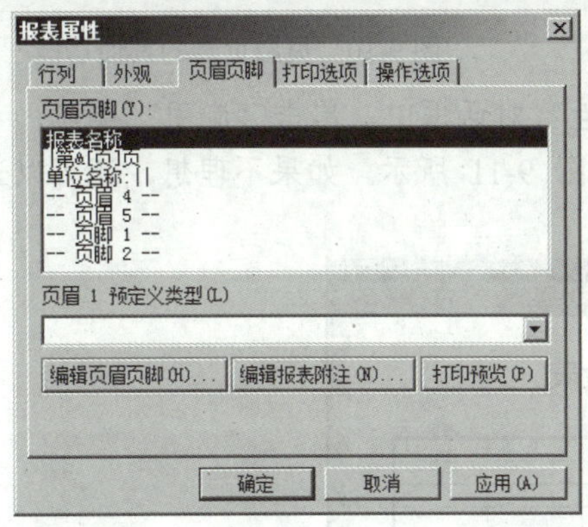

图 9-5　页眉页脚设置

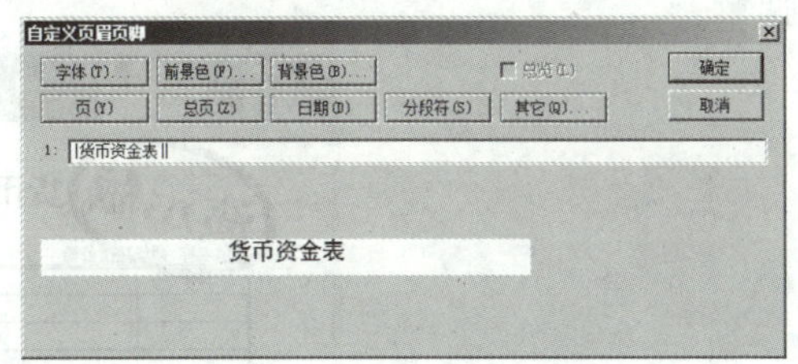

图 9-6　报表标题的设置

② 表头部分的设置。货币资金表表头部分的设置是在“单位名称: ||”处，双击进入设置界面，此界面被分段符“|”平分为三部分。左部为“单位名称: 朔华嘉信公司”；中部为报表日期，报表日期的设置有两种方法，一种是利用“日期”按钮，系统会自动以计算机的系统日期为报表日期，第二种是手工录入“2020年1月31日”；右部分为“单位: 元”。两种方法形成的最后表头部分的设置分别如图9-7和图9-8所示，设置完成后，单击“确定”按钮。

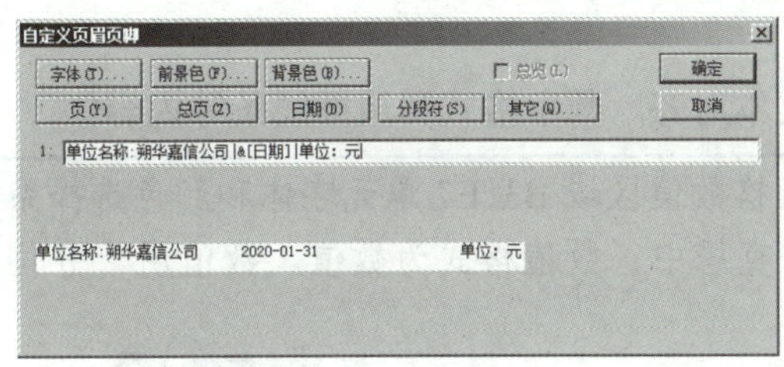

图 9-7　报表表头的设置（1）

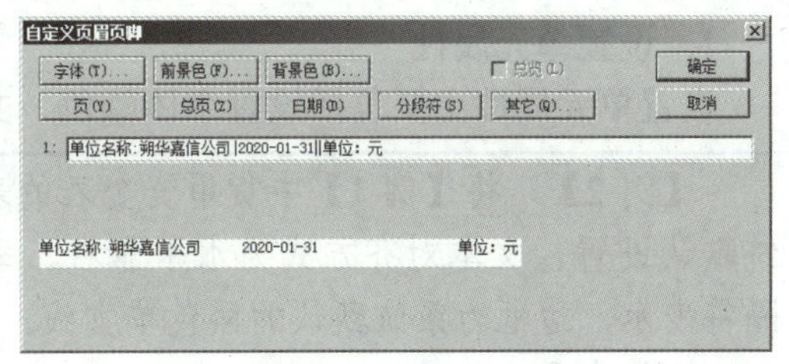

图 9-8　报表表头的设置（2）

③ 表尾部分的设置。货币资金表表尾部分的设置是在“页脚 1”处，双击进入设置界面，在“页脚 1”中插入分段符“|”，将此行进行四等分，在第二部分和第四部分中分别设置“制表人: ”“财务主管: ”。如果需要输入职员姓名，在此处录入即可，如图9-9所示。

④ 在页眉页脚的具体设置界面中，字体、背景等内容均可进行调整，如图9-10所示，设置完成后，单击“确定”按钮。

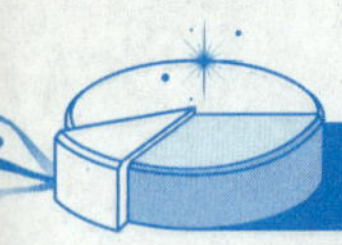

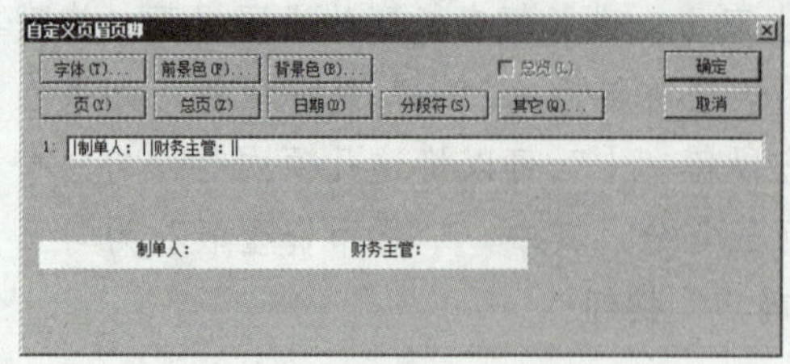

图 9-9 报表表尾的设置

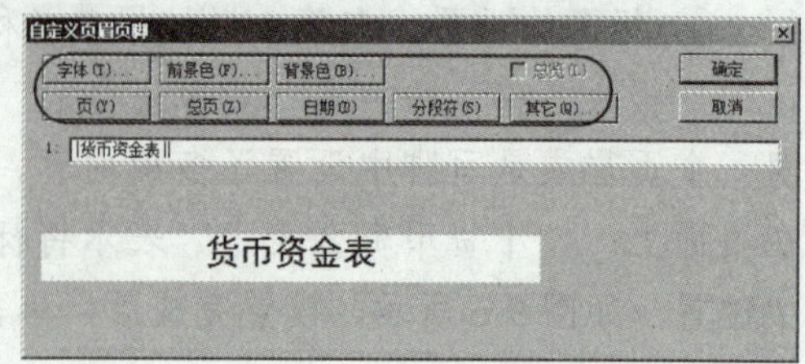

图 9-10 页眉页脚的其他功能

（4）经过以上设置完成后，在“报表属性”对话框中，单击“应用”按钮，可以在“打印预览”功能中看到所设置的效果，如图 9-11 所示。如果不理想，还可以进行调整。

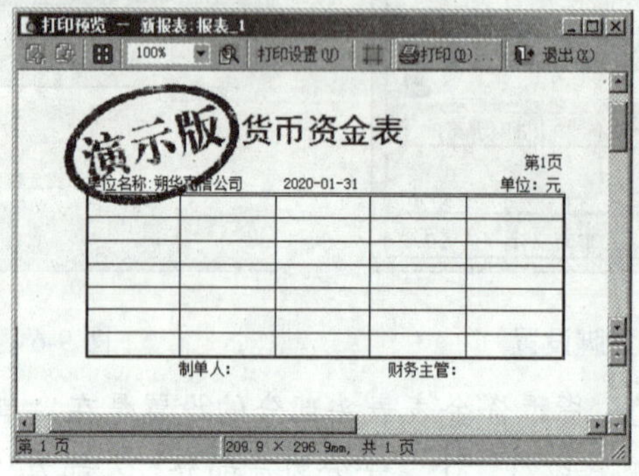

图 9-11 报表标题、表头、表尾预览

（二）定义单元属性

设置好报表属性之后，就可以对单元格的属性进行设置。定义单元属性包括设置字体颜色、文本对齐、数字格式、边框线条、定义斜线和融合等内容。

1. 设置单元属性

设置单元属性主要包括设置字体颜色、文本对齐、数字格式和边框线条等内容。

【例 2】 将【例 1】中货币资金表的表格数值区域 B3:E7 单元字体和颜色选择系统默认设置，文本对齐方式为水平靠右、垂直居中，数值格式为数值，数值用千分位隔符表示，边框为系统默认的黑色单支线。

操作步骤：

（1）在“报表系统”窗口中，将光标移动到单元 B3 上，单击并拖动鼠标至 E7 单元，选中 B3:E7 单元格区域，执行“格式”→“单元属性”命令，弹出“B3:E7 单元属性”对话框。

操作视频

例 2 设置单元属性

（2）在“字体颜色”选项卡中，可单击“字体...”“前景色”“背景色”按钮，分别对字体和颜色进行设置。本例中采用系统的默认设置，如图 9-12 所示。

（3）在“对齐方式”选项卡中，选择“水平对齐”方式为“靠右”，“垂直对齐”方式为“居中”，如图 9-13 所示。

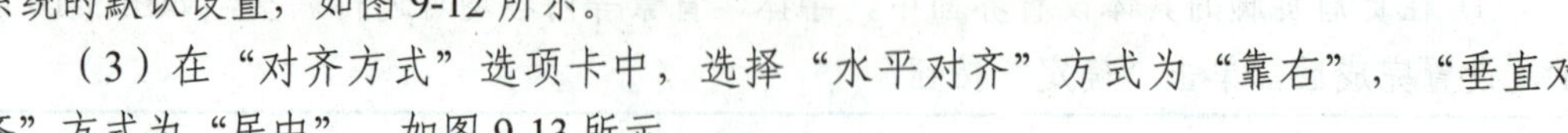

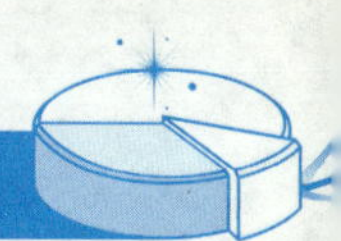

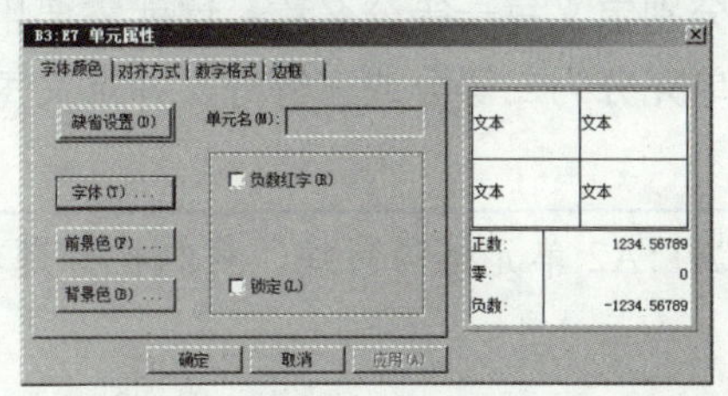

图 9-12　字体颜色选项卡

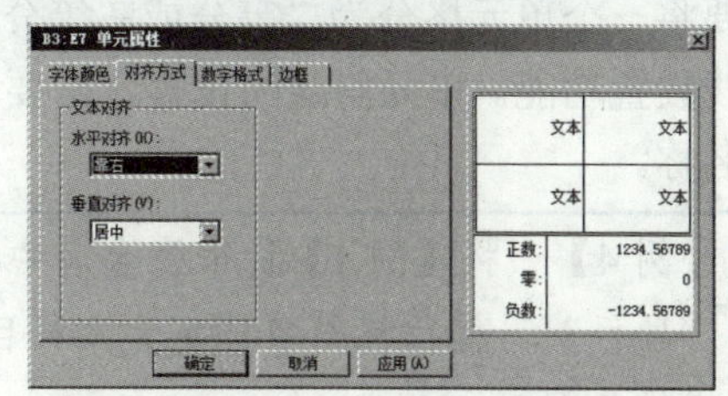

图 9-13　文本对齐选项卡

（4）在“数字格式”选项卡中，选择“单元类型”为“数值”，在旁边的列表框中将“数字格式”选择为“#, ##0.00; -0.00”，在窗口下方显示有相应的数字格式外观，如图 9-14 所示。

（5）在“边框”选项卡中，可对边框的样式和颜色进行选择，设置时先选择线形，再选择边框，如图 9-15 所示。

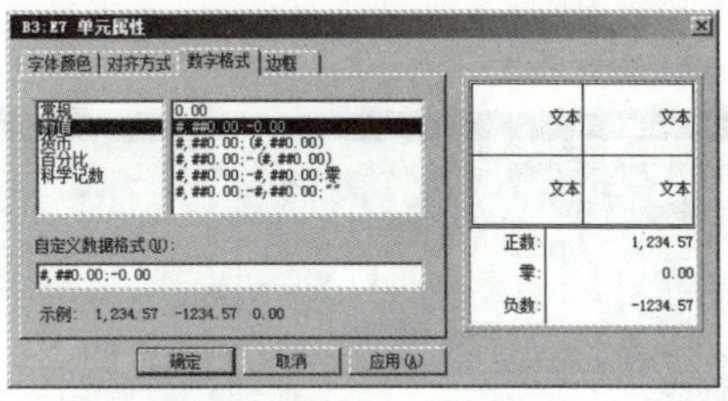

图 9-14　数字格式选项卡

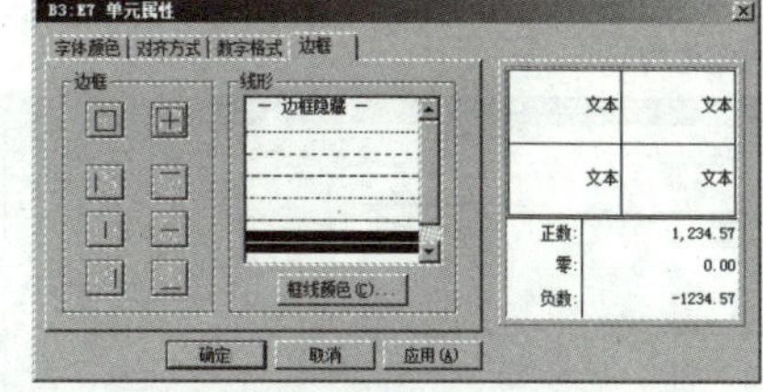

图 9-15　边框选项卡

（6）设置完成后，单击“确定”按钮，返回“报表系统”窗口。

2. 单元融合处理

所谓单元融合是指将两个以上的单元合并为一个单元。在自定义报表中，经常要进行单元融合处理。一般情况下，报表的标题、表头、表尾的设置会用到单元融合，在一些比较复杂的报表表体中也会用到单元融合。

【例 3】　将【例 1】货币资金表的 A1:A2、B1:B2、C1:D1、E1:E2 定义为组合单元。

操作步骤:

（1）将需要融合的单元格 A1:A2 选定，然后执行“格式”→“单元融合”命令，或单击“融合”按钮，系统即将所选的单元格合并为一个单元格。

（2）按上述步骤依次对 B1:B2、C1:D1、E1:E2 进行单元融合命令。

操作视频

例 3　单元融合处理

当要求解除某融合的单元时，执行“格式”→“接触融合”命令，或单击“解除融合”按钮，系统即将所选的单元格恢复到未融合状态。

3. 定义斜线

对于报表框线的设置，还有一种比较特殊的线型，就是斜线。在某些特殊表格中，有

时需要将一个单元格分为二等分或三等分，并要分别定义每一等分名称，这就需要用到单元斜线设置功能。单元斜线的设置就是要将某一单元分为二等分或三等分，并定义每一等分的名称。

【例 4】 将【例 1】货币资金表中合并的 A1:A2 单元格画斜线，将纵栏标题名称定为“项目”，横行标题名称定为“科目”。

操作步骤：

（1）在“报表系统”窗口中，将光标移至需要定义斜线的单元格上，执行“格式”→“定义斜线”命令，弹出该单元的“单元属性”对话框，如图 9-16 所示。

操作视频

例 4 定义斜线

（2）在“单元斜线”选项卡中，在斜线类型中选择“二分”单元，将斜线设为二分，下放的文本框中只显示“名称 1”和“名称 2”，名称 1 输入“科目”，名称 2 输入“项目”，单击“确定”按钮即可，如图 9-17 所示。

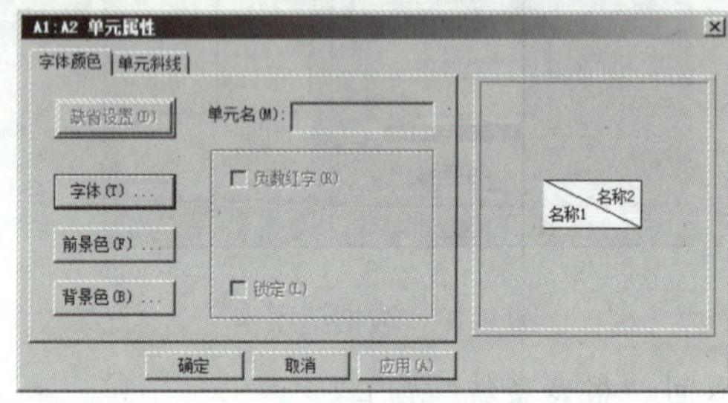

图 9-16 定义斜线功能

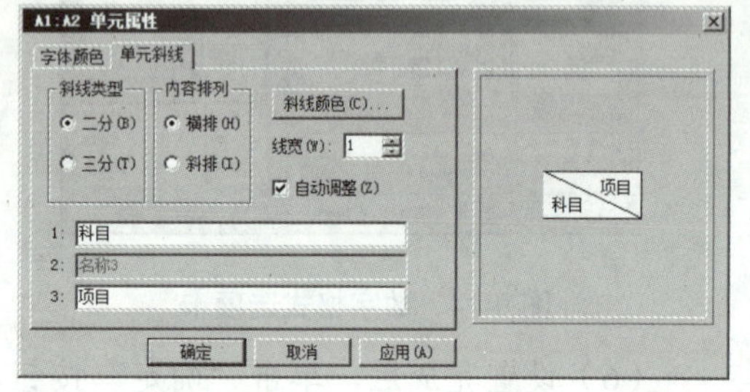

图 9-17 货币资金表中的斜线设置

提 示

如果选择了“自动调整”复选框，则“名称 1”“名称 2”的字体大小、前景色及背景色会随着“字体颜色”设置窗口中参数设置的改变而自动变化。

4．单元锁定/解锁

已经设置好格式的单元格为了不被其他操作改变，用户可以利用“格式”菜单下的“单元锁定/单元解锁”功能，将这些单元格进行锁定，锁定后的单元格将不会因为任何操作而改变。

（三）定义行/列属性

设置行列属性包括设置行高、列宽、文本对齐及数字格式等内容。在对整行属性相同的进行操作时，如定义行高、设置数字格式等，可选定该行，进行整行属性的设置。同理，如果报表中某列的属性相同，可选定该列进行整列属性的设置，如定义列宽、设置文本对齐方式、数字格式等。

【例 5】　将【例 1】中货币资金表的总标题行高设置为 15 毫米，A 列列宽为 45 毫米。

操作视频

例 5　定义行/列属性

操作步骤：

（1）在“报表系统”窗口中，单击第 1 行的左边行号按钮“1”，选定整行，执行“格式”→“行属性”命令，打开“行属性”对话框。

（2）在“行高”选项卡中，将“行号”设为 1，取消对“缺省行高”复选框的勾选，在“行高”框输入“150”，如图 9-18（a）所示。

（3）在“对齐方式”选项卡中，可对该行的文本对齐方式进行设置，如图 9-18（b）所示。在“数字格式”选项卡中，可对该行的数字格式进行设置，如图 9-18(c)所示。

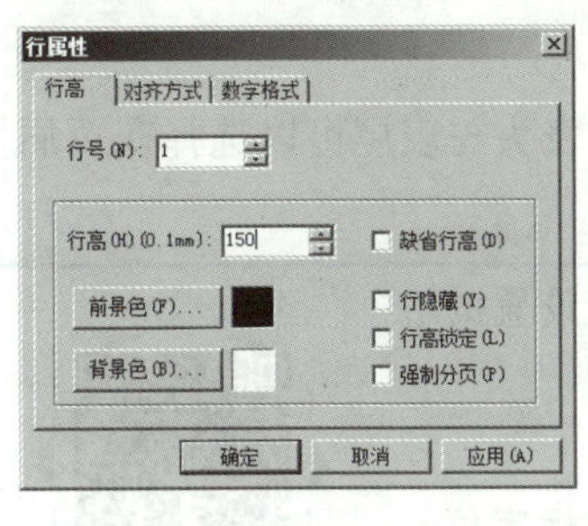

（a）

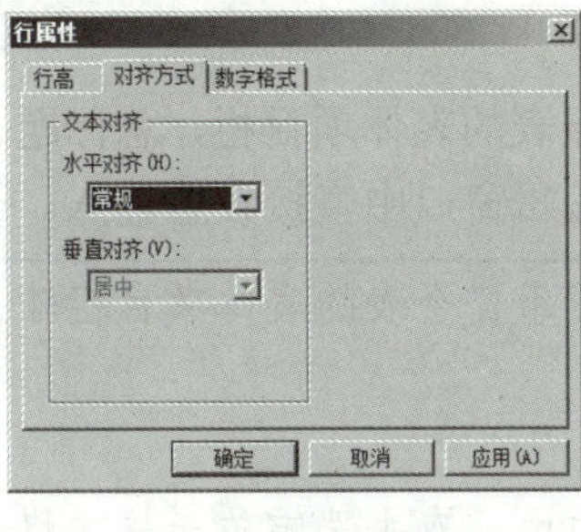

（b）

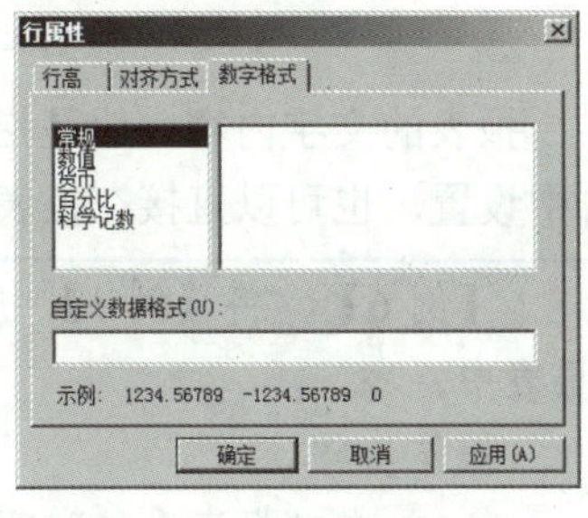

（c）

图 9-18　定义行属性

（4）设置完成后，单击“确定”按钮，退出“行属性”对话框。

（5）在“报表系统”窗口中，单击 A 列的列号按钮“A”，选定 A 列，执行“格式”→“列属性”命令，打开“列属性”对话框。

（6）在“列宽”选项卡中，将“列号”设为 1，输入列宽值为“450”，如图 9-19 所示。

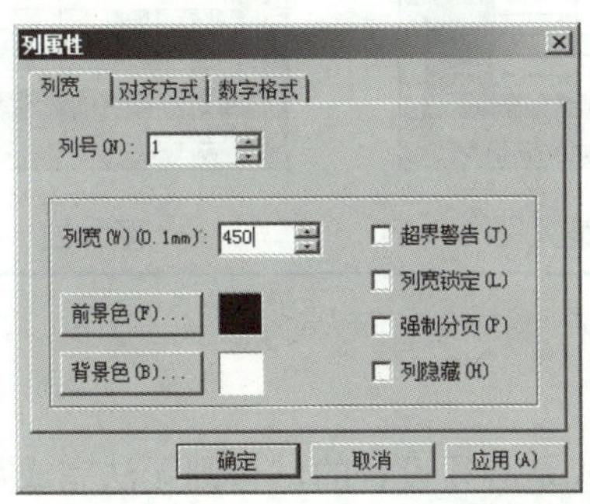

图 9-19　定义列属性

（7）单击“确定”按钮，退出“列属性”对话框。

提 示

（1）选择“缺省行高”后，系统将行高显示为不可更改的行高值，该行高值的大小取决于报表属性设置中的缺省行高值。

（2）通过行属性定义行高较为精确，用户也可以手动调整行高的大小。操作方法为：将鼠标指针指向要改变行高的行编号之间的格线，当鼠标指针变成一个两条黑色横线并且各带一个分别指向上下的箭头时，按住鼠标左键拖动，将行高调整到需要的高度，松开鼠标左键即可。

（3）在列宽选项设置现象卡中选择“超界警告”选项，则如果报表列宽过小，某些单元格数据过长时，将显示“#######”以示警告。

（四）输入文字内容

报表的文字内容一般是指报表的表体项目栏，总标题、表头与表尾可以选择在页眉页脚中设置，也可以直接在报表编辑窗口中直接设置输入。

【例 6】 将【例 1】中货币资金表的表体项目栏输入设置的报表中。

操作步骤：

（1）在“报表系统”窗口中，双击选定单元格，将光标定位在单元格中，直接在单元中输入内容，如图 9-20 所示。

（2）如果需要调整字体的大小和格式，直接单击工具栏的字体设置按钮进行处理，如图 9-21 所示。

操作视频

例 6 输入文字内容

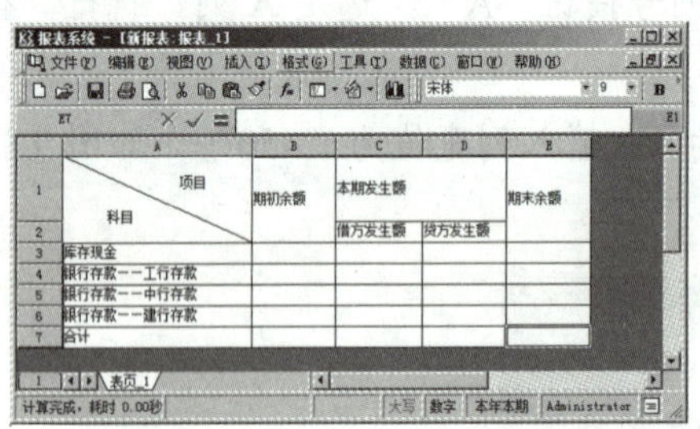

图 9-20 单元文字的录入

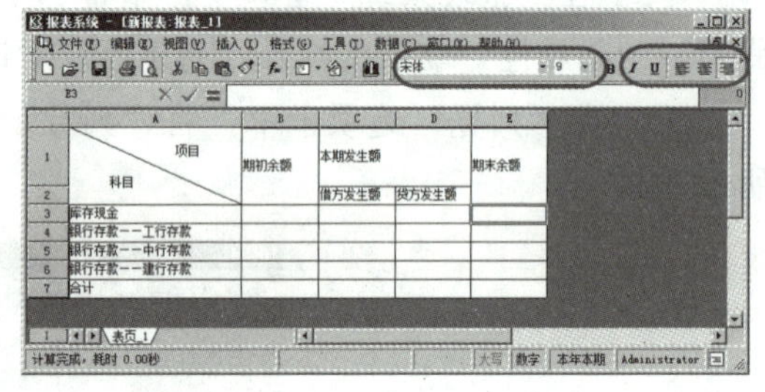

图 9-21 单元文字的字体设置

三、报表公式设置

在报表文件中，单元公式是必须设置的，否则无法完成数据的调入。

【例 7】 设置【例 1】中货币资金表的报表公式。

操作步骤：

（1）在“报表系统”窗口中，选中单元格“B3”，此处对应的是读取“库存现金”科目的期初余额。单击“*fx*”按钮，弹出“报表函数”对话框，如图 9-22 所示。

（2）选择常用函数“ACCT（总账科目区属公式）”，单击“确定”按钮，进入“ACCT”函数的公式设置窗口，将“会计科目”设置为“1001”，“取数类型”设置为“C”，其他部分均默认为空即可。此时在下方的计算结果中出现“15 554”，再单击“确认”按钮，如图 9-23 所示。

操作视频

例 7 报表公式设置

（3）在报表文件的“公式”界面，选中带有公式的单元格，可以双击单元格进行修改。当光标位于单元格的四边框处时，可以出现“✣”标识，在这种情况下可以随意将公式拖拽到任何单元格；当光标位于单元格的右下角时，可以出现“（填充）”标识，在这种情况下可以快速复制该单元格的公式，并将其填充于其他单元格中。

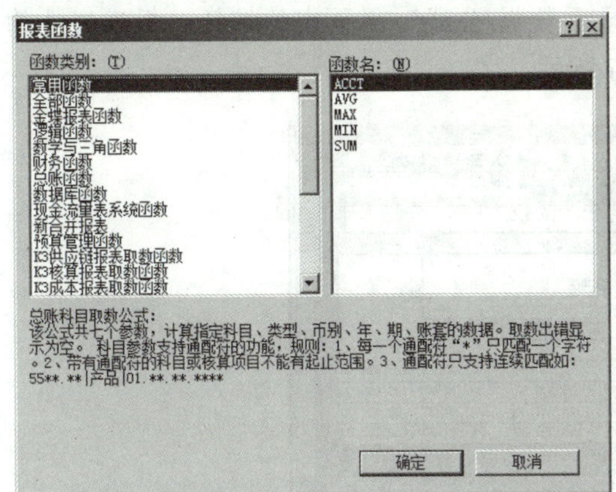

图 9-22 “fx”公式设置

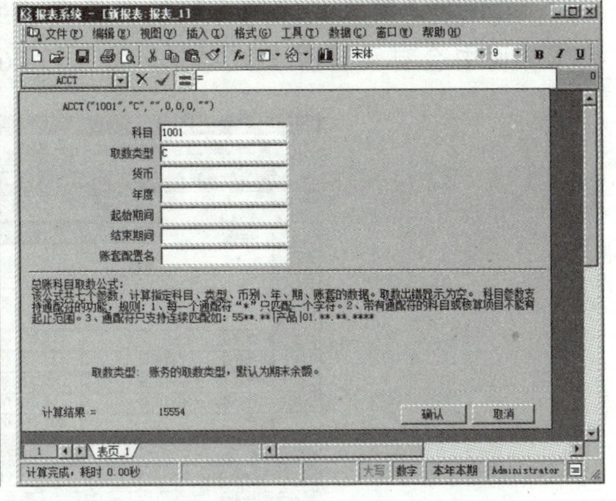

图 9-23 “ACCT”函数公式设置

（4）合计数一行设置公式时，选中单元格 B7，在“fx”函数打开的“报表函数”中选择“常用函数”中的 SUM 函数，将 B3、B4、B5、B6 四个单元格的数据相加，如图 9-24 所示。

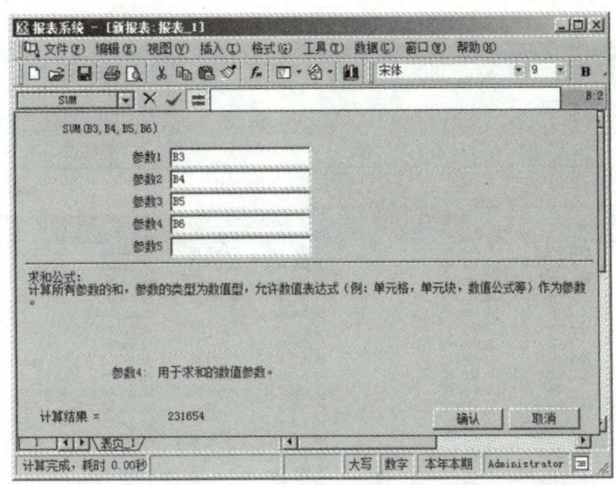

图 9-24 合计数的公式设置

（5）按照货币资金表的单元内容，设置其余单元格公式，最终结果如图 9-25 所示。

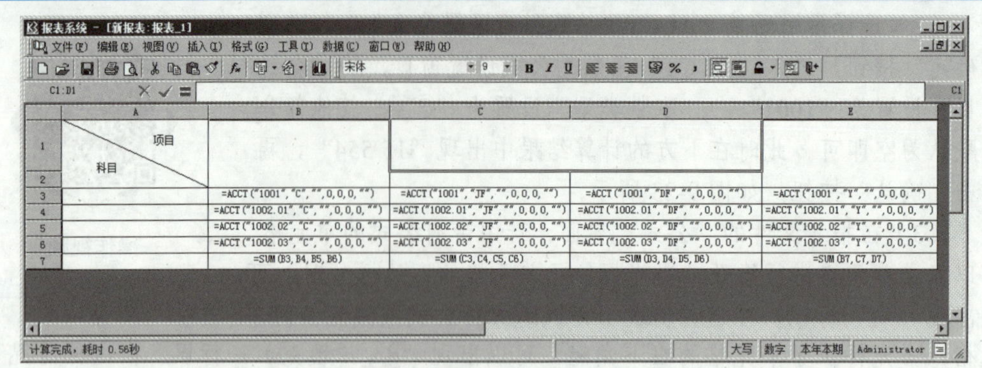

	A	B	C	D	E
1	项目 科目				
2					
3		=ACCT("1001","C","",0,0,0,"")	=ACCT("1001","JF","",0,0,0,"")	=ACCT("1001","DF","",0,0,0,"")	=ACCT("1001","Y","",0,0,0,"")
4		=ACCT("1002.01","C","",0,0,0,"")	=ACCT("1002.01","JF","",0,0,0,"")	=ACCT("1002.01","DF","",0,0,0,"")	=ACCT("1002.01","Y","",0,0,0,"")
5		=ACCT("1002.02","C","",0,0,0,"")	=ACCT("1002.02","JF","",0,0,0,"")	=ACCT("1002.02","DF","",0,0,0,"")	=ACCT("1002.02","Y","",0,0,0,"")
6		=ACCT("1002.03","C","",0,0,0,"")	=ACCT("1002.03","JF","",0,0,0,"")	=ACCT("1002.03","DF","",0,0,0,"")	=ACCT("1002.03","Y","",0,0,0,"")
7		=SUM(B3,B4,B5,B6)	=SUM(C3,C4,C5,C6)	=SUM(D3,D4,D5,D6)	=SUM(B7,C7,D7)

图 9-25 “货币资金表”的全部公式设置

（6）为了确认公式的正确性，单击“显示数据/公式”界面中的按钮，报表文件的数据界面中会自动计算公式结果，如图 9-26 所示。

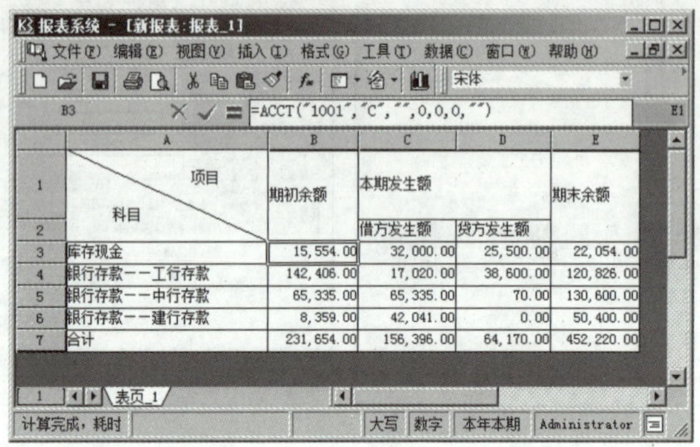

	A	B	C	D	E
1	项目 科目	期初余额	本期发生额		期末余额
2			借方发生额	贷方发生额	
3	库存现金	15,554.00	32,000.00	25,500.00	22,054.00
4	银行存款——工行存款	142,406.00	17,020.00	38,600.00	120,826.00
5	银行存款——中行存款	65,335.00	65,335.00	70.00	130,600.00
6	银行存款——建行存款	8,359.00	42,041.00	0.00	50,400.00
7	合计	231,654.00	156,396.00	64,170.00	452,220.00

图 9-26 货币资金表的数据

（7）为了确认公式是否读取总账数据正确，可以执行“财务会计”→“总账”→“财务报表”→“科目余额表”命令，查看各科目数据是否与自定义的货币资金表所得数据一致，如图 9-27 所示。

科目余额表

期间：2020年第1期 币别：(所有币别)

科目代码	科目名称	币别	期初余额 借方	期初余额 贷方	本期发生 借方	本期发生 贷方	本年累计 借方	本年累计 贷方	期末余额 借方	期末余额 贷方
1001	库存现金	综合本位币	15,554.00		32,000.00	25,500.00	32,000.00	25,500.00	22,054.00	
		人民币	15,554.00		32,000.00	25,500.00	32,000.00	25,500.00	22,054.00	
1002	银行存款	综合本位币	216,100.00		124,396.00	38,670.00	124,396.00	38,670.00	301,826.00	
		人民币	142,406.00		17,020.00	38,600.00	17,020.00	38,600.00	120,826.00	
		港元	10,000.00		50,000.00		50,000.00		60,000.00	
		折合本位币	8,359.00		42,041.00		42,041.00		50,400.00	
		美元	10,000.00		10,000.00		10,000.00		20,000.00	
		折合本位币	65,335.00		65,335.00	70.00	65,335.00	70.00	130,600.00	
1002.01	工行存款	综合本位币	142,406.00		17,020.00	38,600.00	17,020.00	38,600.00	120,826.00	
		人民币	142,406.00		17,020.00	38,600.00	17,020.00	38,600.00	120,826.00	
1002.02	中行存款	综合本位币	65,335.00		65,335.00	70.00	65,335.00	70.00	130,600.00	
		美元	10,000.00		10,000.00		10,000.00		20,000.00	
		折合本位币	65,335.00		65,335.00	70.00	65,335.00	70.00	130,600.00	
1002.03	建行存款	综合本位币	8,359.00		42,041.00		42,041.00		50,400.00	
		港元	10,000.00		50,000.00		50,000.00		60,000.00	
		折合本位币	8,359.00		42,041.00		42,041.00		50,400.00	
1111	买入返售金融资产	综合本位币			2,200.00	1,200.00	2,200.00	1,200.00	1,000.00	
		人民币			2,200.00	1,200.00	2,200.00	1,200.00	1,000.00	

操作完毕，总共110行！ 朔华嘉信股份有限公司 演示版-朔华嘉信公司 总账 2020年1期 Administrator

图 9-27 科目余额表中的数据

小提示：默认的科目余额表过滤条件中，科目级别为一级，为确保能够看到二级、三级科目，可在此对科目级别进行设置。同时，可对币别进行选择，以显示所需币别的科目余额。

四、报表数据管理

报表数据管理主要包括计算、审核、舍位平衡、表页管理和图表处理等操作。

1. 计算

在报表“公式”界面单元公式设置完毕，单击“数据”界面可以自行进行公式数据的计算。另外，在“数据”界面的“数据”菜单中有报表重算、报表重算方案、自动计算和手工计算等功能，如图 9-28 所示。

如果用户选择的是自动计算方式，当报表中的数据或公式发生变动时，系统将自动进行报表的重新计算；如果用户选择的是手工计算方式，当报表中的数据或公式发生变动时，选择报表重算功能，才能对报表进行重新计算，报表数据才会改变。自动计算与手动计算可通过工具条上的变化按钮进行切换，如图 9-29 所示。对于正在计算中的报表，用户选择终止计算功能，可以将正在计算中的报表强行终止计算。

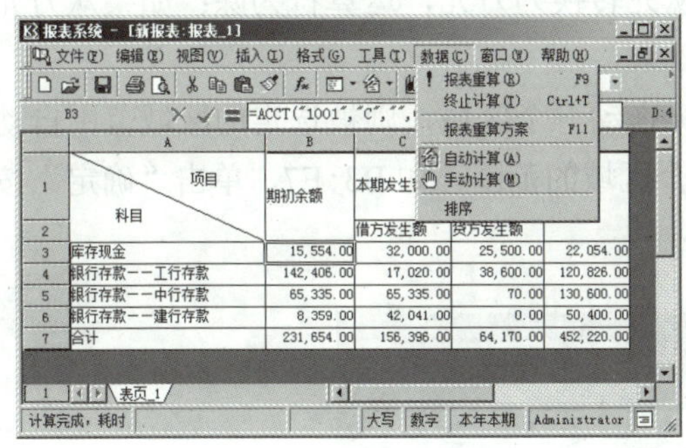

图 9-28　报表文件的数据菜单

图 9-29　报表文件的数据计算功能

2. 审核

一张设置好的报表如果经过了审核，报表的准确程度就更加可以信赖。用户可以设置若干审核条件对报表进行全方位的审核。

具体操作步骤如下：

（1）在“报表系统”窗口中，执行“工具”→“报表审核”→“设置审核条件”命令，弹出“审核条件”对话框，单击“新增”按钮，弹出“审核条件”对话框，将“B7=B3+B4+B5+B6”的审核条件公式录入，单击“确定”按钮，如图 9-30 所示。

（2）执行“工具”→“报表审核”→“审核报表”命令，系统自动按照设置好的审核条件进行计算，并自动弹出“报表审核结果正确”提示框，如图 9-31 所示。

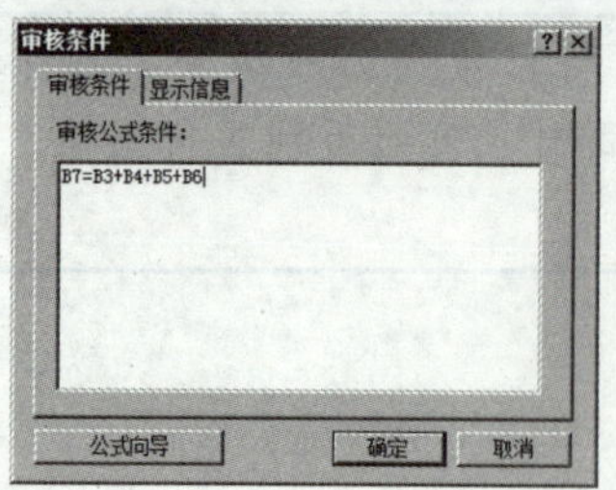

图 9-30 报表文件审核条件设置

图 9-31 审核报表功能

3．舍位平衡

在将报表进行外报时，根据统计需要，报出金额单位通常是万元，而在日常业务处理中，金额一般都是元，所以需要一个换算的处理过程。舍位平衡即用于设置此类数据转换公式，并解决在数据四舍五入后数据不平衡的问题。

具体操作步骤如下：

（1）在“报表系统”窗口中，执行“工具”→“舍位平衡”→“舍位平衡公式”命令，弹出“舍位平衡公式”对话框，录入具体的转换系数。例如，金额单位从元变为万元，转换系数为 10 000；金额单位转换为千元，则转换系数为 1 000。

（2）指定运算符上乘和除的设置，如果从元转换为万元，运算符为除；如果从万元转换为元，运算符为乘。

（3）确定舍位区域时，用户可以通过鼠标拖动一个区域，则被选定的区域范围自动地显示在“舍位区域”中；也可以手工录入一个区域的范围，如 B3:E7，单击“确定”按钮即可，如图 9-32 所示。

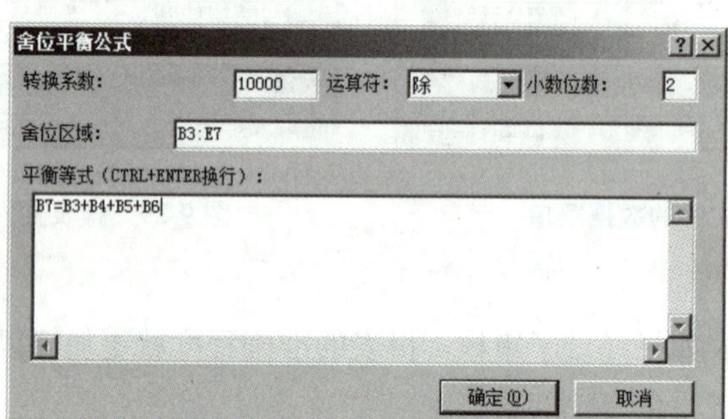

图 9-32 舍位平衡条件的设置

（4）执行“工具”→“舍位平衡”→“舍位平衡”命令，对货币资金表进行舍位处理，舍位时会提醒将不需要设为的单元进行锁定，如图 9-33 所示。

（5）单击“是”按钮，提示需要将“货币资金表”进行保存。确定“货币资金表”已经保存后，单击“是”按钮完成舍位，舍位后会形成新的报表文件，如图 9-34 所示。舍位表中的任意数字部分均不具备公式。如果舍位表中的数据存在差异，那么需要回到原报表文件中进行调整。

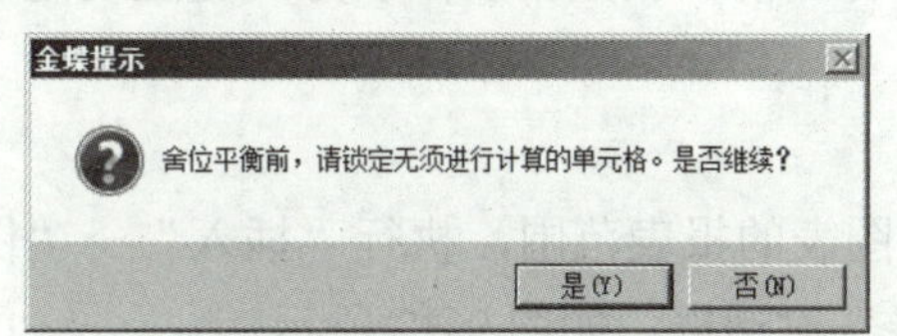

图 9-33　提示单元锁定

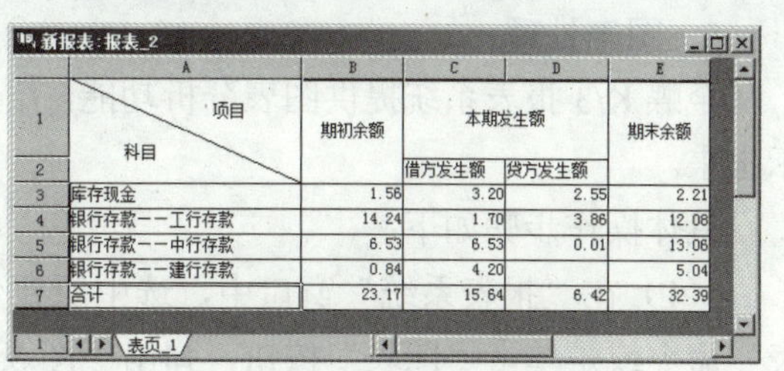

新报表：报表_2

	A	B	C	D	E
1	项目 / 科目	期初余额	本期发生额		期末余额
2			借方发生额	贷方发生额	
3	库存现金	1.56	3.20	2.55	2.21
4	银行存款——工行存款	14.24	1.70	3.86	12.08
5	银行存款——中行存款	6.53	6.53	0.01	13.06
6	银行存款——建行存款	0.84	4.20		5.04
7	合计	23.17	15.64	6.42	32.39

图 9-34　舍位后形成报表文件

4. 表页管理

一个报表文件可以同时存在多张表页，如一个资产负债表的报表文件，一年中可以有 12 张表页，10 年就是 120 张表页。也就是说，一个报表文件可以满足很多年的报表表页数据的积累。

具体操作步骤如下：

（1）在“报表系统”窗口中，执行“格式”→“表页管理”命令，弹出“表页管理”对话框。

（2）在“表页管理”选项卡中，单击“添加”按钮可增加表页，表页的张数可根据需要任意设置，单击“删除”按钮可以将不用的表页删除掉。关键字是表页内容的唯一标示，故每个表页都需要设关键字。一般的关键字包括“单位名称”“年”“月”“日”，如图 9-35 所示。设置表页关键字需要在左侧列表下选中表页，在右侧关键字处选择需要修改的关键字，在“字符”栏中填写正确的关键字内容，单击“确认”按钮即可。

（3）在“关键字”选项卡中，用户可以进行删除关键字、添加关键字和编辑关键字的操作。关键字是为了用户方便某种记忆而产生的。例如，用户可能想记录每张表页的生产时间等信息，如果用户使用表页关键字，就可以随时进行查看。

（4）在“表页锁定”选项卡中，选定某一张表页，将鼠标指向“锁定”左边的复选框中，单击左键，方框将出现一个打钩的记号，表明该表页已被锁定，被锁定后的表页无法进行修改和编辑，如图 9-36 所示。锁定后的表页可以打开，打开后的表页才可以进行表页管理操作。

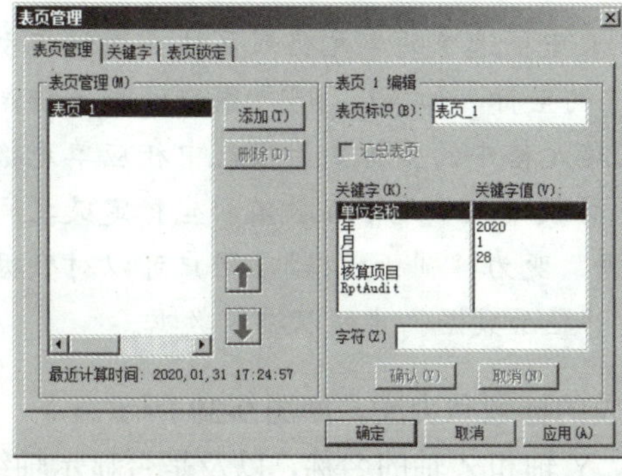

图 9-35　表页管理功能

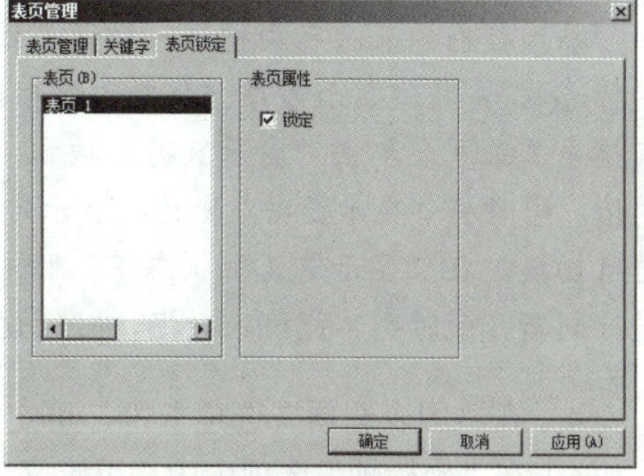

图 9-36　表页锁定功能

5. 图表处理

金蝶 K/3 报表系统提供图表分析功能，用户可将当前报表数据以图表方式更直观地展示出来。

具体操作步骤如下：

（1）在“报表系统”窗口中，选中所要生成图表的报表范围，执行“插入”→“图表”命令或是单击“图表”按钮，弹出“图表向导”对话框，如图 9-37 所示。

（2）在“图表类型”选项卡中，单击“图表类型”的下拉按钮，系统将列出所有的图表类型，如立体柱形图、平面柱形图、立体线段图、平面线段图和饼图等，用户可以选择任意图标类型，还可以改变图形的仰角和旋转角度从不同的方位来观看图形。

（3）在“数据源”选项卡中，有“添入数据”和“显示数据”按钮。在“显示数据”状态下，单击想添入数据的单元格，再单击“添入数据”即可。如果是选中区域后才单击的图表处理功能，数据源的设置系统自动配置成所选中的数据区域，如图 9-38 所示。

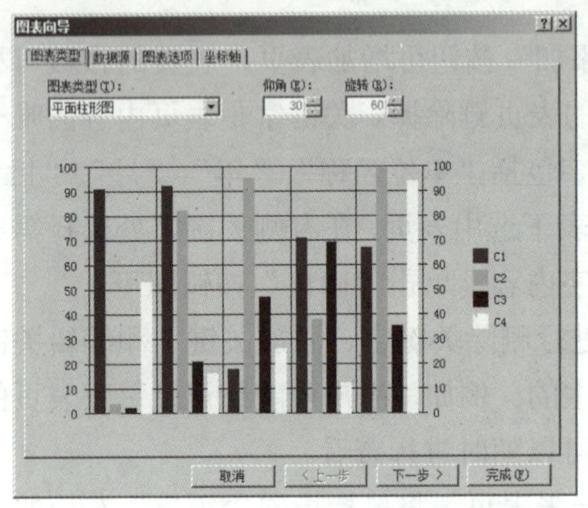

图 9-37　图表向导

图 9-38　图表数据源的配置

提　示

添入数据的来源有两种：一种是来源于报表中被选中的单元格或区域（通过拖动鼠标选取），具体显示为每一个单元格在报表中的坐标，如 A1、F6 等字样；另一种是直接手工录入，单击“显示数据”按钮，填入单元格中的坐标变为报表中相应单元格的值，同时将“显示数据”变为“显示定义”，方便填入单元格在数值和坐标定义之间进行切换。在“显示定义”状态下，“添入数据”变为“刷新数据”，用户可以对数据进行刷新，此时则不能填入数据，必须切换为“显示数据”才可以添入数据。

（4）在“图表选项”选项卡中，可定义图表的标题和脚注，如图 9-39 所示。

（5）在“坐标轴”选项卡中，可定义 X 轴、Y 轴和 Z 轴的名称，以及是否显示轴线、网格线和坐标刻度等，如图 9-40 所示。

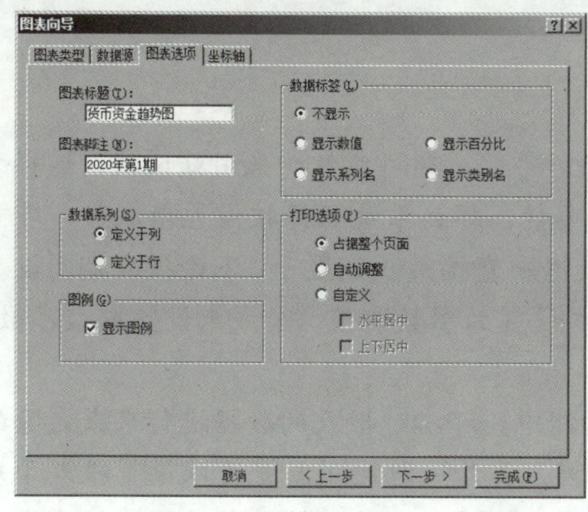

图 9-39　图表选项设置

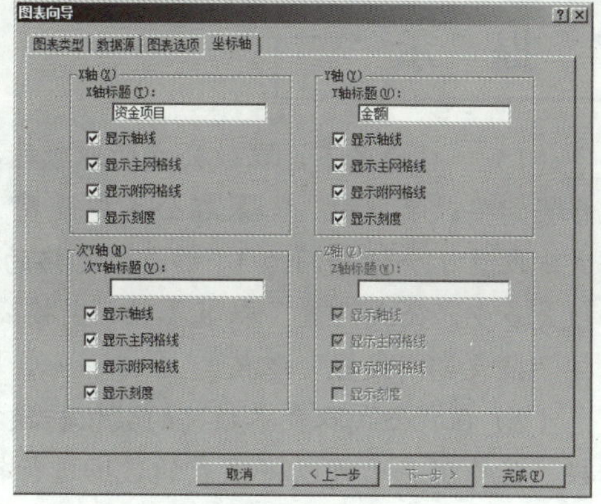

图 9-40　坐标轴设置

（6）设置完成后，单击“完成”按钮，一张新的图表就可定义完成，如图 9-41 所示。

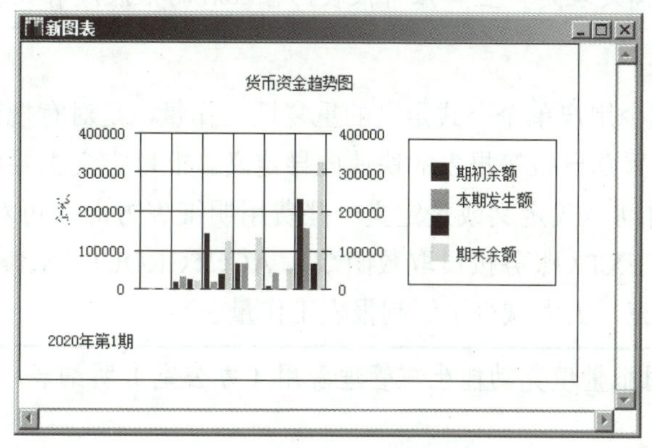

图 9-41　货币资金趋势图

五、报表其他功能

1. 公式取数参数

设置公式取数参数是指在报表中设置对每张表页都适用的共同性数据和选项。

具体操作步骤如下：

（1）在“报表系统”窗口中，执行“工具”→“公式取数参数”命令，弹出“设置公式取数参数”对话框，如图 9-42 所示。

（2）在“缺省年度”“开始期间”“结束期间”文本框中输入报表中基于按会计期间取数的函数公式，还可以根据业务需要对其他公式取数进行设置。

（3）设置完成后，单击“确定”按钮。

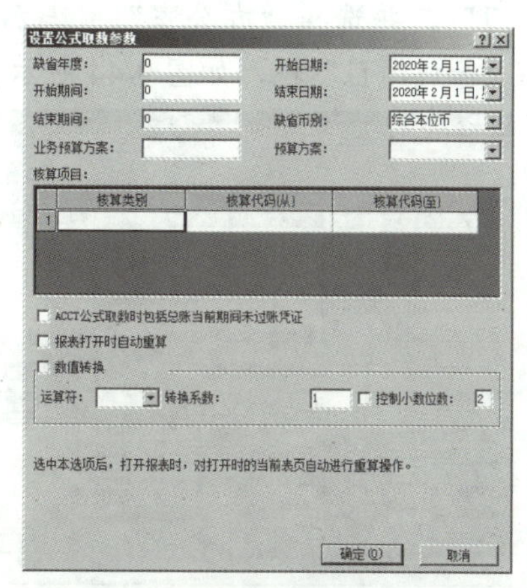

图 9-42　公式取数参数设置

（1）一般情况下，取数公式的取数账套、年度、期间参数均采用默认值，这样才能根据需要改变取数。如果在公式中设置了参数，那么系统始终按设置值取数，即如公式中设置了会计期间为 1，则该单元格的数据一直按第一期显示，不论报表期间设置的值是多少。公式设置了取数参数，则按公式设置的参数取值；公式未设置取数参数，则按“报表期间设置”取值。

（2）在“公式取数参数”的数值转换功能中，可以对报表的数据进行乘或是除的转换，其作用在于可以将报表的数据进行转换。另外一种运用就是可以设置报表币别的转换，如将美元的报表转换为人民币的报表，这时可以将转换系数设置为汇率进行相乘的运算。

（3）此处的数据转换是在本报表的公式基础上进行的，是同一个表上的处理，而之前讲授的舍位平衡处理是产生一张新报表，舍位后的报表没有数据公式。

2．批量填充

批量填充用于减少用户单个公式定义的重复性工作量，是对有规律的公式的定义，如编制部门分析报表、采购日报等报表的快速向导定义。批量定义主要用于编制按核算项目类别编制报表时的自动公式定义或是定义一些费用明细表方面，可对 ACCT（账务按期间取数函数）、ACCTEXT（账务按日取数函数）、ACCTGROUP（从集团账套中取数函数）3 类公式进行批量填充，大大减少了编制报表工作量。

【例 8】 利用批量填充功能生成管理费用（办公室）明细表。

操作步骤：

（1）在“报表系统”窗口中，新建一个新的报表文件，执行“工具”→“批量填充”命令，弹出“批量填充”对话框，此处以 ACCT 函数为例，如图 9-43 所示。

（2）在“科目”列表下选择“管理费用”及其二级科目，在项目栏上选择“部门”，并选择“办公室”。与科目配合，每次一个科目，单击“增加”按钮，加入“生成项目”栏，如图 9-44 所示。

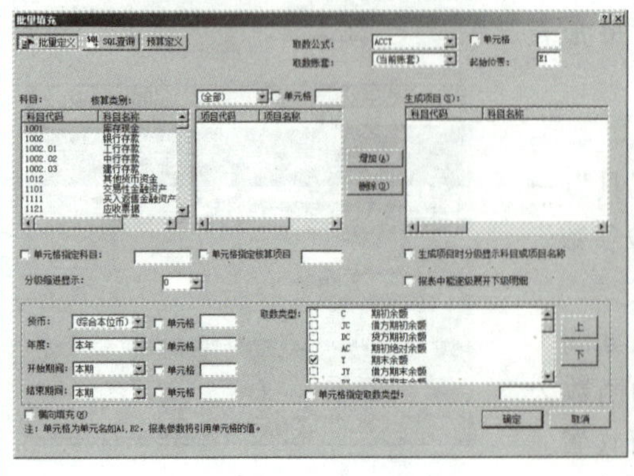

图 9-43 批量填充功能

图 9-44 批量填充的科目/项目选择图

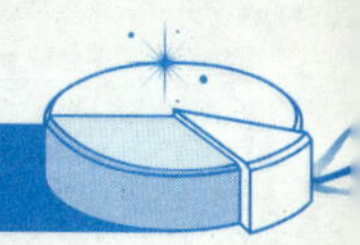

（3）在“批量填充”界面的下方是年度、期间、取数类型等内容的选择区，当“年度”和“期间”默认时，系统设置为当期。“取数类型”中选择“期初余额”“期末余额”“借方发生额”“贷方发生额”4 项内容。为了报表项目的顺序性，可以利用“上”“下”排序按钮，将项目按照“期初余额”“借方发生额”“贷方发生额”“期末余额”的顺序排列。

操作视频

例 8 批量填充

（4）设置完成后，单击“确定”按钮，系统将自动跳转到报表文件界面，相应的报表项目文字和公式已经设置完毕，如图 9-45 所示。

新报表:报表_2

	A	B	C	D	E	F	G	H
1	科目代码	科目名称	核算项目代码	核算项目名称	期初余额	借方发生额	贷方发生额	期末余额
2	6602	管理费用	01	办公室				
3	6602.01	工资费	01	办公室				
4	6602.02	福利费	01	办公室				
5	6602.03	办公费	01	办公室				
6	6602.04	折旧费	01	办公室				
7	6602.05	差旅费	01	办公室				
8	6602.06	通讯费	01	办公室				
9	6602.07	其他	01	办公室				
10								
11								
12								
13								

表页_1

图 9-45 批量填充的效果

（5）单击“数据”菜单下的“报表重算”功能，即可生成管理费用（办公室）明细表，如图 9-46 所示。

新报表:报表_2

	A	B	C	D	E	F	G	H
1	科目代码	科目名称	核算项目代码	核算项目名称	期初余额	借方发生额	贷方发生额	期末余额
2	6602	管理费用	01	办公室	0	6704	6704	0
3	6602.01	工资费	01	办公室	0	0	0	0
4	6602.02	福利费	01	办公室	0	504	504	0
5	6602.03	办公费	01	办公室	0	0	0	0
6	6602.04	折旧费	01	办公室	0	0	0	0
7	6602.05	差旅费	01	办公室	0	6000	6000	0
8	6602.06	通讯费	01	办公室	0	0	0	0
9	6602.07	其他	01	办公室	0	200	200	0
10								
11								

表页_1

图 9-46 管理费用（办公室）明细表

3. 报表权限控制

报表权限控制是独立于系统的用户管理，可以针对每张报表设置读取、修改、打印等权限，有效地保障企业报表数据的安全性。

【例 9】 给“王明明”授予“修改报表”的权限。

操作步骤：

（1）在“报表系统”窗口中，执行“工具”→“报表权限控制”命令，弹出“授权”对话框，如图 9-47 所示。

（2）从“待授权用户”中，选择要授权的用户“王明明”，在“访问类型”中选择要授予的权限类型“修改”，单击“添加”按钮，则这个待授权用户进入已授权用户组，如图 9-48 所示。

操作视频

例 9 报表权限控制

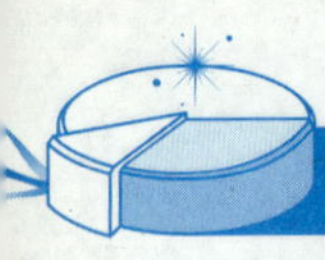

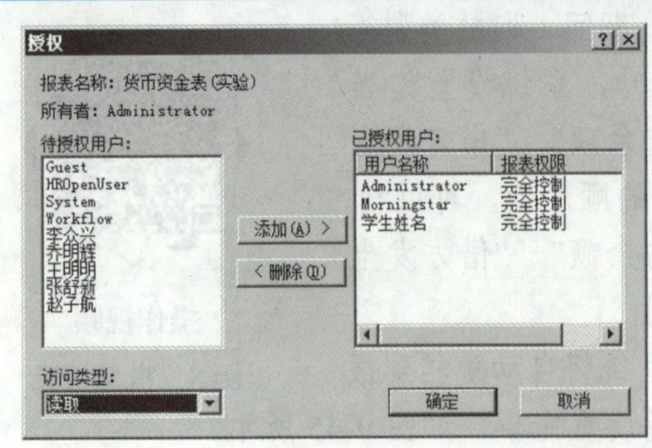

图 9-47　报表授权

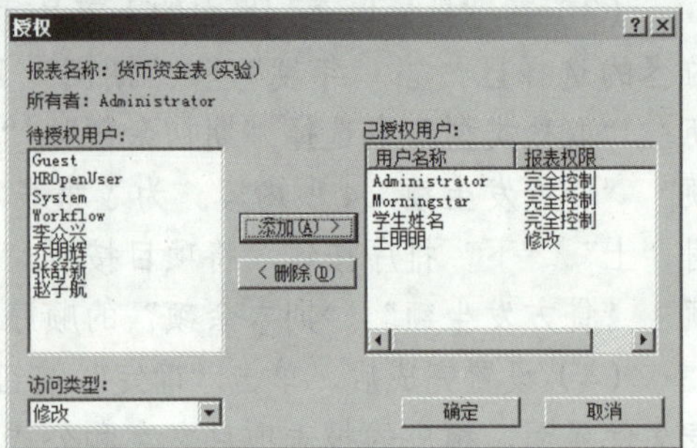

图 9-48　授权功能

（3）设置完成后，单击“确定”按钮。

（4）若要取消授权，需从“已授权用户”中选中要取消授权的用户，单击“删除”按钮，则这个已授权用户进入待授权用户组，该用户不在有对本报表的使用权限。

提　示

报表的权限管理分为拒绝访问、读取、打印、修改、更改权限和完全控制六类，用户只能被赋予这六类权限之一。其中，“读取”权限为默认权限。报表的创建者和用户管理中 Administrator 组的用户自动拥有“完全控制”权限，且不能被修改。

4．表页汇总

在“报表系统”窗口中，执行“工具”→“表页汇总”命令，可自动将一个报表中不同表页的数据项进行汇总。由于表页汇总是将数据相加，而有些数字如序号、文字内容等是不需要汇总，所以对于这些区域，须先锁定单元格（选中区域后执行“格式”→“单元锁定”命令），再进行汇总。表页汇总后汇总报表可追加到当前报表，但汇总的表页不支持重算。

表页汇总生成的汇总报表可以选择追加到当前报表作为当前报表的最后一张表页，也可以生成新的报表，如图 9-49 所示。

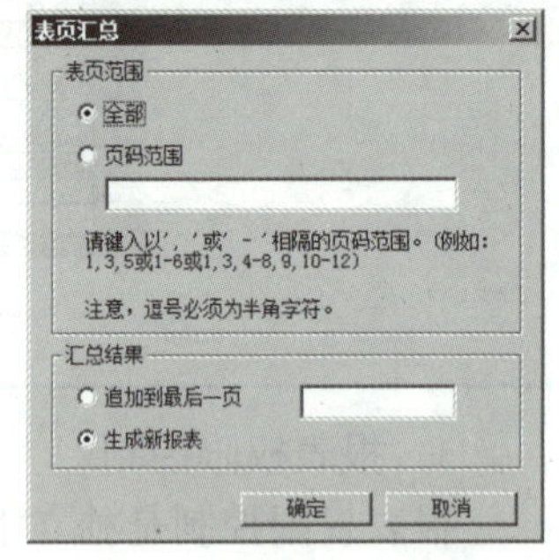

图 9-49　表页汇总功能

六、保存与查看报表

1．保存报表

完成报表操作后，单击“文件”菜单中的“保存”按钮，或单击“保存”按钮，即可实现对当前报表的保存。如果数据库中已有此报表，则会覆盖原报表；如果数据库中无此报表，则系统会弹出“另存为”对话框，提示录入报表名称。

用户使用“保存”和“另存为”功能保存报表时均为保存系统内部报表，即形成内部报表模板，把当前报表保存到账套数据库中，其他用户可以共享，如图 9-50 所示。

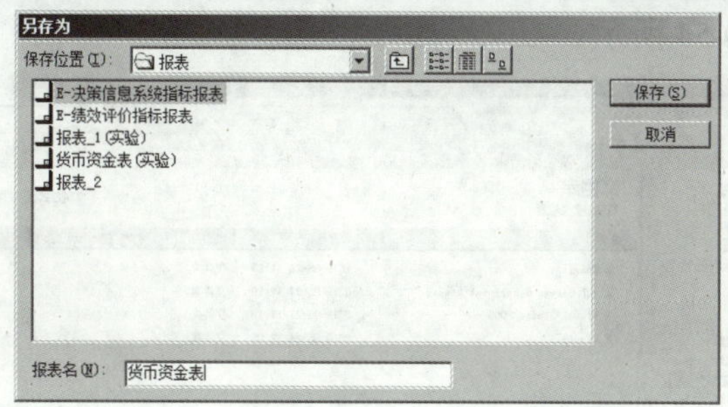

图 9-50　报表的“另存为”功能

2. 查看报表

用户在调用已存报表时，单击“文件”菜单中的“打开”按钮，找到该模板的储存位置，然后双击，才能够调入报表文件，如图 9-51 所示。

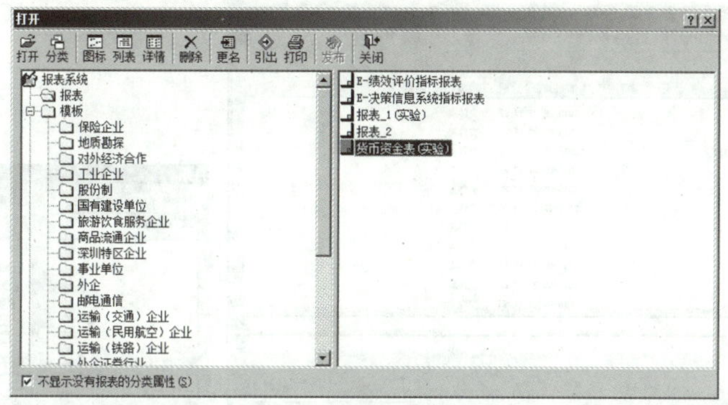

图 9-51　报表文件的打开

提　示

系统保存的报表文件的后缀名为 KDS。若需要保存为报表模板，则模板文件的后缀为 KDT。

3. 全部保存

如果用户同时打开了多个报表并进行相应的操作，为避免逐一用保存功能进行保存，系统设置了“全部保存”功能，可对若干报表进行连续的保存。全部报表的保存操作与单一报表的保存操作是相同的，即单击“文件”菜单中的“全部保存”按钮，系统会将所有正在编辑的报表进行一次性的全部保存。

4. 引出报表/表页

为了将报表文件引出系统，用于传递与保存，系统提供了“引出报表”和“引出表页”的功能。用户单击“文件”菜单中的“引出报表”或“引出表页”功能，弹出存储文件路径选择的对话框，选择路径后单击“保存”按钮即可，如图 9-52 和图 9-53 所示。

5. 引入文件

为了将系统外的报表文件引入系统进行查看或使用，用户需要利用“文件”菜单中的

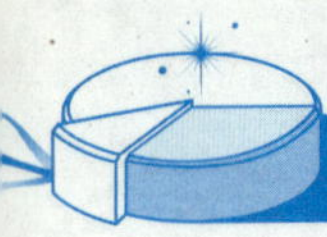

引入文件功能，如图 9-54 所示。

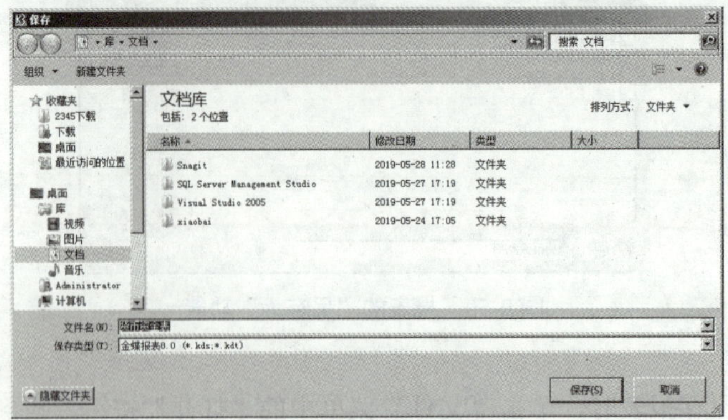

图 9-52　引出报表功能

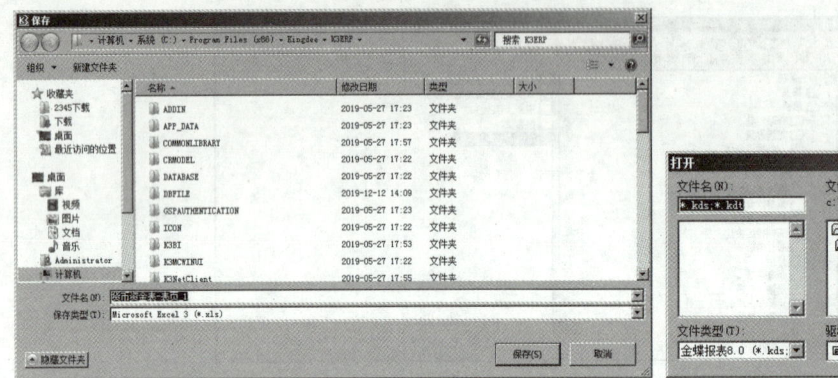

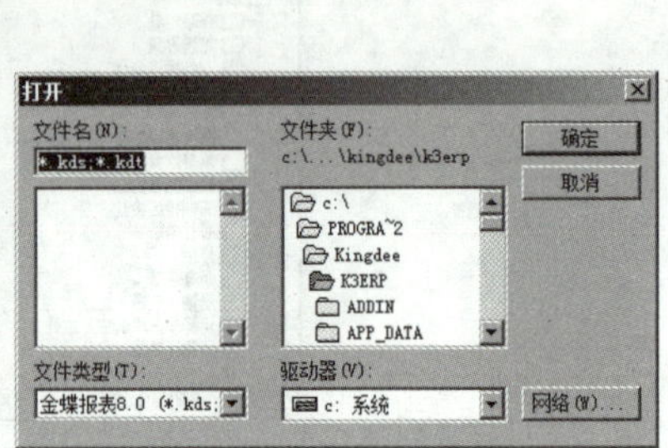

图 9-53　引出报表表页功能　　图 9-54　引入报表文件功能

七、报表打印

具体操作步骤如下：

（1）在“报表系统”窗口中，在“文件”菜单下，单击“打开”按钮，选择“报表”功能右侧列表下需要打印的报表文件选项，如图 9-55 所示。

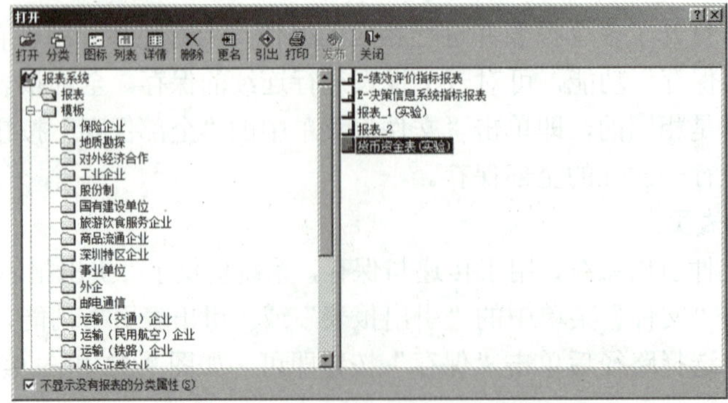

图 9-55　打开需要打印的报表文件

（2）“文件”下的“打印”功能能够实现报表文件的打印，如图 9-56 和图 9-57 所示。

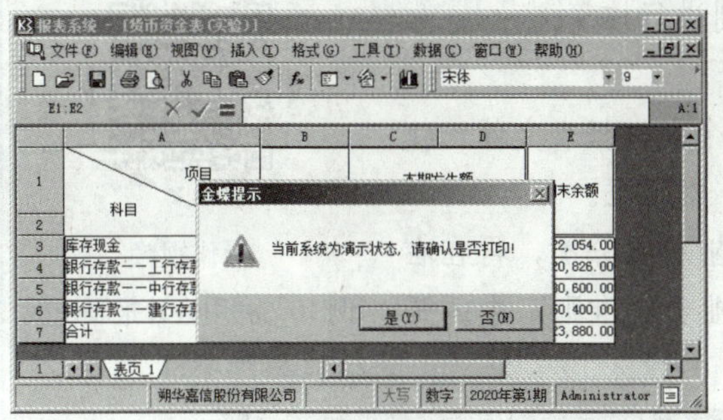

图 9-56 打印功能

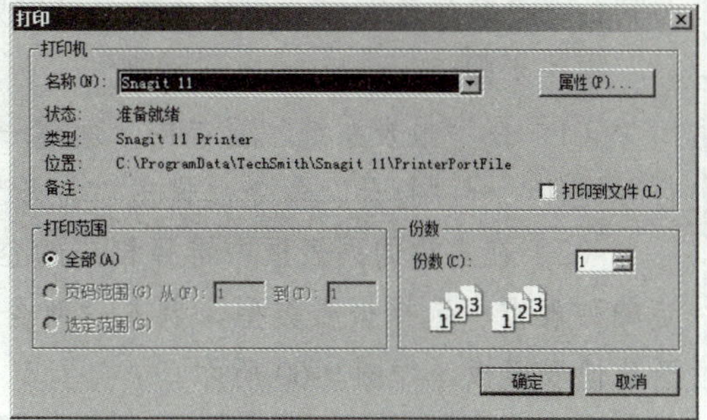

图 9-57 打印设置

（3）“文件”下的“批量打印”功能在于一次可以选择多个报表进行打印，不用一个报表打印完了之后再选择另外一个报表进行打印，以节约时间。用户在批量打印报表时对页脚页眉中定义的取数公式所取的值也能进行打印，如图 9-58 所示。

（4）“文件”下的“选定区域打印”功能可用于用户只想打印报表的一个部分时使用，如图 9-59 所示。

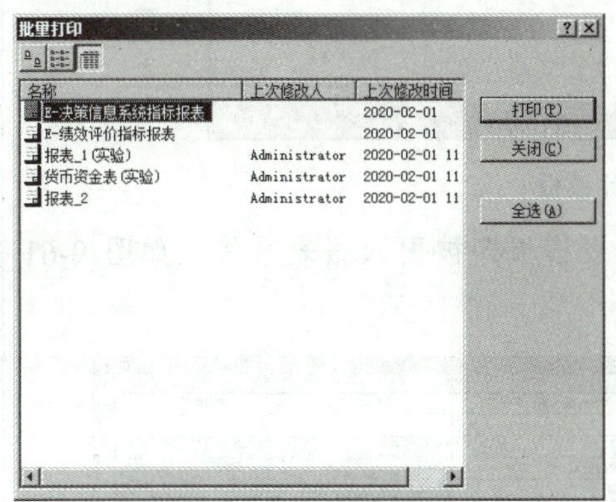

图 9-58 批量打印功能

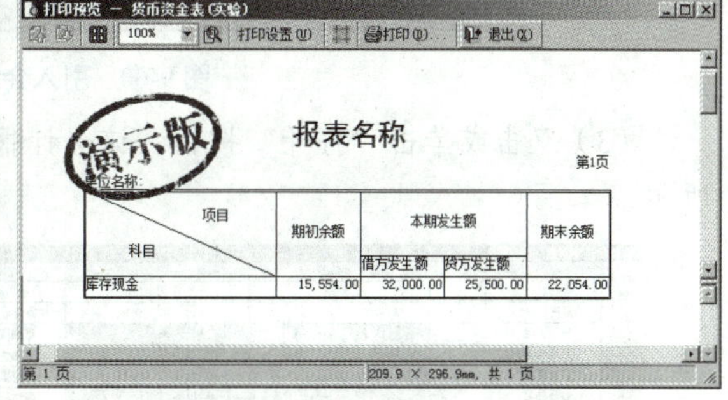

图 9-59 选定区域打印功能

提 示

在作格式调整时，建议多使用“打印预览”功能，以查看格式。若字体、行高、列宽已经设到最小，还是不能满足要求，建议使用大的纸张进行打印或者分页打印。

八、利用会计报表模板

金蝶 K/3 系统为用户预设部分行业报表模板，如资产负债表、利润表和现金流量表等。用户只需要根据业务需求，利用公式向导微调报表中部分不合适的公式，就可达到快速成表的目的。

【例 10】 利用金蝶 K/3 报表系统模板生成一张朔华嘉信公司的资产负债表，该公司使用新会计准则进行核算。

操作视频
例 10　利用会计报表模板

操作步骤：

（1）在“报表系统”窗口中，新建一个空白报表文件，执行“文件”→“打开”命令，弹出“打开”对话框。

（2）在左边的列表框中选择相应的企业核算分类，再在右边的列表框中选择报表类型，调入“新企业会计准则”中的资产负债表模板，如图 9-60 所示。

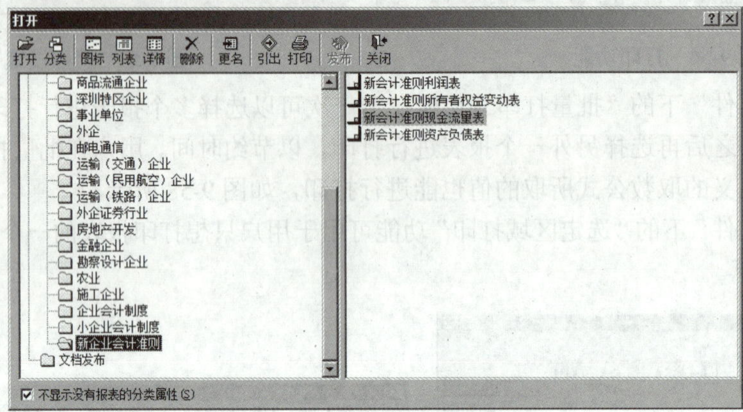

图 9-60　引入会计模板

（3）双击或单击“打开”按钮，该会计报表模板即被引入报表系统，如图 9-61 所示。

新会计准则资产负债表

	A	B	C	D	E	F
1	资　　产	期末余额	年初余额	负债和所有者权益（或股东权益）	期末余额	年初余额
2	流动资产：			流动负债：		
3	货币资金	=ACCT("1001:1012","Y","",0	=ACCT("1001:1012","C","",0,1,1	短期借款	=ACCT("2001","Y","",0,	=ACCT("2001","C","",0,1,1
4	交易性金融资产	=ACCT("1101","Y","",0,0,0,	=ACCT("1101","C","",0,1,1,	交易性金融负债	=ACCT("2101","Y","",0,	=ACCT("2101","C","",0,1,1
5	应收票据	=ACCT("1121","Y","",0,0,0,	=ACCT("1121","C","",0,1,1,	应付票据	=ACCT("2201","Y","",0,	=ACCT("2201","C","",0,1,1
6	应收账款	=ACCT("1122","JY","",0,0,0	=ACCT("1122","JC","",0,1,1	应付账款	=ACCT("2202","DY","",0	=ACCT("2202","DC","",0,1,
7	预付款项	=ACCT("1123","JY","",0,0,0	=ACCT("1123","JC","",0,1,1	预收款项	=ACCT("2203","DY","",0	=ACCT("2203","DC","",0,1,
8	应收利息	=ACCT("1132","Y","",0,0,0,	=ACCT("1132","C","",0,1,1,	应付职工薪酬	=ACCT("2211","Y","",0,	=ACCT("2211","C","",0,1,1
9	应收股利	=ACCT("1131","Y","",0,0,0,	=ACCT("1131","C","",0,1,1,	应交税费	=ACCT("2221","Y","",0,	=ACCT("2221","C","",0,1,1
10	其他应收款	=ACCT("1221","Y","",0,0,0,	=ACCT("1221","C","",0,1,1,	应付利息	=ACCT("2231","Y","",0,	=ACCT("2231","C","",0,1,1
11	存货	=ACCT("1401:1408","Y","",0	=ACCT("1401:1408","C","",0	应付股利	=ACCT("2232","Y","",0,	=ACCT("2232","C","",0,1,1
12	一年内到期的非流动资产			其他应付款	=ACCT("2241","Y","",0,0,0	=ACCT("2241","C","",0,1,1,"")
13	其他流动资产			一年内到期的非流动负债		
14	流动资产合计	=SUM(B3:B13)	=SUM(C3:C13)	其他流动负债		
15	非流动资产：			流动负债合计	=SUM(E3:E14)	=SUM(F3:F14)
16	可供出售金融资产	=ACCT("1503","Y","",0,0,0,	=ACCT("1503","C","",0,1,1,	非流动负债：		
17	持有至到期投资	=ACCT("1501","Y","",0,0,0,	=ACCT("1501","C","",0,1,1,	长期借款	=ACCT("2501","Y","",0,	=ACCT("2501","C","",0,1,1
18	长期应收款	=ACCT("1531","Y","",0,0,0,	=ACCT("1531","C","",0,1,1,	应付债券	=ACCT("2502","Y","",0,	=ACCT("2502","C","",0,1,1
19	长期股权投资	=ACCT("1511","Y","",0,0,0,	=ACCT("1511","C","",0,1,1,	长期应付款	=ACCT("2701","Y","",0,	=ACCT("2701","C","",0,1,1
20	投资性房地产	=ACCT("1521","Y","",0,0,0,	=ACCT("1521","C","",0,1,1,	专项应付款	=ACCT("2711","Y","",0,	=ACCT("2711","C","",0,1,1
21	固定资产	=ACCT("1601","Y","",0,0,0,	=ACCT("1601","C","",0,1,1,	预计负债	=ACCT("2801","Y","",0,0,0	=ACCT("2801","C","",0,1,1,"")
22	在建工程	=ACCT("1604","Y","",0,0,0,	=ACCT("1604","C","",0,1,1,"")	递延所得税负债	=ACCT("2901","Y","",0,	=ACCT("2901","C","",0,1,1
23	工程物资	=ACCT("1605","Y","",0,0,0,	=ACCT("1605","C","",0,1,1,	其他非流动负债		
24	固定资产清理	=ACCT("1606","Y","",0,0,0,	=ACCT("1606","C","",0,1,1,	非流动负债合计	=SUM(E17:E23)	=SUM(F17:F23)
25	生产性生物资产			负债合计	=E15+E24	=F15+F24
26	油气资产			所有者权益（或股东权益）：		
27	无形资产	=ACCT("1701","Y","",0,0,0,	=ACCT("1701","C","",0,"1",	实收资本（或股本）	=ACCT("4001","Y","",0,	=ACCT("4001","C","",0,1,1
28	开发支出	=ACCT("5301","Y","",0,"0",	=ACCT("5301","C","",0,"1",	资本公积	=ACCT("4002","Y","",0,	=ACCT("4002","C","",0,1,1
29	商誉	=ACCT("1711","Y","",0,0,0,	=ACCT("1711","C","",0,1,1,	减：库存股	=ACCT("4201","Y","",0,	=ACCT("4201","C","",0,1,1
30	长摊待摊费用	=ACCT("1801","Y","",0,0,0,	=ACCT("1801","C","",0,1,1,	盈余公积	=ACCT("4101","Y","",0,	=ACCT("4101","C","",0,1,1
31	递延所得税资产	=ACCT("1811","Y","",0,0,0,	=ACCT("1811","C","",0,1,1,	未分配利润	=ACCT("4104","Y","",0,	=ACCT("4104","C","",0,1,1

图 9-61　新企业会计准则资产负债表的公式界面

（4）在报表文件的“显示数据”视图中选择“报表重算”功能，计算报表数据。查看报表格式最后一行的“资产总计”与“负债和所有者权益（或股东权益）总计”的数值是否等同，若不等同，则说明报表公式需要调整，修改报表公式后，再次进行“报表重算”，最后结果如图 9-62 所示。

新会计准则资产负债表

	A	B	C	D	E	F
1	资　　产	期末余额	年初余额	负债和所有者权益（或股东权益）	期末余额	年初余额
2	流动资产：			流动负债：		
3	货币资金	323880	231654	短期借款	20000	20000
4	交易性金融资产	0	0	交易性金融负债	0	0
5	应收票据	6000	6000	应付票据	0	0
6	应收账款	13790	15710	应付账款	47940	49140
7	预付款项	2200	0	预收款项	25350	40000
8	应收利息	0	0	应付职工薪酬	-3096	0
9	应收股利	0	0	应交税费	26242.18	23832
10	其他应收款	11000	6000	应付利息	0	0
11	存货	89332	87332	应付股利	0	0
12	一年内到期的非流动资产			其他应付款	2500	0
13	其他流动资产			一年内到期的非流动负债		
14	流动资产合计	446202	346696	其他流动负债		
15	非流动资产：			流动负债合计	118936.18	132972
16	可供出售金融资产	0	0	非流动负债：		
17	持有至到期投资	0	0	长期借款	200000	200000
18	长期应收款	0	0	应付债券	0	0
19	长期股权投资	0	0	长期应付款	0	0
20	投资性房地产	0	0	专项应付款	0	0
21	固定资产	986276	986276	预计负债	0	0
22	在建工程	0	0	递延所得税负债	0	0
23	工程物资	0	0	其他非流动负债		
24	固定资产清理	0	0	非流动负债合计	200000	200000
25	生产性生物资产			负债合计	318936.18	332972
26	油气资产			所有者权益（或股东权益）：		
27	无形资产	0	0	实收资本（或股本）	1107130	1000000
28	开发支出	0	0	资本公积	0	0
29	商誉	0	0	减：库存股	0	0
30	长摊待摊费用	0	0	盈余公积	0	0
31	递延所得税资产	0	0	未分配利润	-7128	0

图 9-62　正确的资产负债表数据

（5）经过公式修改，再对“表属性”中的“页眉页脚”功能加以设置，就可以保存该资产负债表模板，将其作为企业长期使用的模板，如图 9-63 所示。

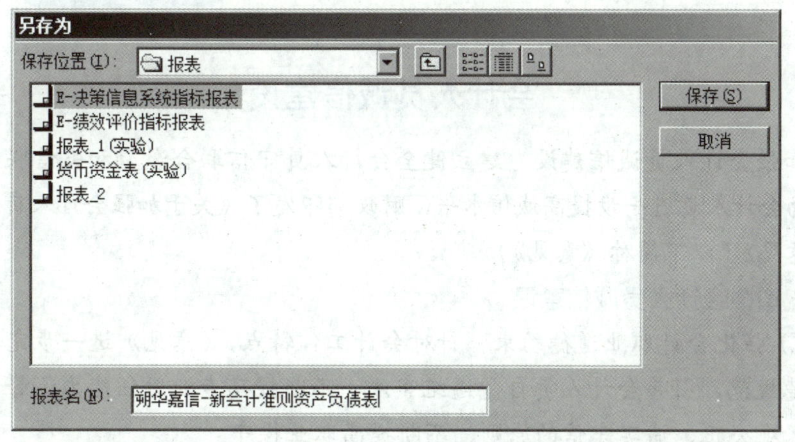

图 9-63　新资产负债表模板的保存

提 示

一般来说，在金蝶 K/3 报表系统“新企业会计准则”的资产负债表模板中常出现错误的公式有“应收账款”和“存货”两个，在公式视图下，对公式进行以下修改：

（1）“应收账款”账户的期末余额公式改为：

ACCT("1122","JY","",0,0,0,"")+ACCT("2203","JY","",0,0,0,"")−ACCT("1231","JY","",0,0,0,"")

（2）“应收账款”账户的期初余额公式改为：

ACCT("1122","JC","",0,1,1,"")+ACCT("2203","JC","",0,1,1,"")−ACCT("1321","JC","",0,1,1,"")

（3）“存货”账户的期末余额公式改为：

ACCT("1401:1408","Y","",0,0,0,"")−ACCT("1471","Y","",0,0,0,"")+ACCT("5001","Y","",0,0,0,"")

（4）“存货”账户的期初余额公式改为：

ACCT("1401:1408","C","",0,1,1,"")−ACCT("1471","C","",0,1,1,"")+ACCT("5001","C","",0,1,1,"")

上机实验

实验 11　报表系统业务处理。

以上实验内容详见书后所附“上机实验资料”。

修身立德

会计人员诚信建设

为加强会计人员诚信建设，建立健全会计人员守信联合激励和失信联合惩戒机制，推动会计人员进一步提高诚信水平，财政部印发了《关于加强会计人员诚信建设的指导意见》（以下简称《意见》）。

一、增强会计人员诚信意识

（1）强化会计职业道德约束。针对会计工作特点，《意见》进一步完善了会计职业道德规范，引导会计人员自觉遵纪守法，不断提高专业胜任能力；督促会计人员坚持客观公正、诚实守信的原则，不断提高职业操守。

（2）加强会计诚信教育。《意见》规定，会计行业组织要采取多种形式，广泛开展会计诚信教育，将会计职业道德作为会计人员继续教育的必修内容，大力弘扬会计诚信理念，不断提升会计人员的诚信素养。

二、建立严重失信会计人员“黑名单”制度

《意见》规定，将有提供虚假财务会计报告，做假账，隐匿或者故意销毁会计凭证、会计账簿、财务会计报告，贪污，挪用公款，职务侵占等与会计职务有关违法行为的会计人员，作为严重失信会计人员列入“黑名单”，纳入全国信用信息共享平台。

（资料来源：http://www.gov.cn/xinwen/2018-04/21/content_5284689.htm，有改动）

第十章　供应链系统

学习目标

知识目标：

（1）了解供应链系统所包含的系统及各系统之间的数据传递关系。

（2）了解供应链系统中各系统的主要功能。

（3）掌握供应链系统初始设置的内容和方法。

（4）掌握供应链系统中各系统日常业务处理的内容和方法。

（5）掌握存货核算系统期末结账的方法。

能力目标：

（1）能够按业务要求进行供应链系统的初始化设置。

（2）能够根据业务要求进行订单管理、出库管理、发票管理和单据勾稽等日常业务处理。

（3）能够根据业务要求进行存货入库、存货出库业务处理。

（4）能够根据业务要求设置凭证模板并生成相应的业务凭证。

（5）能够完成存货核算系统的期末结账。

素质目标：

（1）树立爱国爱党的信念，深刻体会榜样的力量。

（2）培养奉献坚守、踏实勤勉、兢兢业业的品质。

（3）践行会计人员职业道德规范，提升自身的职业素养。

工作情景

随着朔华嘉信公司业务量的增大，企业的销售订单和采购订单也迅速增多，而在销售和采购过程中也会涉及货物的出库和入库。由于对销售订单跟踪不及时，出现了订单未及时交货、发错货、销售货款结算不及时等问题，客户投诉增加，影响了公司与客户建立的合作关系。同样，由于采购订单执行不到位，也出现了生产缺料、结算不及时等影响企业信用的情况。经过对金蝶 K/3 前段财务系统的运营总结，公司对金蝶 K/3 的供应链系统的运行特

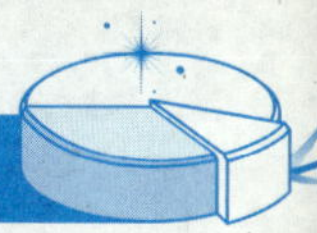

点和流程要求进行了深入分析，并结合软件特点对公司业务流程进行了改革。现在，朔华嘉信公司决定启用金蝶 K/3 供应链系统中的销售管理、采购管理、仓存管理和存货核算管理等系统进行业务管理。

第一节 供应链系统概述

随着市场竞争日益激烈，企业需要不断调整自己的经营管理模式，将管理视野由企业内部扩展到企业外部。具有前瞻性的企业不再单纯着眼于企业内部的成本和收益管理，而是将采购、供应及生产、流通、销售等环节看成一个整体价值链，实施供应链管理。

一、供应链系统的主要功能

金蝶 K/3 供应链系统是企业内部供应链的管理平台，涉及企业的采购、生产、销售等主要经营和管理业务。供应链系统主要包括采购管理、销售管理、仓存管理和存货核算，各子系统之间的关系如图 10-1 所示。

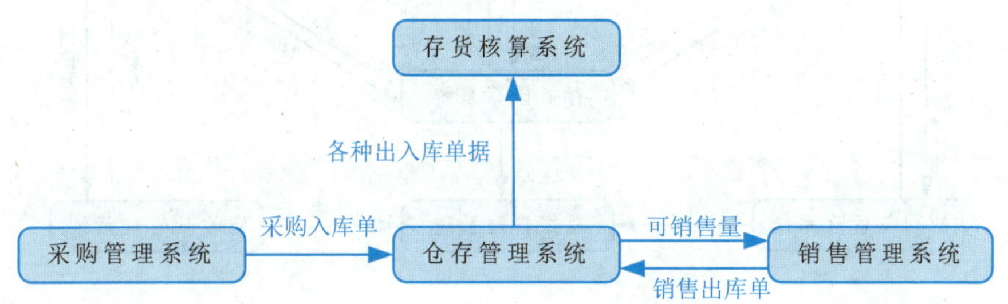

图 10-1　供应链系统各系统之间关系

供应链系统适合于企业需要同步管理物料动态、即时了解销售订单情况、即时了解采购进度和即时核算材料成本等需求。供应链系统既适合于“工业会计人员”使用，也适合于各业务部门自行使用，如销售部负责销售管理系统的应用，采购部门负责采购管理系统的应用。

（1）采购管理系统主要负责材料采购业务，接收物料需求计划系统传递的“采购计划”，也可手工录入采购订单，根据订单生成采购入库单，由采购入库单生成采购发票以达到正确核算材料成本的目的，采购发票传递到应付款管理系统以供“付款单”结算处理。采购管理系统可以随时查询采购订单完成情况等报表。

（2）销售管理系统主要负责销售业务处理，包括销售报价、销售订单、销售出库和销售发票，销售出库单与仓库管理连接使用，形成数据共享，销售发票传递到应收款管理系统中供“收款单”结算处理。销售管理系统可以随时查询跟踪销售订单执行情况等报表。

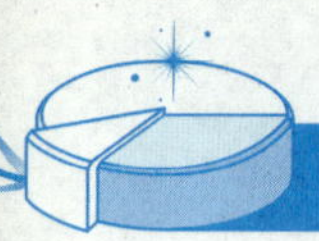

（3）仓存管理系统主要负责企业物料管理业务，从采购管理接收“采购入库单”，从销售管理接收“销售出库单”，处理日常生产领料业务、成品入库和其他物料业务，如盘点业务、盘亏盘盈处理等。仓存管理系统可以随时查询即时库存情况、库存台账、收发存汇总等报表。

（4）存货核算系统主要负责物料成本核算工作，接收从仓存管理系统传递的各种出入库单据，先核算入库成本，最后核算出库成本，从而即时了解企业“库存资金”是否合理。存货核算系统可以随时查询采购成本、销售成本和生产成本等报表。各种出入库单据可以生成凭证传递到总账系统系统，以供总账会计进行账务核算。

二、供应链系统的业务处理流程

供应链系统主要通过采购管理、销售管理、库存管理和核算管理 4 个紧密相连、协同工作的系统来实现管理的。其中，各系统可以单独使用，也可以与相关系统联合使用。一般情况下，供应链系统的业务处理流程如图 10-2 所示。

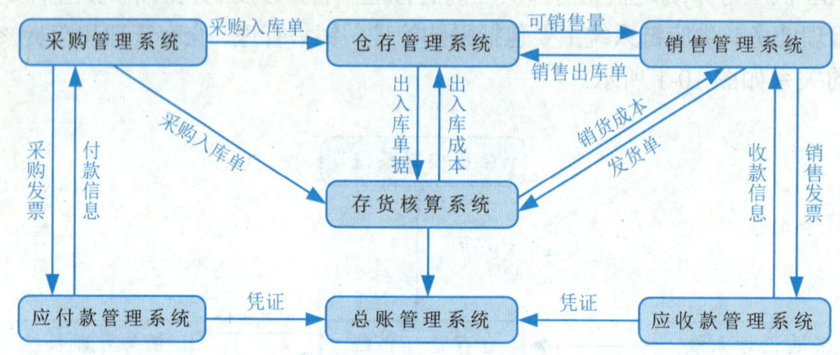

图 10-2　供应链系统的业务处理流程

第二节　供应链系统的初始设置

供应链系统的初始设置主要包括系统核算参数的设置和初始业务数据的录入。完成这两项初始化设置后，供应链系统才能通过初始化确认，正式启动系统进入日常业务管理。

一、系统参数设置

系统参数设置是对供应链系统的启用期间和核算方式等进行设置。

具体操作步骤如下：

（1）在金蝶 K/3 主控台，执行“系统设置”→“初始化”→“采购管理”→“系统参数设置”命令，弹出“核算参数设置向导”对话框，如图 10-3 所示。

（2）设置供应链系统的启用年度和启用期间，单击“下一步”按钮。

（3）设置系统的具体核算方式，单击“下一步”按钮，如图 10-4 所示。

（4）设置完成后，单击“完成”按钮。

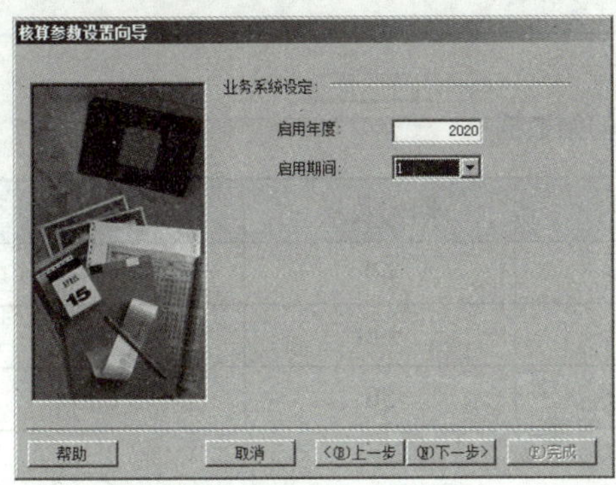

图 10-3　设置启用年度和启用期间

图 10-4　设置核算方式

提　示

（1）供应链系统包括采购管理、销售管理、仓存管理、存货核算等系统，这些系统的核算参数是统一的，所以在设置供应链系统参数时，只需设置供应链中任意一个系统的核算参数，即可为其他系统所共享。

（2）核算方式：应视核算要求选择核算方式。如果仅适用仓存系统，则可选择“数量核算”方式，系统仅对业务进行库存数量的管理；如还启用了存货核算系统，则需对库存进行金额核算，宜选择“数量、金额核算”方式。

（3）库存更新控制：如果选择“单据审核后才更新”，则系统将在库存类单据进行业务审核后才将该单据中物料的库存数量计算到即时库存中，并在反审核该库存单据后进行库存调整；如果选择“单据保存后立即更新”，则系统将在库存类单据保存成功后就将该单据中物料的库存数量计算到即时库存中，并在修改、复制、删除、作废、反作废该库存单据时进行库存调整。

（4）是否启用门店管理：如果使用 POS 系统进行前台系销售结算及数据采集，则应选择该项。

（5）一旦输入了供应链初始数据，则核算参数将不能再修改。

二、初始数据录入

初始数据录入是设置供应链系统启用时物料的期初数据，如某物料的期初数量、金额等。销售管理系统要录入启用期间前的未核销销售出库单，没有单据，可以不用录入；采购管理系统要录入启用期间前的暂估入库单，没有单据，可以不用录入；仓存管理系统要录入各仓库物料的期初数量；存货核算系统要录入各仓库期初数量和金额。其中，销售、采购、仓存管理系统期初数据录入需执行“系统设置”→“初始化”→“仓存管理”命令；存货核算系统期初数据录入需执行“系统设置”→“初始化”→“存货核算”命令。

【例 1】 新增表 10-1 中的物料初始数据。

表 10-1 物料初始数据

仓库名称	物料代码	物料名称	期初数量	期初金额
原材仓	01.01	塑料板	60	1 000
原材仓	01.02	标签纸	990	990
成品仓	03.01	普通玩具	50	3 000

操作步骤：

（1）在金蝶 K/3 主控台，执行“系统设置”→“基础资料”→“公共资料”→“仓库”命令，打开“仓库”窗口，单击“新增”按钮，分别增加“01 原材仓”和“02 成品仓”两个仓库。

（2）执行“系统设置”→“初始化”→“仓存管理”→“初始数据录入”命令，打开“初始数据录入”窗口，如图 10-5 所示。

操作视频

例 1 初始数据录入

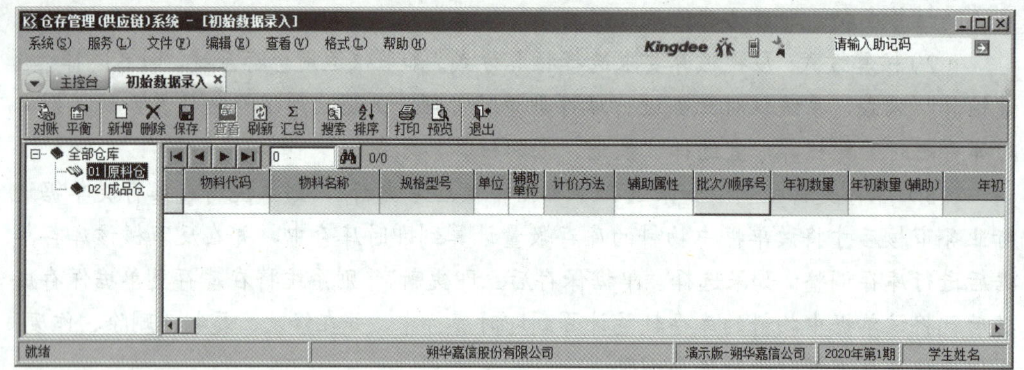

图 10-5 录入初始数据

（3）选择“原材仓”，将光标放置到“物料代码”处，单击“查看”按钮，系统弹出“核算项目—物料”对话框，单击“浏览”按钮，如图 10-6 所示。

（4）双击“01.01 塑料板”物料，将该物料引入到“初始数据录入”窗口，在期初数量处录入“60”，期初金额录入“1 000”，如图 10-7 所示。

（5）单击“新增”按钮，继续新增表 10-1 中的其他物料期初数据，单击“保存”按钮，保存初始数据录入。

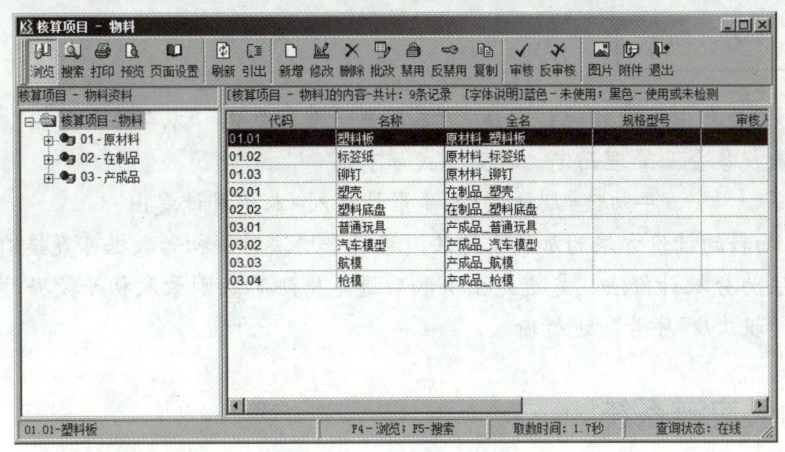

图 10-6　核算项目—物料

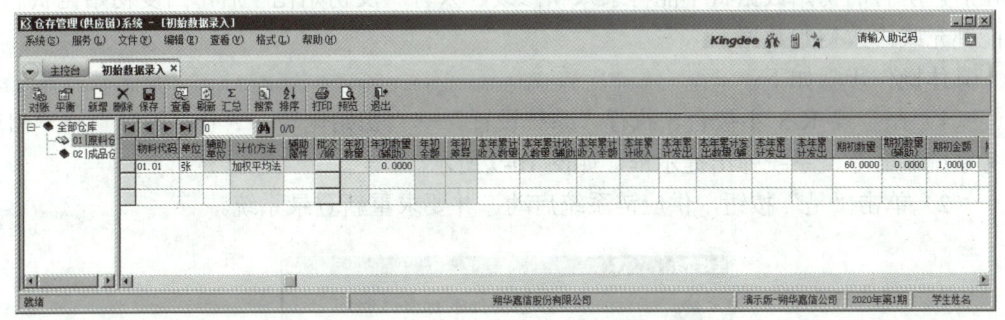

图 10-7　初始数据录入

（6）全部数据录入完毕，可单击窗口上方的“对账”按钮，系统自动生成一张有关物料的科目对账表，如图 10-8 所示，可将总账金额与供应链金额进行核对。

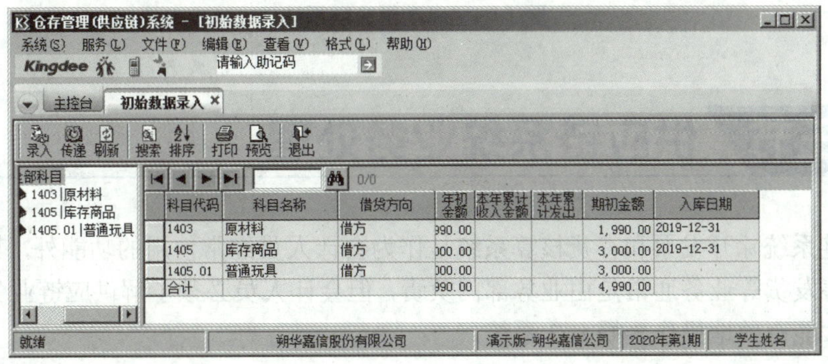

图 10-8　科目对账表

（7）如果总账未完成初始化，还可单击“传递”按钮，将物料的初始数据传递到总账系统的科目初始数据中。

提 示

（1）若为年中启用供应链系统，“本年累计收入”和“本年累计发出”这两项数据是否录入视各企业管理而定，相关公式如下：

年初数=期初数+本年累计收入−本年累计发出

（2）物料的计价方法为加权平均法、移动平均法时，初始数据可直接输入；物料的计价方法为分批计价法、先进先出法和后进先出法时，则录入初始数据时需通过双击绿色的“批次/顺序号”进行输入。

三、启动供应链系统

供应链系统的核算参数设置完成、初始数据录入完毕，即可启动供应链系统。结束初始化后，所有的初始数据将不能再录入和修改，只有“反初始化”后，回复初始化状态，才能补充或修改初始数据。

具体操作步骤如下：

（1）在金蝶 K/3 主控台，执行“系统设置”→“初始化”→“仓存管理”→“启动业务系统”命令，系统弹出提示框，如图 10-9 所示。

（2）单击“是”按钮，供应链系统启动，并要求重新登录系统。

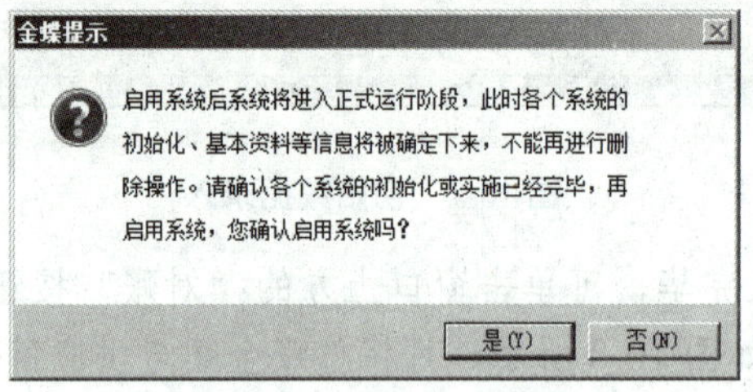

图 10-9　启动供应链系统

第三节 供应链系统业务处理

供应链系统除开发票和存货核算系统是作为会计人员经常使用的功能外，其他如采购入库和销售发货等业务通常是由业务部门负责，但会计人员必须了解供应链业务系统的应用方法，才能有效地操作金蝶 K/3 系统。

一、销售订单处理

销售订单是将客户所采购的本企业产品信息录入到系统中，作为销售发货凭据和收款凭据依据。销售订单的录入方法有两种：一种是直接手工录入，另一种是参照“销售报价

单”录入。

【例 2】　2020 年 1 月 10 日，接到武汉天华公司订购“03.01 普通玩具”产品，数量 1 000，含税单价 87.00 元，要求交货日期为 2020 年 1 月 17 日。

操作步骤：

（1）在金蝶 K/3 主控台，执行“供应链”→“销售管理”→“销售订单”→“销售订单—新增”命令，打开“销售订单”录入窗口，如图 10-10 所示。

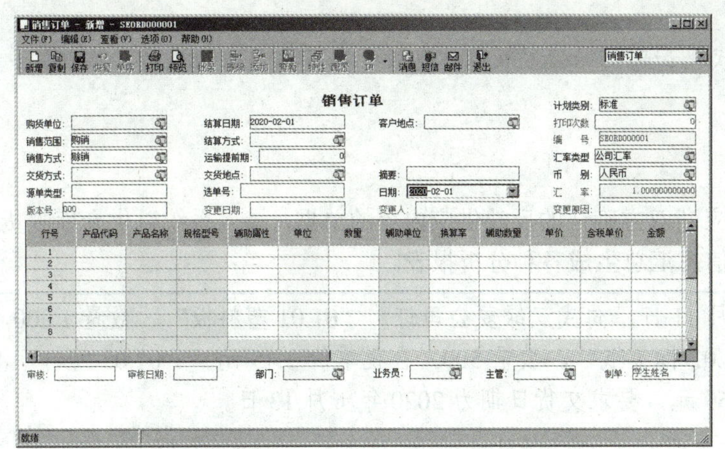

图 10-10　销售订单新增（1）

操作视频

例 2　销售订单处理

（2）单据日期修改为“2020-1-10”，光标移至“购货单位”处按 F7 功能键，系统弹出“客户”档案窗口，双击“武汉天华公司”记录，将其引用到单据录入窗口，光标移至表体“产品代码”处，按 F7 功能键，系统弹出“物料”档案窗口，选中“03.01 普通玩具”记录，双击并返回单据录入窗口，数量录入“1 000”，含税单价录入“87”，税率录入“13%”，交货日期修改为“2020-1-17”，部门获取“销售部”，业务员获取“武新国”，如图 10-11 所示。

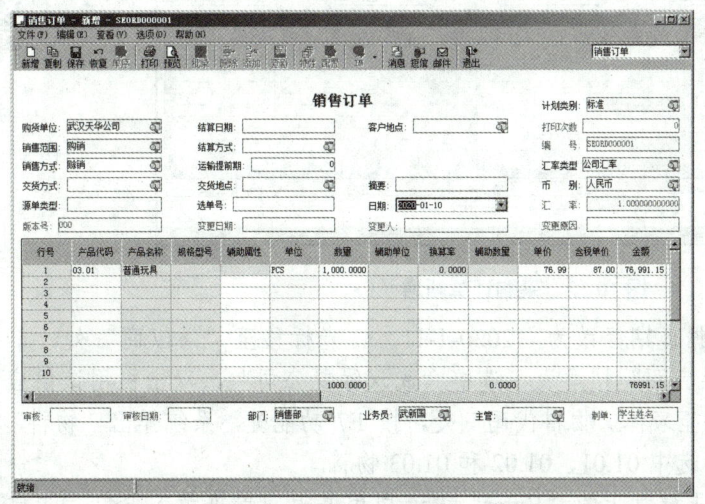

图 10-11　销售订单新增（2）

（3）设置完成后，单击“保存”按钮保存当前单据，单击“审核”按钮审核当前单据以供发货时使用。

若要修改或处理销售订单时，则使用“销售订单—维护”功能进入“销售订单序时簿”窗口，选中要处理单据后，单击工具栏上相应按钮即可。

提　示

在购货单位、产品代码和部门等位置获取信息时，也可以单击“查看”按钮。

二、采购订单处理

采购订单是企业与供应商双方确认的反映供应内容的单据，录入系统以供仓库收货时参照使用，并且根据订单信息汇总生成各种分析报表。

【例 3】 2020 年 1 月 11 日，向武汉绿萝公司订购“01.01 塑料板”，数量 1 000，含税单价 17.50 元；“01.02 标签纸”，数量 500，含税单价 3.45 元；“01.03 铆钉”，数量 1 000，含税单价 2.60 元。要求交货日期为 2020 年 1 月 13 日。

操作步骤：

（1）在金蝶 K/3 主控台，执行“供应链”→“采购管理”→“采购订单”→“采购订单新增”命令，打开“采购订单”录入窗口，如图 10-12 所示。

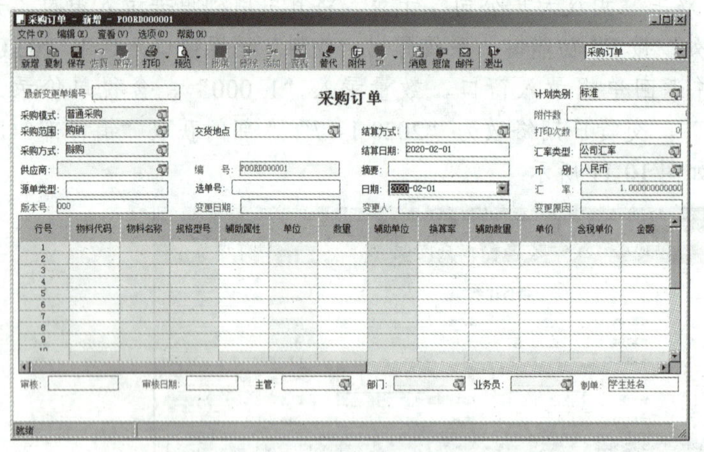

图 10-12　采购订单新增（1）

操作视频

例 3　采购订单处理

（2）单据日期修改为“2020-1-11”，光标移至“供应商”处，单击“查看”按钮，弹出“供应商”档案表，选中“武汉绿萝公司”，双击引用该供应商至单据录入窗口，光标移至表体“物料代码”处，按 F7 功能键，系统弹出“物料”档案窗口，使用 Ctrl 键同时选中 01.01、01.02 和 01.03 物料。

（3）单击键盘上的“Enter”键，引用并返回单据录入窗口，注意单据窗口的变化，数量分别录入 1 000、500 和 1 000，含税单价分别录入 17.50、3.45 和 2.60，税率都

为“13%”，交货日期修改为“2020-1-13”，部门获取“采购部”，业务员获取“周长泰”，保存并审核当前单据，如图 10-13 所示。

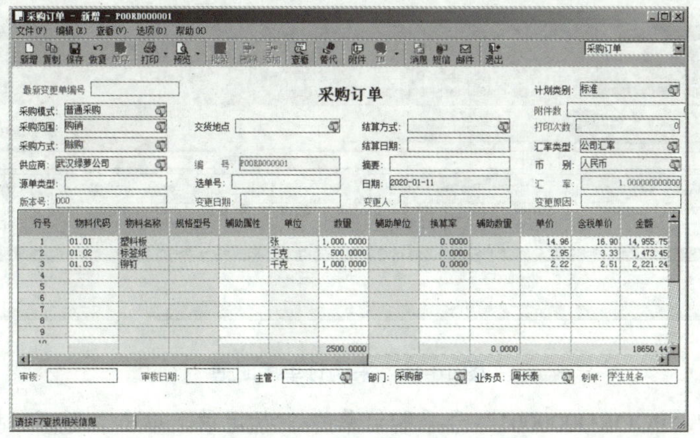

图 10-13　采购订单新增（2）

三、外购入库处理

外购入库单是处理所有由“采购订单”行为产生的材料入库动作，该单据主要是由“仓库管理员”处理，在录入外购入库单时参照“采购订单”入库，这样在查询“采购订单执行明细表”时，可以有效地查询到每一款物料、每一张采购订单的执行情况。

【例 4】 2020 年 1 月 13 日，收到武汉绿萝公司送来的“01.01 塑料板”，数量 1 000，“01.02 标签纸”，数量 500，“01.03 铆钉”，数量 1 000。

操作步骤：

（1）在金蝶 K/3 主控台，执行“供应链”→“仓存管理”→“验收入库”→“外购入库单—新增”命令，打开“外购入库单”录入窗口，如图 10-14 所示。

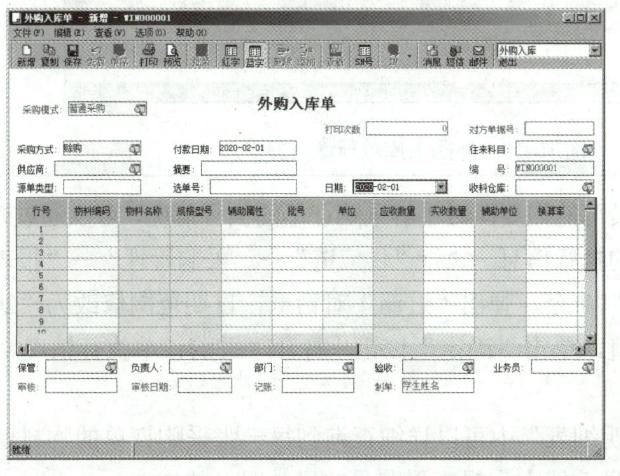

图 10-14　外购入库单新增（1）

操作视频

例 4　外购入库处理

（2）“源单类型”选择“采购订单”，光标移至“选单号”处，单击“查看”按钮，打开“采购订单序时簿”窗口，如图 10-15 所示。

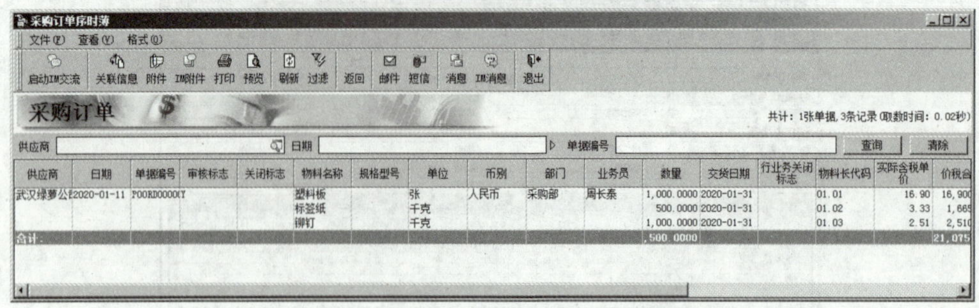

图 10-15　采购订单序时簿

（3）选中“POORD000001”号采购订单的 3 行记录，单击“返回”按钮，返回“采购入库单”，并将获取成功的信息显示出来，光标移至“收料仓库”，单击“查看”按钮，弹出“仓库”档案对话框，双击“01 原材仓”，“保管”获取“周长泰”，“验收”获取“周长泰”，保存并审核当前单据，审核成功如图 10-16 所示。

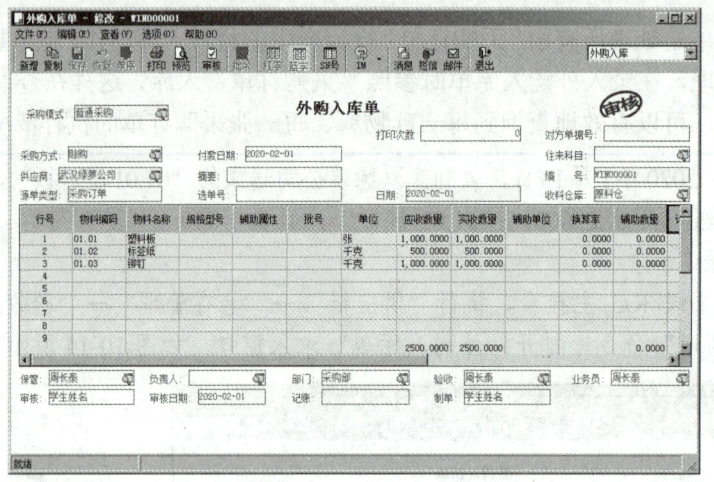

图 10-16　外购入库单新增（2）

外购入库完成后，采购员可能需要即时了解采购订单的执行情况，可以通过查询“采购订单执行明细表”查询订单的执行信息。执行“供应链”→“采购管理”→“报表分析”→“采购订单执行情况明细表”命令，弹出“过滤”对话框，日期范围修改为“2020-1-1 至 2020-1-31”，其他保持默认值，单击“确定”按钮，打开“采购订单执行情况明细表”窗口，如图 10-17 所示。

在“采购订单执行情况明细表”中可以详细查询到每一张采购订单的物料信息、数量信息、入库信息和未入库信息，能大大提高采购员的日常跟单效率。

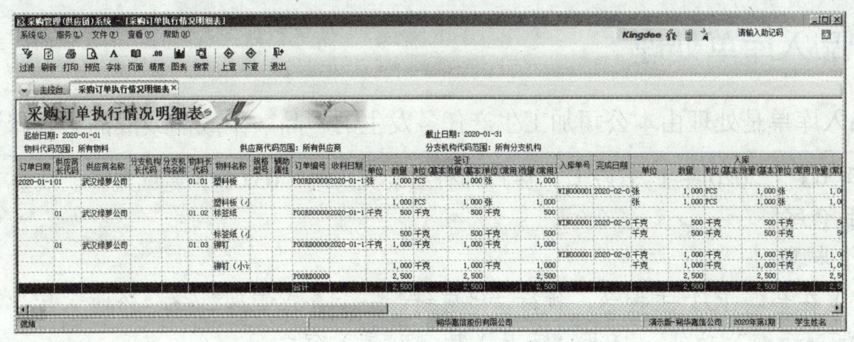

图 10-17　采购订单执行情况明细表

四、生产领料出库单处理

生产领料出库单主要是处理由生产加工行为产生的材料出库动作，该功能位于仓库管理系统下，生产领料通常由仓管员负责处理。

在金蝶 K/3 系统中有两种生产领料的处理方式，一种是当不同的物料存放在不同仓库时，建议一个仓库物料的出库录在一张单据上；另一种是直接在单据录入时，在表体项目中选择该物料正确的出库仓库即可。

【例 5】　2020 年 1 月 13 日，生产部前来领料“01.01 塑料板”，数量 1 000；“01.02 标签纸”，数量 1 000。

操作步骤：

（1）在金蝶 K/3 主控台，执行“供应链”→“仓存管理”→“领料发货”→“生产领料—新增”命令，打开“领料单”录入窗口。

（2）领料部门获取“生产部——车间”，在表体物料代码区分别录入 01.01、01.02，系统引用出正确的物料信息，实发数量都录入“1 000”，单价分别录入 16.67、1，发料仓库都获取“原材仓”，领料获取“张舒新”，发料获取“王明明”，如图 10-18 所示。

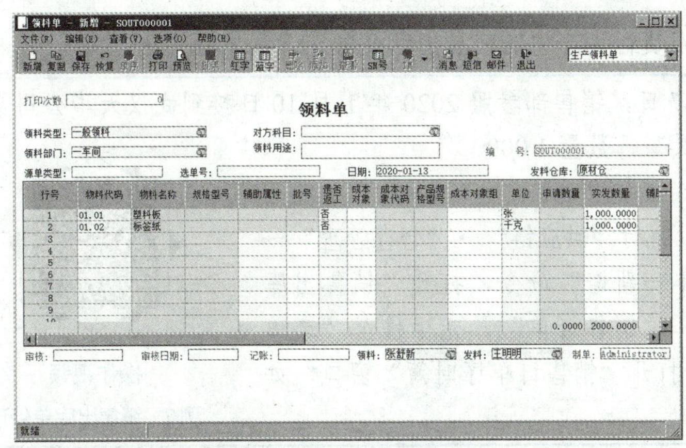

图 10-18　领料单新增

操作视频

例 5　生产领料出库单处理

（3）单击“保存”按钮保存当前出库单，单击“审核”按钮审核当前单据。

五、产品入库单处理

产品入库单是处理由本公司加工生产任务发生的产品（半成品或成品）入库业务。

【例 6】 2020 年 1 月 17 日，生产部将组装完工的“03.01 普通玩具”，数量 1 000，交回成品仓库。

操作步骤：

（1）在金蝶 K/3 主控台，执行“供应链”→“仓存管理”→“验收入库”→“产品入库单—新增”功能，打开“产品入库单”录入窗口。

（2）交货单位获取“生产部—二车间”，收货仓库获取“成品仓”，在表体物料编码处录入“03.01”，系统自动引入物料信息，实收数量录入“1 000”，验收和保管获取“张舒新”，保存并审核当前数据，如图 10-19 所示。

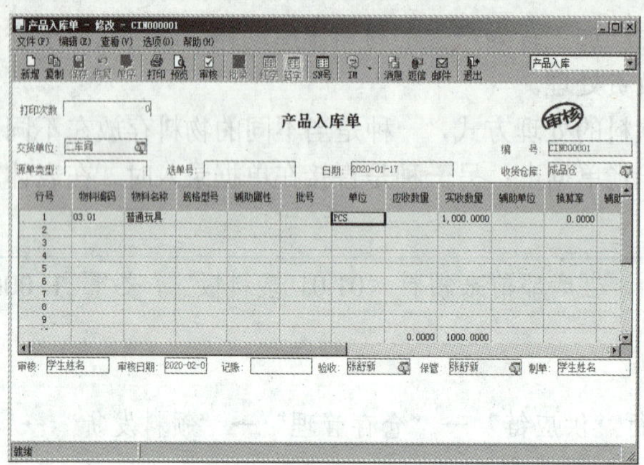

图 10-19 产品入库单新增

操作视频

例 6 产品入库单处理

六、销售出库单处理

销售出库单是处理由销售发货行为产生的产品出库业务。

【例 7】 2020 年 1 月 17 日，销售部参照 2020 年 1 月 10 日接到武汉天华公司销售订单，发货“03.01 普通玩具”，数量 1 000。

操作步骤：

（1）在金蝶 K/3 主控台，执行“供应链”→“仓存管理”→“领料发货”→“销售出库单—新增”命令，打开“销售出库单”录入窗口。源单类型选择“销售订单”，光标移至“选单号”处，单击“查看”按钮，打开“销售订单序时簿”窗口，如图 10-20 所示。

操作视频

例 7 销售出库单处理

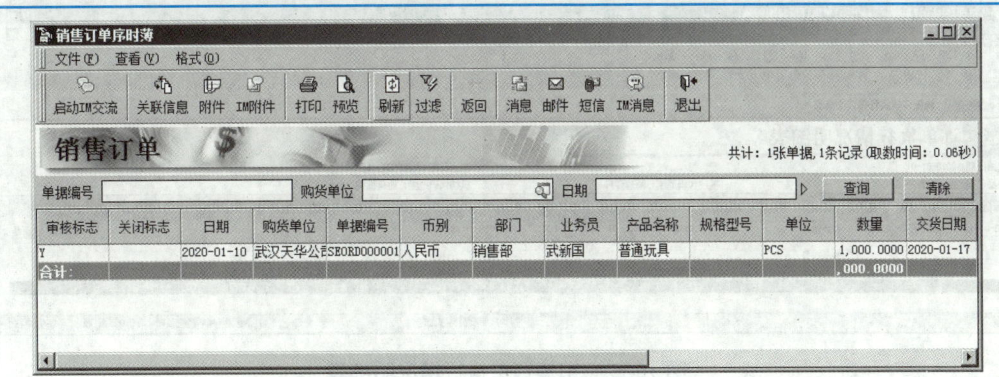

图 10-20　销售订单序时簿

（2）选中“SEORD000001”记录，单击“返回”按钮，返回“销售出库单”录入窗口，并将获取成功的信息显示在窗口中，“发货仓库”获取“成品仓”，发货获取“王明明”，保管获取“周长泰”，如图 10-21 所示。

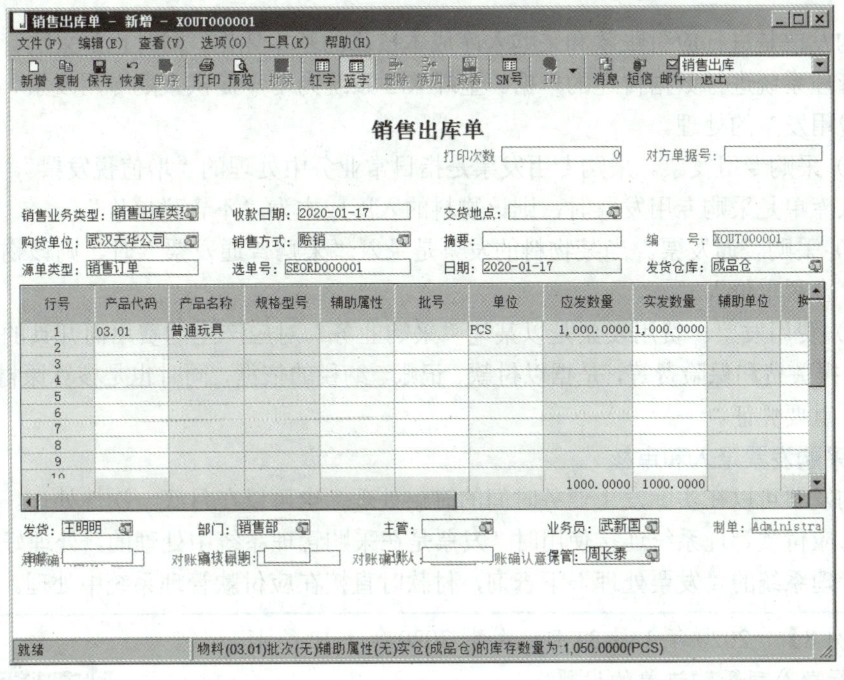

图 10-21　销售出库单新增

（3）单击“保存”按钮保存当前出库单，单击“审核”按钮审核当前单据。

作为销售人员需要跟踪“销售订单进度”时，可以在销售管理系统下的“销售订单执行情况明细表”中查询。执行“供应链”→“销售管理”→“报表分析”→“销售订单执行情况明细表”命令，弹出“过滤”对话框，日期范围修改为“2020-1-1 至 2020-1-31”，其他条件保持默认值，单击“确定”按钮，打开“销售订单执行情况明细表”窗口，如图 10-22 所示。

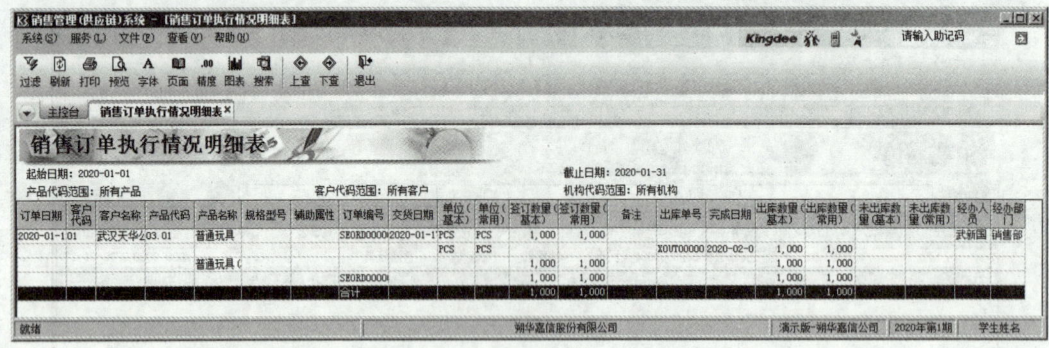

图 10-22　销售订单执行情况明细表

在“销售订单执行情况明细表”中可以详细查询到每一张销售订单的数量和每次销售出库情况。

七、采购发票处理

采购发票是进行应付账款和采购入库成本核算的基本凭据，同时也是采购管理系统和应付款管理系统进行数据传递的单据。金蝶 K/3 系统为用户提供采购专用发票、采购普通发票和费用发票的处理。

（1）采购专用发票。采购专用发票是指日常业务中处理的“增值税发票”，当某物料的外购入库单是采购专用发票时，则该物料的入库成本为“不含税单价”。

（2）采购普通发票。当某物料的发票是录入“采购普通发票”时，则该物料的入库成本为“含税单价”。

（3）费用发票。费用发票是以某笔“采购业务”对应产生的费用而开具的发票，如运输费、报关费和保险费等，是据以付款、记账、纳税的依据，同时也是核算原材料的“入库成本”重要凭证。

1．采购发票录入和审核

采购发票可以在实际发生业务时间的时候处理，也可以在月底一次性处理。当采购管理系统与应付款管理系统连接使用时，发票是在采购管理系统中处理的，处理好的发票在应付款管理系统的“发票处理”下查询，付款时直接在应付款管理系统中处理。

【例 8】　2020 年 1 月 31 日，处理 2020 年 1 月 13 日向武汉绿萝公司采购订单的发票。

操作步骤：

（1）在金蝶 K/3 主控台，执行“供应链”→“采购管理”→“采购结算”→“采购发票—新增”命令，打开“采购发票”录入窗口，在窗口右上角可切换处理不同的发票类型，如图 10-23 所示。

操作视频

例 8　采购发票录入和审核

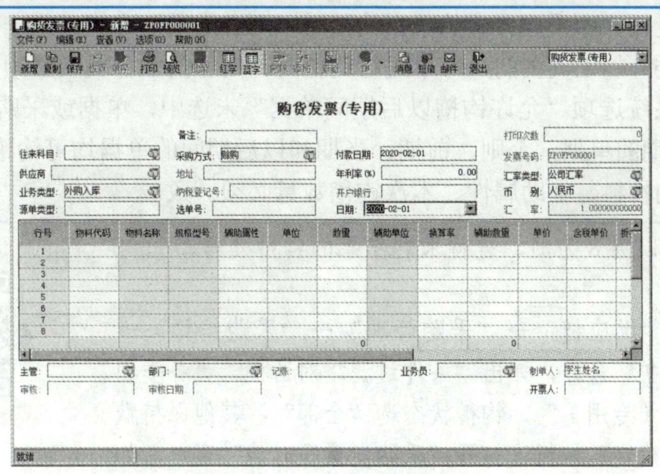

图 10-23　购货发票新增（1）

（2）选择“购货发票（专用）”，源单类型选择“外购入库”，光标移至“选单号”处，单击“查看”按钮或按 F7 功能键，打开“外购入库单序时簿”窗口，选中“WIN000001”的 3 行外购入库单记录，单击“返回”按钮，系统自动显示“参照”的外购入库单信息，往来科目获取“2202 应付账款”科目，其他项目保持不变，如图 10-24 所示，保存并审核当前发票。

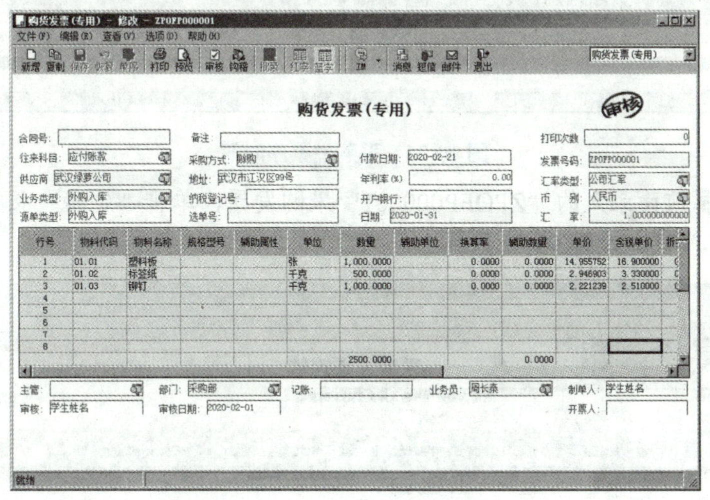

图 10-24　购货发票新增（2）

2．采购发票钩稽

采购发票钩稽是采购发票、费用发票与入库单确认的标志，是核算入库成本的依据。只有钩稽后的发票才能进行入库成本核算、根据凭证模板生成记账凭证等操作，无论是本期或以前期间的发票，钩稽后都作为当期发票来核算成本。采购发票勾稽的前提条件有以下几点：

（1）两者供应商相同。

（2）两者单据状态必须是已审核、尚未完全钩稽（即钩稽状态是部分钩稽或未钩稽）。

（3）对于受托入库采购方式的单据钩稽时，两者的采购方式必须一致。

（4）对于委外加工类型的入库单进行钩稽时，两者的业务类型必须一致。

（5）如果系统选项“允许钩稽以后期间单据”未选中，单据或采购发票两者都必须是以前期间或当期的单据，否则，前期、当期和以后期间的单据均可钩稽。

（6）两者的物料、辅助属性、本次钩稽数量必须一致。

【例 9】 以例 8 为例，进行采购发票的钩稽处理。

操作步骤：

（1）执行“供应链”→“采购管理”→“采购结算”→“采购发票—维护”命令，弹出“条件过滤”对话框，事务类型选择“购货发票（专用）”，钩稽状态选“全部”，其他保持默认条件，单击“确定”按钮，打开“采购发票序时簿”窗口，如图 10-25 所示。

操作视频

例 9 采购发票钩稽

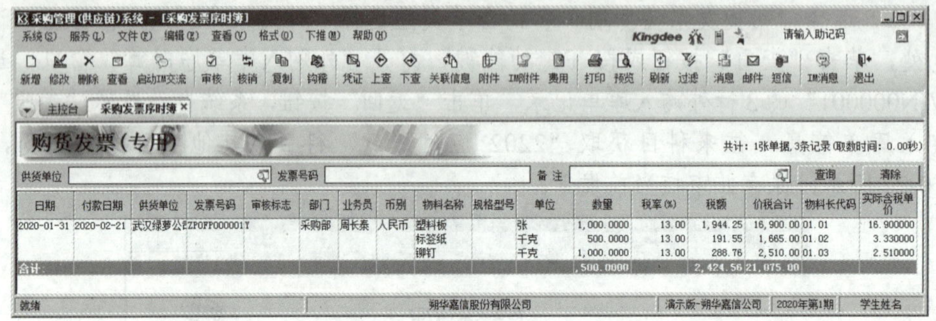

图 10-25 采购发票序时簿

（2）选择前面录入的“ZPOFP000001”采购发票，单击“钩稽”按钮，打开“采购发票钩稽”窗口，如图 10-26 所示。

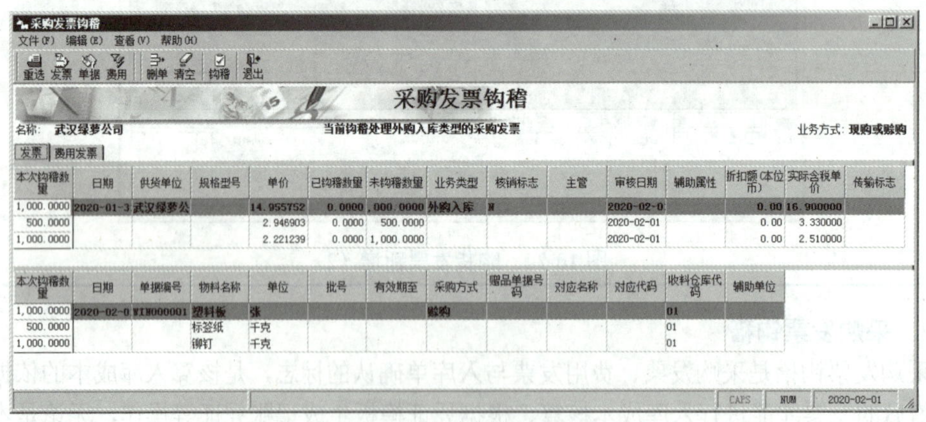

图 10-26 采购发票勾稽

（3）选中发票信息中的记录，再选择外购入库单信息窗口记录，单击“钩稽”按钮，系统弹出钩稽成功提示框，并将钩稽成功的单据隐藏。

提　示

当发票的数量与入库单的数量不一致时，可以修改相应窗口中的“本次钩稽数量”后再进行钩稽。

八、外购入库成本核算

外购入库成本核算是核算材料外购入库的实际成本，包括购买价格和采购费用两部分。买价由与外购入库单相钩稽的发票决定，采购费用由用户录入后，可按数量、金额或手工先分配到发票上每一条物料的金额栏，再通过核算功能，将买价与采购费用之和根据钩稽关系分配到对应的入库单上，作为外购入库的实际成本。

【例 10】　2020 年 1 月 31 日，对所有外购入库单进行核算。

操作步骤：

（1）执行“供应链”→“存货核算”→“入库核算”→“外购入库核算”命令，弹出“过滤”对话框，单击“确定”按钮，打开“外购入库核算”窗口，如图 10-27 所示。

（2）单击“核算”按钮，开始核算入库操作，系统弹出核算成功提示框，表示核算成功。

（3）单击“退出”按钮，退出“外购入库核算”窗口。

操作视频

例 10　外购入库成本核算

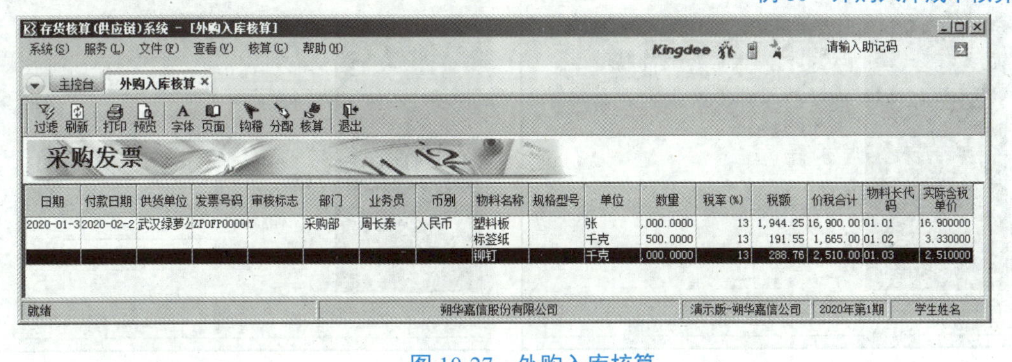

图 10-27　外购入库核算

九、销售发票处理

销售发票是进行应收账款核算的基本凭据，同时也是销售管理系统和应收款管理系统进行数据传递的单据。金蝶 K/3 系统为用户提供销售专用发票、销售普通发票和费用发票。销售发票与采购发票录入、审核和勾稽处理基本一致，此处不再详述。

十、材料成本核算

材料成本包括入库成本和出库成本，其核算是在存货核算系统中完成的。

（1）入库成本核算通常包括外购入库核算、存货估价入账、自制入库核算、其他入库核算和委外加工入库核算。

（2）出库成本是必须在已经有入库成本的情况，系统自动根据“物料档案”中的“计价方式”，如先进先出、移动平均等，计算出该张出库单据上的单价，从而核算正确的出库成本。材料出库成本核算主要包括材料出库成本核算、产成品出库核算和特殊出库单据核算。

材料成本核算的流程通常是：外购入库核算—材料出库成本核算—自制入库核算—产成品出库核算。

具体操作步骤如下：

1. 材料出库核算

（1）在金蝶 K/3 主控台，执行“供应链”→“存货核算”→“出库核算”→“材料出库核算”命令，弹出“结转存货成本—介绍”对话框，如图 10-28 所示。

（2）单击“下一步”按钮，系统进入“第一步”对话框，选择“结转本期所有物料”，如图 10-29 所示。

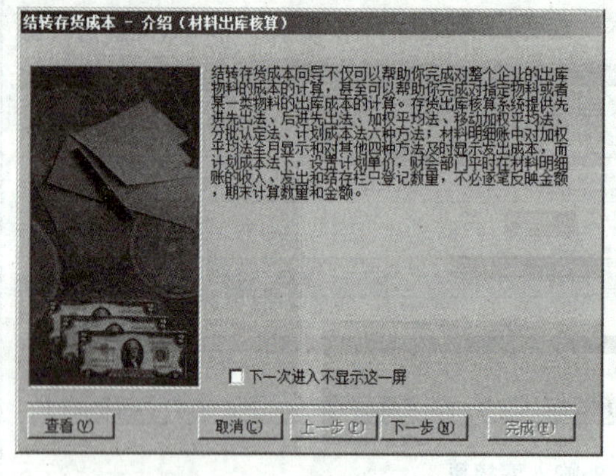

图 10-28　材料出库核算（1）

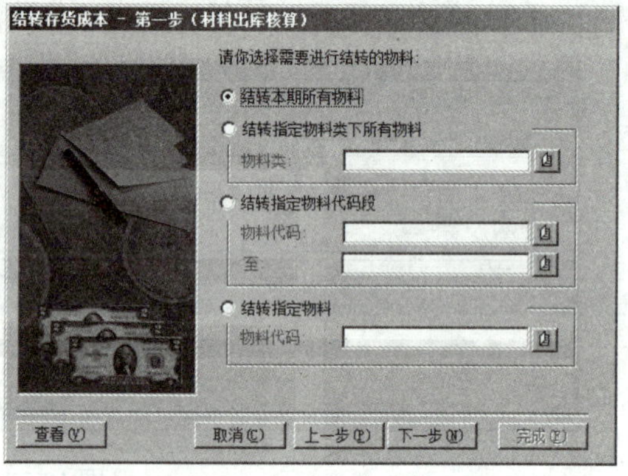

图 10-29　材料出库核算（2）

（3）单击“下一步”按钮，系统进入“第二步”对话框，如图 10-30 所示。

（4）单击“下一步”按钮，系统开始计算材料成本，系统进入“完成”对话框，如图 10-31 所示。

（5）若需要查询某个物料的成本计算过程，可以单击“查看报告”按钮，打开 IE 浏览器，并且将对应的报告文件打开，如图 10-32 所示。

（6）单击“附件”项目下的“成本计算表”，打开“成本计算表”窗口，如图 10-33 所示。

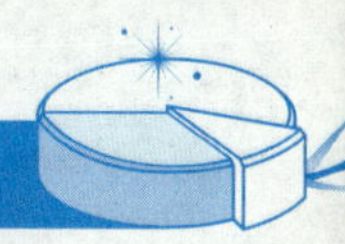

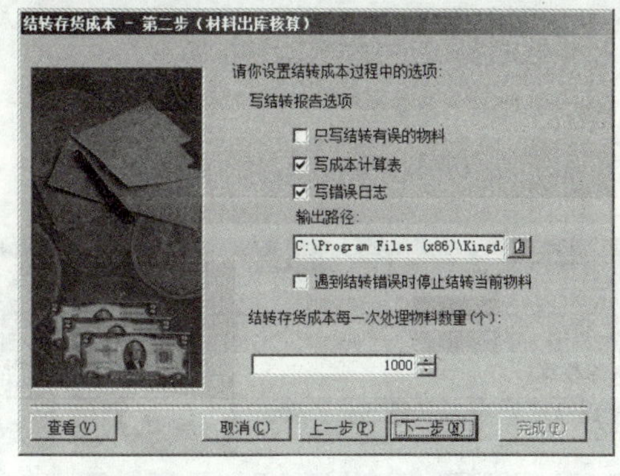

图 10-30 材料出库核算（3）

结转存货成本 - 完成（材料出库核算）

核算过程中有错误发生，请查看报告或相关单据

保存当前的设置

C:\Program Files (x86)\Kingdee\K3ERP\CR

查看报告

查看(V) 取消(C) 上一步(P) 下一步(N) 完成(F)

图 10-31 材料出库核算（4）

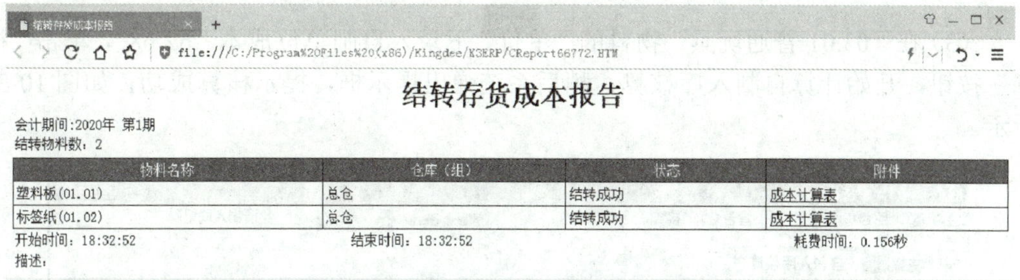

结转存货成本报告

file:///C:/Program%20Files%20(x86)/Kingdee/K3ERP/CReport66772.HTM

结转存货成本报告

会计期间:2020年 第1期

结转物料数：2

物料名称	仓库（组）	状态	附件
塑料板(01.01)	总仓	结转成功	成本计算表
标签纸(01.02)	总仓	结转成功	成本计算表

开始时间：18:32:52　结束时间：18:32:52　耗费时间：0.156秒

描述：

图 10-32 结转存货成本报告

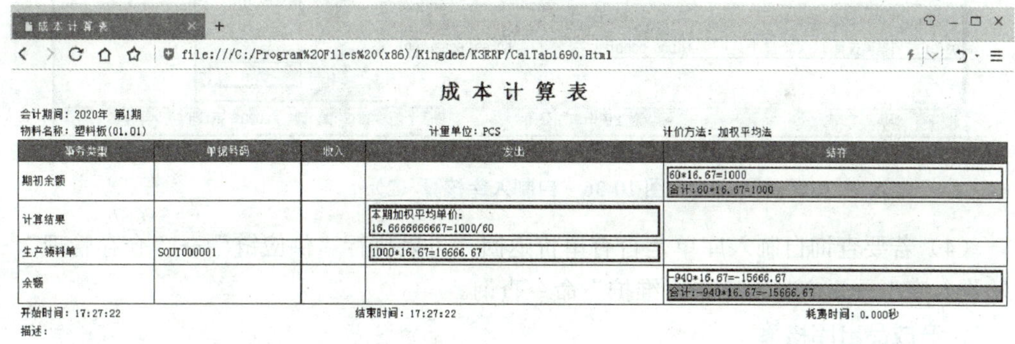

成本计算表

file:///C:/Program%20Files%20(x86)/Kingdee/K3ERP/CalTab1690.Html

成 本 计 算 表

会计期间：2020年 第1期

物料名称：塑料板(01.01)　计量单位：PCS　计价方法：加权平均法

事务类型	单据号码	收入	发出	结存
期初余额				60*16.67=1000 合计:60*16.67=1000
计算结果			本期加权平均单价: 16.6666666667=1000/60	
生产领料单	SOUT000001		1000*16.67=16666.67	
余额				-940*16.67=-15666.67 合计:-940*16.67=-15666.67

开始时间：17:27:22　结束时间：17:27:22　耗费时间：0.000秒

描述：

图 10-33 成本计算表

2. 自制入库核算

（1）执行“供应链”→“存货核算”→“入库核算”→“自制入库核算”命令，弹出“过滤”对话框，如图 10-34 所示。

（2）保持默认条件，单击“确定”按钮，打开“自制入库核算”窗口，如图 10-35 所示。在“自制入库核算”窗口，系统会将相同物料代码的所有自制单行汇总为一行，而非明细行，每一行物料代码的单价必须手工录入或者使用“引入”功能引入。

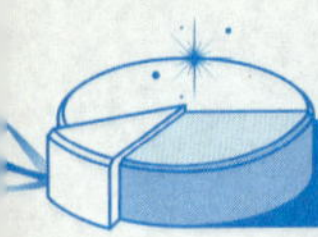

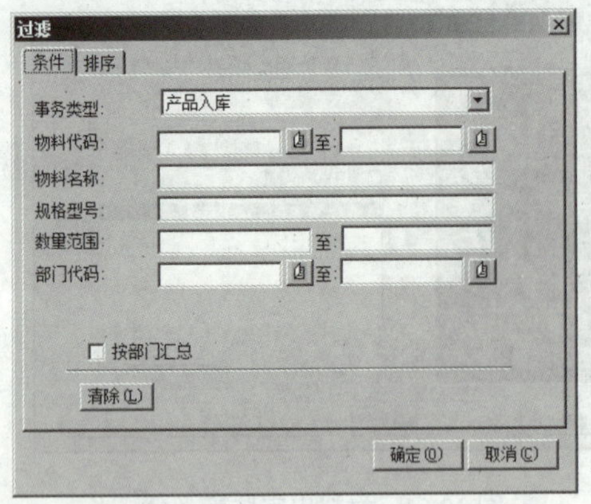

图 10-34 “过滤”窗口

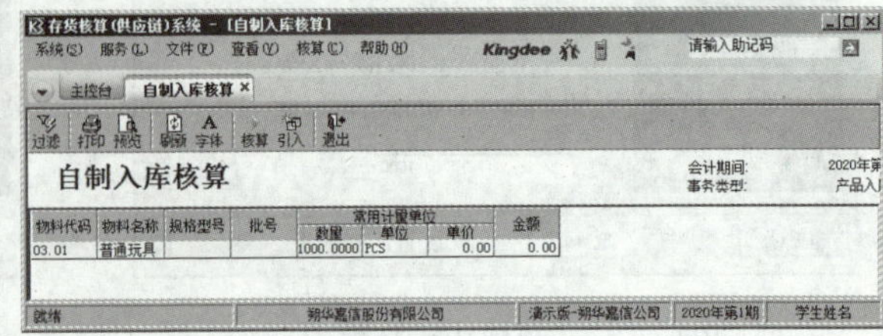

图 10-35 自制入库核算（1）

（3）在“03.01 普通玩具”物料的“单价”下录入自制单位成本“62.68”，单击“核算”按钮，开始计算自制入库核算，稍后系统弹出提示框，提示核算成功，如图 10-36 所示。

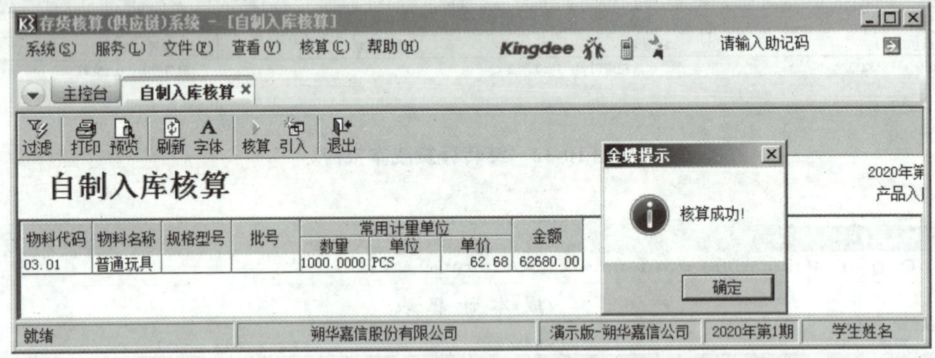

图 10-36 自制入库核算（2）

（4）若要查询自制入库单是否有单价返回，可以执行“供应链”→“仓存管理”→“验收入库”→“产品入库单—维护”命令查询。

3. 产成品出库核算

（1）执行“供应链”→“存货核算”→“出库核算”→“产成品出库核算”命令，弹出“介绍”对话框。

（2）单击“下一步”按钮，进入“第一步（产成品出库核算）”对话框，选择“结转本期所有物料”。单击“下一步”按钮，进入“第二步”对话框。

（3）单击“下一步”按钮，系统开始计算出库成本，进入“完成”对话框，单击“查看报告”按钮，打开“查询报告”文件，单击“成本计算表”，打开“成本计算表”窗口，如图 10-37 所示。

file:///C:/Program%20Files%20(x86)/Kingdee/K3ERP/CalTab1340.Html

成本计算表

会计期间：2020年 第1期

物料名称：普通玩具(03.01)　　计量单位：PCS　　计价方法：加权平均法

事务类型	单据号码	收入	发出	结存
期初余额				50*60=3000 合计:50*60=3000
产品入库	CIN000001	1000*62.68=62680		
余额				1050*62.55=65630 合计:1050*62.55=65630
计算结果			本期加权平均单价: 62.5523809524=65630/1050	
余额				1050*62.55=65630 合计:1050*62.55=65630

开始时间：17:36:45　　结束时间：17:36:45　　耗费时间：0.000秒

描述：

图 10-37　成本计算表

十一、供应链单据生成凭证

以供应链单据生成凭证是 ERP 系统的一大特点，不仅能起到数据共享作用，财务人员还能从“凭证”联查到由什么源单据生成，该源单据又是因什么行为产生的，从而使财务核算和公司管理达到有据可查。

供应链单据生成凭证前，需要设置对应的“凭证模板”，这样在实际生成凭证时，系统将引用该模板，从而轻松快速地完成工作。通常所有供应链单据都需要生成凭证，但实际业务处理中，可以只选择有需要的单据生成凭证即可。

【例 11】　生产领料单生成凭证，编号 S006，凭证字“转”。

借方　　生产成本——材料

　贷方　　单据上物料的存货科目

操作步骤：

（1）先新增“生产领料单”生成凭证模板。执行“供应链”→“存货核算”→“凭证管理”→“凭证模板”命令，打开“凭证模板设置”窗口。选择“生产领用”项目，单击“新增”按钮，弹出“凭证模板”对话框，如图 10-38 所示。

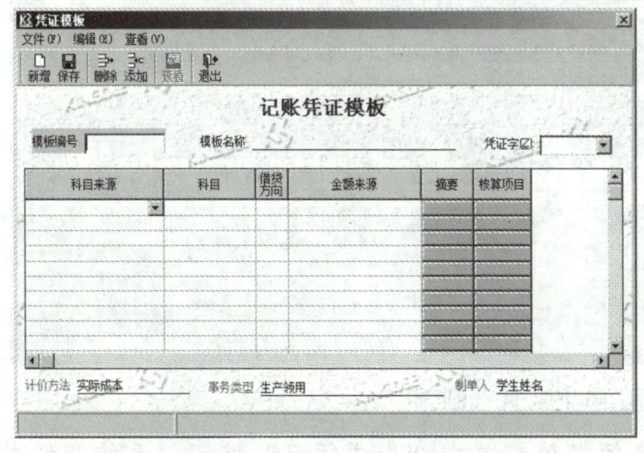

图 10-38　凭证模板新增（1）

操作视频

例 11　供应链单据生成凭证

（2）模板编号录入“S006”，模板名称录入“生产领料凭证”，凭证字选择“转”。

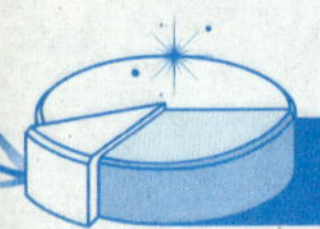

（3）单击第一行“科目来源”项，选择“凭证模板”，科目处按 F7 功能键，弹出“会计科目”档案科目。

（4）获取“5001.01 材料”科目，借贷方向选择“借”，金额来源选择“生产领料单实际成本”，单击“摘要”按钮，系统弹出“摘要定义”窗口，在“摘要公式”中录入“生产领料”。

（5）单击“确定”按钮，返回“凭证模板”对话框，第二行的科目来源选择“单据上物料的存货科目”，借贷方向选择“贷”，金额来源选择“生产领料单实际成本”，最后生成的模板如图 10-39 所示。

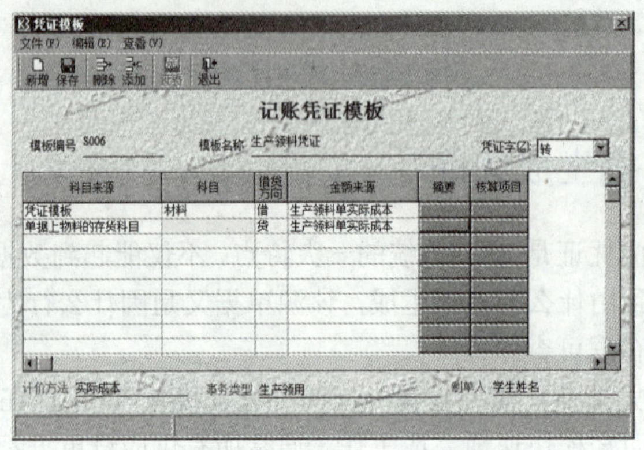

图 10-39　凭证模板新增（2）

（6）单击“保存”按钮保存当前模板，单击“退出”按钮返回“凭证模板设置”窗口。选中“S006”号凭证模板，执行“编辑”→“设为默认模板”命令，设置为默认模板。

（7）生成凭证。执行“供应链”→“存货核算”→“凭证管理”→“生成凭证”命令，打开“生成凭证”窗口，选中左侧“生产领用”，单击“重设”按钮，弹出“过滤”对话框，保持默认条件，单击“确定”按钮，系统弹出满足条件的单据，如图 10-40 所示。

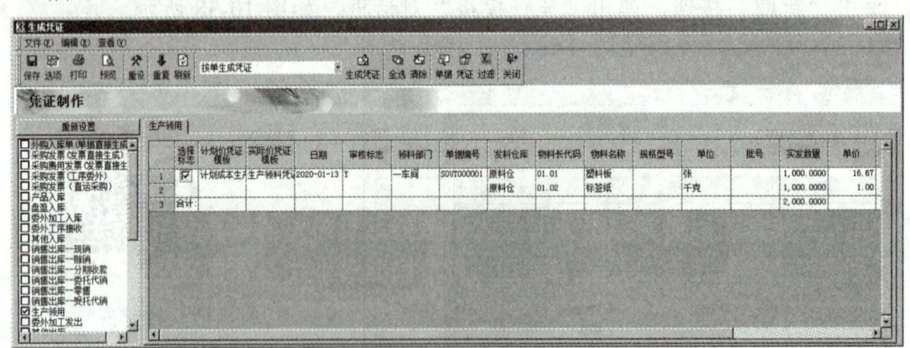

图 10-40　凭证制作

（8）选中“SOUT000001”生产领料单，单击“生成凭证”按钮，系统开始自动处理，稍后弹出提示框，单击“确定”完成凭证生成工作。再次选中“SOUT000001”生

产领料单，单击“凭证”按钮，系统打开“记账凭证”窗口，如图 10-41 所示。

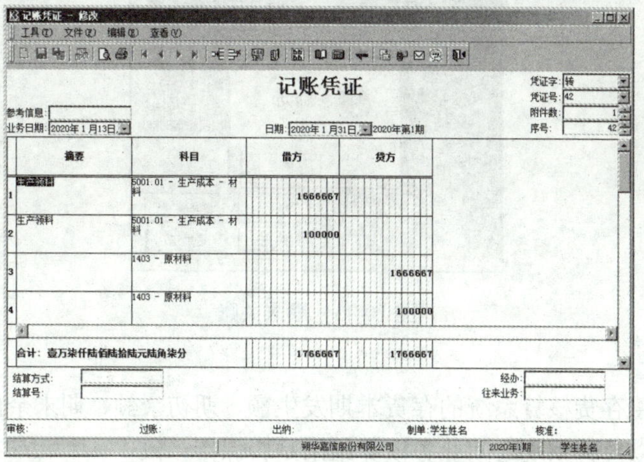

图 10-41　记账凭证

（9）在“生成凭证”窗口中，可以单击“选项”按钮，弹出“选项设置”对话框，用户可以对异常处理、科目合并选项和计量单位进行设置，如图 10-42 所示。

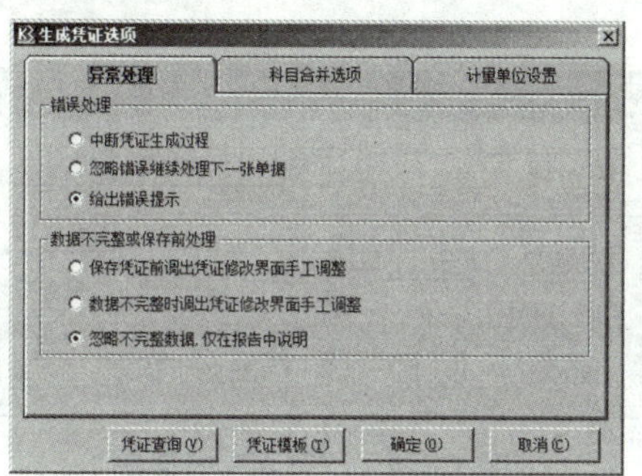

图 10-42　生成凭证选项

当供应链系统与财务系统连接使用时，存货核算系统中生成的凭证会自动传递到总账管理系统，审核、过账后，可以生成相应的报表和账簿。

十二、存货系统期末处理

期末处理主要是对本期业务核算进行终结，并将本期期末数据结转到下期，包括期末结存数量和结存金额。期末处理的操作内容主要包括期末关账、期末对账和期末结账。

1．期末关账

期末关账是对本期业务处理的终结，在进行系统关账处理后，将无法再录入本期的业务单据，从而为期末的对账和结账提供前提条件。

具体操作步骤如下：在金蝶 K/3 主控台，执行“供应链”→“存货核算”→“期末处理”→“期末关账”命令，弹出“期末关账”对话框，单击“关账”按钮，如图 10-43 所示。

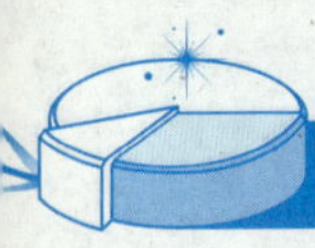

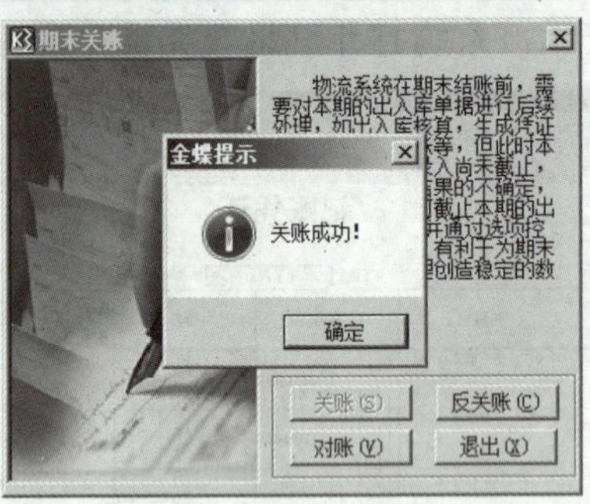

图 10-43 期末关账

2．期末对账

期末对账是将存货核算系统的存货本期发生额、期初余额、期末余额与总账管理系统存货科目核对，以检验系统之间业务核算结果是否保持一致。

具体操作步骤如下：

（1）在金蝶 K/3 主控台，执行“供应链”→“存货核算”→“期末处理”→“期末关账”命令，弹出“期末关账”对话框，单击“对账”按钮，弹出“过滤”对话框，如图 10-44 所示。

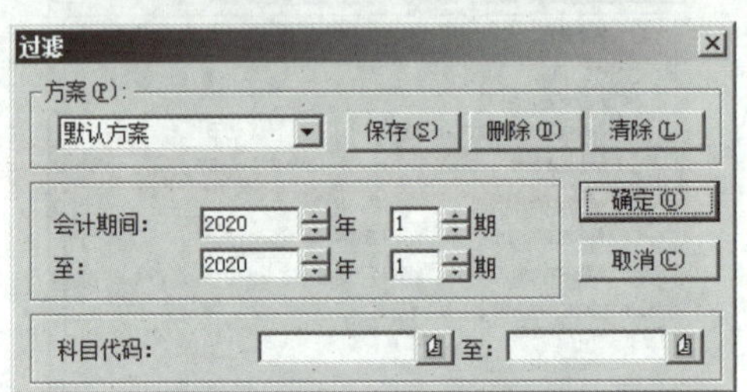

图 10-44 “过滤”对话框

（2）在“过滤”对话框中选择默认方案和本期核算时间，单击“确定”按钮，打开“仓存与总账对账单”窗口，窗口中显示总账管理系统和存货核算系统的存货科目余额、发生额及其核对差额，如图 10-45 所示。

存货核算(供应链)系统 - [仓存与总账对账单]

系统(S) 服务(L) 文件(F) 查看(V) 帮助(H) Kingdee 请输入助记码

过滤 刷新 打印 预览 字体 页面 精度 图表 搜索 退出

主控台 仓存与总账对账单

仓存与总账对账单

起始期间：2020年 第1期　　截止期间：2020年 第1期

科目代码范围：所有科目

会计期间	存货明细科目代码	存货明细科目名称	仓存期初余额	总账期初余额	期初差额	仓存本期收入	总账借方发生额	收入差额	仓存本期发出	总账贷方发生额	发出差额	仓存期末余额	总账期末余额	期末差额
2020.1	1403	原材料	1,990.00	37,332.00	-35,342.00		2,000.00	-2,000.00	17,666.67		17,666.67	-15,676.67	39,332.00	55,008.67
2020.1	1405.01	普通玩具	3,000.00	10,000.00	-7,000.00	62,680.00		62,680.00				65,680.00	10,000.00	55,680.00
2020.1		小计	4,990.00	47,332.00	-42,342.00	62,680.00	2,000.00	60,680.00	17,666.67		17,666.67	50,003.33	49,332.00	671.33
		合计	4,990.00	47,332.00	-42,342.00	62,680.00	2,000.00	60,680.00	17,666.67		17,666.67	50,003.33	49,332.00	671.33

就绪　朔华嘉信股份有限公司　演示版-朔华嘉信公司　2020年第1期　学生姓名

图 10-45 期末对账

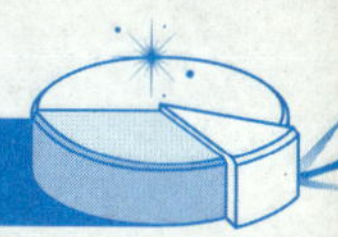

提 示

在与总账对账前，必须将所有业务系统的相关单据生成凭证，且所有的凭证均已审核和过账，如果对账不平，其原因主要有以下几点：

（1）还有业务单据未生成凭证，造成业务系统有记录而总账管理系统无记录。

（2）业务系统生成的凭证没有进行审核过账。

（3）凭证模板设置不正确，存货收发记录与存货科目借贷记录不一致。

（4）总账管理系统中有直接录入的涉及存货科目的凭证，造成总账管理系统有记录，而业务系统无记录。

（5）暂估冲回后未继续暂估或生成外购入库凭证。

3. 期末结账

期末结账标志着本期业务处理的终结，同时，将本期期末数据结转入下期。结转后，本期和以前期间的数据均不能进行修改。

具体操作步骤如下：

（1）在金蝶 K/3 主控台，执行“供应链”→“存货核算”→“期末处理”→“期末结账”命令，弹出“期末结账—介绍”对话框，如图 10-46 所示。

（2）如在结账前需核对库存数据，可勾选“核对即时库存”前的复选框，单击“下一步”按钮，按系统提示完成操作，如图 10-47 所示。

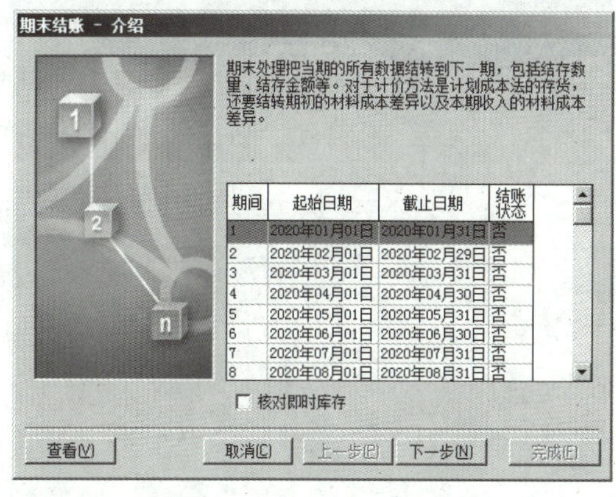

图 10-46 期末结账—介绍

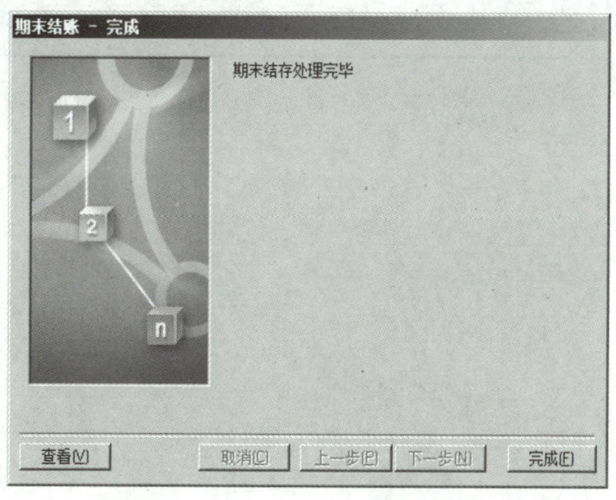

图 10-47 期末结账—完成

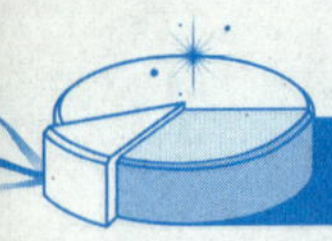

修身立德

会计人员职业道德规范

一、坚持自律，守法奉公

会计人员应坚定理想信念，提高道德修养，严以律己、心存敬畏；应遵守国家法律法规，依法依规开展会计工作，公私分明、克己奉公，维护国家和社会公众利益，树立良好的职业形象。

二、坚持准则，守信敬业

会计人员应严格执行会计准则制度，确保会计信息真实完整；坚持诚实守信、勤勉敬业的工作原则，自觉抵制会计舞弊、财务造假行为，坚决维护国家财经纪律和市场经济秩序。

三、坚持学习，守正创新

会计人员应树立终身学习的理念，秉持专业精神，持续提升专业能力和专业水平；在履行好会计基本职能的同时，能够适应新形势、新要求，不断推动会计工作转型升级和会计事业创新发展。

（资料来源：
http://kjs.mof.gov.cn/gongzuotongzhi/202210/t20221031_3848790.htm，有改动）

上机实验资料

实验1 账套管理和用户管理

【实验目的】

（1）了解账套管理在整个系统中的作用。

（2）理解金蝶 K/3 账套管理功能。

（3）掌握账套建立和用户管理操作方法。

【实验准备】

（1）已正确安装金蝶 K/3 管理软件。

（2）若安装软件后未设置账套管理数据库，则需要先设置好账套管理数据库。

（3）在安装金蝶软件的计算机 D:盘新建文件夹“D:\K3DB”，确认该盘存在 2 GB 以上自由空间。

【实验内容】

（1）建立账套。

（2）设置账套属性和启用账套。

（3）设置用户组和用户。

（4）设置用户权限。

（5）备份账套。

（6）恢复账套。

【实验资料】

1. 组织机构信息

表 1　组织机构信息

机构代码	机构名称	口令	备注
1	国霆朔华集团	（空）	所属集团名称

2. 账套资料

表 2 账套资料

序号	项目名称	项目值	备注
1	账套号	001	存在同名时，请自行更换其他值
2	账套名称	朔华嘉信公司	存在同名时，请自行更换其他值
3	账套类型	标准供应链解决方案	
4	数据库实体	（保留默认值）	
5	数据库文件路径	D:\K3DB	
6	数据库日志文件路径	D:\K3DB	
7	验证方式	SQL Server 身份验证	
8	系统用户名	sa	
9	系统口令	（空）	若 sa 密码不是空，请用实际密码
10	数据服务器	（保留默认值）	
11	数据库类型	（保留默认值）	
12	账套语言类型	（保留默认值）	

3. 账套属性

表 3 账套属性

序号	项目名称	项目值
1	机构名称	朔华嘉信股份有限公司
2	地址	武汉市汉阳区鹦鹉大道 789 号
3	电话	027-12121212
4	记账本位币代码	RMB
5	名称	人民币
6	小数点位数	2
7	总账属性	凭证过账前必须审核
8	启用会计年度	当前操作年度
9	启用会计期间	当前操作月份

4. 用户组

表 4 用户组

序号	用户组名称	说明	功能权限
1	会计组	负责全部会计业务处理工作	具有基础资料、数据引入引出、系统参数配置管理权，总账、报表、现金流量表、工资、固定资产、应收款、应付款、存货核算管理系统、预算管理系统管理权
2	出纳组	负责现金和网上银行管理	具有基础资料、系统参数配置、总账查询权，数据引入引出、现金管理、网上银行管理权

（续表）

序号	用户组名称	说明	功能权限
3	财务组	负责成本和预算等事务	具有基础资料、系统参数配置查询权，数据引入引出、财务分析、业务预算、资金预算、费用预算、费用管理、绩效管理、项目管理、实际成本管理系统、作业成本管理系统、日成本管理系统、标准成本管理系统、成本分析管理系统、万能报表、合并报表系统、合并账务系统管理权
4	资产组	负责固定资产核算与管理	具有基础资料、系统参数配置查询权，数据引入引出和固定资产模块管理权
5	工资组	负责工资计算及费用分配	具有基础资料、系统参数配置查询权，数据引入引出和工资模块管理权

5. 用户

表5 用 户

序号	用户名称	认证方式	权限属性	用户组	说明
1	学生姓名	密码认证	用户可以进行业务操作	Administrators	账套主管角色，具有系统全部功能权限
2	王明明	密码认证	用户可以进行业务操作	出纳组	负责出纳岗位工作
3	赵子航	密码认证	用户可以进行业务操作	会计组	承担会计工作中总账和报表处理工作，负责各会计岗位工作
4	乔明辉	密码认证	用户可以进行业务操作	资产组	负责固定资产核算管理岗位工作
5	李众兴	密码认证	用户可以进行业务操作	工资组	负责工资核算岗位工作
6	张舒新	密码认证	用户可以进行业务操作	财务组	具有功能权限中基础资料、系统参数配置查询权，数据引入引出、总账、报表、现金流量表、应收应付管理权

说明：除学生用户名，其他用户初始密码统一设置为空或者“1”，所有用户都默认属于无任何功能权限的Users用户组，不需要对该组进行处理。

【实验步骤】

（1）启动注册账套管理。

（2）建立账套。

（3）设置账套属性。

（4）增设用户组。

（5）增设用户。

（6）设置用户权限。

（7）备份账套。

（8）删除账套。

（9）恢复账套。

● 实验 2 基础资料设置

【实验目的】

（1）熟悉基础资料设置所需的数据内容。

（2）掌握基础资料设置各项功能的操作流程。

（3）完成基础资料的数据录入与核对。

【实验准备】

完成“实验 1 账套管理和用户管理”的操作，将相关账套数据引入金蝶 K/3 系统。

【实验内容】

设置各类公共基础资料。

【实验资料】

1. 币别

表 6 币 别

币别代码	币别名称	记账汇率	小数位数
RMB	人民币	1	2
HKD	港元	0.835 9	2
USD	美元	6.533 5	2

2. 计量单位

表 7 计量单位

计量单位组	代码	名称	换算方式	换算率	是否默认
重量组	kg	千克	固定换算	1	是
	t	吨	固定换算	1 000	

（续表）

计量单位组	代码	名称	换算方式	换算率	是否默认
数量组	S01	PCS	固定换算	1	是
	S02	张	固定换算	1	
	S03	台	固定换算	1	
	S04	个	固定换算	1	

3．会计科目

（1）设置基础资料，查看选项中显示级次为“显示所有明细”。

（2）引入“新会计准则”全部科目。

（3）按表 8 修改会计科目属性及设置核算项目。

（4）按表 8 新增预置科目中不存在的会计科目。

（5）将表中科目“1401 材料采购”设置为“数量金额辅助核算”，计量单位组为“重量组”，计量单位为“千克”。

表 8　会计科目属性表

科目代码	科目名称	科目类别	余额方向	外币核算	核算项目	受控系统	现金科目	银行科目	出日记账	备注
1001	库存现金	流动资产	借				是		是	
1002	银行存款	流动资产	借					是	是	
1002.01	工行存款	流动资产	借					是	是	
1002.02	中行存款	流动资产	借	美元				是	是	外币核算：美元 期末调汇：是
1002.03	建行存款	流动资产	借	港币				是	是	外币核算：港元 期末调汇：是
1121	应收票据	流动资产	借		客户	应收应付				往来业务核算
1122	应收账款	流动资产	借		客户	应收应付				往来业务核算
1123	预付账款	流动资产	借							
1123.01	预付供应商款	流动资产	借		供应商	应收应付				往来业务核算
1123.02	预付报刊费	流动资产	借							
1221	其他应收款	流动资产	借							
1221.01	应收部门款	流动资产	借		部门					往来业务核算
1221.02	应收个人款	流动资产	借		职员					往来业务核算
1401	材料采购	流动资产	借		物料					数量金额辅助核算：是 单位组：重量组 缺省单位：千克

（续表）

科目代码	科目名称	科目类别	余额方向	外币核算	核算项目	受控系统	现金科目	银行科目	出日记账	备注
1403	原材料	流动资产	借		物料					
1404	材料成本差异	流动资产	借		物料					
1405	库存商品	流动资产	借		物料					
1405.01	普通玩具	流动资产	借		物料					
1405.02	汽车模型	流动资产	借		物料					数量金额辅助核算：是 单位组：数量组 缺省单位：个
1405.03	航模	流动资产	借		物料					
1405.04	枪模	流动资产	借		物料					
1604	在建工程	非流动资产	借		成本项目					
1604.01	直接材料	非流动资产	借		成本项目					
1604.02	直接人工	非流动资产	借		成本项目					
1604.07	其他费用	非流动资产	借		成本项目					
2201	应付票据	流动负债	贷		供应商	应收应付				往来业务核算
2202	应付账款	流动负债	贷		供应商	应收应付				往来业务核算
2203	预收账款	流动负债	贷		客户	应收应付				往来业务核算
2211	应付职工薪酬	流动负债	贷							
2211.01	应付工资	流动负债	贷							
2211.02	应付福利费	流动负债	贷							
2211.03	工会经费	流动负债	贷							
2211.07	其他	流动负债	贷							
2221	应交税费	流动负债	贷							
2221.01	应交增值税	流动负债	贷							
2221.01.01	进项税额	流动负债	贷							
2221.01.05	销项税额	流动负债	贷							
2221.02	未交增值税	流动负债	贷							
2221.03	增值税检查调整	流动负债	贷							
2501.01	长期借款额	非流动负债	贷							
2501.02	应计利息	非流动负债	贷							
4104	利润分配	所有者权益	贷							

（续表）

科目代码	科目名称	科目类别	余额方向	外币核算	核算项目	受控系统	现金科目	银行科目	出日记账	备注
4104.01	其他转入	所有者权益	贷							
4104.12	未分配利润	所有者权益	贷							
5001	生产成本	成本	借							
5001.01	材料	成本	借							
5001.02	工资	成本	借							
5001.03	费用	成本	借							
5101	制造费用	成本	借							
5101.01	材料	成本	借							
5101.02	工资	成本	借							
5101.03	费用	成本	借							
6602	管理费用	期间费用	借							
6602.01	工资费	期间费用	借		部门					
6602.02	福利费	期间费用	借		部门					
6602.03	办公费	期间费用	借		部门					
6602.04	折旧费	期间费用	借		部门					
6602.05	差旅费	期间费用	借		部门 职员					
6602.06	通讯费	期间费用	借		部门、职员、物料					
6602.07	其他	期间费用	借		部门					
6603	财务费用	期间费用	借							
6603.01	利息支出	期间费用	借							
6603.02	汇兑损益	期间费用	借							
6603.07	其他支出	期间费用	借							

4. 凭证字

表 9 凭证字

名称	限制类型	限制科目
收	借方必有	1001,1002
付	贷方必有	1001,1002
转	借和贷必无	1001,1002

说明：限制科目代码间用英文标点逗号隔开。

5. 结算方式

表 10　结算方式

编码	结算方式	编码	结算方式
JF11	现金支票	JF21	信用卡
JF12	转账支票	JF22	信用证

6. 部门

表 11　部门资料

代码	名称	部门电话	部门属性	成本核算类型
01	办公室	6001	非车间	期间费用部门
02	财务部	6002	非车间	期间费用部门
03	采购部	6003	非车间	期间费用部门
04	销售部	6004	非车间	期间费用部门
05	仓储部	6005	非车间	期间费用部门
06	生产部			
06.01	一车间	6061	车间	基本生产部门
06.02	二车间	6062	车间	基本生产部门

7. 职员

（1）职员类别：03，高级经理；04，部门主管；05，普通员工；06，生产工人。

（2）职员档案资料如表 12 所示。

表 12　职员档案

代码	名称	职员类别	部门名称	性别
01001	金立赢	高级经理	办公室	男
01002	薛雨晴	部门主管	办公室	女
02002	赵子航	部门主管	财务部	女
02003	王明明	普通员工	财务部	女
02004	张舒新	普通员工	财务部	女
02005	乔明辉	普通员工	财务部	男
02006	李众兴	普通员工	财务部	男
03001	周长泰	部门主管	采购部	男
04001	武新国	部门主管	销售部	女
05001	郑子超	部门主管	仓储部	男
06011	王易	部门主管	一车间	男

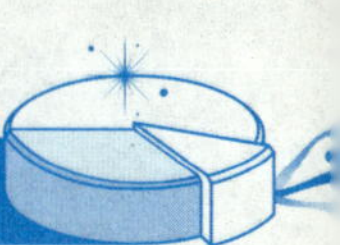

（续表）

代码	名称	职员类别	部门名称	性别
06012	王珂	生产工人	一车间	女
06021	杨光	部门主管	二车间	女
06022	梁向华	生产工人	二车间	男

8．客户

表 13　客　户

代码	名称	简称	地址
01	武汉天华公司	武汉天华	武汉市八一路 1066 号
02	长沙隆森有限公司	长沙隆森	长沙市嘉雨路 1326 号
03	湖北金塑有限公司	湖北金塑	武汉市友谊大道 2984 号
04	上海铭鑫股份有限公司	上海铭鑫	上海市云山路 5678 号
05	朔华天冬有限公司	朔华天冬	湖南省岳阳市洞庭大道 3580 号

9．供应商

表 14　供应商

代码	名称	简称	地址
01	武汉绿萝公司	武汉绿萝	武汉市江汉区 99 号
02	湖南光谷模塑制品厂	光谷模塑	长沙市新宇街 2015 号
03	飞林格尔集团公司	飞林格尔	湖北省襄阳市前进路 66 号
04	河南利全制造厂	利全制造	河南省郑州市高新技术创业中心 7845 号
05	朔华明证有限公司	朔华明证	郑州市管城回族区 5841 号

10．物料

表 15　物料上级组

代码	名称
01	原材料
02	在制品
03	产成品

表 16　物料明细

代码	名称	物料属性	计量单位组	基本计量单位	采购计量单位	销售计量单位	生产计量单位	库存计量单位	计价方法	存货科目代码	销售收入科目代码	销售成本科目代码
01.01	塑料板	外购	数量组	PCS	张	张	张	张	加权平均法	1403	6051	6402
01.02	标签纸	外购	重量组	千克	千克	千克	千克	千克	加权平均法	1403	6051	6402
01.03	铆钉	外购	重量组	千克	千克	千克	千克	千克	加权平均法	1403	6051	6402
02.01	塑壳	自制	数量组	PCS	个	个	个	个	加权平均法	1405	6051	6402
02.02	塑料底盘	自制	数量组	PCS	个	个	个	个	加权平均法	1405	6051	6402
03.01	普通玩具	自制	数量组	PCS	个	PCS	PCS	PCS	加权平均法	1405	6001	6401
03.02	汽车模型	自制	数量组	PCS	个	个	个	个	加权平均法	1405	6001	6401
03.03	航模	自制	数量组	PCS	个	个	个	个	加权平均法	1405	6001	6401
03.04	枪模	自制	数量组	PCS	个	PCS	PCS	PCS	加权平均法	1405	6001	6401

【实验步骤】

（1）以账套主管（学生姓名）的身份进行基础资料设置。

- 登录金蝶 K/3 主控台。
- 设置币别。
- 设置计量单位（先设置计量单位组，再分别设置各组的计量单位）。
- 设置科目。
- 设置凭证字。
- 设置结算方式。
- 设置部门。
- 设置职员。
- 设置客户。
- 设置供应商。
- 设置物料。

（2）以“Admin”的身份登录账套管理备份账套。

实验 3 总账管理系统初始化设置

【实验目的】

（1）熟悉总账管理系统初始化设置的主要内容。

（2）掌握总账管理系统参数设置和初始数据录入的操作流程。

（3）能够结束总账管理系统初始化的工作。

【实验准备】

完成“实验 2 基础资料设置”的操作。将计算机系统的时间调整为账套操作月份，并将相关账套数据引入金蝶 K/3 系统。

【实验内容】

（1）总账系统参数设置。

（2）录入期初余额。

【实验资料】

1. 总账系统参数

表 17 总账系统参数

基本信息参数	凭证参数	预算参数
本年利润科目：4103	凭证过账前必需审核	显示科目最新余额、预算额
利润分配科目：4104	凭证过账前必须出纳复核	预算控制均为不检查
数量单价位数：2 位	不允许修改/删除业务系统凭证	
启用往来业务核销	现金银行存款赤字报警	
启用往来科目必须录入业务编号	往来科目赤字报警	
结账要求损益类科目余额为零	银行存款科目必需输入结算方式和结算号	
	审核人和反审核人必须为同一人	
	凭证号按期间统一排序	

说明：表中未提到的参数均为系统默认设置，无需修改。

2. 期初余额

表 18 期初余额

金额单位：元

科目代码	科目名称	余额方向	核算项目明细
1001	库存现金	借	15 554
1002	银行存款	借	216 100
1002.01	工行存款	借	142 406
1002.02	中行存款	借	65 335（USD 10 000）
1002.03	建设银行	借	8 359（HKD 10 000）
1121	应收票据	借	6 000（武汉天华，2019.08.01，业务编号为 19080101）
1122	应收账款	借	15 710（2019.11.01，武汉天华 7 020 元，业务编号为 19110101；2019.10.03，长沙隆森 7 520 元，业务编号为 19100301；2019.12.01，朔华天冬 1 170 元，业务编号为 19120101）
1123	预付账款	借	
1123.01	预付供应商款	借	
1123.02	报刊杂志费	借	
1221	其他应收款	借	
1221.01	应收部门款	借	
1221.02	应收个人款	借	6 000（2019.12.07，金立赢出差借款，业务编号为 19120701）
1401	材料采购	借	
1403	原材料	借	37 322（塑料板 12 000，标签纸 12 332，铆钉 13 000）
1404	材料成本差异	借	
1405	库存商品	借	50 000
1405.01	普通玩具	借	普通玩具 1 000 个，共 10 000 元
1405.02	汽车模型	借	汽车模型 220 个，共 22 000 元
1405.03	航模	借	航模 80 个，共 8 000 元
1405.04	枪模	借	枪模 5 000 个，共 10 000 元
1601	固定资产	借	1 141 400
1602	累计折旧	贷	155 124
2001	短期借款	贷	20 000
2202	应付账款	贷	49 140（2019.11.15，飞林格尔 23 400 元，业务编号 19111501；2019.12.11，利全制造 25 740 元，业务编号 19121101）
2203	预收账款	贷	40 000（2019.12.05，湖北金塑 30 000 元，业务编号 19120501；2019.12.13，上海铭鑫 10 000 元，业务编号 19121301）
2211	应付职工薪酬	贷	

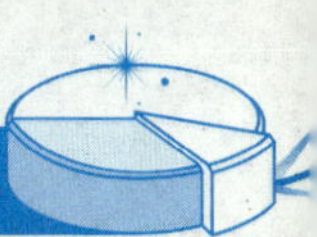

（续表）

科目代码	科目名称	余额方向	核算项目明细
2211.01	应付工资	贷	
2211.02	应付福利费	贷	
2211.03	工会经费	贷	
2211.07	其他	贷	
2221	应交税费	贷	
2221.01	应交增值税	贷	
2221.01.01	进项税额	贷	3 832
2221.01.05	销项税额	贷	20 000
2501.01	长期借款额	贷	200 000
4001	实收资本	贷	1 000 000
合计	借方=贷方=1 488 096		

【实验步骤】

（1）以账套主管（学生姓名）的身份进行总账系统初始设置。

- 登录 K/3 系统。
- 设置总账系统参数。
- 录入期初余额。
- 期初余额试算平衡。
- 结束初始化。

（2）以“Admin”的身份登录账套管理备份账套。

实验 4 总账管理系统日常业务

【实验目的】

（1）熟悉总账管理系统日常业务的主要内容。

（2）掌握总账管理系统凭证处理的操作流程。

（3）掌握总账管理系统往来业务的操作流程。

（4）掌握现金流量表的项目指定、T 型账户处理等业务的操作流程。

（5）掌握总账管理系统账簿、财务报表处理的操作流程。

【实验准备】

完成“实验 3　总账管理系统初始化设置”的操作。将计算机系统的时间调整为账套操作月份，并将相关账套数据引入金蝶 K/3 系统。

【实验内容】

（1）设置摘要明细。
（2）录入凭证。
（3）修改凭证。
（4）删除凭证。
（5）审核凭证。
（6）过账。

【实验资料】

1．摘要明细

表 19　摘要明细

摘要总类		摘要	
1	收款类	01	收货款
		02	收到投资款
		03	收回个人款
2	付款类	04	提现
		05	采购原材料
		06	报销费用
		07	借出个人款
3	转账类	08	工资结转
		09	费用结转

2．凭证内容

账套操作年份（此处假设为 2020 年 1 月），朔华嘉信发生如下经济业务：

（1）1 月 2 日，从工商银行用现金支票提取备用金 20 000 元，支票号 XJ001。

借：库存现金　　20 000

　贷：银行存款——工行存款　　20 000

（2）1 月 4 日，收到某外商投资款 10 000 美金和 50 000 港币，均为转账支票，票号分别为 ZU084 和 ZH085。

借：银行存款——中行存款　　65 335

　　　　　　——建设银行　　41 795

　贷：实收资本　　107 130

（3）1月6日，销售部武新国销售枪模时花费通讯费120元。

借：管理费用——通讯费　　120

　贷：库存现金　　120

（4）1月9日，购买原材料标签纸200千克，每千克10元，现金支付。

借：材料采购　　2 000

　贷：库存现金　　2 000

（5）1月12日，金立赢出差回来报销差旅费6 000元，往来业务编号为20011201。

借：管理费用——差旅费　　6 000

　贷：其他应收款——应收个人款　　6 000

（6）1月15日，采购部借款5 000元。

借：其他应收款——应收部门款　　5 000

　贷：库存现金　　5 000

（7）1月16日，原材料标签纸验收入库。

借：原材料　　2 000

　贷：材料采购　　2 000

（8）1月20日，采购部金立赢报销差旅费3 000元并还款2 000元。

借：库存现金　　2 000

　　管理费用——差旅费　　3 000

　贷：其他应收款——应收部门款　　5 000

（9）1月21日，采购部周长泰在采买铆钉时花费通讯费180元。

借：管理费用——通讯费　　180

　贷：库存现金　　180

（10）1月22日，金立赢预借差旅费5 000元，往来业务编号为20012201。

借：其他应收款——应收个人款　　5 000

　贷：库存现金　　5 000

（11）1月24日，为客户提供产品升级服务获得10 000元，现金结算。

借：库存现金　　10 000

　贷：其他业务收入　　10 000

（12）1月26日，支付过节费3 600元，转账支票号为ZC057。

借：应付职工薪酬——应付工资　　3 600

　贷：银行存款——工行存款　　3 600

（13）1 月 28 日，支付生产设备维修费 5 000，转账支票号为 ZC058。

借：生产成本——费用　　　　5 000

　贷：银行存款——工行存款　　　　5 000

（14）1 月 28 日，采购部报销办公费 4 800 元，余款上交，往来业务编号为 20012201。

借：管理费用——办公费　　　　4 800

　　库存现金　　　　200

　贷：其他应收款——应收个人款　　　　5 000

（15）1 月 29 日，生产一车间产生新产品技术研发费 2 500 元。

借：管理费用——其他　　　　2 500

　贷：其他应付款　　　　2 500

（16）1 月 30 日，预支全年报刊费 2 400 元。

借：预付账款——预付报刊费　　　　2 400

　贷：库存现金　　　　2 400

（17）1 月 30 日，金立赢预借差旅费 6 000 元，往来业务编号为 20013002（利用模式凭证功能）。

借：其他应收款——应收个人款　　　　6 000

　贷：库存现金　　　　6 000

【实验步骤】

（1）录入凭证。以账套主管（学生姓名）的身份登录金蝶 K/3 系统，在录入凭证时，初次出现个人借款类凭证时将该类保存为模式凭证，后期出现该类凭证时利用模式凭证功能录入相关凭证。

（2）修改凭证。发现填制错误的凭证，在不同的情况下采取相应的修改方法。

- 未经审核的凭证修改。
- 已经审核但未记账的凭证修改。
- 已记账的凭证修改。

（3）删除凭证。只有对未经审核的凭证才能被删除，如果凭证已经审核记账，则需按以上修改凭证的方法对凭证进行相应的处理。

（4）审核凭证。以管理员组操作员的身份登录系统审核凭证。

（5）复核凭证，凭证过账。

（6）核销并处理坏账：1 月 31 日，金立赢发现 1 月 30 日的借款被盗 1 000 元，经赵主管批示，做坏账处理。

（7）生成核算项目与科目组合表。

（8）查询现金流量项目的指定，形成现金流量表。

（9）以“Admin”的身份登录账套管理备份账套。

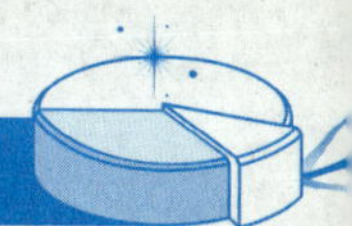

实验5 总账管理系统期末业务

【实验目的】

（1）熟悉总账管理系统期末业务所需数据内容。

（2）掌握总账管理系统期末调汇的操作流程。

（3）掌握总账管理系统自动转账方案的设置和凭证生成的操作流程。

（4）掌握总账管理系统结转损益的操作流程。

（5）掌握总账管理系统结账的操作流程。

【实验准备】

完成“实验4 总账管理系统日常业务”的操作。将计算机系统的时间调整为账套操作月份，并将相关账套数据引入金蝶K/3系统。

【实验内容】

（1）定义自动转账凭证。

（2）生成机制凭证。

（3）对账。

【实验资料】

1．期末调汇

表20 外币调汇资料

代码	名称	汇率	调整汇率
USD	美元	6.533 5	6.53（2020.1.01日—2020.01.31日）
HKD	港币	0.835 9	0.84（2020.1.01日—2020.01.31日）

2．自动转账

（1）按短期借款期末余额的0.6%计提短期借款利息，按长期借款期末余额的0.5%计提长期借款利息。

借：财务费用——利息支出　　自动判定　　转入

　贷：应付利息　　　　　　　贷方　　按公式引入　　Y（2001）*0.006

　　　长期借款——应计利息　　贷方　　按公式引入　　Y（2501.01）*0.005

（2）制造费用转生产成本。

借：生产成本——费用　　　　自动判定　　转入

　贷：制造费用——材料　　　自动判定　　按比例转出

　　　制造费用——工资　　　自动判定　　按比例转出

　　　制造费用——费用　　　自动判定　　按比例转出

3．期间损益结转

通过“结转损益”自动生成凭证，在进行损益结转前需对未过账凭证进行审核和过账处理。

4．结账、反结账

在进行结账前，先执行凭证审核和过账处理，然后进行结账。因其他子系统的功能还没有实现，因而在此处月结后需要“反结账”回到 2020 年 1 月。

【实验步骤】

（1）以账套主管（学生姓名）的身份登录金蝶 K/3 系统，进行期末各项内容的设置和凭证生成。

（2）以账套主管（学生姓名）的身份进行凭证的审核和过账。

（3）所有凭证生成、审核、记账完毕，以“Admin”的身份登录账套管理备份账套。

实验 6　应收款/应付款管理系统业务处理

【实验目的】

（1）对应收款/应付款系统进行正确的初始化设置，录入初始数据。

（2）对日常发生的各种赊销等欠款业务、收款业务进行处理。

（3）对发生坏账、坏账收回等特殊业务进行处理。

（4）进行往来业务核销，查看各种账表，期末结账。

（5）掌握应收款/应付款管理系统的业务处理流程。

【实验准备】

完成“实验 3　总账管理系统初始化设置”的操作。将计算机系统的时间调整为账套操作月份，将相关账套数据引入金蝶 K/3 系统，并按表 21 所示修改往来科目的受控系统。

表21　修改往来科目表

科目编码	中文科目名称	核算类型
1121	应收票据	科目受控系统：应收应付
1122	应收账款	科目受控系统：应收应付
1123	预付账款	科目受控系统：应收应付
2201	应付票据	科目受控系统：应收应付
2202	应付账款	科目受控系统：应收应付
2203	预收账款	科目受控系统：应收应付

说明：只需要修改以上科目的受控系统，其他科目的设置与实验三资料相同。

【实验内容】

（1）设置系统参数。

（2）设置基础资料。

（3）录入初始数据。

（4）初始化检查、对账和结束初始化。

（5）应收款/应付款系统的日常业务处理。

【实验资料】

1. 应收款管理系统参数

（1）坏账计提方法。

坏账计提采用备抵法核算。坏账损失科目代码：6602.08（管理费用——坏账损失）（新增）；坏账准备科目代码：1231。

备抵法选项：应收账款百分比法。计提坏账科目：1122（应收账款）；计提方向：借方；计提比例：0.5%。

（2）科目设置。

其他应收单：1122（应收账款）。

收款单：1122（应收账款）。

预收单：2203（预收账款）。

销售发票：1122（应收账款）。

退款单：1122（应收账款）。

应收票据：1121（应收票据）。

应交税金：2221.01.05（销项税额）。

（3）单据控制。取消“审核人与制单人不为同一人”的勾选。

（4）期末处理。选择“结账与总账期间同步”。

（5）核销控制。取消“审核后自动核销”的勾选。

（6）凭证处理。勾选使用凭证模板。

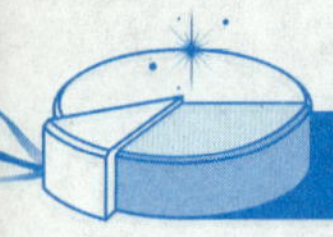

（7）其他选项采用系统默认设置。

2. 应付款管理系统参数

（1）科目设置。

其他应付单：2202（应付账款）。

付款单：2202（应付账款）。

预付单：1123.01（预付账款）。

采购发票：1122（应收账款）。

退款单：2202（应付账款）。

应付票据：2201（应付票据）。

应交税金：2221.01.01（进项税额）。

（2）单据控制。取消“审核人与制单人不为同一人”的勾选。

（3）期末处理。选择“结账与总账期间同步”。

（4）核销控制。取消“审核后自动核销”的勾选。

（5）凭证处理。勾选使用凭证模板。

（6）其他选项采用系统默认设置。

3. 设置基础资料

（1）收款条件设置。新增代码“01”名称“月结”的收款条件，结算方式选择“月结方式结算”，月结天数计算起算日选择“单据日期”，加“1”逢“20”日收款。收款条件设置完毕，需要在客户资料中进行关联才可起作用。

（2）凭证模板设置。新增模板 1001 销售普通发票 2，并设为默认模板。

（3）信用管理设置。武汉天华：人民币信用额度 100 000 元，信用期限 30 天，期限控制为信用天数，系统预警提示信用额度。

（4）价格管理。武汉天华：普通玩具销货量 500 以内，报价为 25 元，最低销售限价为 20 元。

4. 录入初始数据

表 22　初始销售增值税发票

金额单位：元

客户名称	单据类型	日期	部门	业务员	往来科目	发生额	摘要	应收日期
武汉天华	销售增值税发票	2019.12.1	销售部	武新国	应收账款	7 020	销售产品	2020.1.31
长沙隆森	销售增值税发票	2019.12.2	销售部	武新国	应收账款	7 020	销售产品	2020.1.31
朔华天冬	销售增值税发票	2019.12.3	销售部	武新国	应收账款	1 170	销售产品	2020.1.31

表 23　初始其他应收单

金额单位：元

客户职员	单据类型	日期	部门	业务员	往来科目	发生额	摘要	应收日期
长沙隆森	其他应收单	2019.12.2	销售部	武新国	应收账款	500	代垫运费	2020.1.31

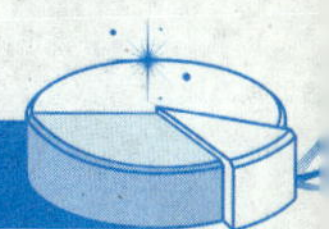

表 24　初始预收款单

金额单位：元

客户职员	单据类型	日期	部门	业务员	往来科目	发生额	摘要	余额
湖北金塑	预收款单	2019.12.4	销售部	武新国	预收账款	30 000	预收货款	30 000
上海铭鑫	预收款单	2019.12.4	销售部	武新国	预收账款	10 000	预收货款	10 000

表 25　初始应收票据

金额单位：元

票据类型	票据编号	签发日期	期限	票面金额	出票人	付款人	部门	业务员
商业承兑汇票	OYSP000002	2019.10.6	90 天	6 000	武汉天华	武汉天华	销售部	武新国

表 26　应付账款初始数据

金额单位：元

客户职员	单据类型	日期	部门	业务员	往来科目	发生额	摘要	应付日期
飞林格尔	采购增值税发票	2019.12.31	采购部	周长泰	应付账款	23 400	采购材料	2020.1.31
利全制造	采购增值税发票	2019.12.31	采购部	周长泰	应付账款	25 740	采购材料	2020.1.31

5. 日常业务处理

表 27　合同资料

金额单位：元

合同号	合同名称	对方单位	合同日期	摘要	产品代码	数量	含税单价	应收日期	部门	业务员
XSHT000002	产品销售合同	武汉天华	2020.1.1	销售产品	03.02	50	100	2020.1.31	销售部	武新国
XSHT000003	产品销售合同	长沙隆森	2020.1.2	销售产品	03.02	70	90	2020.1.31	销售部	武新国
XSHT000004	产品销售合同	上海铭鑫	2020.1.3	销售产品	03.02	65	90	2020.1.31	销售部	武新国
XSHT000005	产品销售合同	湖北金塑	2020.1.4	销售产品	03.02	40	95	2020.1.31	销售部	武新国

表 28　销售增值税发票

金额单位：元

发票号	合同号	发票日期	客户	摘要	产品代码	数量	含税单价	金额	应收日期	部门	业务员
XSZP000002	XSHT000002	2020.1.1	武汉天华	销售产品	03.02	50	100	5 000	2020.1.31	销售部	武新国
XSZP 000003	XSHT000003	2020.1.2	长沙隆森	销售产品	03.02	70	90	6 300	2020.1.31	销售部	武新国
XSZP 000004	XSHT000004	2020.1.3	上海铭鑫	销售产品	03.02	65	90	5 850	2020.1.31	销售部	武新国
XSZP 000005	XSHT000005	2020.1.4	湖北金塑	销售产品	03.02	40	95	3 800	2020.1.31	销售部	武新国

注：本公司销售商品适用的增值税税率为 13%，可在录入增值税发票时手动修改。

表 29　其他应收单

金额单位：元

单据日期	单据号	核算项目类别	核算项目名称	摘要	金额	应收日期	部门	业务员
2020.1.5	QTYS000002	客户	长沙隆森	借款	2 000	2020.2.5	销售部	武新国

表 30　收款单

金额单位：元

单据号	单据日期	结算方式	摘要	客户	收款类型	源单类型	源单编号	结算金额	部门	业务员
XSKD000002	2020.1.6	转账支票	收货款	武汉天华	销售回款	销售发票	OXZP000002	5 000	销售部	武新国
XSKD000003	2020.1.7	转账支票	收货款	长沙隆森	销售回款	销售发票	OXZP000003	7 020	销售部	武新国
XSKD000004	2020.1.8	转账支票	收货款	上海铭鑫	销售回款	销售发票	XSZP000004	3 000	销售部	武新国

表 31　预收单

金额单位：元

单据号	单据日期	结算方式	单据金额	摘要	客户	结算实收金额	部门	业务员
XYSD000002	2020.1.9	转账支票	2 000	预收货款	上海铭鑫	2 000	销售部	武新国

表 32 退款单

金额单位：元

单据号	单据日期	结算方式	单据金额	摘要	客户	结算实退金额	部门	业务员	源单编号
XTKD000002	2020.1.10	转账支票	10 000	退预收货款	上海铭鑫	10 000	销售部	武新国	OPRD000003

表 33 应收票据

金额单位：元

票据类型	票据编号	签发日期	期限（天）	票面金额	票面利率/%	到期利率/%	承兑人	出票人	付款人	摘要
银行承兑汇票	YSPJ000002	2020.1.11	90	1 200	1.7	1.7	中行光华分行	武汉天华	武汉天华	收货款
银行承兑汇票	YSPJ000003	2020.1.12	90	1 000	1.7	1.7	中行光华分行	长沙隆森	长沙隆森	收货款

【实验步骤】

（1）以账套主管（学生姓名）的身份注册登录应收款和应付款系统，进行基础设置。

- ❖ 设置系统参数。
- ❖ 设置基础资料。
- ❖ 录入初始数据，如果账套启用和业务操作采用操作的自然月份，请注意调整期初余额的相关事件。
- ❖ 初始化检查、对账和结束初始化。

（2）以核算组操作员的身份注册登录金蝶 K/3 系统，进行日常应收款、应付款业务和期末结账的操作。

- ❖ 票据背书：2020 年 1 月 14 日，武汉天华将金额 1 200 元的银行承兑汇票背书给武汉绿萝，背书方式为冲减应付款，对应科目为应付账款 2202。
- ❖ 票据转出：2020 年 1 月 13 日，期初的应收票据——武汉天华（转出单位）的票据转为应收账款，审核后系统自动生成其他应收单。
- ❖ 结算：① 到款结算，勾选“包括含有关联关系的单据”，选择核销方式“关联关系”进行核销；② 预收款冲应收款，勾选“包括含有关联关系的单据”进行核销。
- ❖ 坏账处理：① 坏账损失：武汉天华期初应收账款 1 000 元，逾期未还，催缴无效，处理为坏账；② 坏账收回；③ 坏账准备。
- ❖ 期末结账。

（3）以“Admin”的身份登录账套管理备份账套。

● 实验 7 固定资产管理系统初始设置

【实验目的】

（1）掌握固定资产管理系统的基础设置。

（2）能够进行固定资产初始卡片的录入。

（3）能够结束固定资产管理系统初始化设置。

【实验准备】

完成“实验 3　总账管理系统初始设置”的操作。将计算机系统时间调整为实训账套的操作月份，将“实验 3　总账管理系统初始设置”的备份账套引入金蝶 K/3 系统。

【实验内容】

（1）设置固定资产系统参数。

（2）设置固定资产系统基础资料。

（3）录入固定资产初始卡片。

【实验资料】

1. 固定资产系统参数

需要勾选的选项：卡片结账前必须审核、卡片生成凭证前必须审核、变动使用部门时当期折旧按原部门进行归集。其他选项使用系统默认设置。

2. 固定资产卡片类别

需要新增如表 34 所示的卡片类别。所有卡片类别的预设折旧方法均为“平均年限法”，固定资产科目为“1601，固定资产”，累计折旧科目为“1602，累计折旧”，减值准备科目为“1603，固定资产减值准备”。要求选择“由使用状态决定是否提折旧”

表 34　固定资产卡片类别

代码	类别名称	使用年限（年）	净残值率（%）	计量单位
01	房屋及构筑物	20	4	幢
02	交通运输工具	5	4	辆
03	机器设备	5	4	台
03.01	办公设备	5	4	台
03.02	生产设备	5	4	台
04	电子设备	5	4	台

3．存放地点维护

设置三个固定资产存放地点：办公室、生产车间和车库。

4．固定资产初始卡片

表 35　固定资产初始卡片

基本信息		部门及其他		原值与折旧	
资产类别	房屋及建筑物	固定资产科目	1601	币别	人民币
资产编码	01101	累计折旧科目	1602	原币金额	1 141 400
名称	办公楼	使用部门及分配比例	办公室 40%	开始使用日期	2016-08-30
计量单位	幢		财务部 30%	预计使用期间数	240
数量	1		仓储部 10%	已使用期间数	40
入账日期	2012-8-30		采购部 10%	累计折旧	155 124
存放地点			销售部 10%	预计净残值	45 656
使用状况	正常使用	折旧费用科目	6602.04	折旧方法	动态平均年限法
变动方式	购入				

【实验步骤】

（1）以账套主管（学生姓名）的身份登录金蝶 K/3 创新管理平台，进行固定资产基础设置。

- 设置固定资产系统参数。
- 设置固定资产类别、存放地方。
- 录入固定资产初始卡片。
- 结束初始化。

（2）以“Admin”的身份登录账套管理备份账套。

实验 8　固定资产管理系统业务处理

【实验目的】

（1）掌握固定资产管理系统的日常业务处理。

（2）掌握固定资产管理系统的期末处理。

【实验准备】

完成“实验 7　固定资产系统基础设置”的操作。将计算机系统时间调整为实训账套的操作月份，将“实验 7　固定资产系统基础设置”的备份账套引入金蝶 K/3 系统。

【实验内容】

（1）日常固定资产业务处理。

（2）期末固定资产业务处理。

【实验资料】

表 36　固定资产新增卡片

基本信息		部门及其他		原值与折旧	
资产类别	生产设备	固定资产科目	1601	币别	人民币
资产编码	S0001	累计折旧科目	1602	原币金额	59 000
名称	多功能彩印机	使用部门	生产部一车间	开始使用日期	2020-1-20
计量单位	台	折旧费用科目	5101.03	预计使用期间数	60
数量	1			已使用期间数	0
入账日期	2020-1-20			累计折旧	0
存放地点	生产车间			预计净残值	5 900
使用状况	正常使用			折旧方法	平均年限法（基于入账原值和预计使用期间）
变动方式	购入				

表 37　固定资产新增卡片

基本信息		部门及其他		原值与折旧	
资产类别	交通运输工具	固定资产科目	1601	币别	人民币
资产编码	Y0001	累计折旧科目	1602	原币金额	220 000
名称	别克商务车	使用部门	销售部	开始使用日期	2020-1-26
计量单位	辆	折旧费用科目	6601	预计使用期间数	60
数量	1			已使用期间数	0
入账日期	2020-1-26			累计折旧	0
存放地点	车库			预计净残值	11000
使用状况	正常使用			折旧方法	平均年限法（基于入账原值和预计使用期间）
变动方式	购入				

【实验步骤】

(1)以账套主管(学生姓名)的身份注册登录固定资产管理系统，进行日常固定资产业务。

❖ 增加固定资产。

❖ 计提折旧。

(2)以管理员组操作员的身份登录，在总账中进行凭证的审核和过账处理。

(3)以核算组操作员的身份进行期末对账和结账。

(4)以“Admin”的身份登录账套管理备份账套。

● 实验 9 工资管理系统管理

【实验目的】

(1)掌握工资管理系统的处理流程和数据流。

(2)掌握金蝶 K/3 管理软件中工资的基本设置。

(3)掌握工资日常业务处理。

(4)掌握工资报表的查询。

【实验准备】

完成“实验 3　总账管理系统初始设置”的操作。将计算机系统时间调整为实训账套的操作月份，将“实验 3　总账管理系统初始设置”的备份账套引入金蝶 K/3 系统。

【实验内容】

(1)设置工资管理系统参数。

(2)设置工资管理系统基础资料。

(3)日常工资业务处理。

(4)期末工资业务处理。

(5)工资管理系统结账。

【实验资料】

1. 工资类别

“管理人员”和“计件工资”，币别均为人民币。

2. 部门档案

表 38　部门档案

代码	部门名称	工资类别
01	办公室	管理人员
02	财务部	管理人员
03	采购部	管理人员
04	销售部	管理人员
05	仓储部	管理人员
06	生产部	计件工资
07	一车间	计件工资
08	二车间	计件工资

3. 银行管理

银行：中国工商银行。

4. 职员档案

表 39　职员档案

代码	名称	部门名称	工资类别	银行名称及账号
01001	金立赢	办公室	管理人员	工商银行：10000001
01002	薛雨晴	办公室	管理人员	工商银行：10000002
02001	学生姓名	财务部	管理人员	工商银行：10000003
02002	赵子航	财务部	管理人员	工商银行：10000004
02003	王明明	财务部	管理人员	工商银行：10000005
02004	张舒新	财务部	管理人员	工商银行：10000006
02005	乔明辉	财务部	管理人员	工商银行：10000007
02006	李众兴	财务部	管理人员	工商银行：10000008
03001	周长泰	采购部	管理人员	工商银行：10000009
04001	武新国	销售部	管理人员	工商银行：10000010
05001	郑子超	仓储部	管理人员	工商银行：10000011
06011	王易	一车间	计件工资	工商银行：10000012
06012	王珂	一车间	计件工资	工商银行：10000013
06021	杨光	二车间	计件工资	工商银行：10000014
06022	梁向华	二车间	计件工资	工商银行：10000015

5. 计算公式

（1）“管理人员”类别的工资计算公式。计算公式名称：管理计算方法。

表 40 “管理人员”类别的工资计算公式

公式 1	应发合计=基本工资+奖金+福利费
公式 2	扣款合计=其他扣款+代扣税
公式 3	实发合计=应发合计－扣款合计

（2）“计件工资”类别的工资计算公式。计算公式名称：计件计算方法。

表 41 “计件工资”类别的工资计算公式

公式 1	应发合计=基本工资+奖金+福利费+计件工资
公式 2	扣款合计=其他扣款+代扣税
公式 3	实发合计=应发合计－扣款合计

6. 职员工资数据

表 42 职员工资数据

金额单位：元

职员代码	职员姓名	基本工资	奖金	福利费	其他扣款
01001	金立赢	9 000	400	200	50
01002	薛雨晴	6 200	400	200	40
02002	赵子航	5 000	300	200	30
02003	王明明	5 000	200	200	20
02004	张舒新	5 000	200	200	20
02005	乔明辉	5 000	200	200	20
02006	李众兴	5 000	200	200	20
03001	周长泰	3 000	100	200	10
04001	武新国	3 000	100	200	10
05001	郑子超	3 000	100	200	20
06011	王易	2 800	100	200	10
06012	王珂	2 200	50	200	10
06021	杨光	2 800	100	200	10
06022	梁向华	2 200	50	200	10

7. 设置所得税

表 43　个人所得税税率表（综合所得适用）

级数	每月应纳税所得额（含税级距）	税率（%）	速算扣除数
1	不超过 3 000 元	3	0
2	超过 3 000 元至 12 000 元的部分	10	210
3	超过 12 000 元至 25 000 元的部分	20	1 410
4	超过 25 000 元至 35 000 元的部分	25	2 660
5	超过 35 000 元至 55 000 元的部分	30	4 410
6	超过 55 000 元至 80 000 元的部分	35	7 160
7	超过 80 000 元的部分	45	15 160

设置个税扣除基数为 5 000 元。

【实验步骤】

（1）以账套主管（学生姓名）的身份登录工资管理系统，进行工资管理系统基础上设置。

- ❖ 设置工资类别。
- ❖ 设置工资系统参数。
- ❖ 设置各工资类别的部门。
- ❖ 设置各工资类别的职员。
- ❖ 设置各工资类别的工资项目。
- ❖ 设置各工资类别的工资计算公式。
- ❖ 设置各工资类别的所得税。
- ❖ 录入员工的基本工资、住房公积金和单位计件工资数据。

（2）计算工资和所得税。

（3）以银行代发方式发放工资。

（4）费用分配，生成凭证。

● 实验 10　现金管理系统业务

【实验目的】

（1）了解现金管理系统的功能及业务流程。

（2）掌握现金日记账、银行存款日记账的录入、对账等。

（3）掌握票据管理的功能，如支票的购买、领用、作废、审核、核销等。

（4）掌握期末结账功能。

【实验准备】

完成“实验 3　总账管理系统初始设置”的操作。将计算机系统时间调整为实训账套的操作月份，将“实验 3　总账管理系统初始设置”的备份账套引入金蝶 K/3 系统。

【实验内容】

（1）进行现金管理系统基础设置。

（2）日常和期末现金业务处理。

【实验资料】

1．现金管理系统参数

（1）结账与总账期间同步。

（2）自动生成对方科目日记账。

（3）允许从总账中引入日记账。

（4）只有审核后的凭证才可以复核记账。

（5）与总账对账期末余额不等时不允许结账。

（6）日记账所对应的总账凭证必须存在。

2．初始余额

（1）将总账系统现金、银行存款科目引入。

（2）从总账系统引入 2020 年 1 月的现金、银行存款科目。

（3）进行试算平衡检查，平衡结束初始化。银行存款科目的银行名称及账号如表 44 所示。

表 44　银行存款科目的银行名称及账号

代码	名称	银行借口类型	银行账号	账户名称	开户行
01	工行光华支行	中国工商银行	123	工行	工行光华支行
02	中行光华支行	中国银行	234	中行	中行光华支行
03	建行光华支行	中国建设银行	456	建行	建行光华支行

3．日常处理

（1）总账数据。

- ❖ 复核记账。
- ❖ 引入日记账。
- ❖ 与总账对账。

（2）现金处理。

- ❖ 现金日记账。
- ❖ 现金盘点单。
- ❖ 现金对账。
- ❖ 查询现金日报表。

（3）银行存款处理。

- ❖ 银行存款日记账：从总账引入。
- ❖ 银行对账单。

表 45　工行银行对账单

金额单位：元

日期	摘要	结算方式	结算号	借方	贷方
01-02	购料	现金支票	XJ001	20 000	
01-06	收货款	转账支票	1000		5 000
01-07	收货款	转账支票	1001		7 020
01-08	收货款	转账支票	1002		3 000

- ❖ 银行对账。
- ❖ 余额调节表。
- ❖ 银行存款日报表。
- ❖ 银行存款与总账对账。

（4）票据处理。

- ❖ 票据备查簿。

表 46　新增商业承兑汇票

金额单位：元

属性	票据名称	汇票号码	币别	出票日期	金额	付款人名称	付款人账号	付款人开户行名称
收款	商业承兑汇票	112233	人民币	2020-1-14	2 000	武汉天华公司	210	工行福田支行
付款人开户行行号	**收款人名称**	**收款人账号**	**收款人开户行名称**	**收款人开户行账号**	**票据到期日**	**交易合同号码**	**年利率**	**计息方式**
232	光华	110	工行光华支行	234	2020-3-21	222	1.7	按月计息

- ❖ 支票管理。

表 47　购置支票的信息

银行名称	币别	支票类型	起始号码	结束号码	购置日期
工行光华支行	人民币	转账支票	001	025	2020-1-3

表 48　领用支票的信息

金额单位：元

银行名称	支票号码	领用日期	领用部门	领用人	对方单位	使用限额	领用用途
工行	1	2020-1-28	采购部	周长泰	武汉绿萝	10 000	付货款

（5）编制报表。

❖ 资金头寸表。

❖ 到期预警表。

（6）期末结账。

【实验步骤】

（1）以账套主管（学生姓名）的身份登录金蝶 K/3 创新管理平台，进行数据编辑操作。

❖ 设置现金管理系统参数。

❖ 引入现金和银行存款初始数据。

❖ 结束初始化。

（2）现金管理系统日常操作业务。

（3）现金管理系统期末结账。

（4）以“Admin”的身份登录账套管理备份账套。

● 实验 11　报表系统业务

【实验目的】

（1）熟悉报表系统的基本功能。

（2）掌握自定义报表的操作流程。

（3）掌握利用报表模板生成三大表的操作流程。

【实验准备】

将计算机系统的时间调整为账套操作月份，并将相关账套数据引入金蝶 K/3 系统。

【实验内容】

（1）根据要求编制会计报表。

（2）利用会计报表模板生成报表。

【实验资料】

1. 编制自定义报表

（1）编制一张货币资金表。

货币资金表

单位名称：朔华嘉信公司　　　　年　月　日　　　　单位：元

项目 / 科目	期初余额	本期发生额		期末余额
		借方发生额	贷方发生额	
库存现金				
银行存款-工行存款				
银行存款-中行存款				
银行存款-建行存款				
合计				

制单人：　　　　财务主管：

说明：

- 表头：标题“货币资金表”设置为黑体、14 号、居中；“单位”“年”“月”“日”设置为关键字。
- 表体：表体中文字设置为楷体、12 号、居中。
- 表尾：“制表人”设置为宋体、10 号、居左。

（2）报表公式如下：

- 期初余额：B3：ACCT("1001","C","",0,0,0,"")
  B4：ACCT("1002.01","C","",0,0,0,"")
  B5：ACCT("1002.02","C","",0,0,0,"")
  B6：ACCT("1002.03","C","",0,0,0,"")
- 借方发生额：C3：ACCT("1001","JF","",0,0,0,"")
  C4：ACCT("1002.01","JF","",0,0,0,"")
  C5：ACCT("1002.02","JF","",0,0,0,"")
  C6：ACCT("1002.03","JF","",0,0,0,"")
- 贷方发生额：D3：ACCT("1001","DF","",0,0,0,"")
  D4：ACCT("1002.01","DF","",0,0,0,"")
  D5：ACCT("1002.02","DF","",0,0,0,"")
  D6：ACCT("1002.03","DF","",0,0,0,"")
- 期末余额：E3：ACCT("1001","Y","",0,0,0,"")
  E4：ACCT("1002.01","Y","",0,0,0,"")
  E5：ACCT("1002.02","Y","",0,0,0,"")
  E6：ACCT("1002.03","Y","",0,0,0,"")

- ❖ 合计：B7：SUM(B3,B4,B5,B6)

  C7：SUM(C3,C4,C5,C6)

  D7：SUM(D3,D4,D5,D6)

  E7：SUM(B7,C7,D7)

2．资产负债表和现金流量表

利用报表模板生成朔华嘉信公司的资产负债表和现金流量表。

3．管理费用明细表

利用批量填充法生成管理费用明细表。

【实验步骤】

以系统管理员的身份进行报表管理系统操作。

（1）编制应收款明细表。

- ❖ 进行报表格式的编辑。
- ❖ 进行报表公式的定义并生成报表数据。
- ❖ 保存报表文件和数据。

（2）分别运用会计报表模板编制资产负债表和现金流量表。

- ❖ 引入报表模板。
- ❖ 修改报表模板。
- ❖ 生成报表数据。
- ❖ 保存报表数据。

参考文献

[1] 何亮，高博．金蝶 ERP-K3 标准财务培训教程［M］．北京：人民邮电出版社，2019.

[2] 于景存，白祎花．会计信息系统实践教程［M］．北京：人民邮电出版社，2019.

[3] 郝美丽，贺茉莉．金蝶 K/3 应用实训教程［M］．大连：东北财经大学出版社，2018.

[4] 何亮．会计信息系统实用教程——金蝶 ERP-K/3 版［M］．北京：人民邮电出版社，2018.